기업정보시스템
(Business Information System)

이영재 · 백진현 공저

생능출판사
Life & Power Press

머/리/말

PREFACE

더욱 다변화되는 현대 사회를 일컬어 디지털 정보 사회라고 한다. 디지털 정보 사회란 정보가 우리 생활 곳곳에 영향을 미치고 아울러 가치 창조의 중요한 요소가 되는 사회로 정의된다. 이러한 사회는 개인과 기업의 경쟁 방식과 경쟁 전략을 근본적으로 변화시키는 새로운 패러다임을 요구한다.

세계가 지구촌화되면서 기업의 경영 환경은 글로벌화되고, 레드오션 혹은 블루오션에서 기업이 계속 성장하기 위해 가치를 끊임없이 혁신하고 있다. 기업의 가치를 혁신하는 데 전략과 정보가 필수적이다. 특히 정보는 어느 오션에서든 기업의 전략적 우위와 경쟁력 확보를 위한 필수 불가결한 요소가 되었다. 기업은 비전을 실현하기 위해 전략에 따라 비즈니스를 수행하는 데 시의 적절하면서도 기업의 업무 담당자가 필요로 하는 정보, 즉 온디멘드에 걸맞는 정보 시스템 구축에 많은 관심을 갖고 투자하고 있다. 이런 기업의 관심에 부응하여 컴퓨터 시스템의 구조, 운영 체제, 데이터베이스, 정보 통신 등과 같은 정보 기술도 나날이 발전하여 정보 기술 인프라와 서비스에 많은 변화가 생겼다. 아울러 정보 시스템도 정보 기술을 효과적으로 이용하는 다양한 형태가 등장하게 되었다. 기업의 제품과 서비스 생산 관리를 바탕으로 인적 및 물적 자원을 관리하는 전사적 자원 관리(ERP)를 비롯하여 물자와 현금 및 정보 흐름을 다루는 공급망 관리(SCM), 고객의 충성도를 높이기 위해 활용하는 고객관계관리(CRM), 또한 다양한 분석 정보와 새로운 지식을 알려주는 데이터웨어하우스(Data Warehouse) 및 데이터 마이닝(Data Mining)이 대표적인 정보 시스템이다. 이밖에도 기업의 지식을 창조하여 관리하는 지식경영(KM)과 사이버 상에서 거래를 하는 전자상거래(EC) 시스템도 구축하여 활용하고 있다. 이와 같은 각종 정보 시스템은 기업이 경쟁 전략에 따라 추진하고 있는 여러 가지 형태의 가치 혁신, 즉 인사 · 생산 · 마케팅 · 재무 업무 프로세스, 공급 사슬, 고객 관계, 인터넷 비지니스 혁신 등과 결합하여 기업의 레드오션(경쟁의 우위) 시장에서 블루오션(무경쟁 시장) 시장으로 전환하는 데 주요한 역할을 하게 된다.

본서는 제1부에서 기업의 가치 혁신과 기업의 자원에 대한 개념을 설명 하였다. 제2부는 컴퓨터 시스템이 기업의 정보 이용자에게 정보를 제공한다는 관점에서 전통적인 기업 정보 시스템, 즉 컴퓨터 정보 시스템과 조직 정보 시스템을 기술하였다. 제3부에서는 기업의 온디멘드 전략에 따라 구현되고 있는 새로운 정보 시스템을 소개하였다. 구체적으로 설명하면 다음과 같다.

제1부는 기업의 가치와 전략 그리고 가치 혁신을 위한 정보기술의 인프라와 서비스 및 역

할에 관련된 내용을 기술하였다. 제2부는 정보 공급(Information supply) 관점에서 개발되어 이용된 전통적인 기업 정보 시스템을 소개하였다. 첫째가 기업의 경영계층에 따라 시의 적절한 정보를 제공하는 컴퓨터 정보시스템(CBIS)을 설명한다. 이 시스템에는 거래처리시스템(TPS), 경영 정보 시스템(MIS), 최고경영자 정보 시스템(EIS) 그리고 의사결정지원시스템(DSS)이 포함된다. 둘째, 기업의 경영기능에 따라 분류되는 조직 정보 시스템(OIS)을 설명한다. 인적자원을 관리하는 인사 정보 시스템, 제품 판매에 관련된 마케팅 정보 시스템, 원부자재로 제품을 생산하는데 정보를 제공하는 제조 정보 시스템, 그리고 금전적 자원을 관리하는 회계 및 재무 정보 시스템이 조직정보시스템에 포함된다.

제3부는 현대 기업의 가치 혁신에 그 중요성이 날로 증대하고 있는 온디멘드(On Demand) 정보시스템들을 제시한다. 첫째, 기업 내부의 인적 · 물적 · 금전적 자원을 관리하는 전사적 자원 관리(ERP) 시스템이다. 둘째, 원부자재 공급에서 제품에 대한 물류와 유통망을 관리하는 공급망 관리(SCM) 시스템이다. 셋째, 기업의 우수고객을 찾아내어 유지관리하는 고객 관계 관리(CRM) 시스템이다. 넷째, 기업의 의사결정을 지원하기위해 분석된 정보를 제공하기위해 구축하는 데이터웨어하우스와 새로운 지식을 발견하기위해 활용되는 데이터마이닝이 중심이 되는 비즈니스 인텔리전스(BI) 시스템이다. 다섯째, 온라인 상에서 기업의 상거래와 관련된 인터넷 비즈니스(e-Business)를 소개한다. 마지막으로 기업의 지식 창조와 지식 관리에 중점을 둔 지식경영(KMS) 시스템이다.

또한 본서는 각 정보 시스템 또는 주제에 대한 이해를 보다 효과적으로 돕기 위하여 관련된 실제 사례와 현상을 소개하였다.

급격히 변화하는 디지털 정보 사회에서 정보 기술을 이용하여 구축한 전략적인 정보 시스템들과 관련된 내용들을 습득하여 블루오션에 진입할 수 있는 가치 혁신을 이루는데 충분히 활용할 수 있기를 기대한다. 아울러 디지털 경영 시대에 본서를 활용하여 새로운 부가가치를 창출하는 신지식인이 되기를 소망해 본다. 그리고 본서가 출판되는 데 많은 도움을 준 사랑하는 가족들, 박사 과정인 이성일 대학원생과 생능출판사 임직원에게 감사를 드린다.

2008년 3월
이영재, 백진현

PART 기업의 가치 혁신(value innovation)

[1장] 기업의 가치와 전략
제1절 기업의 가치 16
제2절 가치 혁신 17
제3절 경영 전략 19
제4절 기업의 변화와 사례 21

[2장] 기업의 자원
제1절 정보 자원 27
1. 시스템 29
2. 기업 정보 시스템 기본 활동 30
3. 기업 정보 시스템 역할 31
4. 기업 정보 시스템 종류 32
제2절 정보기술 개요 34
1. 정보 기술 특성 35
2. 정보 기술 구성 요소 35
3. 기업에 미치는 영향 43

PART 기업의 정보 공급(information supply)

[3장] 컴퓨터 정보 시스템
제1절 거래 처리 시스템 49
1. 거래 처리 시스템의 정의 49
2. 거래 처리 기본 작업 51
3. 거래 처리 특성 54
4. 사례연구 : Computer Reservation System 55

제2절 경영 정보 시스템 57
1. 경영 정보 시스템 구조 60
2. 사례연구: P사의 경영 정보 시스템 64
제3절 최고 경영자 정보 시스템 67
1. 최고 경영자 정보 시스템 정의 67
2. 최고 경영자 정보 시스템 구조 68
3. 사례연구: 원활한 의사 결정을 위한 투자 73
제4절 의사 결정 지원 시스템 74
1. 문제 유형 74
2. 의사 결정 단계 75
3. 의사 결정 지원 시스템 정의 76
4. 의사 결정 지원 시스템 구조 77
5. 그룹 의사 결정 지원 시스템 83
6. 사례연구: 충수염 진단 의사 결정 지원 시스템 86

[4장] 조직 정보 시스템

제1절 인사 정보 시스템 95
1. 인사 부서의 기능 96
2. 인사 정보 시스템 정보 내용 97
제2절 마케팅 정보 시스템 100
1. 마케팅 정보 시스템 정의 101
2. 마케팅 정보 시스템의 정보 내용 102
제3절 제조 정보 시스템 105
1. 생산 및 운영 정보 106
2. 컴퓨터 통합 생산(CIM) 109
3. 6시그마 113
4. 제품 생명 주기 관리 115
제4절 회계 및 재무 정보 시스템 116
1. 회계 정보 시스템 116
2. 재무 정보 시스템 119

PART ○ 수요자의 새로운 요구(on demand)

[5장] 전사적 자원 관리

제1절 ERP 탄생 배경 ······ 129
1. 경영 환경의 변화 ······ 129
2. ERP 시스템의 출현 배경 ······ 130

제2절 ERP 개요 ······ 132
1. ERP의 요구 ······ 132
2. ERP의 개념적 정의 ······ 132
3. ERP 개념의 변화와 분류 ······ 133
4. 정보 시스템과 ERP 시스템의 비교 ······ 134

제3절 ERP 특징 ······ 136
1. 통합 업무 시스템 ······ 136
2. 세계적인 표준 업무 프로세스 ······ 136
3. 그룹웨어와 연동 가능 ······ 137
4. 파라미터 지정에 의해 개발 ······ 137
5. 확장 및 연계성이 뛰어난 오픈 시스템 ······ 138
6. 글로벌 대응 가능 ······ 138
7. 비즈니스 프로세스 모델에 의한 리엔지니어링의 지원 ······ 139
8. 경영자 정보(EIS : Executive Information System) 제공 ··· 140

제4절 ERP 구성 모듈 ······ 140
1. 사용자 인터페이스(GUI : Graphical User Interface) ······ 140
2. 4세대 언어, CASE(Computer Aided Software Engineering) Tool ······ 141
3. 클라이언트 서버(Client Server Environment) 시스템 ······ 141
4. 전자 문서 교환 (EDI: Electronic Data Interchange) ······ 141
5. 의사 결정 지원 (What-If Simulation) ······ 142
6. 관계형 데이터베이스(RDBMS : Relational Data Base Management System) ······ 142
7. 객체 지향 기술(OOT : Object Oriented Technology) ······ 142

8. 데이터 웨어하우스(Data Warehouse) ········ 143
9. 웹(Web) 기술 ········ 143

제5절 ERP 시스템의 주요 구성 및 기능 ········ 144
1. 인사 관리 모듈(HR : Human Resource) ········ 144
2. 판매 관리 모듈(SD : Sales and Distribution) ········ 144
3. 재고 · 구매 관리 모듈(MM : Material Management) ········ 144
4. 생산 계획 · 관리 모듈(PP : Product Planning) ········ 145
5. 품질 관리 모듈(QM : Quality Management) ········ 145
6. 경영 정보 관리 ········ 145

제6절 ERP 성과 ········ 145
1. ERP 도입 ········ 145
2. ERP 시스템의 효과 ········ 149
3. ERP 시스템 도입의 문제점 ········ 150
4. ERP 구축 성공 전략 ········ 152

제7절 ERP 시스템 도입 사례 ········ 154
1. 델리회사 ········ 154
2. 주식회사 잉크테크 ········ 156

[6장] 공급망 관리

제1절 SCM 바로 알기 ········ 163
1. 공급망 관리(SCM ; Supply Chain Management) 정의 ········ 163
2. SCM 개념 ········ 164
3. SCM 필요 배경 ········ 166
4. SCM을 통한 기대 효과 ········ 169
5. SCM의 공통적인 기반 ········ 171
6. SCM의 성공 요소 ········ 174
7. SCM의 발전 방향 ········ 177

제2절 사례를 통한 SCM 분석 ········ 178
1. 인터넷 쇼핑몰 ········ 178
2. SCM의 문제점과 해결 방안 ········ 182

제3절 LG실트론의 SCM 사례 분석 ········ 184

1. LG실트론의 e-트랜스포메이션 도입 배경 및 추진 분야 184
2. ISCM의 구축 185
3. SRM(Supplier Relationship Management)의 구축 186
4 SCM의 전 과정을 지원하는 APS 구축과 활용 186
5. e-트랜스포메이션 구축 후의 변화 187

[7장] **고객 관계 관리**
제1절 CRM 사례 191
1. 리바이스 실패의 원인 192
2. 한국 시장에서 리바이스의 성공 요인 194
제2절 CRM의 개요 196
1. CRM 개요 196
2. CRM 정의 197
3. 기업 정보 시스템에서의 CRM 198
4. CRM 도입 목적 199
5. CRM 도입 효과 199
6. CRM 특성 201
7. CRM 시스템의 구성 요소 202
제3절 CRM의 도입과 구축 205
1. CRM 도입의 전제 조건 205
2. CRM 도입 프로세스 205
3. CRM 벤더와 솔루션의 선택 210
4. CRM 도입 고려 사항 212
제4절 CRM의 활용 214
1. CRM 활용 전략 214
2. e-비즈니스 환경에서의 CRM 도입 215
3. CRM 도입 성공 사례 221
제5절 CRM 성공 팁 226
1. 왜 CRM은 실패하는가? 227
2. CRM 성공요인 228
제6절 차세대 CRM 231

[8장] 인터넷 비즈니스

제1절 e-biz 개요 237
1. e-biz(e-business) 정의 237
2. e-biz의 등장 배경 239
3. e-biz의 특징 240
4. e-biz 모델 241
5. e-biz의 현재 상황 245

제2절 e-biz 특성 246
1. 중개 소멸과 재중개 247
2. 소비자 중심(역시장) 247
3. 수확체증의 법칙 248
4. 네트워크 효과 248

제3절 e-biz의 활용 249
1. e-SCM 249
2. e-CRM 250
3. e-Intelligence 254

제4절 e-biz 운영상의 고려 사항 256
1. 상황적 문제점 256
2. 본원적 문제점 257
3. e-biz 모델의 실패 사례 258
4. e-biz의 발전 259

[9장] 비즈니스 인텔리전스

제1절 비즈니스 인텔리전스 소개 263
1. 정의 및 특징 263
2. 비즈니스 인텔리전스의 역할 264

제2절 데이터 웨어하우징 265
1. 데이터 웨어하우스의 등장 배경 265
2. 데이터 웨어하우스의 정의 266
3. 데이터 마트 267
4. 데이터 웨어하우스의 구성 요소 269
5. 데이터 웨어하우스 도구 272

6. 데이터 웨어하우스 응용 ········· 276
제3절 데이터 마이닝 ········· 278
1. 데이터 마이닝의 정의 ········· 278
2. 데이터 마이닝의 활용 분야 ········· 279
3. 데이터 마이닝을 위한 통계적 기법 ········· 280
4. 데이터 마이닝 기법 ········· 281
5. 데이터 마이닝과 데이터 웨어하우스 ········· 293
제4절 비즈니스 인텔리전스의 미래 ········· 294
1. 발전 방향 ········· 294
2. 비즈니스 인텔리전스의 미래 ········· 295

[10장] 지식 경영
제1절 비즈니스 전문가 시스템 ········· 299
1. 전문가 시스템 구성 ········· 300
2. 전문가 시스템 개발 도구 ········· 304
3. 전문가 시스템 구축 단계 ········· 305
4. 전문가 시스템의 장점 및 한계 ········· 307
제2절 지식 경영 ········· 308
1. 지식 개요 ········· 308
2. 지식 경영의 개념 ········· 312
3. 지식 경영의 구성 요소 ········· 315
4. 지식 경영의 프로세스 ········· 317
5. 지식 경영에 대한 이론적 접근 방법 ········· 318
6. 지식 경영의 효과 측정 ········· 319
7. 지식 관리 시스템 ········· 323

● 참고 문헌 및 참고 사이트 ········· 335
● 찾아보기 ········· 341

PART 01

기업의 가치 혁신 (value innovation)

제1장 기업의 가치와 전략
제2장 기업의 자원

BUSINESS INFORMATION SYSTEM

PART 01

기업의 가치 혁신 (value innovation)

제1장 기업의 가치와 전략
제2장 기업의 자원

CHAPTER 1

제 01 장 기업의 가치와 전략

비즈니스(business)로 불리는 기업 경영은 현재 우리가 배우고 있는 경영 정보 시스템의 주체가 되기 때문에 먼저 기업이 무엇인가를 알아야 한다. 기업이란 사회 구성원들(시장)에게 재화(상품)와 서비스를 제공할 목적으로 기업 자원을 활용하여 고유의 업무를 수행하는 조직적인 접근 방식을 가진 시스템이다.

이 정의에는 기업의 기본 개념을 구성하는 세 가지 요소가 포함되어 있다. 기본 개념의 첫 번째 요소는 제품과 시장인데, 이는 누구에게 무엇을 팔 것인가를 의미한다. 두 번째 요소인 기업의 업무 영역은 제품과 시장을 위해 기업 내에서 해야 할 일을 의미한다. 즉, 기업 내부의 기본 업무 활동은 무엇인가를 규정하는 것이다. 기본 개념의 세 번째 요소는 기업 자원으로 기업이 어떤 자원을 가져야 하며, 그 자원을 어떻게 확보해야 하는가에 대한 결정이다. 자원 결정은 기업이 경영 활동을 수행하는 데 필요한 자원이 무엇인지를 규명하는 것이다.

세 가지 요소가 기업의 가치를 규정하는데, 이 가치를 혁신함으로써 지속적인 성장을 거듭하게 된다. 그러므로 기업은 자기의 내부 역량과 외부 환경을 고려하면서 가치를 어떠한 방향으로 혁신할 것인가를 계속적으로 연구한다. 특히 방향을 설정하고 가치를 혁신하는 데 정보 기술 활용이 필요하다. 이 정보 기술을 토대로 구축된 시스템인 경영 정보 시스템을 학습하고 이해하는 것이 오늘날 경영자에게는 필수적이다. 다음 [그림 1-1]은 이러한 관계를 설명해준다. 기업의 가치, 가치 혁신 및 경영 전략이 무엇인지를 구체적으로 살펴보자. 정보기술 개념은 제2장에서 설명한다.

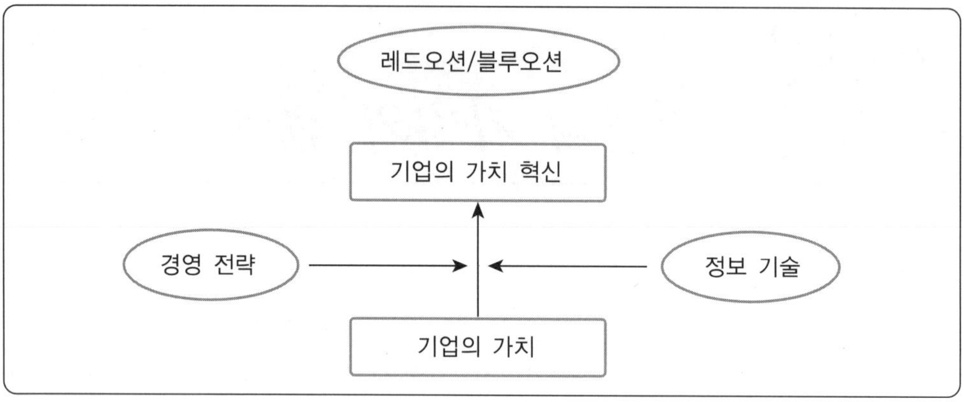

[그림 1-1] 가치, 전략, 정보 기술과의 관계

제1절 기업의 가치

조안마그레타는 '경영이란 무엇인가' 에서 "가치는 기업을 존속하게 하는 사명인 동시에 회사가 회사 밖에 있는 사람들의 필요를 충족시키기 위해 존재하는 기본 원칙이다"라고 하였다. 가치의 정의를 한 회사가 하는 일에 의해서가 아니라 그 회사의 상품이나 서비스를 사는 고객에 의해서 정의된다고 했다. 가치란 때로는 소비자들에게 그렇게 보이지 않는 형태로 만들어지는 것이다. 예를 들면, 예쁜 색깔의 매킨토시 iMac 컴퓨터나 조르지오 아르마니의 디자인에서 느끼는 것처럼 상품의 외양과 느낌에도 있고 향수병과 같은 정서에도 그리고 최고의 위치나 명성에도 존재한다. 가치는 여러 형태로 표현될 뿐만 아니라 여러 원천에서 나온다고 할 수 있다. 예로 제품의 유용성과 품질, 품질과 연계된 광고나 판촉의 결과로 생긴 이미지, 얼마나 쉽게 얻을 수 있으며 어디서 팔고 어디서 공급되는지에 따라 결정되는 사용 가능성, 상품에 딸린 서비스 등이 모두 가치의 원천이라는 것이다.

어떤 사물이 지니고 있는 의의나 중요성을 가치라고 본다면 기업이 상품을 생산해내고 상품을 팔고 하는 이 모든 것들, 즉 타 기업이 넘볼 수 없는 경쟁력이나 기술력, 자본, 그리고 기업의 잠재적 소비자 등 이 모든 것들이 가치에 해당된다. 또 다른 관점에서 가치란 기업이 궁극적으로 이윤을 창출하고 경쟁 기업과의 경쟁에서 비교우위에 설 수 있게 하는 무형 자산을 말한다. 가치에는 그 기업의 기술력, 영업 방침, 비용 절감, 고객의 마음을 사로잡고 주머니를 열 수 있는 능력 등이 포함된다.

기업의 가치는 마이클 포터가 제시하는 가치 사슬로 표현되는데, 가치 사슬은 기업과 공급업체들이 상품을 디자인, 생산, 판매, 배달하고 사후 수리하기위해 반드시 해야 하는 노동 전반에 걸친 행위와 정보의 흐름을 뜻한다. 가치 사슬은 주가치와 보조 가치로 나눈다. 주가치는 기업의 핵심적인 업무 활동으로 이루어지며 이러한 업무 활동을 원활히 수행하기 위해서 보조 업무가 필요한데 이 보조 업무가 보조 가치에 해당된다. 다음 [그림 1-2]는 제조업체의 가치 사슬 예이다. 주가치는 원부자재 공급, 제조, 물류, 영업, 고객 서비스 활동이며, 보조 가치는 기획, 연구 개발, 총무, 인사, 재정, 정보 관리 등이 포함된다.

<table>
<tr><td rowspan="3">보조 가치</td><td colspan="5">기획, 재무, MIS, 법률 서비스, 정부 관계</td><td rowspan="4">이익</td></tr>
<tr><td colspan="5">기술 연구, 기술 개발, 디자인</td></tr>
<tr><td colspan="5">인적 자원 관리와 개발</td></tr>
<tr><td>주 가치</td><td>재고보유
원 · 부자재
구매</td><td>생산</td><td>입고
물류</td><td>판매
마케팅</td><td>대리점 지원
고객 서비스</td></tr>
</table>

[그림 1-2] 제조업체의 가치사슬

가치 사슬은 각 단계에서 이루어지는 일을 단지 비용으로서뿐만 아니라 최종 상품에 가치를 하나씩 더해 가는 과정으로 보는 것이다. 기업이 보유한 가치사슬을 기업 고객들이 생각하는 가치와 일치시킬 때 기업의 사명을 달성한다고 본다. 가치 창조 관점에서 가치사슬을 바라볼 때 프로세스 단계별로 가치를 창조하는 것이다.

제2절 가치 혁신

클레이튼 크레이스텐스는 '미래기업의 조건' 에서 혁신은 모든 산업에 영향을 미친다면서 세 가지 이론으로 나누어 설명하고 있다. 첫 번째는 파괴적 혁신이론이다.

이 이론은 신생 기업이 성장하면서 강력한 기존 기업에 대해 우위를 확보하기 위해서는 비교적 간단하고 편리하며 비용이 적게 드는 혁신을 이루어야 한다는 것이다. 여기서 혁신은 고객들이 기존에 가치를 두었던 차원에서 기존 제품을 좀 더 개선한다는 것이다. 두 번째는 RPV 이론이다. 이 이론은 자원(resource), 프로세스(process), 가치(value)를 말한다. 자원(기업이 소유한 것)과 프로세스(기업의 업무 방식)와 가치(기업이 하고자 하는 것)가 합쳐져 조직의 강점과 약점을 규정한다. 가치는 기업의 자원을 할당하는 데 활용되는 기준이라고 정의할 수 있다. 마지막으로 VCE(가치 사슬 진화) 이론이다. 이 이론의 주요한 사항은 부족한 점을 개선시키기 위한 통합을 주창한다. VCE 이론은 기업들이 고객에게 중요한 부가가치를 생산하기 위한 가치 사슬 내에서 단·복수의 활동을 통제할 것을 제안한다. 이 이론은 고개들이 매우 소중히 여기는 제품이나 서비스의 특징에 영향을 주지 않는 활동은 전문가들에게 맡기는 게 더 낫다고 한다.

르네마보안은 '블루오션 전략'에서 경쟁자를 이기는데 집중하는 대신 구매자와 회사를 위한 가치 도약을 이뤄 새로운 비경쟁 시장 공간을 창출함으로써 경쟁 자체에서 벗어나는 것을 가치 혁신이라 불렀다. 혁신 없는 가치는 부분적 소규모의 가치 창출에 집중하는 경향이 있는데, 이는 가치를 향상시키지만 시장 공간에서 독보적 존재로 서게 하는 데는 충분치 않다. 가치 없는 혁신은 기술 위주이거나 시장 개척, 혹은 미래 지향적이어서 구매자들이 그 상품을 받아들이고 가격을 지불할 수 있는 수준을 넘어서는 경우가 많다. 기업의 혁신은 유용성과 가격, 비용 포지션의 좋은 배열을 통해서 일어난다. 가치 혁신은 가치와 혁신에 동등한 중요성을 두며, 기업 활동이 회사의 비용 구조와 구매자에게 제공하는 가치 두 가지 모두에 긍정적 영향을 주는 곳에서 창출된다.

비용 절감은 업계가 경쟁하는 요소를 제거하거나 줄이면서 이루어진다. 구매자 가치는 업계가 아직도 제공하지 못한 요소를 증가하고 창출함으로써 상승한다. 시간이 흐르면서 우수한 가치가 생성되는 대량 매출에 의해 규모의 경제가 시작되면서 비용은 더욱 절감된다. 가치 혁신이 효용, 가격, 비용의 적절한 배합을 통해 이루어진다는 것이다.

기업이 가치를 이끌어내기 위해서는 혁신이 필요하다. 혁신을 하기 위해서는 창조성의 실현, 아이디어 수용하기, 고객의 입장에서 제품을 보고 평가하고, 혁신을 하기 위한 아이디어에 대해 두려워하지 말며 끊임없는 실험과 실패의 반복이 필요하다. 또한 기업 내의 창조적인 리더뿐만 아니라 그를 뒷받침할 수 있는 창조적인 인력이 필수적이다. 창조적인 인력을 보다 효율적으로 활용하기 위해서는 그에 따른 보상이라는 제도도 중요시된다.

가치 혁신은 기존의 레드오션 전략처럼 비용 절감, 생산의 효율성, 마케팅의 효과성의 단순 비교우위에서 철저하게 벗어나 궁극적인 차별화와 비용절감을 통해 기존의 기업과의 경쟁적 비교우위가 아닌 경쟁이 무의미할 정도에 혁신을 일으킬 비약적 가치 창조이다.

제3절 경영 전략

조안마그레타는 전략은 경쟁 환경에서 탁월한 성과를 내기 위한 논리라면서 '남과 다르게 어떻게 잘 할 것이냐' 라는 의미이다라고 했다.. 짐클린스는 전략은 기업이 사명을 완수하기 위한 기본적인 방법이라 하면서 기업의 미래상으로부터 도출되어야 하고, 그리고 전략은 제품(또는 서비스), 고객(또는 시장 구성), 자금 흐름, 인력과 조직, 그리고 정보 기술 인프라라는 범주에서 결정되어야 하며, 미래상, 기업 내부 평가 및 기업 외부(사회) 평가의 세 요소가 전략 결정에 필요하다고 역설하였다. 르네마보안은 좋은 전략은 포커스(focus), 차별화(divergence), 멋진 슬로건(tagline)이라는 특징을 지닌다고 했다.

전략이란 기업 활동의 전반적인 범위를 결정하고, 그 범위 밖에 있는 환경에 따라 기업을 어떻게 이끌어나갈 것인가를 조정 · 지원하는 지침을 제공하는 것이다. 이는 기업의 기본 목적을 위하여 세워진 전략과, 이 전략을 이끌어나가기 위하여 세워 놓은 전략으로 구분된다. 전자의 것을 기본 전략, 후자의 것을 행동 전략이라고 할 수 있다. 예를 들어, '이익의 최대 성취'가 기본 전략이라고 가정한다면 행동 전략은 이 상품의 이익을 최대로 남기기 위해 구사하는 행동들, 즉 자원의 최소 투자, 광고비의 축소 등이 될 수 있다. 전략은 외부 환경과 내부 환경의 조화로서 결정된다. 즉 성공적인 전략은 고객, 경쟁, 기술이라는 외부 환경의 세 가지 요소를 고려하며 기업을 효과적으로 활용하고, 조직 구성원을 활성화시킬 수 있어야 한다.

이타이 히로유키(1993)는 전략이란 기업의 활동에 대한 기본적인 틀을 결정하고 변화하는 환경에 대처하는 데 필요한 지침을 제공하는 것이라고 하였다. 전략의 구성 요소는 제품 · 시장 포트폴리오, 업무 영역, 그리고 자원 포트폴리오이다. 제품 · 시장 포트폴리오는 제품 및 시장, 그리고 그에 따른 부분 전략을 포함한다. 기업의 업무 영역은 기업이 전체 업무 흐름 중에서 내부적으로 무슨 활동을 할 것인지를 선택하는 것이다. 전략의 세 번째 요소인 자원 포트폴리오는 기업이 어떤 자원을 가져야 하며, 그 자원을 어떻게 확보해야 하는가에 대한 결정이다. 그는 또한 전략을 둘러싸고 있는 환경, 조직 및 자원 측면에서 관계성을 설명하였다. 우선 전략은 기술, 경쟁, 고객이라는 외부 환경의 세 가지 요소와 적합성을 이루어야 하며, 그 다음으로 전략의 내용을 기업 조직에 효과적으로 전달, 홍보하여 침투시키는 동시에 전략의 내용은 조직 구성원의 참여를 불러일으켜야 한다는 것이다. 마지막으로 기업 자원과 전략 간에 바람직한 관계를 구축하는 것이다. 기업의 전략은 현재 소유하고 있는 자원을 효과적으로 활용하여 미래를 위한 자원의 축적은 효율적으로 이루어야 한다는 것이다.

Ohmae(1982)는 전략을 한 기업이 고객의 욕구를 보다 잘 만족시키기 위해 그 기업의 상대적인 장점을 이용하여 경쟁 상대보다도 경쟁 우위를 점하기 위해 취하는 제반 방법을 의미한다고 하였다. 그는 전략의 3대 요소로 기업, 고객 및 경쟁 상대를 제시하였다. 기업은 고객과 경쟁 상대의 관계에서 거래 비용 절감, 제품 서비스 차별, 그리고 시장 세분화에 관하여 전략을 수립하여야 한다고 주장하였다.

조안마그레타가 언급했듯이 기업이 이익을 창출하기 위해 보다 비싼 값을 받고 제품이나 서비스를 제공하거나 혹은 비용을 줄이기 위한 방안도 전략이다. 또한 르네마보안의 블루오션 전략에서 보듯이 기존 시장의 잠재 성장력을 파악하거나, 미개척 시장 · 공간을 창출하는 것도 전략이다. 시장에 대한 파악이 끝나면 제품 및 서비스의 향상을 위해 경영 실행과 결정 또한 전략이다. 단순히 벤치마킹이나 비용 절감만을 통한 기업의 이윤 추구는 궁극적으로 한계에 부딪히기 마련이다. 따라서 그에 대한 전략적 방침으로 기업이 제거할 것의 유무, 경쟁 기업보다 우위에 올려야 할 것을 파악, 기존 업계를 뛰어넘는 창조적인 것을 고안해내고, 기업의 시장 경계선을 명확하게 재구축할 수 있는 능력과 적절한 타이밍을 찾는 것이 전략이다.

제4절 기업의 변화와 사례

가. 변화 · 혁신 못하면 사라진다: 글로벌 기업의 흥 · 망(조선일보, 정혜전 기자)

영원한 강자는 없다. 글로벌 시장을 지배하는 초 강대 기업들의 전쟁터에서 과거 어느 때보다 숨가쁜 흥망성쇠의 스토리가 펼쳐지고 있다. 68년간 세계 1등이던 제너럴모터스(GM)는 한순간에 파산 위기를 맞았다. 반면, 7년 전 16억 원의 가격에도 팔리지 않던 구글은 삽시간에 세를 불려 마이크로소프트(MS)의 아성을 위협한다. 그 게임의 법칙은 변화와 혁신이다. 전통적 강자들은 환경 변화에 대한 안이한 대응으로 급전직하하는 반면 '재빠른 추격자(fast follower)'로 불리는 후발 주자들은 혁신으로 무장해 신흥 강자로 급부상하고 있다. 추락하는 기업은 브랜드 이미지에만 의존한 채 신기술의 발전에 발 빠르게 대응하지 못한 게 몰락의 원인이다. 그러나 뜨는 기업은 차세대 기술을 바탕으로 수용자 중심으로 혁신하기 때문이다. 강대 기업의 흥망성쇠 주기는 갈수록 짧아지는 추세다.

기업 명	거대 기업들의 쇠퇴 원인
GM	기술 개발 지체로 신차 출시 부족, 의료 · 연금 등 과다한 후생 복지 비용 금융 사업 등 기업 규모를 키우는 데 주력
FORD	품질과 디자인 저하로 북미 시장 점유율 하락 과다한 후생 복지 비용, 방만한 사업 확장
Coca Cola	탄산음료 시장 축소에도 불구하고 제품 다각화 실패 경직된 이사회
AT&T	가격 인하 경쟁으로 장거리 전화 사업의 수익 악화 무선 통신 시장 진입 실패
SONY	신제품 출시 지연 CEO의 성급한 소프트웨어 성장 전략으로 본업인 하드웨어 경쟁력 약화
KODAK	필름에서 디지털카메라로 신속한 사업 전환에 실패
BOEING	군수 사업에 치중하다 에어버스에 민항기 시장을 빼앗김
Delta · NWA	저가 항공사의 공략과 유가 급등으로 수익성 악화

나. 성장을 지속한 기업에는 독특한 성공 비결이 있다(정지택/김영진, 조선일보, 2007)

'다이아몬드는 영원히' 라는 메시지로 전 세계 소비자들에게 다이아몬드의 대명사로 인식되고 있는 '드 비어스(De Beers)'. 19세기 말 한 탐험가에 의해 설립된 이 회사는 20세기 들어 전 세계 다이아몬드 산업의 75%를 장악하며 막강한 위세를 떨쳤다. 그러나 끝없이 지속될 것 같던 이 회사도 1990년대 말에 이르러서는 마이너스 성장, 수익률 제로, 시장점유율 40%대 하락 등으로 큰 위기를 맞았다.

그때까지 드 비어스의 전략은 한마디로 '공급을 통제하는 전략' 이었다. 그러나 성장률이 급락하자 경영진은 깊은 고민에 빠졌고, 그 동안 충분히 활용하지 못했던 '고객 자산' 에서 돌파구를 찾기로 결정했다. 즉, 광산과 다이아몬드 원석이라는 유형 자산에서, 고객과의 돈독한 관계와 드 비어스 브랜드로 전략적 초점을 옮겨 갔다. 이에 따라 다이아몬드 원석 재고의 80%를 팔아 치우고, 새로운 형태의 브랜드, 유통, 보석 디자인, 고객 세분화에 나섰다. '다이아몬드는 영원히' 와 같은 엄브렐러 마케팅(umbrella marketing, 핵심 브랜드를 중심으로 하위 브랜드를 성장시키는 마케팅) 콘셉트까지 도입하기에 이른다. 결과는 괄목할 만했다. 다이아몬드 사업의 성장률은 마이너스에서 연간 5%대로 올라섰다. 사업 가치는 1999년 10억 달러에서 불과 2년 만에 93억 달러로 폭발적으로 늘어났다.

50년 전 있었던 미 500대 기업 중 현재까지 겨우 80개만 살아남아

<u>지속적인 성장을 이룬 기업의 공통점</u>
① 먼저 핵심 사업에 집중하여 성공
② 핵심 사업을 인접 영역으로 확대
③ 환경의 변화에 따라 변신에 성공

(1) 기업 성장에 관한 냉혹한 현실

'수익성 있는 성장' 을 멈추지 않는 것은 모든 기업의 과제이다. 시장이 성장하는 한, 기업은 생존을 위해서라도 성장하지 않으면 안 된다. 문제는 이를 달성하는 것이 말처럼 쉽지 않다는 점이다. 베인이 전 세계 8400여 개 주요 기업들을 15년 이상 분석한 결과, 산업 평균만큼의 성장성과 수익성을 10년 이상 매년 지속적으로 낸 기업은 전체의 10%도 되지 않았다. 30년 전 미국의 500대 기업 중 현재 남아 있는 기업은 140개에 불과하고, 50년 전과 비교하면 80여 개밖에 안 된다는 것은 이제 놀라운 사실도 아니다. 승자와 패자가 단기간에 확연히 갈리게 된 경우도 많다. 나이키와 리복이 대표적인 사례이다. 1980년대 후반만 하더라도 '운동화 시장의 코카콜라와 펩시'로 불리며 박빙의 승부를 펼치던 두 회사는, 2000년대 초반 나이키의 완승으로 끝났다. 시장 가치는 8배 이상 벌어졌고, 결국 리복은 최근 아디다스에 인수됐다.

경영자들이 성장을 제1과제로 삼고 노력하는 반면 대부분 이를 달성하지 못하는 것은 무엇을 의미하는가? 기업들이 추진하는 성장 전략이 주주 가치 극대화나 지속성 측면에서 거리가 먼 시도였거나 더 이상 유효하지 않다는 뜻이기도 하다.

(2) 흔히 범하는 성장 전략상의 오류들

일단 기업의 성장세가 꺾이기 시작하면 경영자들은 즉시 매우 심각한 상황으로 받아들인다. 실제로 지속적으로 성장하던 기업이 한번 부진의 늪에 빠진 경우 다시 성장세를 회복한 사례는 10%도 안 된다. 이를 경험적으로 잘 아는 경영자들은 많은 경우 성급하고 무리한 대안을 추구한다.

가장 많이 시도하는 대안은 대규모 인수·합병 등을 통한 빅뱅 식의 변혁이나, 이른바 뜨는 산업(hot industry)으로 진출하는 것이다. 하지만, 이러한 시도를 통해 매출 성장, 이익 창출, 주가 성장을 동시에 이룰 수 있는 가능성은 매우 낮다. 대규모 인수·합병의 예를 보자. 미국에서 지난 10년간 가장 많은 이목을 끌었던 15개의 빅뱅 사례에서, 해당 기간 동안 시장 평균을 웃도는 주가 성장률을 보인 기업은 한 곳도 없었다. 11개 기업은 주가가 떨어졌고 그 중 7개 기업은 반 토막이 났다. 이는 같은 기간 나머지 전체 기업들의 평균 성과 및 주가 실적보다 훨씬 떨어지는 것이다. 이외에도 한 방에 부진을 털어내는 게 얼마나 어려운지 보여주는 사례는 너무나 많다.

다각화의 경우도 마찬가지이다. 상대적으로 쉬워 보이는, 기존 핵심 사업의 인접 분야로 확장하려는 시도는 평균 성공률이 25% 미만이다. 또한 핵심 사업 인접도가 떨어질수록 대부분 실패하는 것으로 나타났다. 특히 핵심 사업과 거리가 먼, 뜨는 산업으로 비관련 다각화에 나설 경우 성공 확률은 거의 도박에 가깝다고 해도 과언이 아니다.

(3) 영원한 성장 공식은 있는가

베인이 수익성 있는 성장을 달성한 성공 기업을 분석한 결과를 보면, 대부분이 집중(focus), 확장(expand), 재정의(redefine)의 성장 사이클을 따라 발전해 온 것으로 나타났다.

우선, 지속 성장의 제1 필수 조건은 '누구도 넘볼 수 없는 경쟁력을 가진 핵심 사업을 가지는 것' 이다. 앞에서 언급한 10%도 안 되는 성공 기업들은 대부분 이러한 성공 원칙을 지켜가고 있다. 이후 확장 단계에서, 성공 기업들은 강력한 핵심 사업을 바탕으로 인접 영역으로 확장을 시도한다. 예를 들어 새로운 지역, 새로운 고객군, 신규 유통 채널 등으로 확대하는 것이다. 여기서는 핵심 사업과 가까운 곳부터 시작하여 하나의 성공 공식을 만들고 이를 철저히 반복해 나가는 게 특징이다. 예컨대 나이키가 신발, 의류, 공 등으로 확장하는 전략을 농구, 테니스, 축구, 골프 등에 되풀이해 적용하여 성공한 것은 널리 알려진 사례다.

한편, 최근의 상황을 보면 변화의 속도가 점점 빨라지고 업계의 지각 변동이 일상적인 상황이 되면서 회사의 전략을 근본적으로 수정해야 하는 필요성이 그 어느 때보다 증가하고 있다. 즉, 기존 핵심 사업이 산업 환경 변화로 인해 근본적인 성장 한계에 부딪힌 기업들은 기존 핵심 사업을 어떻게 재정의하고 부활시킬 수 있을 것인가가 대단히 큰 이슈로 등장했다. 베인의 분석에 따르면, 앞으로 10년 후면 기업의 30%만이 현재 핵심 사업을 그대로 유지하는 반면, 40%의 기업은 망하거나 합병을 당하게 되며, 나머지 30%의 기업들은 핵심 사업 자체를 재정의해야 할 상황을 맞을 것으로 예상된다.

요 약

기업이란 사회 구성원들(시장)에게 재화(상품)와 서비스를 제공할 목적으로 기업 자원을 활용하여 고유의 업무를 수행하는 조직적인 접근 방식을 가진 시스템이다. 이 정의에는 기업의 기본 개념을 구성하는 세 가지 요소, 즉 제품과 시장, 기본 업무 활동 그리고 기업 자원이다. 세 가지 요소가 기업의 가치를 규정하는데, 이 가치를 혁신함으로써 지속적인 성장을 거듭하게 된다. 그러므로 기업은 자기의 내부역량과 외부 환경을 고려하면서 가치를 경쟁 우위 확보 또는 무경쟁 시장 창출하는 방향으로 혁신한다. 특히 방향을 설정하고 가치를 혁신하는데 정보기술을 활용하게 된다. 이 정보 기술을 토대로 구축된 시스템, 즉 기업 정보 시스템이 오늘날 기업 의사결정에 중요한 역할을 한다.

주요용어

기업, 가치, 가치 혁신

경영 전략, 가치사슬

연습문제

1. 기업의 가치 사슬은 무엇을 의미하는가?
2. 기업의 가치 혁신은 무엇을 말하는가?
3. 레드오션과 블루오션은 무엇을 뜻하는가?
4. 기업의 경영 전략은 무엇을 반드시 고려해야 하는가?
5. 지속적으로 성장하는 기업은 어떠한 특성들이 존재하는가?

CHAPTER 2

제02장 기업의 자원

제1절 정보 자원

기업을 이루는 구성 요소로서 종래에는 인적, 물적, 금전적 자원으로 나누었다. 그러나 급신장한 기술의 영향과 사회 발전의 영향으로 여기에 무형 자산(정보)이라는 항목이 하나 더 추가된다. 이 중 인적 자원이란 기업에 있어 노동을 제공하여 일을 하는 가장 기본적인 요소이다. 그리고 물적 자원, 금전적 자원이란 인적 자원이 기업의 목적을 위하여 운영해 나가는 수단이다. 고객의 신뢰, 상표 이미지, 유통 관리, 기업 문화, 관리 기술 등이 모두 무형 자산이다. 이 무형 자산은 기업의 역사 속에서 축적되어 온 정보나 노하우(knowhow)로서 기업의 다른 유형 자산들 못지않게 기업의 효과적인 운영을 위해서 필수적이다.

정보 사회의 주체가 되는 '정보'와 정보의 기본이 되는 '데이터'에 대하여 한 번 생각해 보자. 광의의 데이터에는 정보라는 개념이 포함되어 있기는 하지만 정보를 학문으로 하는 우리의 '정보'와 '데이터' 간의 정확한 구분과 특징을 잘 알아야 한다. 데이터란 ①정보의 자원이며, ②관찰이나 측정을 통해서 인지된 사실, ③정리되지 않은 자료를 의미한다. '정보'는 시시각각으로 변하는 일을 우리가 알기 쉽고 이해하기 쉽게 가공 · 처리된 데이터를 의미하는 것으로, ①기준에 의거하여 정리되고 기록된 데이터, ②판단을 필요로 하는 상황에서 의사 결정의 근거가 되는 자료, ③일정한 형태로 표시되어진 자료의 집단이다.

정보라는 자원은 인적, 물적, 금전적 자원처럼 획득과 이용에 비용(cost)이 발생되고, 정보의 결합으로 부가가치(value)가 창출되며, 효과적인 이용을 위해 적절한 관리 통제(control)가 필요하다.

이러한 정보의 특징은 다음과 같다.

첫째, 비소비재(非消費財)이다. 아무리 써도 정보라는 것은 한번 저장시켜 놓으면 지우지 않는 한 계속 쓸 수 있다. 둘째, 비이전성(非移轉性)을 들 수 있다. 정보를 복사하여 남에게 이전하였다 할지라도 그 정보의 원본은 원 소유주에게 계속 남아 있다. 셋째, 누적 효과성이다. 정보를 많이 가지면 가질수록 보다 많은 가치를 포함하게 된다는 것이다. 한 예로 이 특징 때문에 일본은 데이터베이스 구축에 실패한 적이 있다. 일본이 데이터베이스를 구축하려 할 당시 미국은 제일 많은 정보를 가지고 있었다. 일본은 정보를 집적하려고 노력하였으나 많은 시간, 엄청난 비용, 계속적인 정보의 증가라는 난점이 있었다. 그래서 마지막으로 일본이 내린 결론은 그 데이터베이스를 미국으로부터 사들이는 것이었다. 넷째, 신용가치성이다. 아무리 많은 정보를 가지고 있더라도 그 정보의 정확성이 떨어진다면 그 정보는 휴지 조각인 것이다. 그러므로 이 특징은 정보의 생명을 결정짓는 것이다. 다섯째, 부가가치성이다. 정보를 이용함으로써 기업의 경영이라든가, 기술 개발 비용을 많이 절감할 수 있다. 여섯째, 문화성이다. 정보는 금전으로 환산할 수 있는 전환체일 뿐만 아니라 정보가 이루어지는 당시의 문화적 성질을 내포하고 있다.

정보는 환경 정보와 기업 정보, 그리고 내부 정보로 분류될 수 있다. 환경 정보는 환경으로부터 기업으로 흐르면서 환경과 관련된 무형 자산을 창출한다. 여기에는 생산 기술, 고객 정보, 정보 채널, 국가 정책 등이 포함된다. 기업 정보는 기업으로부터 환경으로 흐르며, 기업의 명성, 상표 이미지, 기업 이미지, 유통 채널과 부품 공급자에 대한 영향, 마케팅 노하우 등과 같은 무형 자산이 속한다. 내부 정보는 기업에서 시작되어 기업에서 끝나는데, 무형 자산에 영향을 미친다. 기업의 정보 관리 능력, 의사 결정을 위해 정보를 가공하고 활용하는 구성원들의 능력, 종업원들의 기질과 노력 · 규범뿐만 아니라 기업 문화, 종업원의 사기, 경영 능력 등이 여기에 포함된다.

경영 정보는 경영 활동상의 의사 결정에 필요한 모든 정보를 뜻하는 것으로, 기업 내부 및 외부로부터 수집되는 자료 및 이 자료를 처리한 정보들이다. 일반 개인이 의사 결정을 할 경우, 의사 결정에 있어서 정보의 수집으로부터 처리, 가공, 최종 결정에 이르는 전체 과정이 개인에 의하여 이루어지나, 기업의 의사 결정에 있어서는 이 과정이 조직 전체의 힘에 의하여 이루어진다. 즉 관리의 계층 조직과 부문별 · 사업별 조직의 형태에서 경영 정보가 지시, 보고 등의 형식으로 수직적 또는 수평적으로 흐르게 된다.

기업이 어떻게 정보 시스템과 유기적으로 연결되어 있으며, 기업의 중요성 및 역할은 무엇인지 살펴보자. 기업이 정보 기술을 활용하여 경영 정보를 의사 결정자에게 전달할 목적으로 구현한 것이 기업 정보 시스템이다. 우리는 기업 정보 시스템의 중요성은 대체적으로 잘 인식하고 있다. 그러나 이것이 왜 기업 경영에 있어서 중요한 것인지는 잘 모르고 있다.

기업 경영에 있어서 정보 시스템이 필요한 이유는 다음과 같다. 첫째, 소비 주체의 다양성을 들 수 있다. 종전에는 소비자의 선택 폭이 좁고, 또한 모델에 제한성을 두었다. 그러나 현재에는 소비자들의 개인적 욕구까지도 충족시켜야만 제품을 선택하므로 그 다양한 욕구를 빠른 시간에 충족시키기 위해서는 컴퓨터라는 빠른 저장 · 처리 매체를 써야만 하는 상황에 도달하였다. 둘째, 기업은 더 이상 정적인 환경 속에서 활동하는 것이 아니라 빠르게 변화하는 사회 환경 속에서 활동하므로 경영자는 빠른 시간에 다양한 형태의 의사 결정을 내려야만 하는 상황에 있는 것이다. 셋째, 경영에 있어서 보다 효율적 · 효과적 관리와 운영을 필요로 하고, 경영자는 업무 처리 속도면에서뿐만 아니라 질적인 관리면에서도 노력을 기울여야 하며 다양한 경영 기법을 적용 및 운영해야만 한다.

1. 시스템

기업 정보 시스템에 대해 설명하기 전에 우선 시스템이 무엇을 의미하는가를 알아보자. 모든 시스템에는 [그림 2-1]과 같이 세 가지 공통적인 활동 사항들이 있다.

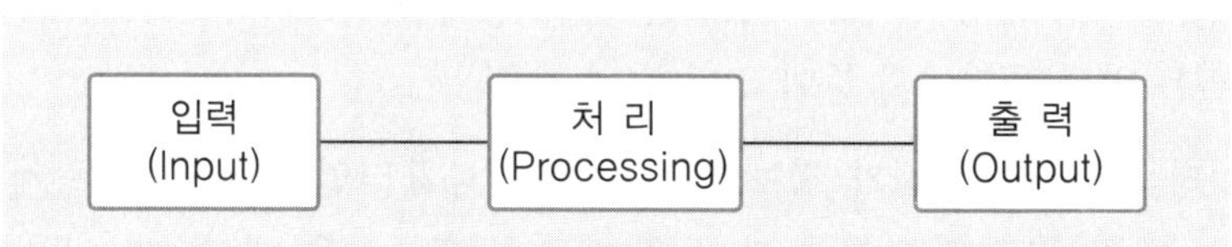

[그림 2-1] 시스템의 기본 활동

첫째, 입력이라는 활동 사항이다. 입력이라는 의미는 결과나 출력을 산출하기 위하여 어떤 자료나 필요한 재료를 기구나 시스템에 집어넣는 활동을 말한다. 기업에 있어서는 상품을 만들어 내기 위한 기업 자원들이 입력 활동의 대상물일 것이며, 정보 시스템에 있어서는 자료나 정보가 입력 활동의 대상물이다.

둘째, 처리 과정이라는 가공 과정을 거친다. 처리 과정은 대상물을 처리 목적에 의해 준비, 변환, 처리하는 것을 뜻한다. 기업에서는 인사, 마케팅, 제조, 재무 같은 기본 업무 활동이 처리 과정을 담당하고, 컴퓨터가 주가 된 정보 시스템에서는 컴퓨터가 일을 담당한다.

셋째, 출력 과정이다. 출력 과정은 처리 과정이 끝난 생산물을 실제로 보여주는 것으로서 시스템 성능 판단의 기준이 된다. 기업에서는 완제품과 서비스가 출력의 대상이 되며, 정보 시스템에서는 정보가 될 것이다.

시스템이란 개념을 정의해 보면 조직을 구성하며, 조직 속에서 일련의 작업 활동(입력 → 처리 → 출력)을 통하여 조직의 공통된 목표를 추구하기 위한 수단으로 구성된 소조직이라 할 수 있다.

2. 기업 정보 시스템 기본 활동

기업 정보 시스템이란 조직이 가지고 있는 목적을 달성하기 위하여 자료를 획득, 처리, 출력하는 활동을 컴퓨터를 이용하여 행하는 것을 말한다.

이 정보 시스템의 기본 활동은 [그림 2-2]와 같이 다섯 가지로 분류할 수 있다.

① 자료 입력 : 정보 시스템에서도 공장과 마찬가지로 산출물을 만들어 내기 위하여 데이터라는 자원의 공급을 필요로 한다. 이 자원을 기업 경영의 일일 거래 자료, 생산품의 재고 자료 등과 같은 것들로서, 회사의 이런 자료들은 일련의 양식이나 서류로 되어 있으므로 처리라는 개념이 포함된 입력 작업이다. 이러한 입력 작업에 동원되는 기구로는 광학 스캐너, 키보드, 편의점에서 흔히 볼 수 있는 바코드 리더기 등이 있다.

② 데이터 처리 : 데이터가 정보가 되기 위한 대표적인 처리 방법은 계산, 비교, 정렬, 분류, 그리고 요약 등이 있다. 이러한 활동들은 데이터가 이용자에게 가치 있는 정보로 전환되게 한다.

③ 정보 출력 : 다양한 형태의 정보는 정보 이용자에게 제공되고, 정보 이용자들은 제공된 정보들을 유용하게 사용한다. 정보 시스템의 목표는 정보라는 산출물을 최종 이용자들에게 최적으로 제공하는 것이다. 일반적으로 산출물의 출력 형태는 일정한 형식의 문장, 그림, 음성들이며, 이러한 출력들은 업무의 능률 증진에 기여한다.

④ 데이터 저장 : 저장이라는 개념은 모든 시스템에 있어서 기본 구성 요소이다. 물론 일시적 처리를 목적으로 하는 시스템에서는 필요 없겠지만, 어떤 기간을 두는 시스템이라면 기간 동안의 거래 정보 축적은 필수적이다. 그리고 저장이라는 활동은 데이터를 구조화된 방법으로 저장하여 나중에 쓰기 위한 목적을 가지고 있다.

⑤ 시스템 활동 제어 : 정보 시스템은 반드시 자기 자신을 검사하여 틀린 부분이 있으면 개선하는 피드백(feedback)이 필요하다. 이 피드백은 정보 시스템 내의 저장, 입력, 출력, 처리를 감시하며, 기존에 설치되어 있는 기준과 비교하여 시스템을 평가 · 검사한다. 평가 검사 후 기준과의 오차가 발생하면 시스템 활동 제어가 이를 바로잡아 최종 정보 이용자들이 바른 정보를 쓸 수 있도록 한다. 만약 이 시스템 제어부가 기준을 인지하지 못하거나, 시스템에 오류가 발생한다면 정보는 그만큼 질적인 면에서 떨어지게 되므로 시스템 제어부는 정보의 품질을 담당하게 된다.

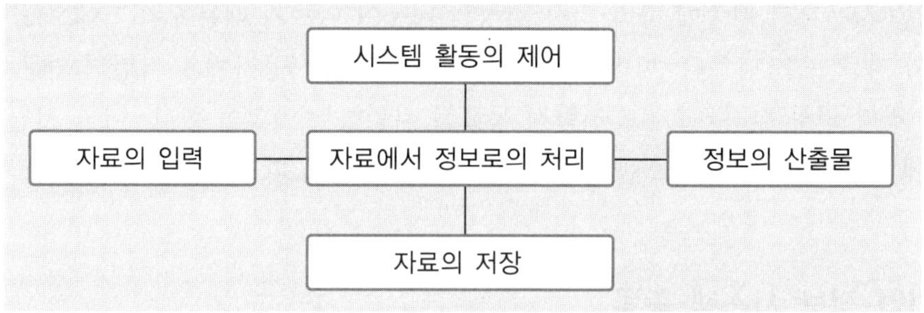

[그림 2-2] 기업 정보 시스템의 기본 활동

3. 기업 정보 시스템 역할

기업 정보 시스템은 최종 사용자들의 의사 결정 과정에서 매우 중요한 역할을 한다. 의사 결정자는 자기의 경험, 직관, 감각만을 가지고 판단을 하여 행동을 취하기보다는 과학적 의사 결정 과정을 필요로 하게 되었다. 보다 합리적이고 정확하며 빠르게 의사 결정을 하기 위해서 의사 결정자는 기업 정보 시스템을 이용한다. [그림 2-3]은 의사 결정자가 문제 해결에 관한 의사 결정 과정 중 기업 정보 시스템의 위치를 보여 주고 있다.

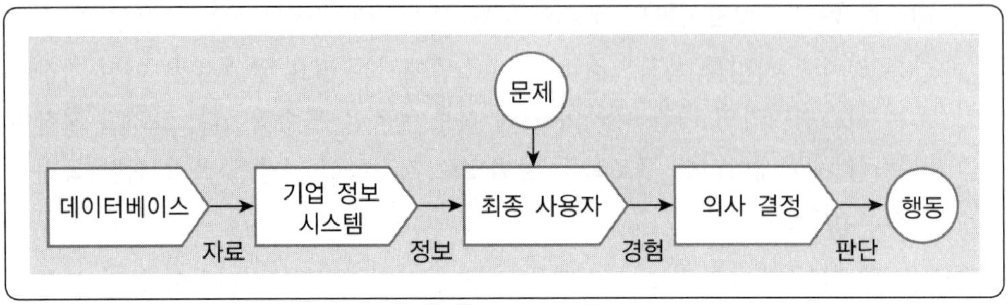

[그림 2-3] 의사 결정자가 직면하고 있는 문제에 관하여 의사 결정을 할 수 있도록 기업 정보 시스템은 그에게 정보를 제공한다.

여기서 문제는 어떻게 되면 좋을까라는 목표(있어야 할 모습, 바람직한 상태, 기대되는 결과)와 어떻게 되어 있는가를 뜻하는 현상(실제의 모습, 예상되는 상태, 예기치 못한 결과)과의 엇갈림으로서 해결해야 할 사항이다. 정보 시스템이 데이터베이스에 있는 자료를 처리하여 의사 결정에 필요한 정보를 문제에 직면한 의사 결정자에게 제공한다. 이 정보를 바탕으로 자기 경험을 더하여 문제 해결에 대한 판단을 내려 행동으로 옮기게 된다.

최종 사용자의 계층에 따라 의사 결정의 내용이 다르기 때문에 여기에 제공되는 정보와 자료 또한 다르다. 따라서 정보 시스템은 최종 사용자에게 기업의 기본 업무 활동, 경영 의사 결정, 그리고 전략적 목표를 지원하는 역할을 한다. 이를 지원하는 내용에 따라 기업 정보 시스템의 종류 및 변천 과정을 살펴보겠다.

4. 기업 정보 시스템 종류

경영 정보 시스템(MIS)은 초기에는 시스템 개발자 관점에서 시스템을 사용하는 이용자들에게 정보를 공급(supply)하는 시스템으로 인식하였다. 크게 광의의 MIS와 협의의 MIS, 이 두 종류의 견해로 분류할 수 있다. 이 가운데 전자는 MIS를 TPS(Transaction Processing Systems), IRS(Information Reporting Systems), OAS(Office Automation System), DSS(Decision Support System) 등을 모두 포괄하는 개념으로 보는 견해(McLeod, 1986)인 반면에 후자는 MIS를 곧 IRS라고 하는 견해(Kroeber and Watson, 1984)이다. 물론 이 두 가지 견해를 좀더 세분화하여 절충하면 그 포괄 범위가 중간 정도로 다양하게 나누어질 수 있다. 예를 들어 MIS를 TPS와 IRS가 통합된 정도의 시스템으로 보는 견해도 있다

(Ahituv and Neumann, 1986). 한편 협의의 MIS관을 갖고 있는 학자들은 광의의 MIS 개념에 상응하는 개념으로서 OIS(Organizational Information Systems)라든가 CBIS(Computer-Based Information Systems)라는 용어를 주로 쓰는데, 경우에 따라서는 단순히 IS(Information Systems)라고 하기도 한다.

이 책에서는 기업 정보 시스템(Business Information System)을 경영 활동에 초점을 두고 정보를 지원하는 컴퓨터 정보 시스템(CBIS)과 조직 기능에 따라 정보를 제공하는 조직 정보 시스템(OIS)으로 분류하며, 이후 전개해 나가는 용어는 기업 정보 시스템 혹은 정보 시스템으로 사용하기로 한다.

오늘날 기업 정보 시스템(BIS)은 시스템을 활용하는 이용자들이 경영 정보를 요구할 때마다(on demand) 필요한 정보를 제공해야 한다는 것이다. 지금까지 독립적으로 이야기되고 접근되던 각각의 컴퓨터정보시스템(CBIS)과 조직정보시스템(OIS)이 전사적인 측면에서 전사적 자원 관리(ERP) 시스템으로 통합되고 있다. 이 시스템에 축적된 데이터는 웨어하우스로 이동되어 분석에 사용되며, 데이터 웨어하우스는 궁극적으로 지식 경영 시스템(KMS)과 연계 및 통합될 것으로 전망된다. 이러한

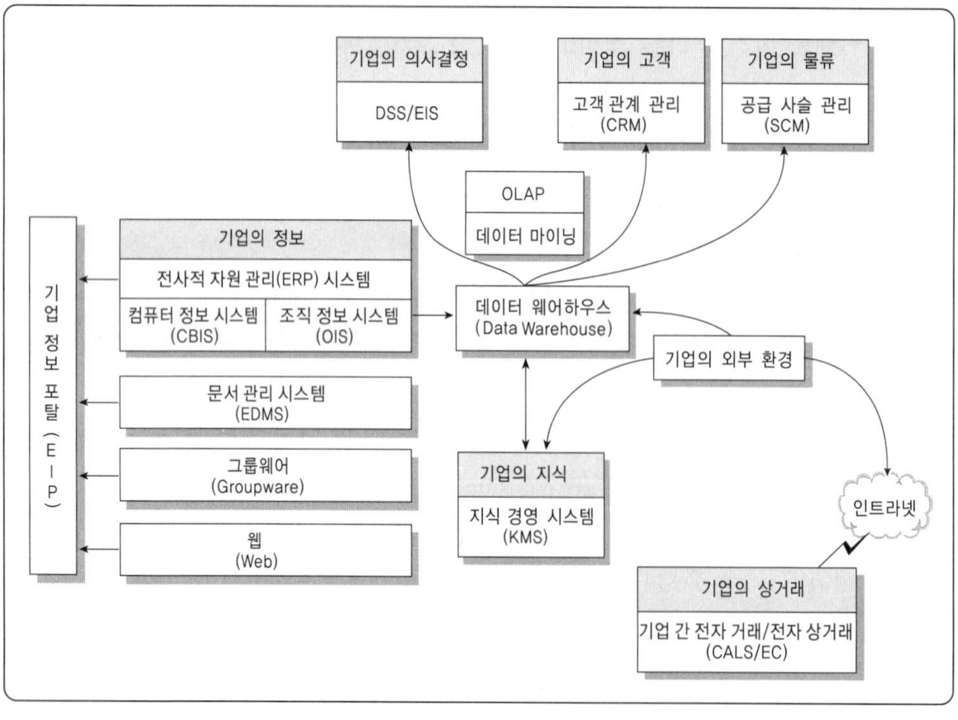

[그림 2-4] 정보 시스템들과의 관계

흐름을 나타내는 개념으로 최근 등장한 기업 정보 포탈(Enterprise Information Portal: EIP)을 들 수 있다. EIP는 기업 내에 존재하는 모든 정보 자산에 대한 접근 통로 역할을 수행한다. 데이터 웨어하우스는 의사 결정을 지원하기 위해 데이터를 통합하며, 주로 ERP 시스템에 축적된 데이터가 그 대상이 된다. 하지만 향후 기업은 데이터 웨어하우스를 포함해 기업 내 존재하는 SCM 및 CRM 등 모든 시스템을 유기적으로 연계하고 통합할 것이다. 아울러 이렇게 통합된 시스템은 인터넷 비즈니스라는 기업의 외부 환경에 적응하면서, 또한 인터넷을 이용하여 B2B, B2C 사업을 활성하고자 전략적 무기로 변모할 것으로 판단된다. [그림 2-4]는 기업 정보 시스템, 기업 지식 경영 그리고 기업의 전자 상거래의 관계를 보여준다.

제2절 정보 기술 개요

정보 기술은 전반적 분야의 기술을 포괄하는 의미를 가진다. 정보 기술을 분류하자면 정보를 수집하는 기술, 정보를 처리하는 기술, 정보를 제공하는 기술과 여기에 쓰이는 기계적 기술로 나눌 수 있다. 정보 기술은 그 동안 계속적으로 비약적인 발전을 해 왔다. 정보의 수집면에서 본다면, 개개인에게 질문하여 정보를 얻는 방법에서부터 최근에는 컴퓨터를 이용하여 정보를 수집하는 방법에까지 이르렀다. 이처럼 정보 기술은 여타의 기술(인쇄술의 발달, 전자 기기의 발달)과 발맞추어 발전해 왔음을 알 수 있다.

이러한 관점에서 정보 기술은 기업 경영과 관련하여 '자료 또는 정보의 저장, 처리 및 의사 소통 기능을 지원함으로써 경영자의 업무적, 전략적 의사 결정을 돕는 제반 기술' [Bakos and Tracy, 1986]로 정의될 수 있으며 혹은 넓은 의미에서 '조직의 정보 자원과 이를 이용하는 사용자들, 또 이 모든 것에 대한 관리의 집합을 의미하는 것이며 이는 조직의 IT Infrastructure와 다른 모든 정보 시스템을 포함하는 것이다. 또한 IT는 정보 시스템과 같은 의미로 사용되기도 한다.' [Terban, Rainer and Potter, 2004]로 정의될 수 있다.

1. 정보 기술 특성

정보 기술은 다음과 같은 세 가지 효과를 가져다주기 때문에 기업은 경영 활동에 성공적으로 도입하고자 노력하고 있다.

첫째, 통신망의 보급과 재정비로 인해 의사소통(communication) 채널이 다양해진다. 즉, 공간과 시간에 제약을 받지 않고 의사를 교환하고 정보를 공유할 수 있다. 예를 들면 은행과 고객 간에 업무가 모두 통신으로 이루어짐으로써 고객과 은행 간의 거리, 즉 은행 방문에 소요되는 시간이 불필요하게 되는 것이다. 또한 홈쇼핑으로 백화점이나 상점에 가는 데 필요한 시간의 낭비를 없앤다.

둘째, 사무실이나 공장의 자동화 및 효율화로 인해 제품이나 서비스의 생산 등에 소요되는 작업에 대한 부담을 덜어 주는 것이 가능하다. 그로 인해 자원 분배 의사결정이나 생산품, 고객, 종업원에 대한 의사 결정이 조직 자체에서 평가하는 것이 가능해진다. 그 예로 기업 내 주문 처리 부서가 없어지고 고객이 직접 주문을 구성하고 처리하는 업무 절차의 간소화 등이다.

셋째, 조직의 기억장치(memory)를 보유할 수 있다. 기업은 갖가지 정보를 데이터베이스화해서 보유하며, 의사 결정자 혹은 정보 이용자는 개인용 컴퓨터나 멀티미디어를 활용해서 모든 정보를 자유자재로 이용하며 원하는 형태로 변경하거나 변경된 정보를 요구하여 의사 결정에 필요한 기초 자료로 활용한다. 이 기억장치는 기업이 전략적 계획을 수립하는 데 매우 중요한 역할을 하게 된다.

2. 정보 기술 구성 요소

정보 기술의 구성 요소는 [그림 2-5]에서 보여주듯이 IT Infrastructure와 정보 시스템으로 이루어진다. 상세한 내용은 정보 기술을 다루는 참고 서적을 참조하기를 바란다.

[그림 2-6]는 E-Tourism본부의 IT 구성도를 보여준다. E-Tourism은 한국관광공사가 2005년도에 새롭게 조직을 개편하면서 생긴 여섯 개의 부서중 하나로서 관광 테크놀로지 기반의 중장기 경영 목표 달성을 위한 정보화 사업 관리 총괄, 의사결정 및 각 본부별 사용자 부서의 정보화 요구 사항에 대한 분석, 조정 업무 총괄을 담당하는 곳이다.

E-Tourism본부는 다시 기획팀, 국내외 온라인팀, U-Tourism 개발팀, 정보 시스템 운영팀, 관광 정보 시스템팀의 여섯 부분으로 나누어지며 직원의 직위별, 단계

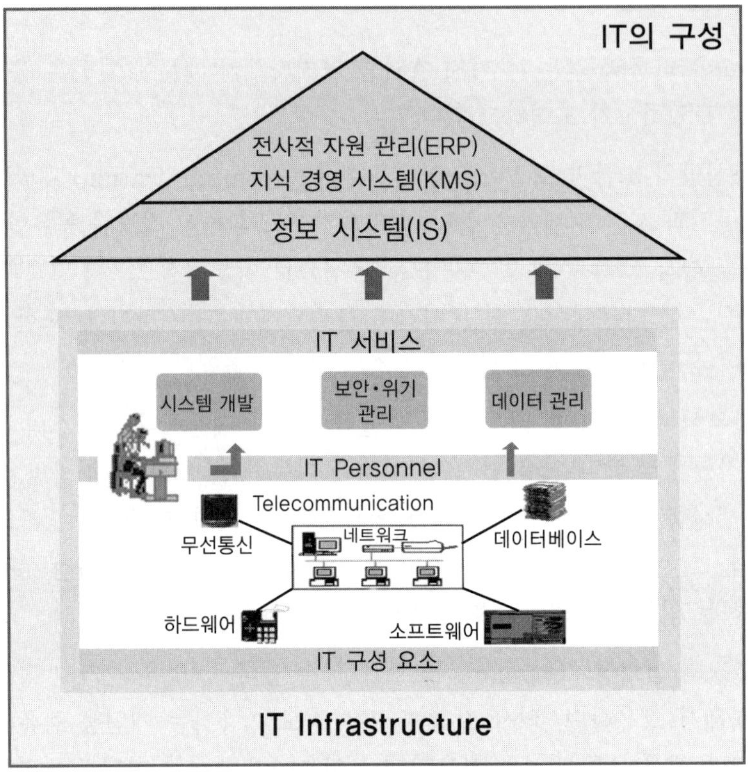

[그림 2-5] 정보 기술은 IT Infrastructure와 정보 시스템으로 구성된다.

별로 의사결정권의 범위와 내용이 구분되어진다.

정보 시스템으로는 ERP(Enterprise Resourse Planning)와 TPS[1] (Transaction Processing System)을 사용하고 있으며 IT Infrastructure는 IT Governance[2], Intranet, Extranet, Virtual Reality[3], ASP[4], WAP와 같은 IT 구성 요소와 이를

1) 거래 처리 시스템. 3장 참조

2) 기업의 이사회 혹은 경영진에 의해 IT 활동의 효과성, 투명성, 책임성의 대상으로 IT의 경영적인 가치를 극대화 할 수 있도록 IT의 개발, 운영, 활용 등 전반적인 사항들을 전사적이고 전략적인 차원에서 관리함을 말한다.

3) 사람들이 일상적으로 경험하기 어려운 환경을 직접 체험하지 않고서도 그 환경에 들어와 있는 것처럼 보여주고 조작할 수 있게 해주는 것이다. 가상현실은 넓이, 높이, 깊이의 삼차원 내에서 시각적으로 경험될 수 있는 실제적이거나, 또는 상상 속 환경의 모의실험을 말한다. 인공현실(artificial reality),사이버공간(cyberspace), 가상세계(virtual worlds), 가상환경(virtual environment),합성환경(synthetic environment), 인공환경(artificial environment)이라고도한다.

4) Application Service Provider의 약자. 다수의 기업을 대상으로 기업의 비즈니스 애플리케이션의 일부 혹은 전부를 네트워크를 통해 임대해 주는 서비스 사업자를 말한다, ASP는 개인 컴퓨팅 서비스부터 기업 정보 시스템까지의 애플리케이션 전 영역을 서비스의 대상으로 한다.

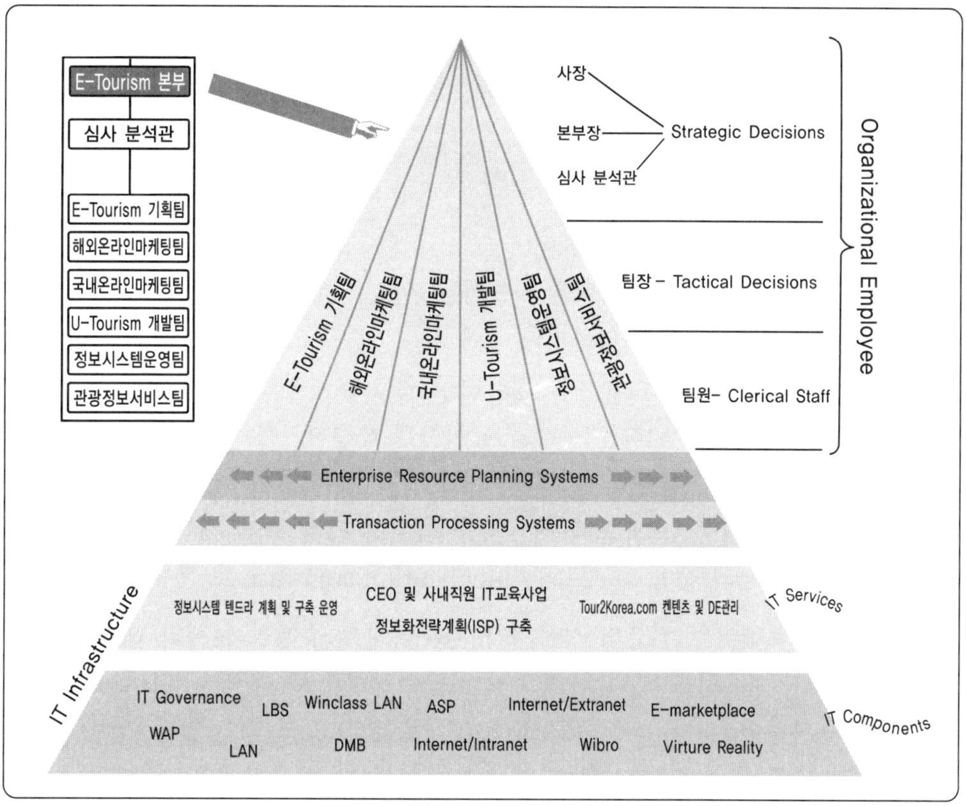

[그림 2-6] E-tourism의 IT 구성도

이용, 정보 시스템 인프라 계획 및 구축 운영, CEO 및 사내 직원 IT 교육 사업, 정보화 전략 계획(ISP) 구축, Tour2Korea.com 컨텐츠 및 DB관리와 같은 내용의 IT Service로 이루어져 있다.

가. IT Infrastructure

조직의 Information Technology Infrastructure는 조직 전체를 지원하는 물리적 설비, IT 구성요소, IT 서비스, IT 관리로 구성되어 있으며 IT 구성 요소는 IT 서비스를 제공하기 위해 IT 담당직원에 의해 사용되는 하드웨어, 소프트웨어, 커뮤니케이션 기술들로 이루어져 있다.

IT 서비스는 데이터 관리, 시스템 개발, 보안 경비를 포함하며 IT Infrastructure는 이러한 요소들을 함께 통합, 운영, 문서화, 유지, 관리 프로세스까지를 포함한다. 또한 IT Infrastructure는 특정 전산 자원들을 배열하고 운용, 관리하는 방법에 대하여 알려준다.

1) IT Components

가) Hardware and Software

하드웨어(hardware)와 소프트웨어(software)로 나누어 이야기한다. 하드웨어란 기계만으로 구성된 컴퓨터 시스템을 지칭하는 말로 기계 그 자체만을 의미하며, 소프트웨어는 이 하드웨어를 운영하거나 활용하는 기술로 프로그램을 나타낸다. 소프트웨어는 컴퓨터 사용자로 하여금 컴퓨터를 쉽고 효율적으로 사용하도록 도와주거나 컴퓨터를 이용하여 원하는 문제를 용이하게 해결하도록 도와준다. 이와 같이 컴퓨터를 운영하거나 활용하는 기술, 즉 소프트웨어를 다른 말로 프로그램(program)이라고 한다. 소프트웨어는 사용 목적에 따라 크게 시스템 소프트웨어(system software)와 응용 소프트웨어(application software)로 분류된다.

시스템 소프트웨어는 컴퓨터 사용자가 컴퓨터에서 주어진 문제의 해결을 쉽고 효율적으로 할 수 있도록 지원해 주는 프로그램으로 운영체제(operating system), 컴파일러(compiler), 링커(linker), 로더(loader) 등이 있다. 일반적으로 시스템 소프트웨어는 컴퓨터 전문가가 개발하여 일반 사용자에게 보급한다. 응용 소프트웨어는 컴퓨터 사용자가 시스템 소프트웨어의 도움을 받아 주어진 문제를 해결하기 위해 작성한 소프트웨어로 응용 분야에 따라 수많은 종류의 소프트웨어가 존재한다.

나) Database and DBMS(DataBase Management System)

데이터베이스 관리 시스템(database management system)은 사용자로 하여금 이와 같은 데이터베이스를 만들고, 사용자가 입력한 데이터를 체계적으로 잘 조직화하여 구축한 데이터베이스에 저장하게 하며, 데이터베이스로부터 필요한 데이터의 검색을 빠르고 쉽게 하고, 새로운 데이터로 데이터베이스를 갱신하는 등의 일을 수행한다.

데이터베이스의 목적은 기존의 여러 데이터 파일을 하나로 집적시켜 통합 관리하고, 모든 사용자 간에 데이터를 공유하게 하며, 데이터가 바뀐 경우 빠르고 쉽게 그 변화를 반영하고, 데이터 파일의 사용을 쉽게 한다. 또한, 데이터를 저장하거나 검색하는 비용을 줄이고, 데이터의 정확성과 일관성을 유지하며, 허가받지 않는 사용자로부터 데이터의 접근을 금지하는 보안 기능을 높이는 것이다.

다) Telecommunications and Networks(데이터 통신)

원격 통신(telecommunication)은 원거리를 나타내는 그리스 단어 tele와 통신을 나타내는 단어 communication이 결합된 단어로 멀리 떨어져 있는 한 곳에서 다른 곳으로 정보의 손실이나 변화 없이 통신망을 통해 정보를 전송하는 것을 나타낸다. 원격 통신은 정보 송신자, 통신 매체, 그리고 정보 수신자로 구성된다.

데이터 통신(data communication)은 데이터 처리(data processing)의 데이터와 원격 통신의 통신이 결합된 단어로 원격 처리(teleprocessing)라 부른다. 데이터 통신은 넓은 의미에서 터미널이나 컴퓨터가 생성한 데이터를 전화선과 같은 공중 통신망이나 위성 통신 등과 같은 통신 매체를 사용하여 전달하는 환경을 의미한다. 모든 데이터 통신 시스템은 온라인 터미널과 실시간 처리, 그리고 빠른 응답 시간을 특징으로 갖고 있다. 또한 통신의 효율성을 높이기 위해 통신 장비들이 한 번에 여러 명의 사용자들을 서비스하며 컴퓨터 시스템은 데이터 통신 기능과 데이터 처리 기능을 수행한다.

라) Wireless Communications(무선 통신)

고정, 이동, 무선 측위, 위성 통신을 개인 및 기업에 제공하는 무선 통신이다. 향상된 무선 전화 서비스, 각종 모바일 서비스, 소형 · 경량 · 다기능 휴대 전화, 양방향 데이터 장비 등을 포함한다. 무선으로 데이터 및 비디오를 송수신할 수 있는 개인 휴대 정보 단말기는 물론 다른 전화망과도 통신할 수 있는 시스템이다.

2) IT Services

가) 시스템 개발

새로운 시스템을 개발하기 위한 일련의 작업 공정. 하드웨어, 소프트웨어 또는 방법과 절차 등을 포함하는 시스템 요구 분석, 시스템 설계(기본 설계와 상세 설계), 시스템 구현, 시험 및 평가, 문서화 및 품질 보증 등의 공정이 포함된다.

나) 보안 및 위기 관리

① 보안 관리: 자원에 접근할 수 있는 이용자에 관한 권한과 암호화를 위한 열쇠

를 관리 하는 기능 및 인증 데이터나 신분, 접근 권한, 보안 레이블, 감사 기록 파일, 레코드 등과 같은 정보 시스템 내의 중요 데이터를 보호하기 위하여 필요한 관리적 기능이다.

② 위기 관리: 조직의 위기에 대처해 조직에 바람직하지 못한 결과를 최소화시키고 그에 따른 신속한 조치를 취하는 일련의 행위. 위험 요소 확인, 측정, 통제를 통해 최소한의 비용으로 불이익을 극소화하는 활동 전반을 의미한다.

위기 관리는 조직 구조의 재편성과 위기 관리팀 선정 및 교육 개발, 위기 가능성 평가 비상계획 수립, 훈련 등 위기 관리 실행의 순으로 이루어진다.

다) 데이터 관리

하드웨어에 대한 접근을 제공하고 입출력 장치의 사용을 조정하는 시스템의 기능을 설명하는 일반적인 용어이다. 데이터의 구성, 분류, 자리 잡기, 회수, 저장, 유지와 관련된 운영 체계의 주요한 기능이다.

나. Information Technology Architecture

Information Technology Architecture는 조직의 지식 자산에 대한 고차원적 지도, 계획이라고 할 수 있는데 이것은 조직의 목적과 목표에 도달하기 위한 현재의 운영에 필요한 지침뿐 아니라 미래에 나아갈 방향을 보여주는 청사진의 역할을 하는 것이다.

IT Architecture에는 조직 및 모든 사용자들로부터 요구되는 정보, IT Infrastructure, 모든 애플리케이션들이 포함되어 조합되어 있으므로 관리자들은 이 Architecture를 이용하여 조직의 IT structure가 어떠한 전략적 비즈니스 요소를 필요로 하게 될 것인지를 확인할 수 있다.

미국 정부의 정보 기술 관리 개혁법은 Information Technology Architecture를 "조직의 전략적 목표와 정보 자원 관리 목표를 달성하기 위해 새로운 정보 기술을 획득하고 기존 정보 기술을 진화시키기 위한 통합 프레임워크"라고 정의하고 있으며 연방 정보화 책임관 위원회(Federal CIO Council)는 "ITA는 새로운 정보 기술을 획득하고 기존 정보 기술을 유지, 진화시키기 위한 통합된 프레임워크로 정보 흐름과 작업 프로세스를 통합해 조직 전략과 목표를 달성하는 수단이다. 아키텍쳐는 정보 교환과 자원 공유를 가능케 하는 표준을 구체화한 것이다."라고 정의하였다.

IT Architecture는 주택과 같은 건물의 건설과 유사하다. 설계도를 통해 건물의 건축을 살펴보면 상하수도 체계, 전기 배선 등과 같은 건물을 구성하는 모든 요소가 어떻게 조합되어 건물이 지어질 것인지를 알 수 있다. ITA는 [그림 2-7]과 같이 업무 구조, 데이터 구조, 응용 구조, 기술 구조로 구성되어 있다.

① 업무 구조(business architecture)는 조직의 임무, 비전, 목표를 지원하기 위하여 조직이 수행하는 업무를 분석(상위 수준의 분석)하고 업무활동 단위로 구분하여 표현한 것이다.

② 데이터 구조(data architecture)는 데이터의 유지 보수, 접근(access), 사용 방법을 구분하고, 정보 시스템에서 사용되는 데이터와 이들간의 관계로 정의한 것으로 객체화된 업무 단위 및 활동과 데이터 모델도 포함한다. 공유될 수 있는 데이터의 식별, 중복의 최소화, 새로운 응용의 지원에 목적이 있다.

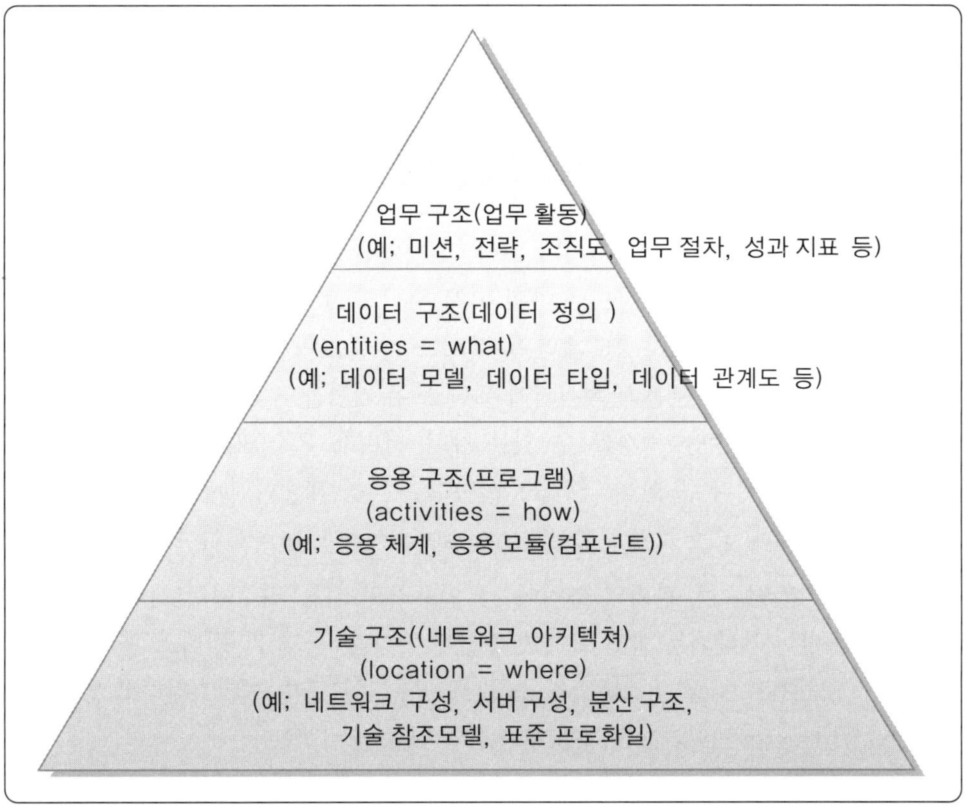

[그림 2-7] ITA 구성요소

③ 응용 구조(application architecture)는 조직의 임무를 지원하기 위하여 업무 정보를 도출, 조작, 관리하는 활동을 식별, 정의 및 체계화한 것으로 업무 활동들 간의 논리적인 종속 관계와 연관 관계를 표현한다. 업무 기능의 실제적 수행을 위한 시스템이나 활동으로 나타나며, 업무 및 사용자 또는 각자 간의 인터페이스를 제공하여 공동 작업이나 정보 관리 등의 실제 기능이나 서비스 등을 구현할 수 있게 한다.

④ 기술 구조(technology architecture)는 하드웨어, 소프트웨어, 통신(네트워크, 프로토콜, 노드)에 대한 기능 특성, 성능 및 상호 접속 등 물리적 환경을 기반으로 한 표현과 식별을 나타낸다. 기술구조는 기술 참조 모델(Technical Reference Model)과 표준프로화일(Standard Profile)을 포함하고 있다. TRM은 애플리케이션을 지원하는 정보 기술들을 개방형 환경 표준에 따라 정보 서비스를 구분한 체계이다. SP는 특정 정보 서비스 기능의 수행을 위해 필요한 하나 이상의 기본 표준 집합으로 각 표준에 대해서 표준명, 제정기관, 제정 연도, 선정사유, 참고사항 등을 설명한 것이다.

다. Information Technology Service Management

정보 시스템 사용자가 만족할 수 있는 서비스를 제공하고 지속적인 관리를 통해 서비스의 품질을 유지 및 증진시키기 위한 일련의 활동, 즉 기업 내부의 기존 정보 기술 관리 역할을 서비스 관점으로 바꿔 고객 중심의 IT 서비스를 관리하는 기법이다. 고객과 서비스 제공자 간 계약인 서비스 수준 관리(SLA; Service level Agreement)의 품질 수준을 만족시키기 위한 모든 기법을 지칭하는 것으로, SLA의 내용에는 서비스 수준을 측정할 수 있는 세부 서비스 요소(SOA; Service Level Object)들이 포함된다. 또한 이러한 IT 서비스 관리를 제공하기 위한 모든 과정 및 프로세스를 정리해 놓은 것이 ITIL(IT Infrastructure Library)이다.

IT 서비스 관리는 IT 관리의 초점이 IT 인프라의 성능 위주에서 서비스를 거쳐 비즈니스 측면이 부각되는 발전 단계의 중간에 속한다. 국제 IT 서비스 관리 표준화 기구인 ITSMF(IT Service Management Forum)이 표준화를 추진하고 있다.(출처:http://terms.nanver.com/search.naver?query=ITSM)

[표 2-1] 전통적인 IT 운영과 ITSM의 비교

구분	전통적인 IT 운영	ITSM
관리 관점	IT 내부 운영 조직 중심	비즈니스 현업 중심
문제 해결	Fire Fighting, Reactive	Preventive, Proactive
절차	Informal	Formal Best Practice
관리 도구	SMS, NMS 등	Process Enabling Tool
Billing	IT 요소별 사용료 개념	서비스 수준에 따른 과금

ITSM의 구성 요소는 프로세스, 조직, 인력, 기술 그리고 문화이다. 가장 중요한 요소로는 IT 프로세스로서 IT 서비스 제공 및 지원을 위한 IT 업무 프로세스를 말한다. 다음으로 인력과 조직으로서 최적의 IT 서비스를 제공하는 데 필요한 기술과 능력을 갖춘 인력을 양성하여 확보하고, 최적의 IT 서비스를 제공할 수 있는 구조로 조직을 구성하며 적절한 역할을 배정하는 것이다.

기술은 IT 프로세스를 자동화하고, 최적의 IT 서비스를 제공하는 데 필요한 도구 및 솔루션을 말하는데 이 요소가 없으면 ITSM의 효과를 제대로 실현할 수 없다. 마지막 요소인 문화는 ITSM의 필요성 및 중요성에 대한 인식, 정해진 IT 프로세스의 준수 등에 대해서 조직이 공유하는 가치관을 말한다. 이러한 문화를 조직에 정착시키는 것은 매우 어렵고 시간이 많이 소요되는 일이지만 진정한 ITSM의 효과를 실현하기 위해서는 반드시 확보돼야 할 요소이다.

3. 기업에 미치는 영향

Parsons(1983)는 정보 기술이 기업 경영에 미칠 수 있는 영향을 산업 차원, 기업 차원, 전략 차원의 세 차원에서 파악하고자 하였다. Parsons가 제시한 정보 기술의 파급 효과를 요약하면 [표 2-2]와 같다. 정보 기술은 기업이 업무를 수행하는 데 있어서 환경 여건으로 작용하는 산업 특성을 변화시킬 수 있으며(산업 차원), 나아가 기업들이 지금까지와 같이 산업 특성을 단지 주어진 조건으로만 받아들이는 데에서 탈피하여 자신에게 유리한 방향으로 변화시킬 수 있는 기회를 제공하기도 한다.

또한 정보 기술은 산업 내에서 기업들의 경쟁적 지위에 영향을 미치는 여러 경쟁 세력들과의 관계도 변화시키며(기업 차원), 개별 기업들이 경쟁적 우위를 확보하기 위해 취할 수 있는 전략의 선택 및 효과적인 실행에도 큰 영향을 미칠 수 있다(전략

차원).

그런데 Parsons가 제시한 기업 차원의 영향과 전략 차원의 영향을 서로 별개의 차원으로 보기보다는 같은 차원에서 작용하는 것이라고 보는 것이 타당하다. 즉, 경쟁 세력이나 행동 전략은 결국 특정 산업 내에서 기업이 차지하는 경쟁적 지위와 관련된 것으로, 경쟁 세력들에 대한 고려는 '누구를 대상으로' 전략적 노력을 기울일 것인가를 결정하고, 행동 전략은 이러한 노력을 '어떻게' 기울일 것인가를 선택하는 것으로 볼 수 있다.

[표 2-2] 정보 기술의 파급 효과

산업 차원	정보 기술은 다음과 같은 산업 특성을 변화시킨다. · 해당 산업에서 제공되는 재화와 용역의 특성 · 산업 내 시장의 특성 · 생산에 있어서의 경제성
기업 차원	정보 기술은 주요 경쟁 세력들 간의 관계에 영향을 미친다. · 구매자 · 공급자 · 대체재 · 진입 기업 · 산업 내 경쟁자 정보 기술은 경쟁 전략의 선택 및 실행에 영향을 미친다. · 총체적 비용 우위 전략 · 차별화 전략 · 집중화 전략
기업의 내적 효율성 차원	정보 기술은 기업 내 각 기능 부분들의 효율성 및 효과성에 영향을 미친다.

일반적으로 정보 기술은 경영업무(인사, 마케팅, 제조, 재무) 수행에 기본적인 변화를 가져오며, 계층별 그리고 조직 전체의 경영 기능을 통합하는 역할을 한다. 더 나아가 정보 기술의 적용은 많은 업무를 수행하는 조직의 분위기를 교체하는 원인이 되며 또한 정보 기술은 조직의 사명과 관리 및 운영을 재평가하고 새로운 전략을 수립하는 기회를 제공한다. 그러나 정보 기술의 성공적인 적용을 위해서는 경영과 조직 구조의 변화가 필요하다. 그리고 1990년대의 경쟁이 점점 심화되는 국제 경쟁 환경 속에서 조직을 이끌기 위해서는 비즈니스 리엔지니어링을 적용한 조직의 정비가 필수적이다[Madnick, 1990].

요 약

기업은 기업 자원들을 투입하여 기본 업무를 수행하여 상품과 서비스를 창출한다. 기업 자원에는 인적 자원, 물적 자원, 금전적 자원 이외에 네 번째 자원으로서 정보 자원이 있다. 기업의 경영 활동에 정보 기술을 활용하여 기업은 경쟁력을 키우고 이윤을 창출시킨다. 정보 기술을 기업의 의사 결정에 구체적으로 적용시킨 것이 기업 정보 시스템으로 기업은 경쟁력을 갖춘 기업 정보 시스템이 없이는 더 이상 치열한 글로벌 경쟁에서 살아남을 수 없다.

정보 기술은 기업 경영과 관련하여 자료 또는 정보의 저장, 처리 및 의사소통 기능을 지원함으로써 경영자의 업무적 그리고 전략적 의사 결정을 돕는 제반 기술이며, 프로세서, 데이터베이스, 네트워크로 구성된다. 정보 기술은 기업이 업무를 수행하는 데 있어서 환경 여건으로 작용하는 산업 특성을 변화시킬 수 있으며, 산업 내에서 기업들의 경쟁적 지위에 영향을 미치는 여러 경쟁 세력들과의 관계도 변화시키고, 개별 기업들이 경쟁적 우위를 확보하기 위해 취할 수 있는 전략의 선택 및 효과적인 실행에도 큰 영향을 미칠 수 있다. 아울러 정보 기술은 기업의 조직 구조, 경영 활동, 구성원의 행동 양식에도 영향을 미치게 된다.

주요용어

기업	정보 자원	시스템
기업정보 시스템	정보	정보 기술
하드웨어	소프트웨어	데이터베이스
데이터 통신	IT 인프라	IT Architecture
ITSM		

연습문제

**

1. 오늘날 기업 자원의 구성 요소는 무엇인가? 왜 정보 자원이 기업에 중요한가? 그 이유를 설명하여라.
2. 기업 정보 시스템의 목적은 무엇이며, 그것이 왜 기업 경영에 중요한지 그 이유를 설명하여라.
3. 시스템의 세 가지 기본 활동을 정의하고, 각 활동에 대하여 간단히 설명하여라.
4. 의사 결정 과정에서 기업 정보 시스템의 역할을 기술하여라.
5. 기업 정보 시스템의 각 서브 시스템들이 어떻게 변화되고 있는가?
6. 정보 기술이란 무엇을 의미하며 왜 기업 경영 활동에서 중요한가?
7. IT Infrastructure와 IT Service Management의 차이점은 무엇인가?
8. 정보 기술이 기업 차원에서 미치는 영향을 설명하여라.

PART 02

기업의 정보 공급 (information supply)

제3장 컴퓨터 정보 시스템
제4장 조직 정보 시스템

CHAPTER 3

제 03 장 컴퓨터 정보 시스템

제1절 거래 처리 시스템

거래란 기업의 영업, 생산 활동의 부분으로서 발생되는 사건(event)들, 즉 판매, 구매, 예금, 인출, 반품 및 지급과 같은 활동을 말한다. 예를 들어 제조업체의 경우 원자재와 부자재, 자금, 인력 등의 기업 자원을 투입하여 생산 과정을 거쳐 이를 상품으로 변환시켜 외부(고객 등)로 내보내는 것이 그 일차적인 역할이다. 이 때 이와 같은 기본적인 업무 활동을 총칭해서 흔히 거래(transaction)라고 한다.

거래 처리는 기업의 기본적인 업무 활동으로 발생한 각 거래들을 정해진 절차 및 과정에 따라 진행해서 마무리하는 것을 의미하며, 이 활동의 결과로 각종 기업의 정보나 데이터가 발생한다. 예로 영업이나 생산에서 고객과의 거래 결과는 거래 처리라는 절차 및 과정을 거쳐 기업에서 활용할 수 있는 마케팅 정보나 생산 정보를 생성할 수 있도록 한다. 그래서 기업의 거래 행위가 올바르게 진행되었는가의 여부나 가치를 판단할 수 있도록 한다. 이러한 거래 처리의 결과로 기업 내부의 정보나 데이터의 가치가 상승한다.

1. 거래 처리 시스템의 정의

거래 처리 시스템(transaction processing system)은 이러한 업무 거래로 발생되는 자료를 처리하는 정보 시스템이다. 예를 들어 앞에서 언급한 POS System의 경우도 백화점에서 발생되는 일상적인 업무를 지원하는 거래 처리 시스템에 해당한다. 어느 기업이나 그 기업의 경영 목표 아래 일차적인 역할을 수행하기 위해서는 꼭 필요한 기본적인 업무 활동이 있게 마련이다. 거래 처리 행위들은 이러한 업무 활동에서 발생 되는 자료들을 파악하고 처리하기 위해서 필요하다. 그러므로 거래 처리

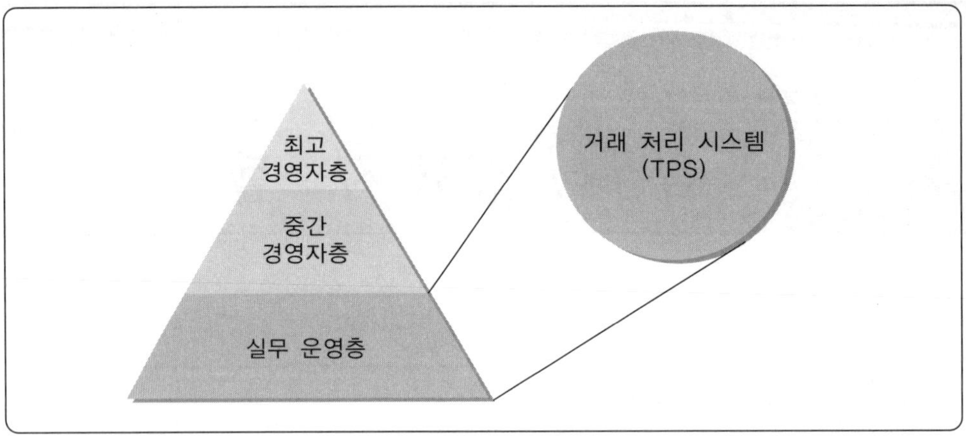

시스템은 기업의 영업, 생산 등의 운영 활동을 지원하는 데 중요한 역할을 한다.

거래 처리 시스템의 중요성은 다음과 같다. 거래 처리는 가장 기본적인 정보 시스템의 기능이다. 이를 근간으로 경영층은 경영 활동 및 의사 결정에 관한 정보를 제공받을 수 있다. 구체적으로 경영 정보 시스템, 의사 결정 지원 시스템, 그리고 최고 경영자 정보 시스템은 거래 처리 시스템에 기초를 두고 개발되어 성장되는 것을 알 수 있다. 또한 거래 처리는 관리 계층 구조에서 실무 운영층의 기본 업무 활동과 밀접한 관련성을 지니고 있기 때문에 인간의 혈관과 같은 기능을 담당하고 있다.

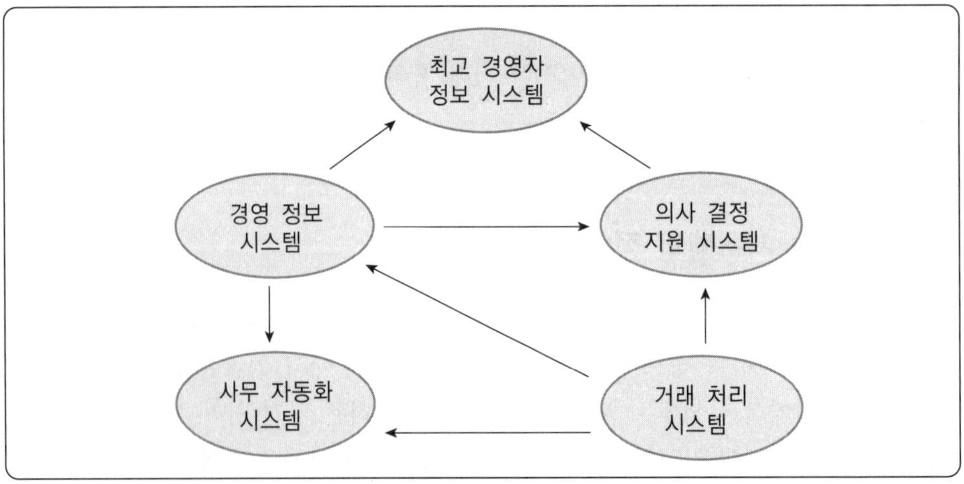

[그림 3-1] 컴퓨터 정보 시스템의 서브 시스템들 간의 관계
(출전: K. C. Laudon & J. P. Laudon, 1986)

2. 거래 처리 기본 작업

McLeod(1990)는 자료 처리의 기본 작업을 수행하는 시스템을 자료 처리 시스템이라고 설명하였다. Kroeber Waston(1984)은 "거래 처리 시스템은 기록의 보존이나 여타 컴퓨터 정보 시스템의 상위 시스템으로의 입력을 위하여 거래 자료를 수집(collection), 분류(classification), 저장(storage), 유지(maintenance), 갱신(update), 검색(retrieval)하는 기능을 수행하는 시스템이다"라고 정의하였다. 거래 처리 시스템의 구조는 다음 [그림 3-2]와 같다.

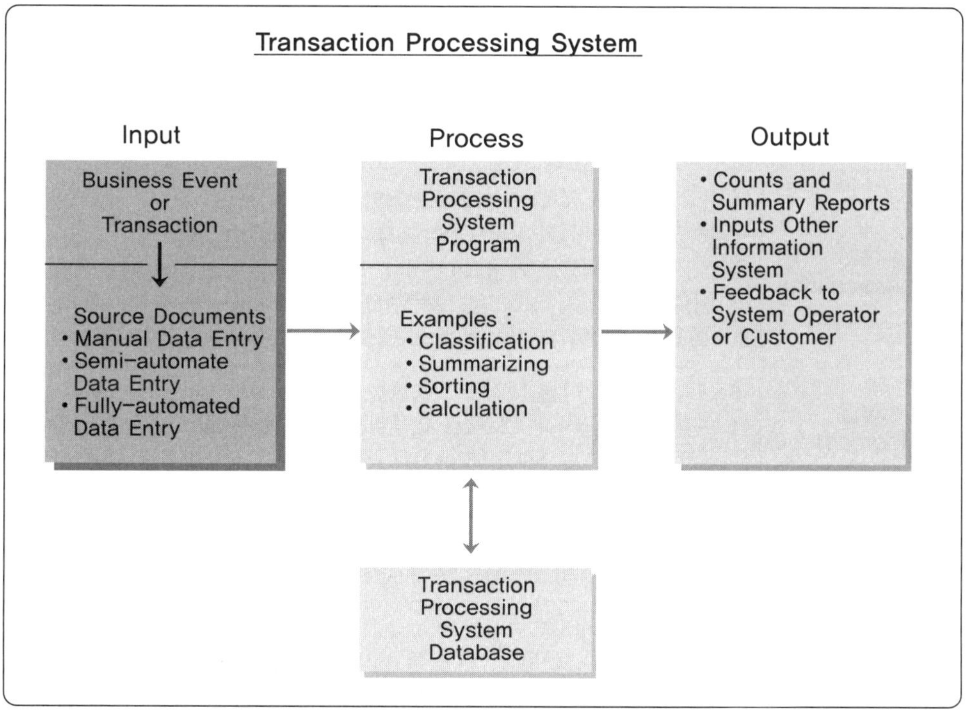

[그림 3-2] 거래 처리 시스템 구조
(출처 Information Systems Foundations, Leonard M. Jessup/Joseph S. Valacich 수정)

가. 데이터 입력(input)

기업은 외부 환경에 생산품과 서비스를 제공하는데, 이와 관련되는 각각의 업무 활동은 데이터 레코드로 표현된다. 거래 처리 시스템은 기업의 내부 업무 활동과 외부 환경 사이에서 발생되는 거래들을 서술한 데이터가 수집되도록 구현되어야 한다. 데이터 입력 방법은 다음과 같이 세 가지가 있다.

데이터 입력 방법	예시
Manual Data Entry(수작업 입력)	인적 사항을 직접 컴퓨터에 입력
Semi-automate Data Entry(반자동화 입력)	바코드(bar-code)스캐너
Fully-automate Data Entry(자동화 입력)	EDI

나. 데이터 처리(process)

데이터는 사용 가능한 형태로 조정(manipulation) 혹은 가공되어야 할 필요가 있다. 데이터 조정 작업은 다음과 같다.

분류 (classification)	데이터 요소들은 필드(field)로 표현되어 레코드에 포함되며, 이 레코드들을 규명하고 그룹하기 위해 코드(code)를 사용한다. 자료 처리 시 코드는 자료의 구분을 목적으로 사용되며, 하나 또는 그 이상의 문자로 이루어져 있다. 예를 들어, 급여 레코드는 고용인(고용인 번호), 고용인의 부서(부서 번호), 고용인의 급여 분류(급여 등급) 등으로 정의된 코드를 갖고 있다.
정렬 (sorting)	레코드는 코드나 다른 데이터 요소들을 기준으로 해서 어떤 순서로 배열된다. 예를 들어, 급여 레코드들로 이루어진 파일(file)은 각 고용인에 대한 모든 레코드들을 그룹화하고, 그룹화된 레코드들은 날짜순으로 정렬된다.
계산 (calculation)	산술과 논리 계산은 데이터 요소들 간에 이루어지며, 그 결과 추가적으로 데이터 요소를 만들어 낸다. 예를 들어, 급여 시스템에서 근로의 총소득을 계산하기 위해 근로 시간에 시간당 금액을 곱하는 경우이다.
요약 (summarization)	많은 부분의 데이터를 종합하고 정리해서 총계나 소계의 형식으로 나타내는 것이 필요하다. 특히 경영자들은 세부적이고 자세한 데이터보다는 요약, 정리된 자료를 가지고 업무를 수행한다. 따라서 경영자가 볼 수 있게끔 데이터를 요약 정리해야만 한다.

다. 데이터 저장

각 거래는 여러 데이터 요소들로 표현된다. 예를 들면, 판매 거래는 누가 사는가(고객 번호), 무엇을 사는가(제품 번호), 얼마나 많이 사는가(주문량), 언제 사는가(판매 날짜), 그리고 고객 확인(고객 주문 번호)등으로 구성된다. 각 거래에 관련된 모든 데이터는 필요할 때까지 어디엔가 저장되어야 하며, 이것이 바로 데이터 저장의 목적이다. 데이터는 테이프나 디스크 등과 같은 다양한 자기 매체에 저장되며, 그 파일들은 종종 데이터베이스라 부른다. 데이터베이스에 있는 대부분의 자료들은 거래 처리 시스템에 의해서 산출된다.

여기서 TPS DB는 조직의 경영 기능에 해당하는 각각의 데이터베이스로서 전통적으로 경영학에서는 전형적인 제조업체를 기준으로 해서 마케팅, 생산, 인사, 그리고 재무 및 회계의 네 가지 기능을 기업의 주요 기능[이진주, 1991]으로 인식해 왔기 때문에, 이에 해당하는 네 가지 기능의 TPS DB들을 각각 구축해야 한다.

첫째로 마케팅 DB는 제품 판매 및 판매 촉진과 관련된 기능을 수행하는 과정에서 구축되며, 기본적으로 시장 조사, 제품 개발, 가격 결정, 판매 촉진, 그리고 유통 관리 등의 모듈을 통해 발생하는 데이터들을 포함하고 있다. 둘째로 생산 DB의 기본 모듈들은 엔지니어링, 자료 소요 계획, 조업, 출하 및 입고, 구매, 그리고 품질 관리 등이며 여기에 고객이나 납품 업자 등의 주요 구성 요소가 포함되어 생산 업무를 수행하는 과정에서 발생되는 각종 데이터들이 포함된다. 셋째로 인사 DB는 노사 관계, 인사 활동(채용, 배치, 승진, 전보, 의료보험, 휴가, 휴직, 사직), 인사 기록, 교육 훈련, 그리고 급여 등의 모듈들에 의해 생성되는 데이터들로 구성된다. 넷째로 회계 · 재무 DB는 다른 시스템들과도 상당히 밀접한 관계를 유지하고 있는 데이터들을 포함하며, 주요 모듈로는 예산, 원가 회계, 자금 관리, 재무 회계, 대금 청구, 외상 매출 및 외상 매입 등의 이러한 모듈들에 의해서 생성되는 데이터들을 보유하고 있다.

DBMS란 응용 프로그램과 데이터베이스 사이에서 또는 최종 사용자와 데이터베이스 사이에서 데이터의 저장과 검색 및 갱신을 수행하는 등의 인터페이스 역할을 하는 소프트웨어를 말한다. 컴퓨터 서버에 응용 프로그램들과 함께 DBMS를 사용함으로써 프로그램과 데이터를 독립적으로 유지하여 데이터의 접근성과 변경을 용이하게 하고, 데이터를 통합하여 관리함으로써 중복성을 줄여 데이터의 정확성과 일관성을 높이게 된다. 뿐만 아니라, 데이터의 물리적인 특성과 논리적인 특성을 정의하며, 외부로부터 허가받지 않은 데이터의 접근을 막는 보안 기능을 높이고, 데이터 조회나 검색을 실시간에 제공함으로써 프로그래머의 생산성을 높이게 된다.

라. 결과물 출력(output)

거래 처리 시스템은 기업 내부와 외부에 있는 개인, 혹은 그룹이 필요한 문서들을 산출한다. 예를 들어 슈퍼마켓의 점원이 판매량을 거래 처리 시스템(TPS)을 이용하여 기록한다. 관리자가 거래 처리 시스템의 결과물로 나온 거래 요약 보고서를 재고 관리를 위해서 혹은 더 나은 고객 서비스를 위해서 사용하게 된다. 또한 거래 자료가 재고 관리 시스템에 넘어가서 재고 관리에 이용되기도 한다. 이러한 결과 보고 문서를 발생시키는 데는 두 가지 방법이 있다.

① 활동에 의한 방법 : 어떤 일이 발생할 때마다 문서가 산출된다. 고객 주문으로 상품을 판매할 때마다 계산서를 준비하는 것이 좋은 예이다.

② 시간 일정에 의한 방법 : 특정한 시기에만 문서를 산출한다. 매월 준비하는 급여 명세표 같은 것이 이 범주에 속한다.

대부분의 경우 문서들은 프린트된 문서의 형태이며 또한 다른 형태의 양식도 가능하다.

3. 거래 처리 특성

거래 처리의 목적은 기업의 기본 업무 활동에 관한 정확하고도 최신의 정보를 만들어내며 보유하기 위한 것이다. 이러한 목적을 지닌 거래 처리는 다른 컴퓨터 응용 시스템과 구별되는 여러 가지 특징이 있다. 거래 처리 시스템의 특성은 다음과 같다.

가. 필요한 작업의 수행

기업의 거래 처리를 수행할 것인지 아닌지를 선택하지 않는다. 왜냐하면 거래 처리는 기업 업무 활동에 의한 요구이기 때문이다.

나. 비교적 표준화된 절차

거래 처리는 규정과 관례에 의해서 수행된다. 모든 형태의 조직들은 기본적으로 정해진 규정대로 절차에 따라 거래를 처리한다. 예를 들어 산동 및 삼일 회계법인과 같은 회계업체들은 기업의 회계 처리 업무가 타당한 절차를 따르고 있는지를 확인하기 위하여 정기적으로 기업의 회계 장부를 감사한다.

다. 세부적인 자료 처리

거래 처리 레코드는 기업의 업무 활동을 처음 발생부터 완결될 때까지 상세한 방법으로 기술한다. 이 때문에 필요할 때마다 순서적으로 각 활동과 자료를 재구성하는 수단을 제공한다.

라. 주로 과거에 초점

거래 처리 시스템으로부터 수집된 데이터는 일반적으로 과거에 일어났던 사실을 서술한다. 일괄 처리 작업을 시행하는 기업체에서는 확실히 그렇다. 대부분의 경우 경영층은 최근의 회계 기록도 온라인 시스템의 필요성을 인정하지 않는다. 그러나 하드웨어의 비용이 감소할 때마다 많은 기업들은 과거뿐만 아니라, 현재의 업무 활동을 반영하는 거래 처리 시스템을 구축한다.

마. 최소한의 문제 해결 정보 제공

거래 처리 시스템은 기업의 경영자를 위하여 몇 가지 정보를 산출한다. 손익 계산서와 대차 대조표 같은 표준화된 회계 보고서가 그 예이다. 그러나 정보 출력은 다른 응용 시스템과는 달리 거래 처리 시스템의 주요 목적은 아니다.

4. 사례연구 : Computer Reservation System

다른 응용 시스템들의 구분은 종종 모호하지만, 거래 처리 시스템은 위와 같은 특징에 의해서 구별될 수 있다. 거래 처리 시스템의 내용과 특성을 다음의 대한항공의 CRS(Computer Reservation System)을 분석하여 봄으로써 이해를 돕고자 한다.

우리의 일상적인 거래 속에서 거래 처리 시스템을 경험한다. 그 대표적인 것이 항공사에서 제공하는 CRS(Computer Reservation System)로서 해외 여행이 일반화되면서 인터넷을 이용해서 비행기 티켓 예약과 구매에 활발히 활용되고 있다. CRS는 현재 전 세계 대부분의 항공사들이 활용하고 있으며 그 서비스의 질 역시 꾸준히 발전하고 있는데, CRS란 컴퓨터를 통한 전산 예약 시스템으로 전산 단말기를 통해 비행기 좌석의 예약과 Ticketing, 결제 그리고 목적지에서의 호텔 예약과 렌터카 등의 여행 관련 종합서비스를 제공하는 고부가가치 통신 시스템이다.

미국의 ATAG(Air Transport Action Group)의 연구에 따르면, 2010년 항공 여객 수는 현재를 기준으로 400% 증가하고, 1조5천억 달러의 경제 규모를 창출할 것으로 예상하고 있는데, 이러한 상황에서 대형 항공사들이 여행사와 GDS(Global Distribution System), CRS 서비스를 제공하는 회사에 지급하는 수수료의 규모가 점점 커지고 있다. 미 항공 운송협회(Air Transportation Association)에 따르면 2000년 GDS/CRS 예약 수수료 및 여행사 판매 수수료 지출 비용은 4조3천억 달러로서 여행사 지불 수수료는 감소 추세인 반면 예약 수수료는 오히려 증가하는 것으로 나타났다고 밝혔다.

이러한 CRS는 비행기 좌석 및 호텔, 렌터카 등에 대한 예약 기능은 물론 복잡한 항공노선에 따른 운임체계에 대한 정보를 고객에게 정확하고 신속하게 제공한다. 그리고 예약 사항 변경에 대한 고객의 요구에 적극적으로 대처할 수 있도록 한다. 또한 관광 관련 정보, 외환 시세, 전화, 세관 등의 제반 정보를 제공함으로써 고객의 편안하고 편리한 여행을 돕고 있다.

CRS 서비스는 미국을 중심으로 발전하여 현재는 전 세계의 대부분의 항공사에서 제공하고 있는데, 크게 미주 지역, 유럽 지역, 아시아 지역으로 나누어 볼 수 있는데, 특히 아시아 지역에서는 1980년 미국과 유럽 지역 항공사들에 대항해서 움직이기 시작하여 1987년 공동 시스템 구축회의를 개최하여 ABACUS를 설립하였으며, 일본항공(JAL, Japan Air Lines)에서 독자적인 AXESS를 개발하였고, 우리나라는 1992년 CRS 시장을 개방하였다.

국내에 진출해 있는 CRS 서비스 제공 회사는 토파스(TOPAS), 아바쿠스(ABACUS), 갈릴레오(GALILEO), 월드스팬(WORLD SPAN)이며, 점유율은 토파스 70%, 아바쿠스 15%, 갈릴레오 10%, 월드스팬 5% 정도이며, 대한항공에서는 TOPAS(TOtal Passenger Service System), 아시아나 항공에서는 OZ(ABACUS)를 제공한다.

대한항공에서 제공하는 토파스는 항공권 예약과 발권 기능을 중심으로 항공 여행에 필요한 제반 서비스를 제공한다. 특히, 고객 관리, 판매 관리, 청구서 등의 우편물 발행 업무를 지원하며, 여행과 관련된 정보를 제공한다. SAHARA를 통해 호텔 및 렌터카 예약을 할 수 있도록 하고 있다.

[그림 3-3] 토파스(TOPAS) 홈페이지(www.TOPAS.net)

[그림 3-3]은 토파스 홈페이지로, 토파스에서 제공하는 서비스를 보여주고 있는데, 현재 제공되고 있는 컨텐츠는 이벤트, 항공권 예약 및 취소, 스케줄 확인 가능한 항공권, 각 여행사의 여행 상품 검색, 해외 및 국내 호텔/콘도 정보 검색, 해외 및 국내 렌터카 정보 그리고 국내외 여행 보험 및 여행 견적서, 시차, 환율, 기상, 여권 및 비자 등으로 다양한 서비스를 제공하고 있다.

제2절 경영 정보 시스템

경영 정보 시스템(management information system; MIS) 개념이 약 25년 전 처음 태동한 이래 모든 사람들을 만족시킬 만한 정의는 내려지지 않았다. 초기부터 경영 정보 시스템이 실제로 무엇을 의미하는가에 관해서도 서로 상반되는 견해들이 있어 왔다. 그러나 수년에 걸쳐 의사 결정 지원 시스템, 그리고 최고 경영자 정보 시스템 같은 새로운 개념들이 전개되면서 견해 일치는 줄어들었다. 경영 정보 시스템에 대해 크게 두 가지 견해가 있다.

첫째가 광의의 경영 정보 시스템 개념이다. 경영 정보 시스템이 모든 컴퓨터 응용 시스템을 포함하는 우산 역할을 한다는 견해이다. 경영 정보 시스템이 거래 처리 시스템, 의사 결정 시스템, 사무 자동화 시스템, 전문가 시스템, 그리고 최고 경영자 정보 시스템을 포함하는 것으로서 광의적인 개념을 의미한다. 경영 정보 시스템이 기업의 모든 정보 시스템을 의미한다는 이 견해는 널리 통용된다. 대학에서 경영 정보를 전공하는 학생들이 있는가 하면, MIS 교수, MIS 연구 센터, 그리고 MIS 전문 잡지 등이 있다. 또한 기업에서도 컴퓨터 부서를 MIS 부서로 명명하고 부사장급이 MIS 책임자가 되며, 기업의 전략 계획 수립도 MIS 위원회의 지원을 받는다. 그러나 이 견해가 내포하고 있는 제한점은 '경영 정보 시스템이 모든 것을 포함한다고 함으로써 아무것도 의미하는 것이 없다.'는 것이다. 경영 정보 시스템이라고 분류될 수 있는 구체적인 컴퓨터 응용 영역은 없다.

두 번째 견해는 협의의 경영 정보 시스템이다. 경영 정보 시스템은 기업의 경영층에 의해 사용될 목적으로 구현된다. 이 견해는 경영 정보 시스템은 컴퓨터 응용 시스템들 중의 하나이며, 다른 시스템들과 유기적인 상호 관계를 형성한다. 이 모든 시스템들을 포함하면서 우산 역할을 하는 것을 컴퓨터 정보 시스템(computer-based information system)이라고 한다. 이 구조에서 경영 정보 시스템은 컴퓨터를 활용해서 의사 결정을 위한 정보 자원을 경영층에게 제공하는 역할을 한다. 각 시스템, 즉 거래 처리 시스템, 경영 정보 시스템, 의사 결정 지원 시스템, 최고 경영자 정보 시스템들의 주요 차이점은 그 시스템을 누가 사용하고, 모델은 어떻게 되었으며, 어떤 내용의 정보를 제공하는가 하는 데 있다. 경영자들은 각 시스템으로부터 산출되는 정보의 가치 여부를 결정하고, 가치가 있다면 문제 해결 과정에서 어느 곳에 사용되어야 하는가를 결정해야만 한다.

전통적으로 경영층은 최고 경영층, 중간 관리층 및 실무 운영층의 세 계층으로 구분해 왔으며, 실제 조직에서 이들 각 계층에 속하는 경영자 숫자의 비율은 대체로 상위 계층으로 갈수록 그 수가 적어지는 소위 피라밋 형태의 구조를 보이는 것이 보통이다. 그런데 이와 같이 경영 활동을 계층적으로 파악하려는 이유는 각 계층별로 요구되는 정보의 특성이 크게 다르며, 경영 계층에 따라 맡은 바 기능에 차이가 있기 때문이다. 일반적으로 최고 경영층은 계획 기능에 가장 많은 노력을 기울이게 되고, 중간 관리층은 조직화 기능을 주로 수행하며, 실무 운영층은 지시 기능의 수행에 가장 많은 시간을 투입하게 된다[Mcleod, 1990]. 여기서 주목해야 할 점은 각각 직무 특성이 서로 다른 계층은 필요로 하는 정보의 내용도 다르게 된다는 사실이다[정상철, 1986]. 따라서 각 계층에서 필요로 하는 정보의 내용이 다르기 때문에 각각의 정보를 지원하기 위해서는 각 계층에 맞는 정보 시스템이 따로 구축되어야 한다.

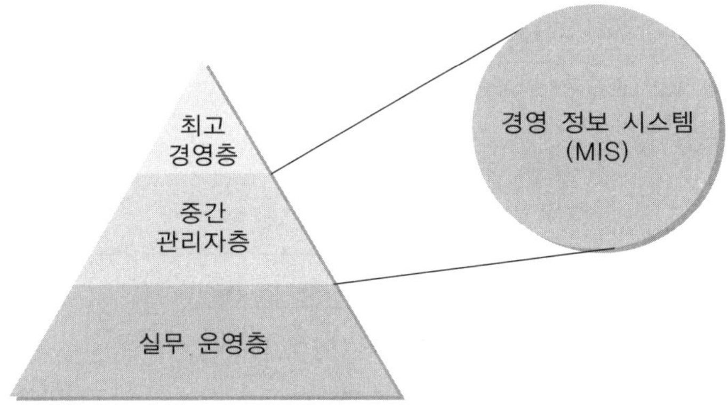

MIS 이용자인 중간 경영자들은 계획과 조정에 더욱더 많은 관심을 가지고 있으며, TPS에 의해 제공되는 정보보다 더 요약되고 폭넓게 전망할 수 있는 정보들을 필요로 하게 된다. 예를 들면 판매량 예측, 재무 관리와 예측, 생산 계획과 Scheduling, 재고 관리와 계획, 광고와 제품의 가격 결정과 같은 이러한 정보들을 MIS가 제공하는 것이다. 즉 TPS에서 제공되는 DATA 와 정보의 통합과 요약을 통해 중간 관리층이 필요로 하는 정보 형태로 변환하여 제공하여 주는 역할을 한다.

일찍이 중간 관리층의 경영 활동에 MIS 적용이 증가하게 될 것이라고 지적한 학자들이 많이 있었다. Kanter[1997]는 중간 관리층에 새로운 MIS 엘리트 집단이 출현할 것이라고 하였으며, Vergin[1971]는 중간 관리층의 직무 및 위치가 변하고 있다고 했다. 이외에도 많은 학자들이 비슷한 주장을 했는데, 그 이유로는 중간 관리계층 직무의 상당수 부문이 정형화된 의사 결정의 행위이기 때문에 그에 사용되는 정보의 상당수도 정형화, 구조화, 정량화되어 있고 또 과거의 정보가 대부분이어서 의사 결정 과정의 상당 부분에 대해 MIS에 의한 자동화가 가능하기 때문일 것이다.

1. 경영 정보 시스템 구조

이 책에서 서술하고자 하는 경영 정보 시스템은 컴퓨터 정보 시스템의 하나인 서브 시스템으로서 협의의 의미를 지닌다. 다른 말로는 정보 보고 시스템(information reporting system)이라고도 한다. 경영 정보 시스템은 거래 처리 시스템으로부터 점진적으로 발전되었다.

경영 정보 시스템은 거래 처리 시스템을 개선하거나 대체하도록 의도된 것이 아니라, 또 다른 정보 요구를 만족시키도록 의도된 것이다. MIS 시스템의 간략한 구조도는 다음과 같다.

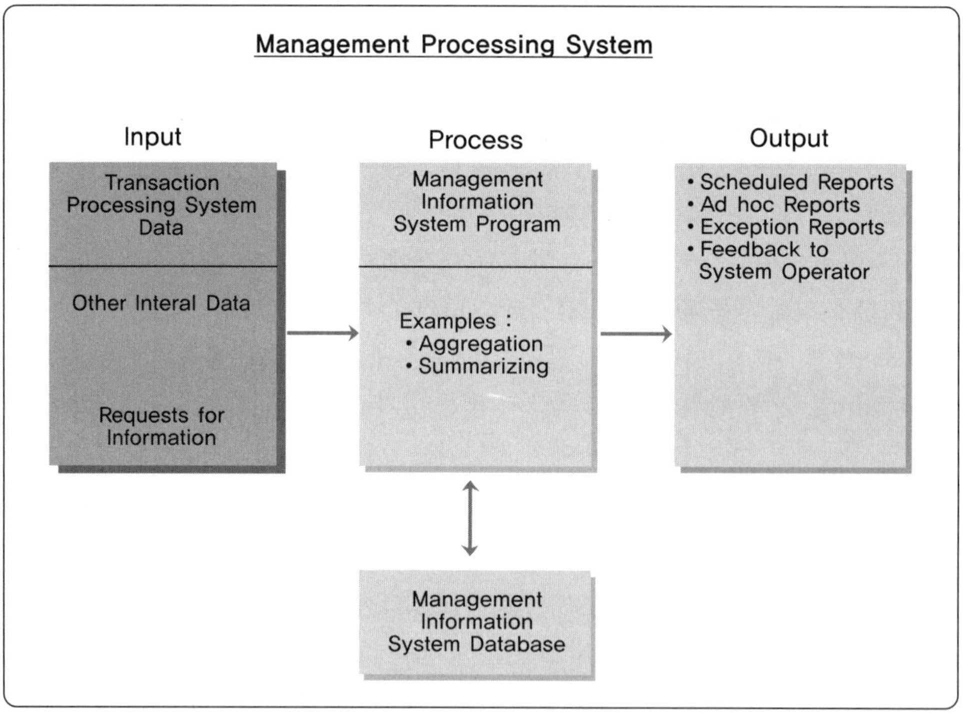

[그림 3-4] 경영 정보 시스템 구조
(출처 Information Systems Foundations, Leonard M. Jessup/Joseph S. Valacich 수정)

가. 데이터 입력

대부분의 MIS는 조직의 TPS들로부터 일주일에 한 번 데이터를 다운로드 받는다. 다시 말해서, 요약된 거래 처리 데이터들을 TPS로부터 제공받는 것이다. 최종 사용자들은 쉽게 배우고 사용할 수 있도록 특별히 만들어진 사용자 지향적인 소프트웨어를 가지고 MIS를 통해 기업의 자료들을 검색하여, 그들에게 필요한 정보를 손쉽게 얻을 수 있다.

나. 데이터 처리

기업의 경영 활동에 따라 존재하는 각각의 TPS는 마케팅, 생산 등과 같은 조직의 한 기능 안에서만 활동을 한다. 따라서 하나의 TPS는 다른 TPS와는 무관한 전문화된 자료들을 데이터베이스에 구축하게 된다.

그러나 MIS를 이용하여 정보를 제공받는 중간 관리 계층의 경영 활동은 어느 한 기능만의 자료를 필요로 하는 것이 아니라 기업 내의 전 부서들과의 교류를 통하여 자료를 얻어야 하기 때문에 각각의 TPS에서 제공되는 정보들을 모두 제공받을 수 있어야 한다. 그래서 TPS DB들을 통합한 하나의 MIS DB를 필요로 하게 된다. 구체적으로 경영 계층에 따라 정보의 흐름은 수직적, 수평적으로 나누어진다.

실무 운영층은 조직의 한 기능과 관련된 수직적 업무 활동에, 중간 관리층은 수직적 · 수평적 업무 활동에, 그리고 최고 경영층은 기업 전반의 수평적 업무 활동에 관한 정보를 필요로 한다[O'Leary & Willians, 1989]. 기업에서 가장 낮은 수준의 정보 처리는 실무 운영층이 활동하는 각 업무 영역에 따라 구축된 데이터베이스에서 이루어진다. 정보의 흐름은 일반적으로 각 업무 영역에 따라 수직적이다. 따라서 각 영역의 데이터베이스를 통합하여 구축한 MIS DB로 말미암아 중간 관리층은 MIS를 보다 탄력적으로 이용할 수 있게 된다.

MIS 자료를 데이터베이스로 구축하는 이유는 데이터베이스는 자료에 쉽게 접근할 수 있도록 해주지만 데이터베이스를 사용하지 않는 파일 처리 시스템에서는 자료가 특정한 응용 프로그램에 고정되어 있어 접근하기가 어렵기 때문이다. 또한 어느 한 프로그램이 하나의 파일을 소유하여 사용하면 그 프로그램의 수행이 모두 끝날 때까지 다른 프로그램은 이 파일을 사용할 수 없는 상태가 되어 데이터를 동시에 공유하는 면에서도 제한점이 발생한다. 오늘날과 같이 복잡하고 규모가 큰 수많은 기업들은 부서 간의 독립이 아닌 기업 내의 모든 활동의 협동을 통해 진화를 해 나아가기 때문에 동일한 데이터가 서로 다른 여러 사람의 사용자에 의하여 서로 다른 목적의 업무에 이용 가능하게 되어야 한다. 이와 같이 MIS 데이터들을 데이터베이스로 구성하여 활용함으로써 중간 관리자에게 효율적인 정보를 제공해 준다.

실제적인 거래에서 발생된 데이터들은 각각의 TPS DB에서 보완, 수정된다. 이와 동시에 TPS DB에서 자료들을 선별적으로 취합하여 구축된 MIS DB도 보완, 수정되는 것을 원칙으로 하며, 일부분의 자료는 업무의 성격상 기간을 설정하여 수정, 보완한다. 그리고 계획, 예산, 각종 표준과 관련된 자료들은 업무의 수행이나 처리가 생길 때마다 즉시 자료가 수정, 보완되도록 한다.

이외에도 효과적인 정보를 제공하기 위해서는 내부 정보뿐만 아니라 외부 정보도 제공해 주어야 한다. 그러나 MIS는 기업의 내부 환경에 초점을 두기 때문에 외부 정보와 관련해서는 DSS가 지원되어야 하며, 이러한 DSS를 효과적으로 이용하기 위해서는 DSS용 DB가 따로 구성되어 있어야 적절한 정보를 생성해 낼 수 있다.

다. 제공되는 정보

경영자들이 그 조직에서 모든 부서의 데이터베이스에 접근 가능함에 따라, 그들이 조직의 계획을 세우기 위해 필요로 했던 기초 자료들을 쉽게 얻을 수 있도록 조직의 업무 수행 과정을 요약한 보고서들이 MIS를 통해서 제공된다.

1) 주기적으로 산출하는 요약 보고서

이 보고서는 가장 많이 쓰이는 보편적인 형태로서, 미리 정해진 양식에 따라 정기적으로 경영자에게 제공된다. 분기별 생산 보고서, 매달 또는 매주의 주기적인 보고서의 예로 분기 재무 상태표, 매월 판매 분석, 그리고 매주 생산 보고서 등을 들 수 있다. 가장 대표적인 재무 상태의 예를 들면 손익 계산서와 대차 대조표가 있다. 손익 계산서는 주어진 기간 동안의 수익, 비용, 그리고 수익과 비용의 차이를 보여주는 기업의 재정 명세서이다. 대차 대조표는 기업 내의 자산, 부채, 자본을 나타내는 총괄적인 재정 상황에 대한 보고서이다[표 3-1].

[표 3-1] 요약 보고서 예

대차 대조표　　　　　xx년 xx월 xx일

과 목	금 액	과 목	금 액
현금과 예금	9,893,248	원천세 예수금	22,710
외상 매출금	8,196,000	가 수 금	10,000,000
전 세 권	30,000,000	감가 상각 충당금	1,168,172
선 급 비 용	26,580	퇴직 급여 충당금	770,000
전화 가입권	250,400	자 본 금	50,000,000
비 품	6,234,954	미처분 이익 잉여금	-6,967,995
부가 가치세	114,000	당기 순이익	2,958,245
창 업 비	1,020,000		
선 급 금	300,000		
합 계	56,035,182	합 계	56,035,182

2) 예외적 상황 보고서

이 보고서는 일반적으로 발생하지 않는 예외적인 상황에 초점을 두고 있다. 예를 들어, 재고 적정 수준이 급격히 낮아진 경우, 생산 제품이 생산 일정을 초과하여 생산되었을 경우, 판매 수량이 전 지역에 걸쳐 하락세인 경우, 고객으로부터 받을 대금이 일정 수준의 기일을 초과했을 경우 등이다. 이때 이 예외적 상황 보고서들은 경영 정보 시스템에 의해 제공된다.

이 보고서는 업무 실적 수준이 정해진 목표를 크게 초과하거나 크게 미달되어서 경영 활동에 통제의 필요성을 알려 준다. 예외적 상황이 발생했을 때만 이 보고서가 만들어지는 경우가 있는 반면, 기간별로 작성되기는 하지만 예외적 상황만을 포함하고 있는 경우가 있다. 예를 들면, 신용 담당 관리자는 신용 한도를 초과한 고객에

[표 3-2] 예외적 상황 보고서 예

체납된 고객 리포트　　　　　(단위 : 천 원)

고객 번호	고객 이름	신용 한도	차감 잔액	지불 기일			
				1~30	31~60	61~90	90 초과
0025	일명 시스템웨어	3,500	3,704	1,200	1,121	850	533
0131	엘림T&C	3,000	3,896	439	1,911	499	1,047
0311	인아 다이아몬드	2,000	2,233	1,222	500	511	0
0314	대현섬유	1,500	1,500	260	1,100	575	0

대한 정보만을 보고 싶어 하는 경우이다.

[표 3-2]는 고객의 신용 한도액 중 10%가 넘게 대금이 체납되었을 때마다 자동적으로 산출되는 예외적 상황 보고서이다.

3) 필요에 의한 요구 보고서의 응답

이 보고서는 주기적인 요약 보고서와 대조적이다. 필요한 정보는 경영자의 요구가 있을 때마다 제공되어야 한다. 예를 들면, 데이터베이스 관리 시스템의 질의어나 보고서 생성기(report generator)로 인하여 경영자들은 필요한 정보를 요청할 때 즉각적으로 시스템의 응답, 혹은 보고서를 온라인 워크스테이션에서 얻을 수 있다. 그러므로 경영자는 예정된 기일에 주기적인 보고서를 받기 위해 기다릴 필요가 없다. 이 보고서의 예로 수정된 판매 예측, 고용인 급여 상황, 그리고 현재 생산 실적 보고서 같은 것을 들 수 있다.

[표 3-3]은 경영자가 현재 공급처로부터 구매 상황에 관한 정보를 원할 때마다 산출되는 요구 보고서를 보여준다.

[표 3-3] 요구 보고서 예

공급처별 구매 분석 (단위 : 천 원)

공급처 코드	공급처 이름	금월 금액	금년 반품 총금액	금년 구매 총금액
I 27	인화 컴퓨터	1,286		3,194
S 58	디지텍			1,975
S 66	삼보	342		1,505
P 324	현대전자		95	4,675
K 367	SDS			986
D 425	STM			842
D 475	대우정보	2,316	245	10,476

2. 사례연구: P사의 경영 정보 시스템

사례 기업은 화장품을 비롯해서 식품, 의약품, 화학제품 등을 생산하여 유통, 판매하고 있는 국내 제조업체이다. 이 회사의 경영 정보 시스템 구성을 분석해 보자. 판매, 생산, 경영 지원 세 부분으로 구성되어 있는 종합 물류 시스템과 컴퓨터 네트워크와 관련된 사항은 다음과 같다.

판매 물류 시스템은 서울과 경기 및 강원 중부 지역, 경기와 충청 지역, 대전 지역, 광주와 호남 지역, 대구와 창원 및 부산 지역 판매 물류 관리망으로 구성된다. 이 시스템은 판매, 물류, 관리, 판매 원가에 관한 업무로 구성되어 있으며 IBM 과 SUN 컴퓨터 시스템이 지원한다. 생산 물류 시스템은 서울과 수원 공장, 대전 공장, 김천 공장, 안산 공장, 신갈 기술 연구소 시스템으로 이루어진다. 이 시스템은 생산, 제품, 기획 등에 관한 업무들로 구성되어 있으며 SUN 컴퓨터 시스템이 지원한다. 그리고 서울과 각 공장은 근거리 통신망으로 연결된다. 이 회사의 정보 시스템 구성의 특징은 판매 물류 시스템을 지원하는 IBM 주전산기와 생산 물류 시스템이 운영되는 UNIX 시스템인 SUN 컴퓨터가 상호 유기적으로 연결되어 다양한 정보를 제공하고 있다는 것이다. 경영 지원 시스템은 인사 노무 이외에 재무 회계를 포함한다. 재무 회계는 일반 회계, 세무, 자금 등에 관한 업무로 구성되어 있다.

사례 기업의 DB 구성은 판매 물류 DB, 생산 물류 DB, 경영지원 DB, 인사 및 급여 DB의 네 부분으로 나누어진다[그림 3-5].

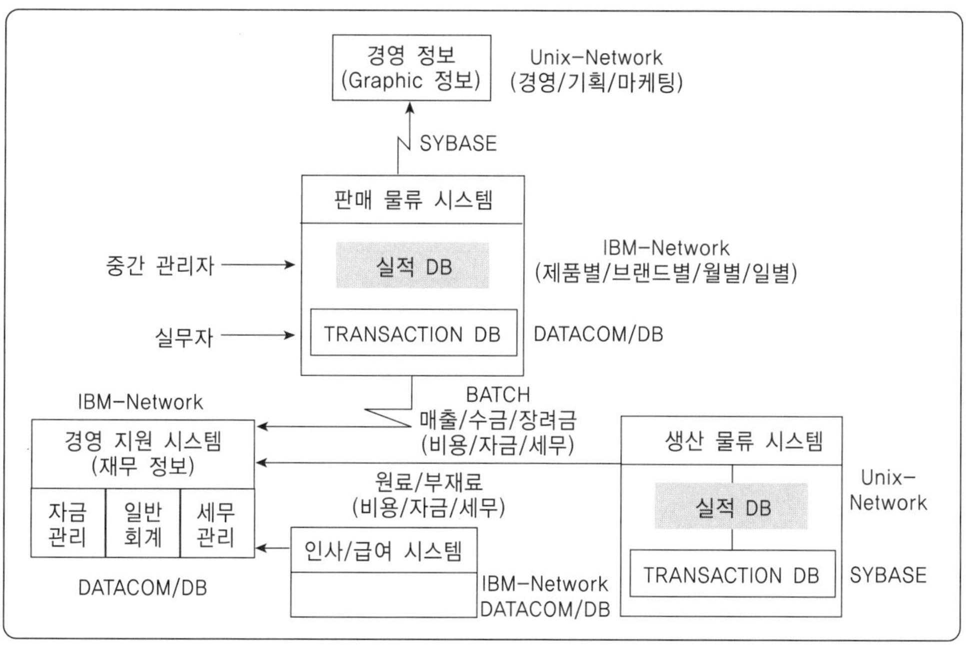

[그림 3-5] P사의 DB 구성도

IBM 네트워크로 이루어진 시스템은 DATACOM DB를 이용하여 데이터를 구축하였으며, UNIX 네트워크로 이루어진 시스템에서는 SYBASE를 이용하여 데이터를 저장하였다. 여기서 TPS DB와 MIS DB의 연관 관계를 알아보기 위해 사례 기업의 DB들 중에서 판매 물류 시스템 부분의 TPS DB들과 MIS DB를 살펴보자[그림 3-6].

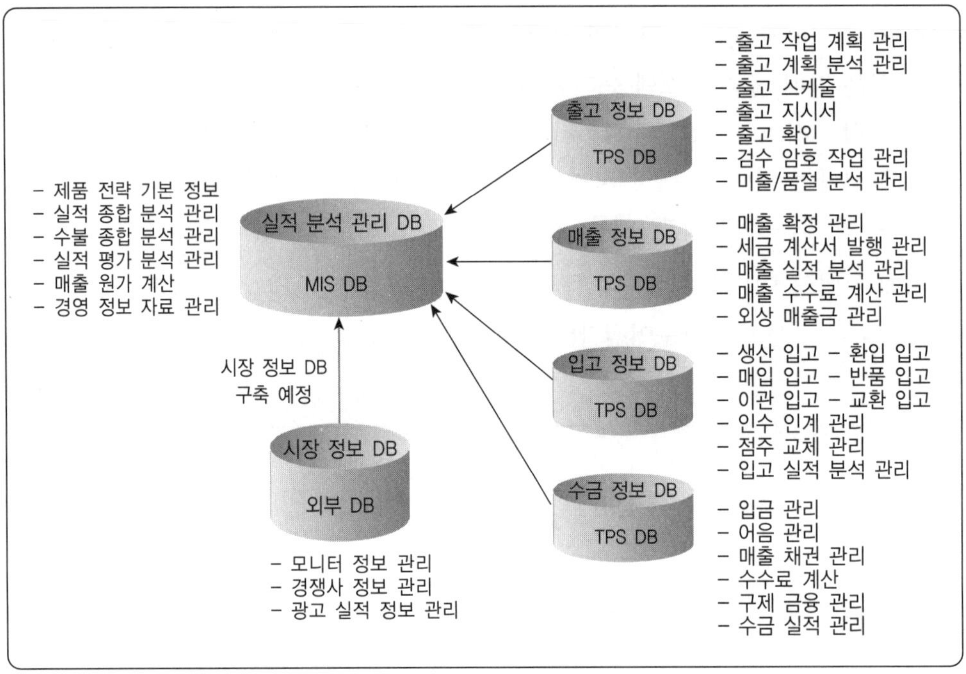

[그림 3-6] P사의 DB 중 판매 물류 시스템의 TPS DB와 MIS DB 구성도

판매 물류 시스템을 지원하고 있는 TPS DB는 크게 나누어, 제품의 출고와 관련된 DB, 제품의 매출과 관련된 DB, 제품의 각종 입고와 관련된 DB와 수금에 관련된 DB로 구성된다. 이와 같이 구축된 TPS DB들로부터 필요한 자료들만을 모아서 관리자들에게 관리 및 통제를 할 수 있도록 제공할 자료들을 포함하고 있는 실적 분석 관리 DB, 즉 MIS DB가 별도로 구축되어 있다.

제3절 최고 경영자 정보 시스템

1. 최고 경영자 정보 시스템 정의

경영 환경이 하루가 다르게 급변하는 오늘날, 특히 기업에서 주요한 정책 의사 결정을 하는 최고 경영자들의 역할은 매우 중요하다. 이와 같은 최고 경영자들에게 다양한 정보를 제공하여 보다 합리적인 의사 결정을 유도하고, 궁극적으로 치열한 경쟁에서 기업이 현재의 위치를 계속 유지하려고 하는 것은 당연한 일이라 하겠다. 조직의 광범위한 분야를 책임지고 대부분의 비정형화된 업무를 다루는 최고 경영자들은 조직 내의 새롭고 양질의 시의적절한 정보 요구를 충족시키며 아울러 경영 외부 환경 정보를 지원해 줄 수 있는 시스템이 필요하게 되었다. 이러한 시도를 통칭하여 최고 경영자 정보 시스템(executive information system), 혹은 중역 · 임원 정보 시스템이라고 한다.

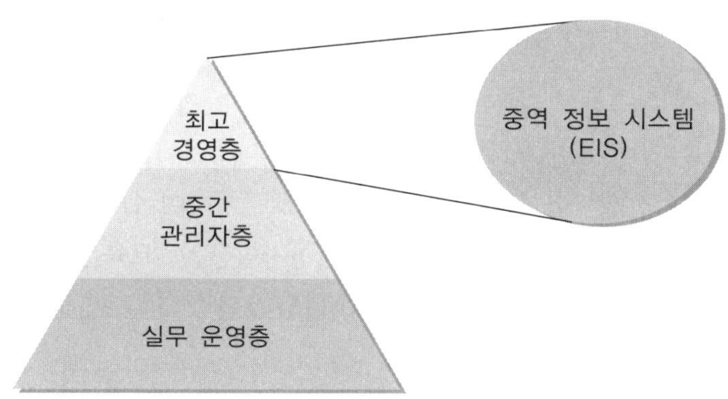

최고 경영자 정보 시스템에 관한 대표적인 몇 가지 정의만을 열거한다.

▶ 최고 경영층에게 과거의 단순 현황 정보 수준에서 벗어나 의사 결정에 직접적인 도움을 줄 수 있는 정확하고 시의적절한 내부 · 외부 정보를 요약, 또는 정리하여 신속하고 사용하기 쉽게 제공함으로써 경영 의사 결정을 지원하는 시스템이다.

▶ 최고 경영자를 포함한 경영진의 경영 활동을 지원하기 위해 경영에 필요한 기업 내부 · 외부 정보를 사용하기 쉽도록 제공하며, 경영 현황 파악 및 각종 의사 결정에도 활용할 수 있도록 만든 시스템이다.

▶ 사용하기 쉽고 이해하기 쉬운 정보 표현의 형태를 빌려 최고 경영자가 기업에서 가장 중요한 외부 정보와 내부 정보를 조정하고 요구할 수 있도록 다양한 자료의 근원으로부터 정보를 통합하는 시스템이다.

시스템의 특징을 살펴보면 첫째, 최고 경영자 정보 시스템은 조직의 관리 계층 구조에서 실무 운영층이나 중간 관리층보다는 최고 경영층의 경영 활동을 지원하기 위해서 개발된 시스템이다. 최고 경영층이란 일반적으로 기업에서 강력한 영향력을 미치는 상위 부문의 경영자들을 말한다. 중요한 것은 이러한 경영자들은 몇 년 후의 미래를 반영한 올바른 경영으로 기업을 이끌 책임이 있다. 여러 계층의 경영자들, 즉 조직 도표상 이사, 상무이사, 전무이사, 대표이사와 같은 경영자들이 최고 경영층의 범주에 포함한다.

둘째, 최고 경영자 정보 시스템은 기업의 내부 자료와 외부 자료를 활용하여 이용자에게 경영 활동에서 필요한 정보를 제공하는 시스템이다. 대부분의 내부 데이터는 경영 기본 업무와 관련된 거래 처리 시스템에서 사용되는 기업의 데이터베이스로부터 발췌된다. 그리고 중요한 또 하나의 정보 근원은 기업의 외부 환경이다. 기업 경영 환경, 즉 정치적 환경, 경제적 환경, 사회적 환경, 그리고 기술 환경 등으로부터 수집된 자료를 축적한 외부 데이터베이스로부터 외부 정보를 이용한다.

셋째, 컴퓨터에 친숙하지 않은 최고 경영자들은 최고 경영자 정보 시스템을 쉽게 배우고 사용할 수 있어야 한다. 즉, 시스템에 대한 훈련 없이도 사용할 수 있도록 개발되어야 하며, 명령어는 아이콘과 자연어 등으로 구성하여 쉽게 이용할 수 있도록 해야 한다. 사용자에게 보다 친숙해야 하며, 사용자를 위한 교육은 한 번에 끝날 것이며, 사용자 문서가 필요 없는 시스템으로서 다양한 형식의 표현, 즉 도표, 그래프, 문자, 화상 이미지 등이 제공되어야 한다.

2. 최고 경영자 정보 시스템 구조

최고 경영자 정보 시스템의 구조를 언급하기 전에 먼저 최고 경영자의 업무가 무엇인지를 살펴보자. 기업에 있어서 경영자들의 업무는 오래 전부터 경영학을 연구하는 사람들의 주요 연구 대상이었다.

Fayol은 모든 경영자들은 계획, 조직, 지시, 스태프 및 통제의 다섯 가지 관리 기능을 수행한다고 주장하였다. 그는 이에 덧붙여 위의 다섯 가지 기능 중에서 일반적으로 최고 경영자들은 계획 기능의 업무를 많이 담당하고, 일반 하위 경영자들은 다른 네 가지 기능을 많이 담당한다고 하였다. 또한 Mintzberg는 모든 경영자들은 같은 업무를 수행하지만, 그 방향이 각 계층 경영자마다 다르다고 하였다. 예를 들어, '협상'의 업무를 보면 최고 경영자는 인수 합병과 관련한 협상을 하는 반면, 하위 경영자는 하청 업자와 물품의 인도 날짜에 관련된 협상을 한다. 이처럼 최고 경영자와 하위 경영자에 있어서 다 같은 협상이지만 지향하고 있는 방향성이 다르다는 것을 알 수 있다. Mintzberg는 그의 연구에서 최고 경영자는 장기적으로 예상하지 못했던 돌발 사건에 대한 대응 등과 같은 업무에 전념하고, 자원의 할당이나 협상 등과 같은 일은 하위 경영자에게 위임한다고 주장하였다.

한편, 하버드 대학의 Kotter 교수는 최고 경영자의 업무를 세 단계로 나누어 설명하고 있다. 그의 주장에 따르면, 최고 경영자는 첫 번째 단계로, 향후 수년간 어떠한 제품을 판매할 것인가 하는 장기적인 목표와 현재의 제품으로 어느 정도의 시장 점유율을 달성할 것인가 하는 단기적인 목표를 포함해서 회사가 이루고자 하는 기업의 목표를 설정한다. 두 번째 단계는 이러한 목표를 성취해야 할 사람들 간의 협조 관계 네트워크를 구성하는 단계이다. 세 번째 단계는 네트워크 구성원들이 목표를 달성하는 데 도움이 되는 주위 여건을 조성하는 단계이다. 최고 경영자들의 업무 활동 영역을 정리하면 다음과 같다.

- ▶ 미리 예측하지 못한 상황 발생에 대한 신속한 대응 활동
- ▶ 관리 효율의 향상 및 경영 성과 증진 활동
- ▶ 기업 내 자원의 효과적인 배분 활동
- ▶ 조직의 내/외부적 문제를 해결하기 위한 제반 활동

요컨대, 최고 경영층은 기업의 목표와 전략적인 계획을 지원하는 정보를 필요로 한다. 그러므로 최고 경영자 정보 시스템은 이용자들에게 기업의 전략적인 목표를 달성하는 데 중요한 요소들, 즉 핵심 성공 요소들(critical success factors)과 관련된 정보를 빠르고 쉽게 전달하여야 한다. 구체적으로 최고 경영자 정보 시스템은 기업의 성공 요소의 변화를 점검하고, 변화에 대응할 문제를 제시하며, 기업 혁신이나 새로운 전략을 구성하는 데 도움을 주는 정보를 제공하여야 한다.

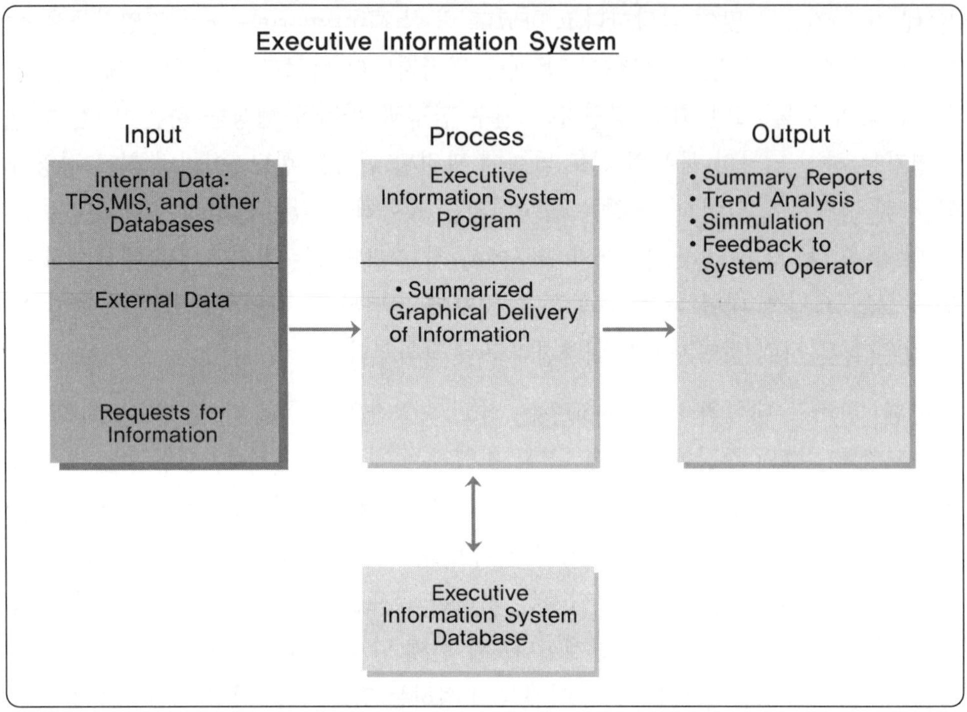

[그림 3-7] 최고 경영자 정보 시스템 구조
(출처 Information Systems Foundations, Leonard M. Jessup/Joseph S. Valacich 수정)

가. 데이터 입력

최고 경영자 정보 시스템에서는 먼저 내부에 있는 데이터가 입력된다. TPS, MIS 등의 다른 데이터베이스에서 사내의 정보를 모두 모으게 된다. 또한 외부 데이터베이스와 연결되어 주가, 환율, 각종의 경제 지표 산업 지표 등의 데이터를 수집하게 된다. 최고 경영자들은 너무 많은 정보를 접하게 되므로 가장 중요한 정보만을 요약하여 제공하는 것이 필요하다.

나. 데이터 처리

최고 경영자 정보 시스템을 사용하는 이용자들은 자신들의 필요에 따라 자유자재로 단말기를 편리하게 이용해야 한다. 스크린을 통해 필요한 정보를 쉽게 보거나 들을 수 있어야 하며, 보고 들은 것은 쉽게 이해되어야 하고, 추가되는 정보를 요구하면서 비구조적인 문제를 구조적으로 정의하고, 이용자의 적성에 알맞도록 정보를 제시해 주어야 한다. 이러한 시스템 이용자와 단말기 간의 대화를 체계적으로 실현시켜 주는 기술이 사용자 인터페이스(user interface)이다.

최고 경영자 정보 시스템에서는 최고 경영층이 선호하는 스타일에 따라 정보를 제공할 수 있는 형태와 형식으로 설계되어야 하며, 사용자들이 시스템과 대화에 있어서 새로운 사항을 배울 수 있는 체계를 구현해 주어야 한다. 또한 전자판과 전자펜, 터치스크린, 마우스 등의 이용, 그리고 몇 개의 키나 버튼만 누름으로써 보다 편리하게 쓸 수 있도록 해야 한다. 정보는 시각적 표현으로 대개 컬러 처리가 가능한 그림이거나 그래프, 테이블의 형태로 제공된다. 또 단순하게 제공되는 경우에는 그림이나 테이블에 대한 설명이 덧붙여질 수도 있다

EIS 는 최고 경영자가 정보를 요구할 때 적시에 신속하게 제공하기 위해서 별도로 최고 경영자 자신의 데이터베이스가 구축되게 된다. 최고 경영자에게 정보를 제공해 주는 중역 데이터베이스는 컴퓨터 서버를 통하여 사내 데이터베이스와 외부 데이터베이스로부터 자료를 추출하여 저장하고 있다.

사내 데이터베이스는 기업의 기본 업무, 즉 인사, 마케팅, 제조, 회계 및 재무 관련 분야에서 발생된 정량적 자료들을 포함하고 있다. 또 다른 종류의 내부 데이터는 기업의 각 조직 구성원들로부터 나오는 뉴스, 소문, 의견, 아이디어, 예측, 설명, 그리고 계획 등과 같은 정성적 자료들인데, 이 자료들도 축적하고 있다.

외부 데이터베이스는 기업의 외부 환경과 관련된 자료들로 구성되어 있다. 소비자, 경쟁업자, 구매업자, 경제 정책, 경기 변동, 증권 시장 등 경제 환경과 관련된 자료들, 법률 규제, 이해자 집단, 외국 정부의 정책 등 정치 환경과 관련된 자료들, 인구 분포, 공해, 자연 환경 등 사회 환경과 관련된 자료들, 그리고 기술 혁신, 기술 이전 등의 기술적 환경으로부터 수집된 자료들이 축적되어 있다.

중역 데이터베이스는 최고 경영자의 퍼스널 컴퓨터에 상주하면서 컴퓨터 서버에 있는 사내 데이터베이스로부터 최고 경영자의 업무와 관련된 자료들을 추출하여 보유한다. 또한 주전산기의 통신망을 통하여 외부 데이터베이스로부터 외부의 경영 환경과 관련된 주요 자료를 발췌하여 저장한다. 최고 경영자는 중역 데이터베이스를 이용하여 요구하는 형태로 변형하여 다양한 정보를 제공받는다.

다. 제공되는 정보

일반적으로 최고 경영자 정보 시스템에 의해 제공되는 정보 내용은 크게 두 가지

로 분류할 수 있다.

1) 요약 · 상세 정보

우선 최고 경영자 정보 시스템은 현재 경영 제반 현황에 대한 집약된 정보(Summarized Reports)를 제공한다. 이용자가 기업 경영의 전반적인 상황을 파악할 수 있도록 거시적이고 종합적인 정보, 즉 기능 부서별 정보, 지역별 정보, 전략사업 단위별 정보, 제품별 정보 등을 제공하는 동시에 필요 이상의 자료나 감당할 수 없을 정도로 많은 양의 자료가 제공되면 실제로 필요한 자료를 식별할 수 없어서 정보의 판단을 방해하는 결과를 초래하기 때문에 요약된 정보가 필요하다. 아울러 경영자가 원하는 방향에 따라 하위 계층에서 상세하게 보고된 정보, 즉 미시적 정보를 빠르고 간략하게 검색 화면으로 볼 수 있는 단계적 분석이 가능해야 한다. 이를 드릴다운 (Drill Down) 기능이라고 하는데 예를 들면 보고서에 기업의 매출액이 하락된 것이 발견되었다면 문제의 지역을 확인한 다음 세부 영업사원 별 데이터를 확인 할 수 있게 된다.

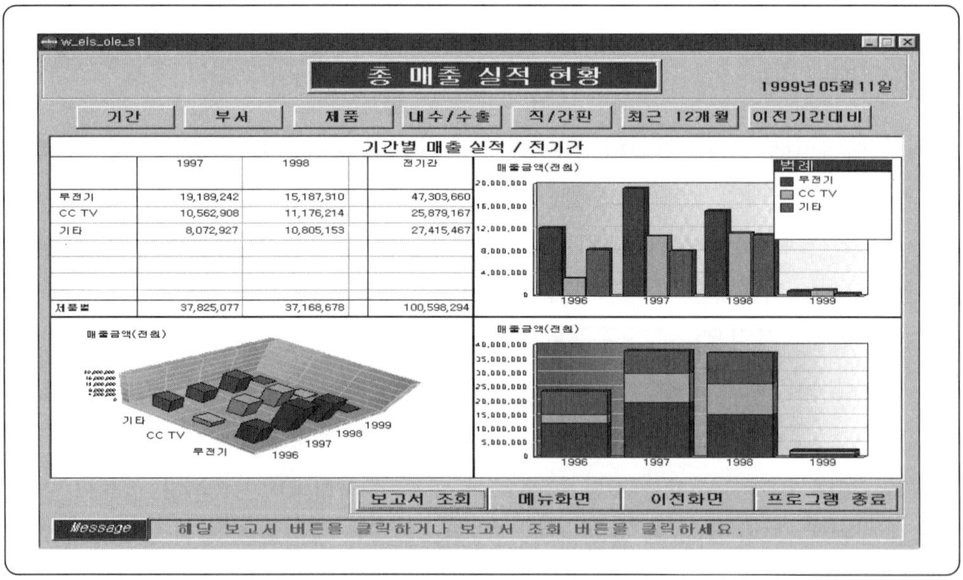

[그림 3-8] A사의 매출 실적의 시각적 표현

2) 예측 · 경고 정보

한편, 최고 경영자 정보 시스템은 의사 결정 지원 정보에 특히 주안점을 둔다. 단순한 현황을 요약하여 제시하는 것보다 향후 예측이 가능한 정보를 제공해야 한다.

이를 위해서는 ① 핵심 성과 지표별 정보, ② 현황 정보보다는 중요한 사항의 추이 분석 정보, ③ 정상적이라고 생각되는 범위를 벗어나는 예외 사항에 관한 정보를 지니고 있는 것이 바람직하다. 예를 들면, 현재의 추세 분석을 통한 미래 상황을 예측하는 보고서(Trend Analysis Report)나 일상적 상황을 벗어나는 정보의 상세한 보고서(Exceptional Report)가 제공된다. 또한 의사 결정 지원을 위한 여러 대안들을 평가하는 데 필요한 모델 분석 기능도 필요시 제공할 수 있어야 한다. 요컨대, 경영자의 업무를 지원하기 위해 최고 경영자 정보 시스템의 정보는 경영 현황을 쉽게 파악할 수 있고, 향후 경영 전략 수립에 필요한 경영 환경 정보와 경제 · 기술 · 시장 정보를 풍부하게 제공해야 한다.

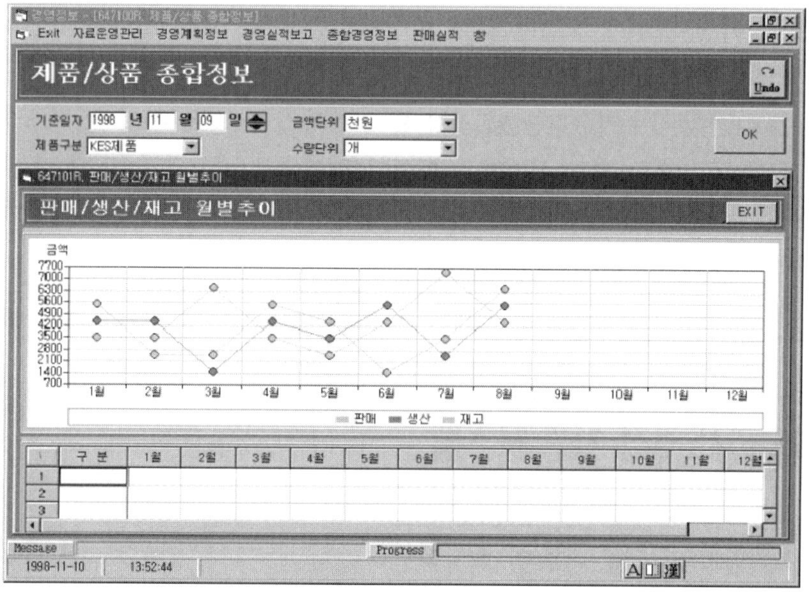

3. 사례연구: 원활한 의사 결정을 위한 투자

임원들의 신속하고 정확한 의사 결정 지원을 위한 관리 현황 및 관리 지표를 마련하기 위해서 각 공장별, 영업별 판매 실적의 통계 관리가 필요했다. 전체 현황에서 상세 정보를 파악하기 위한 정보 시스템이 필요하였고, 마케팅 의사 결정 지원 시스템을 구축하였다. 시스템 개발 과정은 다음과 같다. 프로젝트의 목적 달성을 위해 크게 인사 총무 본부, 국내 영업 본부, 해외 사업 본부, 생산 본부 별로 주제에 맞는 개발전략을 구사했다. 먼저 관리를 위한 '경고(Warning) 시스템' 개발, 장기 목표 달성을 위한 '목표 달성 시스템' 개발, 의사 결정 지원을 위한 '기능 결합 시스템' 개발 등이 주요 전략이었다. 0000년 2월부터 약 3개월 간 진행된 중역 정보 시스템 프로젝트는 총 7단계 구축을 거치면서 현대 자동차 중역 정보 시스템은 그 모습을 드러냈다. 이 시스템은 종전까지 국내에서 설계되고 구축 된 의사 결정 시스템보다 한 걸음 더 나아가 이후 현대 자동차가 구축한 데이터 웨어하우스와의 원활한 통합을 목표로 한 시스템이다. 시스템 도입으로 말미암아 중역들로 하여금 전사적인 관리 현황과 관리 지표를 바탕으로 신속하고 객관적이며 정확한 의사 결정을 할 수 있는 기반을 마련했다는 점이 가장 큰 효과라고 볼 수 있을 것이다. 또한 기존의 경영 정보 시스템의 결과나 데이터를 그대로 이용하면서도 좀 더 세밀한 분석을 통해 회사의 목표에 대한 현 상황을 파악할 수 있는 시스템으로 거듭났다는 데 그 의의가 있다고 할 것이다. 이번에 도입된 중역 정보 시스템은 궁극적으로 과학적인 의사 결정을 바탕으로 회사가 성장하고 불필요한 비용을 절감함으로써 경쟁력 향상을 가져올 수 있는 기반이 갖추어졌다는 데 가장 큰 의미가 있다고 할 것이다. 현대 자동차는 이렇게 구축된 중역 정보 시스템과 데이터 웨어하우스를 근간으로 앞서 기술된 전략들을 하나하나 달성함으로써 세계적인 자동차 회사로서의 명성을 더해가고 있다. (출처: www.sas.com 〉 SAS Korea 〉 Case Study)

제4절 의사 결정 지원 시스템

오늘날 기업의 외부 및 내부 환경의 다변화로 인한 불확실성이 커짐에 따라 이러한 불확실성을 좀 더 배제하고 합리적이고도 효과적인 의사 결정을 위한 정보 시스템 지원이 절실히 요구되고 있다. 이러한 요구에 부응하기 위하여 대두된 정보 시스템이 의사 결정 지원 시스템(decision support system)이다.

1. 문제 유형

의사 결정 지원 시스템의 개념을 살펴보려면 먼저 의사 결정자들이 당면한 문제가 무엇인지 알아야 할 것이다. 의사 결정자들이 당면하는 문제는 크게 두 가지로 나뉘는데 구조적인 것과 비구조적인 것으로 구분할 수 있다.

Simon에 의하면, 비구조적인 문제(unstructured problem)는 비반복적이면서 새로운 문제로 문제의 성격이 쉽게 파악되지 않거나 문제 해결을 위한 대안의 모색 및 선정이 용이하지 않는 문제를 말한다. 그래서 이 문제는 의사 결정자의 지적 능력이나 경험 및 판단력을 요구한다. 이에 반하여 구조적인 문제(structured problem)는 비교적 자주 발생하여 문제 해결을 위한 규정 및 일련의 절차가 있어서 쉽게 해결되는 문제를 가리킨다. 이러한 구조적인 문제들은 정기적인 상세한 보고서와 요약 보고서, 사전에 준비된 보고서로 쉽게 지원이 가능하다. 그리고 구조적인 문제 중에서도 특히 결과를 예상하기가 어렵거나 여러 목표들 중에 우선순위를 정하기가 어려운 문제를 반구조적인 문제(semi-structured problem)라고 한다. 구조적인 문제와 비교할 때 비구조적이거나 반구조적인 문제는 필요한 정보를 사전에 예측하기 어렵고, 의사 결정 규칙도 마련되지 못한 상태여서 의사 결정자는 시스템으로부터 다양한 자료와 분석을 요구하며, 수 차례의 시행착오를 통하여 최선의 대안을 모색하게 되는 것이다. [그림 3-9]는 관리 계층의 역할과 문제 유형에 따라 의사 결정 형태가 다르다는 것을 보여주고 있다.

의사 결정 형태	운영 통제	경영 관리	전략 계획
구조적	• 외상 매출금 • 주문 처리	• 예산 분석 • 단기 예측	• 유조선 MIX • 창고/공장 위치
반구조적	• 재고 관리 • 생산 일정 • 현금 관리	• 예산확보 • 예산 편차 분석	• 합병/인수 • 새로운 상품 계획
비구조적	• PERT/비용 시스템	• 영업/생산	• 연구/개발 계획

[그림 3-9] 관리 계층의 역할과 문제 유형에 따라 의사 결정 형태가 다르다
(출전 : Gorry & Scott Morton, 1971)

2. 의사 결정 단계

가장 널리 사용되고 있는 의사 결정 과정에 대한 모형은 Herbert A. Simon에 의해서 개발되었는데, 그의 모형은 의사 결정 과정을 세 단계로 분류하고 있다.

첫 번째 단계는 현재 환경을 조사하고, 의사 결정을 필요로 하는 요소와 상황을 정의하는 정보 수집(intelligence activity) 단계이다. 두 번째 단계는 가능한 대안들을 개발하고 평가하는 설계(design activity) 단계이다. 세 번째 단계는 선택(choice activity) 단계로서 특정의 대안을 선택하고 그 운용을 감시한다. 이 세 단계 의사 결정 과정은 의사 결정자가 수집된 자료, 혹은 개발된 대안들이 만족스럽지 않을 때 앞 단계로 계속 순환할 수가 있다.

의사 결정 지원 시스템 구조에서 분석과 평가로 말미암아 의사 결정 지원 시스템이 어떠한 수준으로 세 단계의 의사 결정 과정을 지원할 것인가가 결정된다. 이러한 분석과 평가들은 정보 수집 단계에서 선택 단계에 이르기까지 모든 단계의 의사 결정을 지원할 수 있다. 예를 들어, 정기 보고서, 예외 상황 보고서, 그리고 요약 보고서 등과 같은 현 상황 보고서는 주로 정보 수집 단계에서 이용된다. 그리고 판매 예측과 같은 예측 보고서와 시뮬레이션을 통하여 의사 결정자에게 추천하는 최적 대안 등은 설계와 선택 단계에서 의사 결정에 이용된다. 그러나 대부분의 의사 결정 지원 시스템들은 정보 수집과 설계 단계에 대한 직접적인 지원을 한다고 하더라도 거의 정보를 제공하지 못한다. 전통적인 의사 결정 지원 시스템들은 일반적으로 문제에 대한 주변 환경을 세밀하게 살펴보지 않는다. 그것들은 또한 사용자들이 대안을 밝혀내고 기준 항목을 설정하는 데 필요한 창의적 사고와 정상적인 분석에 대한 직접적인 지원도 하지 못한다.

대부분 운영되고 있는 의사 결정 지원 시스템은 의사 결정 과정의 설계와 선택 단계의 일부분을 지원한다. 경영 과학, 통계적 방법론뿐만 아니라 회계, 경제, 그리고 정보 과학은 사용자들이 모델을 형성하기 위해서 이용하고 있다. 개인적인 의사 결정자의 시각과 판단에 의해 구축된 이러한 모델은 체계적으로 대안을 평가, 분석하고 가장 적절한 대안을 추천하는데 이용된다. 그때 의사 결정을 수행하는 동안 의사 결정을 설명하며 의사 전달이 되도록 하기 위해서 이 결과를 이용한다.

3. 의사 결정 지원 시스템 정의

의사 결정 지원 시스템에 관련된 개념은 1970년대 초 M. S. Scott Morton에 의해 경영 의사 결정 시스템(management decision system)이라는 용어로 처음 표현되었는데, G. A. Gorry와 Scott Morton은 의사 결정 지원 시스템을 반구조적인 의사 결정 상황과 비구조적인 의사 결정 상황 하에서 의사 결정을 지원하는 시스템으로 보았다. J. Rittle은 의사 결정 지원 시스템을 경영자나 관리자의 의사 결정을 위하여 자료 처리나 판단에 모형을 이용하는 절차로 보았다.

이러한 정의가 합리성을 갖기 위해서는 간단함, 견고성, 통제의 용이성, 적응성, 완벽성, 전달의 용이성 등을 갖춰야 한다고 주장했다. 또한, P. G. W. Keen은 의사 결정 지원 시스템이란 컴퓨터를 이용하여 정형화되지 않은 문제에 관해 의사 결정자가 효과적인 의사 결정을 할 수 있도록 지원하는 체제라고 정의하고 있다. 이러한 개념들을 바탕으로 의사 결정 시스템의 특성을 살펴볼 수 있다.

첫째, 의사 결정 지원 시스템은 의사 결정(decision) 과정을 효율적인 면보다 효과적인 측면에서 향상시킨다고 할 수 있다. 의사 결정자의 시간은 귀중한 것이며 낭비할 수가 없으나 의사 결정 지원 시스템을 사용하는 가장 주된 이점은 좀 더 나은 의사 결정을 하는 것이다. 즉, 문제를 분석하고 여러 대안들을 제시해서 기준에 의한 최적의 대안을 선택하는 과정들을 효과적으로 지원하는 것이다.

둘째, 의사 결정 지원 체제이다. 의사 결정 지원 시스템은 의사 결정자의 판단을 지원(support)하는 도구이지 그들의 역할을 대처(replace)하기 위한 도구가 아니다. 컴퓨터는 문제의 구조적인 부분에 적용되는 반면에 의사 결정자는 비구조적인 부분, 즉 경험 판단, 직관적인 통찰, 그리고 의사 결정을 행한다. 의사 결정자와 컴퓨터는 반구조적인 영역에 해당되는 문제를 해결하는 과정에서 한 팀으로 함께 일하는 것이다.

셋째, 의사 결정 지원 시스템은 시스템(system)이다. 다시 말해서 컴퓨터 활용을 전제로 하는 인간과 기계의 상호 작용 시스템인 것이다. 구체적으로 의사 결정자가 직면하고 있는 문제를 해결하는데 필요한 최선의 정보를 산출할 수 있도록 소프트웨어, 하드웨어, 네트워크, 그리고 인터페이스(interface) 등 제반 수단을 제공해 주는 하나의 시스템이다.

4. 의사 결정 지원 시스템 구조

의사 결정 지원 시스템은 반구조화되었거나 비구조적이고 비반복적, 비정형적인 의사 결정 업무들을 해결하기 위해서 의사 결정자들이 의사 결정 모델과 자료를 활용하여 쉽게 분석과 평가를 할 수 있도록 하는 대화형 시스템이라고 할 수 있다. [그림 3-10]은 이러한 전형적인 의사 결정 지원 시스템 구조를 보여준다. 문제 해결을 위한 여러 대안들을 찾기 위해서 의사 결정자는 시스템을 이용한다. 여기서 의사 결정자는 특정한 사용자가 아닌 최고 경영층, 중간 관리층, 실무 운영층에 속하는 모든 경영자, 혹은 스태프 전문가를 가리킨다.

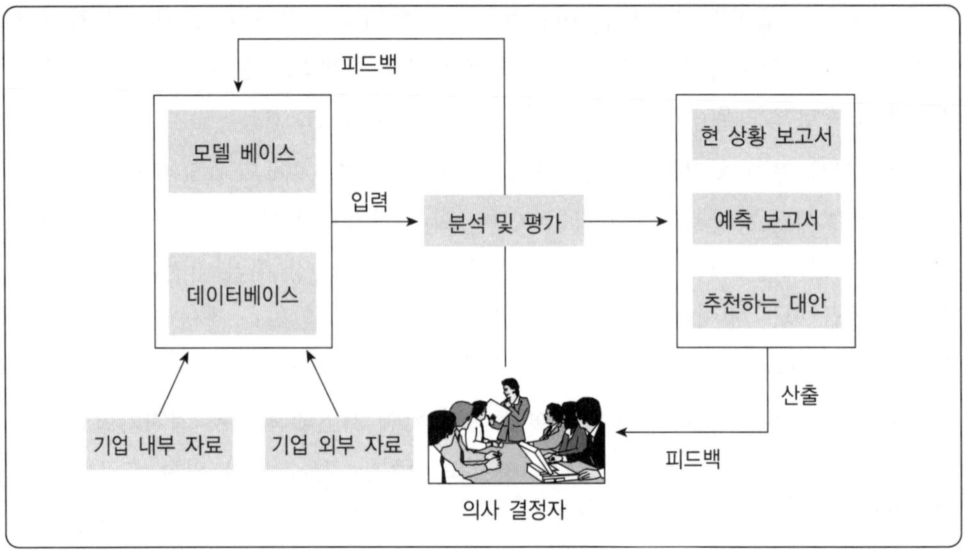

[그림 3-10] 의사 결정 지원 시스템 구조

가. 데이터 입력

의사 결정 지원 시스템 데이터베이스는 기업 내부의 데이터베이스, 기업 외부 환경과 관련된 데이터베이스, 의사 결정자의 개인 데이터베이스로부터 추출된 데이터와 정보를 포함한다. 의사 결정자가 구체적인 형태의 의사 결정을 위해 가장 필수적인 요약된 데이터를 가지고 있다.

나. 데이터 처리

의사 결정 지원 시스템에서 데이터 처리는 데이터베이스 관리, 모델 베이스 관리, 그리고 사용자와 시스템 간의 대화 관리를 위한 모듈에 의해서 수행된다.

데이터베이스 관리 모듈은 데이터베이스 관리 시스템의 다양한 기능들을 이용하여 데이터베이스의 생성, 질의, 유지 보수를 제공한다. 이것은 데이터베이스에 있어서 데이터 레코드의 구조와 대응 관계, 데이터의 저장과 검색, 데이터베이스의 갱신, 데이터베이스 무결성의 통제를 규정하고 수정할 수 있도록 도와준다.

모델 베이스는 다양한 프로그램 모듈과 수학적 모델과 분석적 기술을 지닌 라이브러리(library)를 포함한다. 모델들의 구성 요소들은 모델 베이스 관리 모듈에 의해 결합되며, 구체적인 의사 결정을 지원하기 위해서 통합된 모델로 나타나야 한다. 모델 베이스 관리 모듈은 모델링 패키지, 전자 스프레드시트 패키지, 사용자가 작성한 프로그램에 의해 제공되는 기능들을 사용하여 모델 베이스에서 수학 모델들을 만들고 유지 보수하고 처리하는 능력을 제공한다. 의사 결정 지원 시스템의 모델 베이스에 있어서 모델의 개발, 수정, 통제를 지원한다. 모델을 서로 연결하여 통합된 모델들을 만드는 데 도움을 준다. 그리고 의사 결정 과정을 지원하는 데 필요한 분석 모델링을 지원한다. 모델에는 가정 분석, 민감도 분석, 목적 추구 분석, 최적화 분석 모델이 있다.

가정 분석(what-if analysis)은 의사 결정자가 변수들, 또는 변수들 사이의 관계에 변화를 주어 다른 변수들의 값에서 결과적으로 나타나는 변화들을 관찰한다. 민감도 분석(sensitivity analysis)은 가정 분석의 특별한 형태이다. 특히, 단지 한 변수 값이 반복적으로 변할 때 다른 변수들에 대한 변화들이 관찰된다. 그래서 민감도 분석은 특히 한 번에 단 하나의 변수에 반복적 변화를 주는 가정 분석의 한 형태이다. 목적 추구 분석(goal seeking analysis)은 가정 분석, 그리고 민감도 분석 방법과 상반되는 분석 방법이다. 한 변수의 변화가 다른 변수들에 어떤 영향을 미치는가의 관찰 대신, 목적 추구 분석은 변수의 목표 값을 정하고 목표 값이 달성될 때까지 다른 변수들을 반복으로 변화시킨다. 최적화 분석(optimization analysis)은 목적 추구 분석에 비해 좀 더 복잡하고 확장된 형태이다. 변수의 목표 값을 구체적으로 정하는 대신에 이 모델의 목적은 어떤 주어진 제한 조건에서 하나, 또는 그 이상의 목표 변수들에 관한 최적의 값을 찾는 것이다. 이때 목표 변수의 최적 값을 찾을 때까지 주어진 제한 조건 하에 하나 이상의 변수들을 계속적으로 변화시킨다.

대화 생성 관리 모듈은 상호 대화식 입출력, 즉 사용자와 의사 결정 지원 시스템 사이의 상호 대화를 지원하는 사용자 인터페이스를 제공한다. 이 인터페이스는 대화식 분석 모델링에 필요하다. 예를 들어, 사용자의 입력은 명령어, 메뉴, 질의, 프롬프트, 아이콘, 그리고 다른 데이터 입력 화면을 통해 지원되고, 출력은 프롬프트, 응답, 보고서, 그래픽 디스플레이에 의해 제공된다. 사용자 인터페이스의 기본 형태는 문자 기반 인터페이스에 속하는 메뉴 지향 인터페이스, 명령어 지향 인터페이스와 그래픽 인터페이스의 세 가지로 분류된다.

분석 모델링의 4가지 형태	의미와 실례
가정 분석	만약 선택한 변수들을 변화시키면 다른 변수에는 어떤 영향을 미칠까를 관찰한다. (예) 광고비를 10%로 삭감하거나 증가시킬 때, 매출액은 어떻게 변화하는가를 관찰한다.
민감도 분석	하나의 변수를 반복적으로 변화시켜 다른 변수와의 관계를 관찰한다. (예) 광고비를 1,000만 원씩 반복적으로 삭감시킬 때 매출과의 관계는 어떠한가?
목적 추구 분석	변수에 목표를 정해 두고 그 목표에 도달할 때까지 다른 변수를 변화시킨다. (예) 매출 총액을 10억 원으로 정해 놓고 이를 만족시킬 때까지 광고비를 증가시킨다.
최적화 분석	어떤 제한 조건에서 가장 타당한 선택적 대안을 찾는다. (예) 제한된 예산 및 선택한 광고 매체에서 최적의 광고비를 선택한다.

다. 제공되는 정보

의사 결정자는 시스템을 통하여 현재의 경영 상태 보고서, 판매 예측과 같은 미래 예측 보고서, 그리고 문제 해결 방안들 가운데서 추천할 만한 최적의 대안에 관한 정보를 받아 본다.

1) 현황 및 예측 보고서

시스템을 의사 결정자로 하여금 데이터와 모델을 이용하여 반/비구조적인 문제들을 해결할 수 있도록 [표 3-4]와 같은 다양한 정보를 제공한다.

[표 3-4]에서 제품 매출액 시계열 분석과 제품 매출액 · 광고비 회귀 분석에 관한 내용을 그래프 형태로 보여준다[그림 3-11]. A 제품의 매년 매출 실적, 매출 추세, 매출 예측에 관한 정보, 또한 매출 실적과 광고비의 상관 관계에 관한 정보가 시스템 이용자에게 제공된다. 그러면 경영자는 A 제품에 대한 광고비 효과를 분석한 후에 효과적으로 광고비 투자액을 결정할 수가 있다.

[표 3-4] 반 · 비구조적 문제에 직면한 의사 결정자에게 제공되는 경영 정보

1. 경쟁사 손익 정보 비교 분석
 1-1. XY년도 경쟁사의 종합 손익 분석
 1-2. 재무 구조 구성비 분석 그래프
 1-3. 기준사 대 경쟁사 차이 분석 그래프
2. 회사별 · 연도별 재무 상태 비교
 2-1. 종합 손익 추세 분석(3개년)
 2-2. 종합 손익 추세 분석(5개년)
 2-3. 손익 구조 추세 분석 그래프(5개년) RADAR CHART
3. D사: 월별, 매체별, 품목별, 광고비 분석
4. D사: 월별, 매체별, 광고비 비교 분석
5. 월별 광고비 대비 품목별 광고비 비교 분석
 - 단일 품목에 대한 연속 5개월 추세 분석
6. 매출액, 광고비 시계열 분석(Trend Curve)
 6-1. 제품 #1
 6-2. 제품 #2
 6-3. 제품 #3
 6-4. TOTAL
7. 매출액, 광고비 회귀 분석(Regression Curve) 독립변수(X축)-광고비, 종속변수(Y축)-매출액
 7-1. 제품 #1
 7-2. 제품 #2
 7-3. 제품 #3
 7-4. TOTAL
8. 제품별 시장 점유율 회귀 분석
 X축-매출액, Y축-점유율(SHARE)
 8-1. 제품 #1
 8-2. 제품 #2
 8-3. 제품 #3
9. 재무 계획 수립 모델
 -Simulation을 통한 향후 재무 계획의 수립
10. 제약 기업 경영 분석 모델
 10-1. 제약 기업 수익성 분석
 10-2. 제약 기업 안정성 분석
 10-3. 제약 기업 규모 및 확장성 분석
 10-4. 제약 기업 성장성 분석
 10-5. 제약 기업 경영 성과 종합 분석
 10-6. 제약 기업 경영 성과 종합 순위 집계표

2) 최적의 대안

의사 결정 자원 시스템은 대리점, 창고, 공장 부지 등의 최적 위치 선정 혹은 최적의 상품을 구매해야 하는 문제가 발생했을 때 여러 대안들 중에서 가장 적절한 대안을 의사 결정자에게 추천하여 준다.

[그림 3-12]는 이용자가 가장 좋은 자동차를 구매하기 위해서 세 가지 대안을 선택한 후, 이를 서로 비교할 기준 항목(criteria)을 설정한 내용이다. 여기서 의사 결정자의 목표는 최적의 자동차를 구매하는 것이며, 기준 항목들은 자동차의 가격, 스타일(style), 연비, 그리고 자동차의 견고성이다. 또한 세 종류의 자동차를 대안(alternative)으로 준비하였다. 그러면 의사 결정 지원 시스템은 먼저 기준 항목의 중요도를 측정하기 위해서 이용자로 하여금 기준 항목을 서로 비교하게끔 한다. 그런 후에 각 대안의 우선 순위를 산출하기 위하여 각 기준 항목에 따라 각 대안들을 서로 비교한다. 이러한 과정을 진행한 후 최종적으로 시스템은 이용자에게 각 대안의 중요도 혹은 우선 순위의 비율을 제공한다. 최고의 자동차를 구매할 구매자는 시

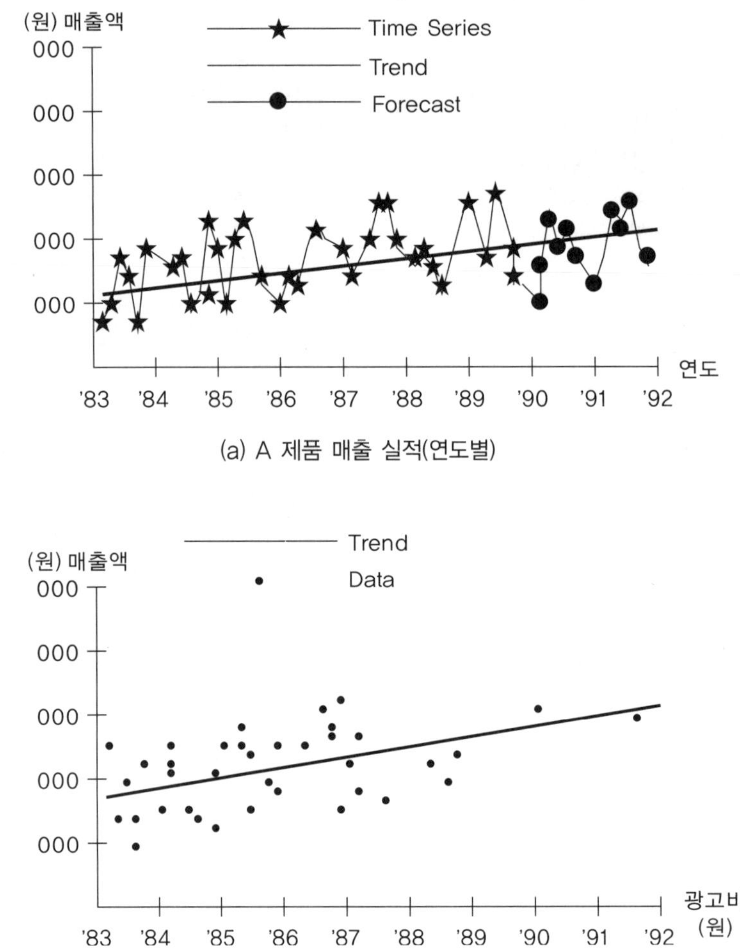

(a) A 제품 매출 실적(연도별)

(b) A 제품 매출 실적과 광고비 상관 관계

[그림 3-11] A 제품의 매출 현황, 매출 예측, 그리고 광고비의 상관 관계에 관한 정보가 시스템 이용자에게 제공된다.

스템이 제공하는 정보에 따라 우선 순위가 제일 높은 대안을 선택하게 된다. 그러나 우선 순위가 제일 높은 대안일지라도 자기의 감각과 경험에 따라 다음 순위의 대안을 선택할 수도 있다.

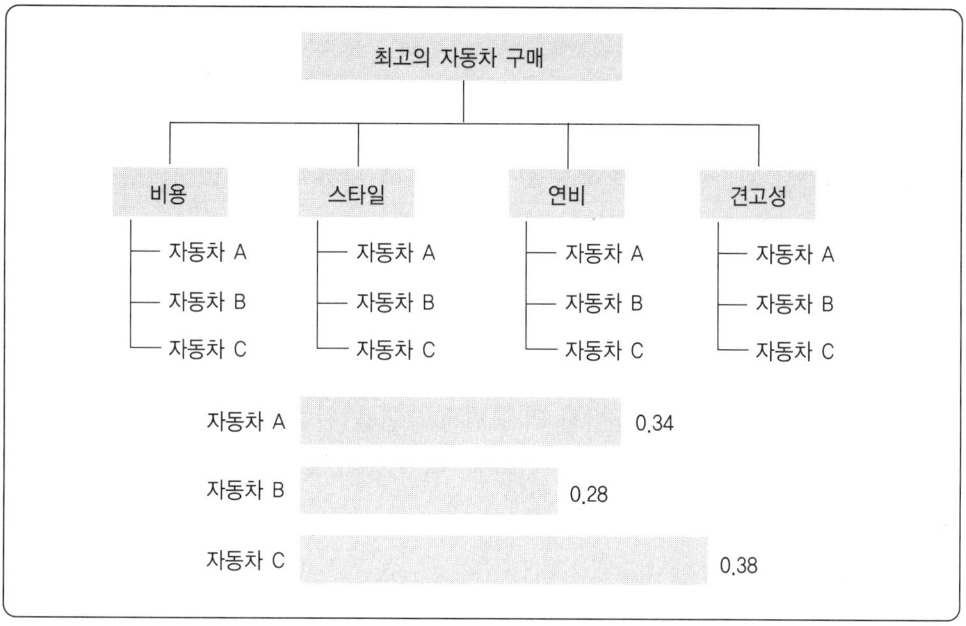

[그림 3-12] 최고의 자동차를 구매하기 위해서 세 가지 대안을 기준 항목에 따라 서로 비교한 후에 최적의 대안을 추천해 준다.

5. 그룹 의사 결정 지원 시스템

전통적인 의사 결정 지원 시스템은 개개인의 의사 결정자를 지원하도록 설계된다. 아직도 대부분의 기업에서 중요한 의사 결정은 종종 의사 결정자 집단(실무팀, 또는 위원회)에 의해 전체적으로 이루어진다. 이러한 상황 아래서 의사 결정 지원 시스템은 서로 협력하여 일을 수행하는 것을 쉽게 하고, 구성원 간의 의사소통을 원활히 한다. 그리고 의견 합의를 도출하는 데 이용되는 선거, 순위 설정, 비율 배분 등과 같은 방법론들을 지원하기 위해서는 반드시 그 성능이 향상되어야만 한다.

그룹 의사 결정 지원 시스템(group decision support system)은 비구조적인 문제에 관한 의사 결정까지도 포함해서 구성원들의 의사 결정 과정을 지원해 주는 상호 대화식 정보 시스템이다.

1988년 이후로 연구가 활발해진 그룹 의사 결정 지원 시스템은 다양한 그룹 의사 결정 상황에서 의사 결정을 하도록 지원해 주는 시스템으로서, 구성 요소는 하드웨어, 소프트웨어, 의사 결정자들, 그리고 일련의 의사 결정 절차 등이다. 구성 요소를 구체적으로 살펴보면 다음과 같다.

가. 하드웨어

그룹 의사 결정 지원 시스템이 포함하고 있는 최소한의 하드웨어 장비에는 입출력 장치, 프로세서, 통신선, 정보를 보여주기 위한 공동 화면이나 개별 모니터가 있다. 좀 더 복잡한 시스템일 경우에는 각 구성원들에 대한 입출력 터미널이나 탁상형 컴퓨터, 몇 개의 중앙 처리기, 장거리 통신 장치, 몇 개의 공동 화면이 있을 수 있다. 기업에서 키보드에 익숙하지 않은 의사 결정자들을 위해 터치스크린(touch screen)이나 음성 통신(voice communication) 등이 필요할 수도 있다. 또한 공동 화면이나 모니터는 정보의 전달을 확실히 하기 위해서 그래픽, 텍스트, 색상을 갖추고 있어야 한다. 지역적으로 흩어진 의사 결정 그룹을 위해서는 다른 구성원들과 서로 통신할 수 있도록 근거리 통신망, 전화선, 위성 등이 필요하기도 할 것이다.

나. 소프트웨어

그룹 의사 결정 지원 시스템의 소프트웨어 요소들은 데이터베이스, 모델베이스, 의사 결정 그룹이 사용할 응용 프로그램 사용이 쉽고 탄력적인 사용자 인터페이스 등이다. 아주 특별한 일부 그룹 의사 결정 지원 시스템은 단순하게 구성원 간의 견해를 모으고 전달하기 위해 데이터베이스는 필요 없을 수도 있다. 그러나 대부분의 복잡한 시스템은 데이터베이스, 모델베이스, 프로그램 작성을 위한 고급 언어, 그래픽, 경영 과학 패키지, 스프레드시트를 포함한다. 그룹 의사 결정 지원 시스템 소프트웨어는 하나의 특정한 의사 설정이나 집단적 의사 결정을 지원하기 위해 설계되었다. 어떤 소프트웨어는 특정 의사 결정만을 위해 만들어지기도 하는 반면, 다른 것들은 보다 일반화되어 있다.

다. 의사 결정자

그룹 의사 결정 지원 시스템에서 '의사 결정자들'에는 의사 결정 그룹의 구성원들과 MIS 부서나 정보 센터에 소속되어 그룹 의사 결정 지원 시스템 기술의 원활한 사용을 책임지는 그룹 조정자가 있다. 여기서 조정자의 역할은 탄력적이다. 그들은 회의에 참석하여 그룹 의사 결정 지원 시스템의 하드웨어, 소프트웨어의 운영을 서비스해 주거나 의사 결정 그룹에서 요구하는 정보들을 보여주기도 한다. 그룹 의사 결정 지원 시스템이 처음 설치되었을 때는 의사 결정 그룹의 구성원과 시스템 사이의 인터페이스를 서비스하고 그룹의 활동들을 조정하기 위해 조정자가 필요할 것이다. 그러나 그룹의 구성원들이 시스템 운영에 익숙해지면 조정자의 역할은 감소하거나 없어질 것이다.

라. 의사 결정 절차

그룹 의사 결정 지원 시스템의 마지막 구성 요소는 구성원들의 시스템 이용을 효과적이면서 용이하게 이용하기 위한 절차들이다. 이러한 절차들은 단순히 하드웨어나 소프트웨어 운영에만 적용될 수도 있으나, 회의에서 의사 진행이나 구성원들 사이의 토의에 대한 규칙도 포함할 수 있다. 이러한 경우에 그룹 의사 결정 지원 시스템은 브레인스토밍(brainstorming), 델파이 방법(delphi method) 등과 같은 의사 결정 기술을 제공하도록 설계되어 있다. 이러한 요소들은 의사 결정과 관련된 회의에서 그룹 구성원들을 지원하기 위해 [그림 3-13]처럼 서로 관련성을 가지고 구성되어 있다. 그룹 의사 결정 지원 시스템을 효과적으로 구축하기 위해서는 통신망 설비와 사용하기 편리한 그룹웨어(groupware)의 사용이 요구된다.

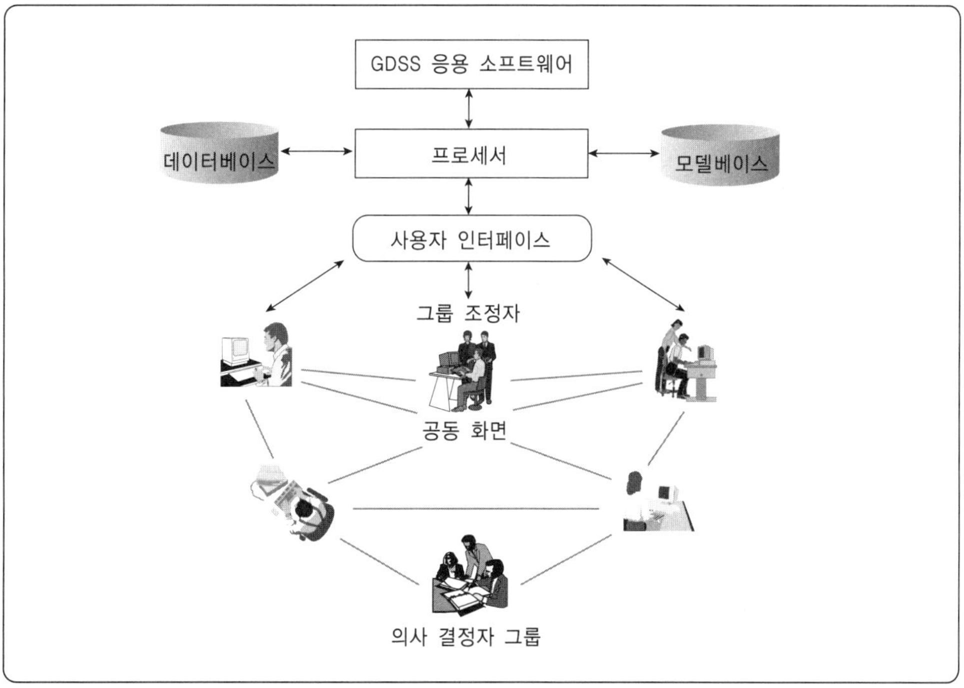

[그림 3-13] 그룹 의사 결정 지원 시스템 구조

6. 사례연구: 충수염 진단 의사 결정 지원 시스템

급성 충수염은 복통을 호소하거나 복막 자극에 의한 증상을 나타내는 모든 환자에서 감별 진단해야 하는 질환으로 입원, 응급 수술을 요하는 가장 흔한 외과적 질환이다. 또한 급수 충수염은 100여 년 전부터 기술되어 왔음에도 불구하고 현재까지 신속하고 정확한 진단 방법의 부재로 말미암아 그 음성 개복률이 약 20%로 비교적 높은 실정이다[서준석, 1994; Buchman, 1984].

그래서 임상의들은 급성 충수염에 대한 진단 정확도를 높이기 위해 임상 증상, 이학적 검사, 혈액 검사, 소변 검사, 단순 복부 X선 촬영과 더불어 대장 조영 검사나 복부 전산화 단층 촬영술 검사 또는 복강경 검사 등을 추가로 시행하기도 하나 이 검사들은 환자들에게 불편이나 위험을 줄 뿐만 아니라 시간이 걸리는 등의 문제점 때문에 그 이용이 제한되고 있다[Kim S. J. 1987; Lee S. H. 1988]. 급성 우하복부 동통을 주호소로 내원한 환자를 진단함에 있어, 급성 충수염의 전형적인 증상 및 이학적 소견을 보이는 경우에는 진단에 큰 어려움이 없어 즉각적인 개복을 결정하게 되나, 증상이나 소견이 애매하고, 급성 복통을 일으킬 수 있는 다른 질환과의 감별이 되지 않을 경우에는 개복할 것인지 아니면 추후 관찰을 할 것인지에 대해 고민하게 된다[하현철, 1993].

이에 급성 충수염의 진단 하에 각종 검사를 받은 환자의 자료를 효율적으로 관리하고, 의사 결정 지원 시스템을 구축하여 저장된 자료를 이용하는 의사가 급성 충수염의 진단을 용이하게 하도록 지원하는 것을 목적으로 한다.

급성 충수염 진단을 위한 DSS는 의사가 의사 결정 모델과 환자의 자료를 활용하여 쉽게 분석과 평가를 할 수 있도록 대화형 시스템이다. 그 구조를 보면 자료를 관리하는 데이터베이스, 기존의 자료를 이용하여 통계 분석과 베이시안 방법에 의해 정보를 생성하는 모델베이스와 이들을 쉽게 사용할 수 있도록 GUI(graphic user interface)를 제공하는 소프트웨어로 되어 있다.

[그림 3-14]는 충수염 진단 DSS의 구조를 보여준다. 첫째, 시스템에서 이용되는 데이터는 환자의 개인 신상 정보와 의사가 환자에게 문진, 즉 환자의 병력을 청취하여 얻어내는 문진 정보, 이학적 검사를 통하여 얻어내는 이학적 검사 데이터, 혈액 검사를 통하여 얻어내는 임상 병리 검사 데이터, 초음파 검사를 통하여 얻어내는 방사선적 진단 정보 등이다.

둘째, 먼저 추출된 데이터 자원을 성별, 나이, 증상 지속 시간, 통증의 위치, 근육

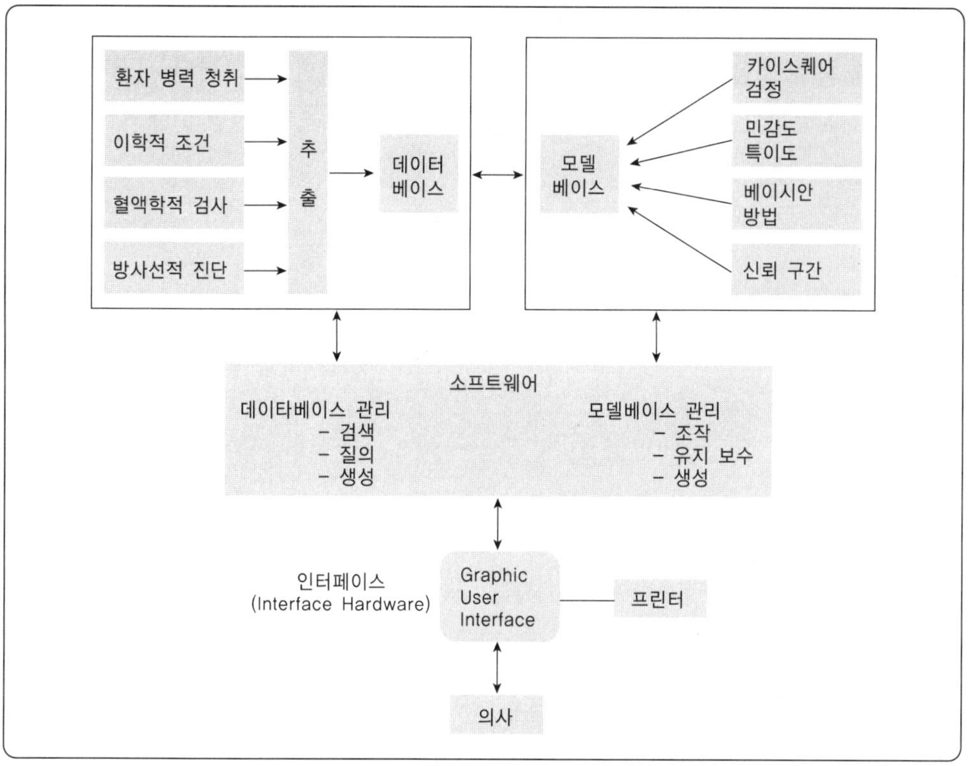

[그림 3-14] 충수염 진단 의사 결정 지원 시스템 구조

강직, 구토, 설사, 체온, 혈중 백혈구 수 등과 같은 변수별로 양성, 음성을 분류한다. 그리고 각 변수의 통계적 의미를 검정하기 위한 카이스퀘어 검정(chisquare test)과 검정된 자료의 가중치를 계산하기 위한 특이도(specificity), 민감도(sensitivity), 베이시안 방법(bayesian method) 그리고 통계적으로 계산된 결과를 검정할 신뢰 구간(confidence interval) 등으로 모델베이스가 구성된다.

셋째, DSS의 소프트웨어는 데이터베이스 관리, 모델베이스 관리, 그리고 의사와 시스템 간의 대화 관리를 위한 모듈을 포함한다. 데이터베이스 관리 모듈은 환자의 개인 신상 정보, 증상 정보, 의사 정보 등 각종 데이터를 다양한 기능들을 이용하여 데이터베이스의 생성, 질의, 유지 보수를 할 수 있도록 한다. 모델베이스 모듈은 수학적인 함수를 이용하여 통계 모델, 의사 결정 모델을 만들고 유지 보수하는 기능을 제공한다. 인터페이스 모듈은 의사가 대화식으로 입출력을 할 수 있도록 사용자가 4세대 언어 도구를 이용하여 인터페이스를 제공한다.

충수염 진단 DSS을 이용하여 충수염을 진단하는 의사는 환자의 증상에 따라 수술, 관찰, 퇴원의 세 가지 대안 중 하나를 DSS으로부터 제안받는데, 관찰의 대안을 받았을 때 복부 초음파 검사를 시행하여 그 결과를 입력한다. 그러면 시스템에서는 초음파 검사 결과를 포함하여 진단 점수를 재산정한 후 수술, 퇴원의 대안을 제시하게 된다.

요 약

거래 처리 시스템은 업무 거래로 발생하는 자료를 처리하는 운영 정보 시스템이다. 거래 처리는 데이터 수집, 데이터 조정, 데이터 저장, 문서 준비로 구성되어 있다. 데이터 조정(가공)은 분류, 정렬, 계산, 요약을 내포하고 있다, 이 시스템은 필요한 업무들을 수행하며, 비교적 표준화된 절차를 따르고 상세한 자료를 다루며, 결과 중심적이고 약간의 문제 해결에 관한 정보를 제공한다. 거래 처리 시스템은 다른 응용 정보 시스템들에 의해서 사용되는 기업의 내부 데이터를 산출해 주는 데 중요한 역할을 하고 있다.

경영 정보 시스템은 기업의 중간 관리층에게 의사 결정을 하도록 필요한 정보를 제공해 주는 시스템으로, 보고서, 화면 조회, 그리고 질의에 대한 응답들은 일정한 주기에 따라 필요할 때, 혹은 요구할 때, 또는 예외적 상황이 발생하였을 때 MIS 데이터베이스에서 경영자에게 제공된다. 그리고 MIS 데이터베이스 내용들은 TPS 데이터베이스들로부터 추출된다.

최고 경영자 정보 시스템은 최고 경영층으로 전략적 정보 욕구를 충족시키기 위해 구현된 정보 시스템이다. 이 전략적 정보는 기업의 영업, 생산, 재무, 인사 부문에서 발생되는 자료를 축적한 내부 데이터베이스와 정보 정책, 기술, 경제 환경, 거래선 정보, 경쟁사 정보, 그리고 시장 정보 등 기업의 외부 환경에서 자료를 수집한 외부 데이터베이스로부터 도출된다. 이 시스템은 최고 경영층에게 전략적 목표를 달성하기 위해 기업의 핵심 성공 요소와 관련하여 쉽게 이해하고, 사용하기 쉬운 정보를 제공한다.

의사 결정 지원 시스템은 반구조화되었거나 비구조적이고 비반복적, 비정형적인 의사 결정 업무들을 해결하기 위해서 의사 결정자들이 의사 결정 모델과 자료를 활용하여 분석과 평가를 쉽게 할 수 있도록 하는 대화형 시스템이다. 이 시스템은 데이터베이스, 모델베이스, 인터페이스 기능을 포함한다. 데이터베이스는 내부, 외부, 개인의 데이터베이스에서 추출된 자료를 가지고 있으며, 모델베이스는 수학 모델과 분석 모델을 포함하고 있다. 의사 결정 지원 시스템은 의사 결정자에게 현재의 경영 상태 보고서, 매출 예측과 같은 미래 예측 보고서, 여러 대안들 중에서 추천할 만한 최적의 대안에 관한 정보를 제공한다. 그룹 의사 결정 지원 시스템은 다양한 그룹 의사 결정 상황에서 문제의 발견, 정보 검색 및 공유, 정책 및 절차의 수립, 문제 해결에 관한 정보 활용을 지원해 주는 시스템으로, 그룹 내에서 생각이나 의견, 선택 등의 변화를 지원하기 위하여 컴퓨터, 네트워크, 그리고 의사 결정 기술들이 조화를 이루는 것이라 할 수 있다.

주요용어

거래	거래 처리 시스템	데이터베이스
실무 운영층	경영 정보 시스템	중간 관리층
의사 결정	구조적 문제	반구조적 문제
비구조적 문제	의사 결정 지원 시스템	모델베이스
사용자 인터페이스	그룹 의사 결정 시스템	최고 경영층
최고 경영자 정보 시스템		

연습문제

1. 거래란 무엇을 의미하며, 거래 처리 시스템이란 무엇을 말하는지 정의하여라.
2. 거래 처리의 기본 작업 네 가지는 무엇인가? 각 작업을 설명하여라.
3. 거래 처리 시스템의 특성을 설명하여라.
4. 경영 정보 시스템 구조에서 MIS 데이터베이스는 어떻게 형성되는가?
5. 경영 정보 시스템이 제공하는 정보의 내용을 설명하여라.
6. 예외적 상황(management by exception)이란 무엇을 의미하는가?
7. 의사 결정자들이 당면하는 문제는 세 가지 형태로 구분할 수 있는데, 각 문제의 형태를 설명하여라.
8. 의사 결정(decision), 지원(support), 시스템(system) 측면에서 의사 결정 지원 시스템의 특성을 설명하여라.
9. 의사 결정 지원 시스템이란 무엇인가?
10. 사이먼(Simon)이 제시하고 있는 의사 결정 과정 세 단계는 무엇인가?
11. 그룹 의사 결정 지원 시스템의 구성 요소는 무엇인가?
12. 최고 경영자 정보 시스템의 특성을 설명하여라.

13. 왜 최고 경영자 정보 시스템에서는 사용자 인터페이스가 중요한가?

14. 최고 경영자 정보 시스템이 경영 정보 시스템이나 의사 결정 시스템과 비교해 볼 때 다른 점은 무엇인가?

15. 최고 경영자 정보 시스템 구조에서 외부 데이터베이스는 어떠한 자료들로 구성되어 있는가?

CHAPTER 4

제 04 장 조직 정보 시스템

기업 경영 활동에는 처리되어야 할 업무들, 해결해야 할 문제들, 그리고 포착해야 할 기회들이 존재하기 때문에 기업에서 정보시스템을 이용하는 데는 다양한 방법이 있다고 볼 수 있다. 그러므로 경영자들은 최종 사용자로서 정보 시스템이 기업의 각 기본 업무들을 지원하는 데 사용되는 주요 방법에 관하여 이해해야만 한다. 먼저 기업의 경영 활동을 살펴보겠다.

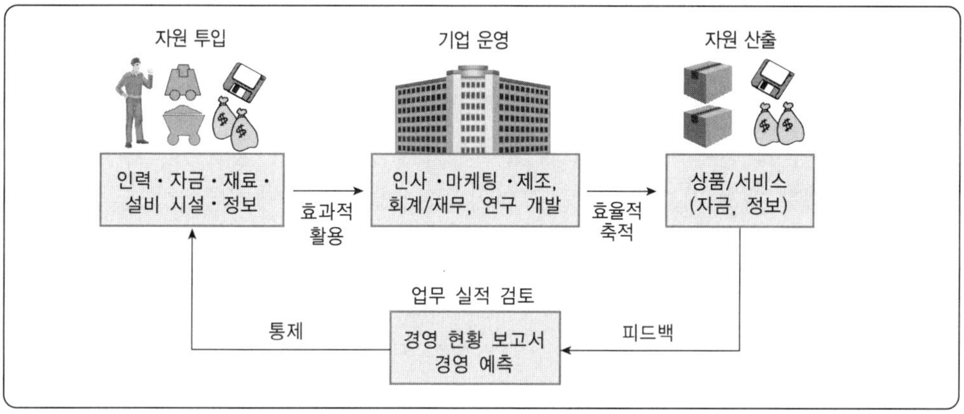

[그림 4-1] 기업의 경영 활동이란 자원을 투입하여 운영해서 가치 있는 자원을 산출하며, 이에 따른 피드백을 하는 것을 의미한다

기업의 경영 활동이라는 것은 인력, 자금, 재료, 정보와 같은 기업의 자원을 투입하여 처리 과정, 즉 기업 운영을 통해 자원들을 효과적으로 활용해서 상품, 서비스, 자금, 정보를 산출하는 것을 의미한다[그림 4-1]. 아울러 제품과 이익에 관한 현황 보고서들을 경영 목표와 비교, 검토하는 것도 여기에 포함한다. [그림 4-1]에서 자원 처리 과정인 기업 운영은 다음과 같이 다섯 업무 활동으로 구성된다.

- ▶ 인사 : 인력 관리(staffing), 훈련/개발, 업무 실적 검토/평가, 보수(급여) 관리에 관계되는 분야
- ▶ 마케팅 : 판매 예측, 광고 및 판매 촉진, 가격, 판매, 유통에 관계되는 분야
- ▶ 제조 : 제품 제조, 원·부자재 구매, 재고 관리, 수송(운송) 관리, 생산 일정에 관계되는 분야
- ▶ 회계 및 재무 : 현금 수금, 지불, 급료, 총 계정 원장에 관한 회계 운영과 자금 흐름 및 투자에 관계되는 분야
- ▶ 연구 개발 : 새로운 제품 개발과 현 제품 개선에 관계되는 분야.

이와 같은 각 기능 업무들은 관리 계층에 따라 바라보는 시각이 다르다는 것을 알 수 있다. 최고 경영층은 전략적 계획 관점에서, 중간 관리층은 전술적 계획 및 통제 면에서, 그리고 실무 운영층은 운영 통제라는 측면에서 각 업무들에 관한 정보를 필요로 한다.

조직 정보 시스템(organizational information system)은 인사, 마케팅, 제조, 회계 및 재무와 같은 기본 업무들을 지원하기 위해 다양한 응용 정보 시스템, 즉 거래 처리, 경영 정보, 의사 결정 지원, 최고 경영자 정보 시스템 등을 경영 업무들에 적용하는 것을 의미한다. 그러므로 각 경영 업무에 정보 시스템을 응용한 시스템을 인사 정보 시스템, 마케팅 정보 시스템, 제조 정보 시스템, 회계 및 재무 정보 시스템이라 부른다. 하나의 예로, 운영 통제 측면에서 거래 처리 정보 시스템이 마케팅 업무를 지원하는 정보 시스템이라면 그것이 곧 마케팅 정보 시스템이다.

[표 4-1]은 정보 시스템이 기업의 각 업무에 따라 어떤 역할을 하는지를 보여준다. 여기서 정보 시스템은 업무에 따라 분석되며, 기업 운영과 관리를 어떻게 지원하는가에 관해 평가를 받게 된다. 그러나 현실 세계에서의 정보 시스템은 하나 이상의 업무를 지원하는 통합 정보 시스템이다. 대부분의 기업에서는 여러 업무들을 지원하는 정보 시스템 개발에 중점을 두고있다. 기업들은 이러한 정보 시스템이 정보 자원을 공유하고 기업 경영의 효율성과 효과를 증진시키는 전략적인 방법으로 보고 있다.

[표 4-1] 기업의 경영 업무에 따른 정보 시스템의 예들

인 사	마케팅	제 조	회 계	재 무
보수(급여) 분석	광고와 판매 촉진	CAE	외상 매입금 계정	자금 예산
조직원의 기술 일람표	마케팅 관리	CAM	외상 매출금 계정	현금 관리
노동자 분석	시장 조사	재고 관리	총 계정 원장	신용 관리
개인 신상 기록 보유	제품 관리	원 · 부자재 계획	예산	재무 예측
개인의 요구 예측	판매 예측	공정 통제	원가 계산	재무상의 성과 분석
훈련과 경력 개발 분석	판매 관리	구매와 수령	고정 자산 계산	재무상의 요구 분석
	판매 처리 주문	로봇	회계 감사	주식 관리
			급료, 세금 계산	세금 관리

(출처: J. A. O'Brien, 1991)

제1절 인사 정보 시스템

인사 정보 시스템(human resource information system)은 조직 정보 시스템의 한 부분으로서, 인적 자원 관리에 관련된 자료를 수집, 처리하여 실무 운영층, 중간 관리층, 최고 경영층에게 인적 자원 관리에 필요한 정보를 적절히 제공해 주는 시스템을 말한다. 따라서 인사 정보 시스템은 인적 자원 관리에 관련된 자료의 처리와 정보 산출에 필요한 모든 인력, 기술, 제도, 절차를 모두 포함한다.

인사 정보 시스템은 최근에 비로소 최고 경영자의 관심을 끌기 시작했다. 최근에 기업의 경쟁이 치열해짐에 따라 인적자원이 기업의 중요한 자원 중의 하나로 우수한 인적자원의 확보와 유지가 기업에 있어서 필수 요건이 되었다. 이를 위해서 인적자원에 관련된 정보를 체계적으로 관리하여야 할 필요성이 증대되었다. 1980년대 중반까지 인사 정보 시스템은 주로 인사 부서의 지원 장치로만 인식되어 왔으나 이제 인사 정보 시스템은 단순한 인사기록의 유지뿐 아니라 직원의 모집, 선발, 고용, 직무 배치, 평가, 종업원 복지, 교육과 개발, 건강과 안전 등과 같은 종합적인 인력

관리를 지원하는 시스템으로 발전하고 있다.

또한 불황을 극복하기 위한 긴축 정책을 펴느라 많은 기업들은 고용 인력을 줄이기 위하여 노력하고 있다. 이에 따라 최고 경영자의 관점에서 인사 정보 시스템은 비용 절감과 생산성 향상의 수단이 되고 있기에 인사 정보 시스템에 대한 관심이 점차 커지게 되었다.

1. 인사 부서의 기능

기업에서 인사 부서는 인력 기능을 수행하는 기능적인 영역이다. 대기업에서 인사 부서는 별도의 중역진에 의해 지휘되며, 소규모 기업에서도 관리, 또는 행정 담당의 임원에 의해 인사 관리가 이루어진다. 인사 부서의 주요 기능은 종업원의 모집 선발, 채용, 교육 훈련, 퇴직, 후생 관리 등이 있다.

인사 부서는 면접과 시험 등을 통한 고용 행위에 의해서 기업의 외부 환경으로부터 인력 자원을 전달하는 역할을 한다. 새롭게 인력 자원이 충원되었을 때, 인사 부서는 신입 사원의 인사 기록을 유지하며, 여러 가지 교육 프로그램을 제공한다. 이렇게 구성된 인사 자료들은 일정한 분석 절차를 거쳐 경영자로 하여금 언제든지 활용할 수 있게 한다. 또한 고용인이 회사를 떠날 때, 인사 부서는 그의 인사 기록을

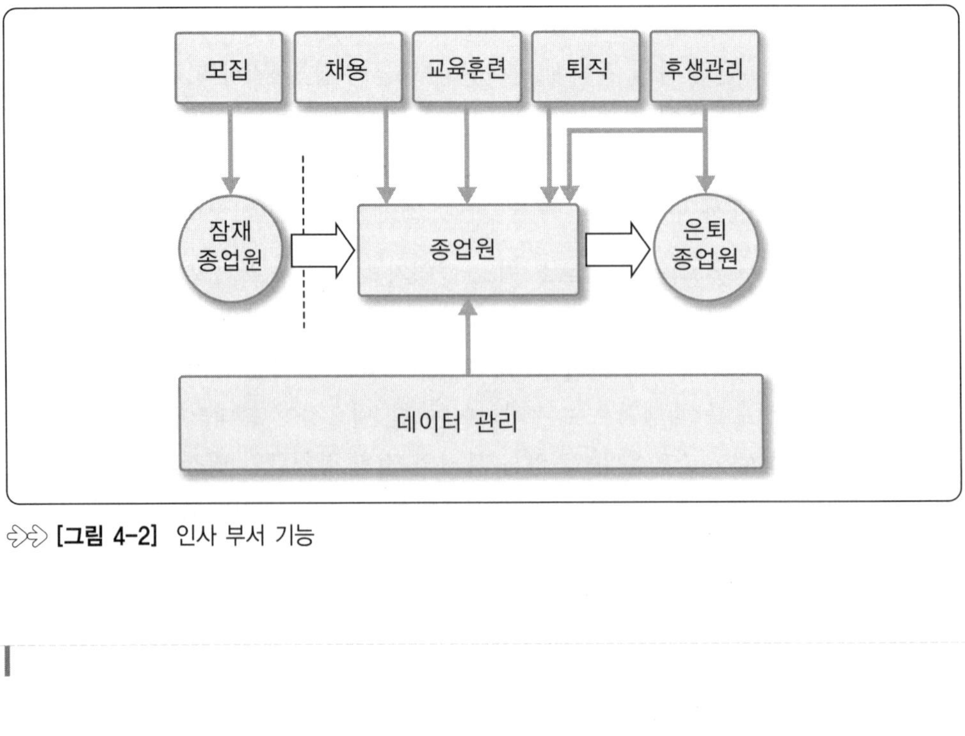

[그림 4-2] 인사 부서 기능

변경하거나 삭제하는 기능을 수행한다. 따라서 어떤 기업이든지 경영자는 인력 자원의 관리를 위하여 정보가 필요하며, 이러한 기능의 시스템을 인사 정보 시스템이라고 한다.

2. 인사 정보 시스템 정보 내용

인적 자원 관리 기능에는 앞서 말했듯이 채용, 배치, 평가, 급료, 그리고 조직의 인적 자원 개발 등이 있다. 원래는 기업체들은 첫째, 급여 지불과 급여 명세서를 산출하며 둘째, 인사 기록을 관리하고 셋째, 인적 자원 활용 분석 등을 위해 컴퓨터 정보 시스템을 이용했다. 그러나 많은 회사들은 이러한 전통적 기능을 탈피해 왔고, ① 채용, 선발, 고용, ② 작업 배치, ③ 업무 수행 평가, ④ 고용의 유용성 분석, ⑤ 훈련과 개발, ⑥ 건강, 안전, 보완 등을 지원하는 인사 정보 시스템을 개발해 왔다.

이런 정보 시스템은 인적 자원 관리의 개념을 뒷받침하며 그 업무에 있어서 직원들의 요구를 충족시키기 위한 계획, 직원들의 충분한 잠재력 개발, 그리고 모든 인사 정책과 프로그램 관리에 대한 주요 기능을 포함하여야 한다. 이러한 인사 정보 시스템은 기업의 인적 자원을 효과적이고, 효율적으로 이용할 수 있도록 지원해 준다.

가. 인력 관리

시스템은 회사 내의 인적 자원들을 기록하고 검색하여 그것의 이용을 최대화한다. 예를 들어, 인사 데이터베이스 내의 자료를 추가, 삭제, 그 외의 변화를 계속적으로 탐지하기 위해 인사 정보 시스템을 이용한다. 조직 구성원의 학력과 경력, 경험, 기술, 능력, 가족과 친지, 기타 인적 사항을 중심으로 인적 자원에 대한 종합적인 인사 기록 파일이 설계될 수 있다. 인사 기록은 인적 자원 관리 데이터베이스의 가장 중요한 부분으로, 모든 인적 자원 관리 정보의 기초 자료가 된다. 그리고 인사 기록은 중요한 인사 통계에도 기초 자료가 된다. 구체적으로 채용 요청서, 직무 기술서, 훈련 명세서 인사 데이터(배경, 기술, 경험), 해임 통고서 등의 서류가 있다. 또한 인적 자원의 공용, 퇴직, 이직, 결근, 사고율, 그리고 직무 할당과 급여에 대한 변동 등은 인사 데이터베이스를 이용하는 정보의 예이다.

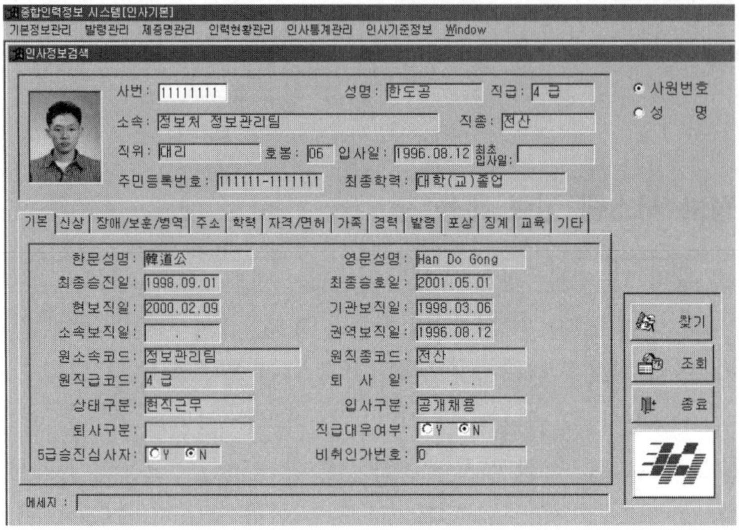

[그림 4-3] 인사 데이터베이스에서 검색된 인사 정보

그리고 시스템은 기업에 질적으로 높은 인적 자원의 적절한 공급을 보장하기 위해 '인력 요구량 예측'을 실시한다. 이것은 각 부서나 새로운 프로젝트, 개발 사업에서의 인력량을 예측하는 데 필요한 정보를 제공한다.

특히 전략 단계에서 이들 각종 인적 자원 정보 파일에 경영 계획과 외부 인력 시장 상황이 서로 연결되어 인력 계획 모형에 따라 계획 기간 동안의 인력 수급 계획이 분야별, 직급별, 그리고 기간별로 산출되어 나올 수 있다. 구체적으로 채용 인원수, 인력 조달 비용, 개인별 프로그램 훈련비 등이 있다. 더불어 오랫동안 구축된 인적 자원 관리 데이터베이스와 기타 자료 파일을 사용하여 임금 수준이나 인력 구조, 그리고 조직 구조 설계 등 인적 자원 관리 전략과 정책 방향에 대한 여러 대안에 모의실험을 적용하여 최적 대안을 모색할 수 있다. 구체적으로 인사 기능에 대한 전략 계획은 조직이 그 목표를 달성하기 위하여 필요한 인력을 구하고 유지할 수 있도록 인원 보충, 급여, 훈련, 이익 분배, 그리고 건물 위치 등에 관한 전략 대안들을 평가하는 것들이다.

분석, 예측 정보 단계에서 흔히 볼 수 있는 컴퓨터 활용으로서 인사 기록 화일을 비롯하여 업무 실적 평가, 직무, 기술 목록, 채용, 연구 조사 등의 각종 파일을 개발하여 인적 자원 관리 데이터베이스를 구축하고 이를 중심으로 고용, 승진, 전직 등 신규 채용과 인사 이동 결정에 도움이 되는 적임자 목록을 산출해 준다. 구체적으로 인사 행정 기능을 위한 업무 통제는 채용, 훈련, 해고, 직무 분석, 인사 고과 등과 같은 행위를 위한 의사 결정 절차를 필요로 한다.

나. 훈련과 개발

시스템은 현 프로그램의 성공적인 부분을 분석함으로써 인사 담당 관리자가 인력의 채용, 훈련과 개발 프로그램을 관리하고 계획하는 것을 도와준다. 또한 이것은 각 직원의 경력 상태를 분석하여 훈련 프로그램과 주기적인 수행 평가와 같은 개발 방법이 지원되어야 할지를 결정한다. 컴퓨터 훈련 프로그램과 직원의 업무 수행 평가는 이러한 인적 자원 관리 영역의 지원에 유용하게 도움이 된다.

이들 각종 인적 자원 자료 파일과 교육 훈련 파일을 중심으로 인력 개발과 경력 향상 계획에 필요한 정보를 산출한다. 조직 구성원의 경력 목표와 조직체의 기술 수요에 따라서 조직 구성원의 경로와 구체적인 경력 개발 프로그램이 산출된다.

다. 보수(급여) 분석

급여 관리는 인적 자원 관리의 가장 기본적인 기능이다. 따라서 급여에 필요한 작업 시간, 공제 사항 등과 같은 모든 자료와 절차도 잘 확립되어 있으므로 전산화하기가 가장 용이한 분야의 하나이다. 시스템은 회사 내의 직원 급여(임금, 봉급, 격려금, 수당)의 배당과 범위를 분석하고, 많은 경제 지표 또는 동종 회사에서 지급되는 급료와 비교하는 데 도움이 된다. 이러한 정보는 급여 인상, 특히 노동조합과의 협상에서 중요하다. 이러한 정보는 급여 비용을 통제하는 반면, 회사의 급여가 협상하에 결정되고 합리적으로 이루어지는 데 도움이 된다. 급여 전산화와 더불어 직급별, 부서별, 연도별, 목적별 등 각종 급여 통계도 함께 산출될 수 있다. 구체적으로 지급된 급료, 임금률의 분포, 정보의 동등 기회 부여 조항에 어느 정도 부응했는지 등에 대한 계획치와 실제 발생치의 차이를 보여주는 보고서와 분석표 등이 있다.

제2절 마케팅 정보 시스템

과일 캔 제조 회사인 D사의 브랜드 담당 관리자는 슈퍼마켓의 스캐너로 만들어지는 대량의 구매 자료들에서 회사가 필요로 하는 구매 실태를 파악하기 위해 metaphor database system을 사용하고 있다. 그 자료들을 종이로 인쇄할 경우에는 1.8m 높이에 이를 것이라고 예상된다.

마케팅 시스템 관리자인 M씨가 말하는 전산화(computerization)는 그러한 대량의 자료를 관리 가능한 크기로 요약해야 하는 작업을 감소시키는 것이다. 그녀는 "우리는 우리의 상품에서 만들어지는 수많은 자료들 때문에 전산화를 시작하였다. 상품에서 발생하는 문제점이나 유용한 기회를 수작업으로 찾아내기란 어렵다. 우리는 마케팅을 효율적으로 수행하기 위해 이 시스템을 이용한다."라고 말하고 있으며, 그 예로서 다음과 같이 말을 하였다.

"만약 당신이 그러한 대량의 자료를 잃어버린다면 당신은 처음으로 돌아가 가격에 대한 전략을 다시 세워야 할 것이다."

또 다른 담당자인 P씨의 업무는 슈퍼마켓의 단계, 즉 현장에서 가격과 재고 상태의 조정을 통하여 이익의 극대화를 찾아내는 것이다. 그는 업무를 수행하는 휴대용 데이터 터미널을 가지고 도시 주변의 소매상들을 수시로 찾아간다. 그의 목적은 전체 재고의 규모와 D사의 재고 품목과 규모, 해당 상점에서 주당 판매량과 상품의 소매가 등을 기록하는 것이다. 그 다음에 그는 터미널을 전화선에 접속시켜 그의 사무실에 있는 워크스테이션으로 자료를 보낸다. 그가 가격과 상품의 변동 사항, 수익에 기초하여 재고를 조정하는 WHAT-IF 분석을 수행하기 위해 사무실로 돌아왔을 때 그 동안의 모든 자료가 컴퓨터에 있게 된다. 이러한 재고 관리의 절차는 적극적인 수익 관리를 위한 주요 단계들을 보여준다.

P씨는 "1987년대까지 우리는 수익률을 어림짐작해 왔다. 그러나 지금은 소매상들과의 협조 관계를 구축하여 수익률을 추측하는 것을 그만두고 소매상에서 얻어진 정보에 따라 행동하게 되었다. 우리는 우리의 범주 내에서 전문가적인 견해를 가지고 있으며, 소매상들은 그들의 활동에 대한 자료를 가지고 있다. 이러한 협조 관계 속에서 우리는 공동으로 이익을 높일 수 있게 되었다."라고 말한다.

1. 마케팅 정보 시스템 정의

Cox와 Good(1967), 그리고 Mcdaniel(1982)은 '마케팅 정보 시스템이란 마케팅 의사 결정을 위해 사용되는 정보를 규칙적, 계획적으로 수집하고 분석하여 제시하는 일련의 절차와 방법의 체계' 라고 보았다. Brien과 Stafford(1968), 그리고 Evans와 Berman(1982)은 '마케팅 정보 시스템이란 마케팅 관리라고 하는 특정한 책임 영역에 있어 의사 결정의 기반으로서 이용할 목적으로 조직의 내부와 외부에서 수집되는 관련 정보의 체계적 흐름을 창조할 수 있도록 설계된 기계, 절차, 그리고 인간이 상호 작용하는 복합체' 라고 하였다. 그리고 Berenson(1969)은 '마케팅 의사 결정을 위해 수락이 가능한 기반을 제공할 수 있는 정보의 흐름을 창조할 수 있게 설계된 설비, 방법, 통제와 인간이 상호 작용하는 체계가 마케팅 정보 시스템' 이라고 하였다. 이 정의들의 공통점은 첫째, 마케팅 관리자의 의사 결정 활동 부분과 마케팅 정보를 수집하고 분석하는 정보 활동 부분이 포함되어 있으며 둘째, 정보 활동 부분은 의사 결정 활동 부분을 위해 필요로 하는 모든 정보를 적절하고 체계적으로 제공하고 있다는 것이다.

한편, Davis(1974)는 '현행 전산 시스템을 경영 정보 시스템의 한 유형으로 인식하여 그 중 마케팅 활동에 관한 활동만을 지정하여 마케팅 정보 시스템' 으로 보았다. 김원수(1982)는 '마케팅 활동을 합리적으로 하기 위해서 이루어지는 마케팅 의사 결정과 이 의사 결정에 필요한 정보 내지 자료를 규칙적, 계획적, 체계적으로 수집, 분석, 처리, 보관하였다가 의사 결정자들이 필요로 할 때 그들이 원하는 형태의 정보를 검색하여 제시하는 데 필요한 절차나 방법, 조직, 소프트웨어, 하드웨어와 같은 제반 요소가 정리되어 있는 통합적 체계가 바로 마케팅 정보 시스템' 이라고 밝힘으로써 시스템의 구성 요소로서 하드웨어와 소프트웨어의 중요성을 강조함은 물론, 정보 활동이 의사 결정과 매우 밀접한 관계에서 수행되고 있음을 크게 강조했다.

또한 Kotler(1984)는 '마케팅 정보 시스템이란 인간과 설비의 지속적이고 상호 유기적인 구조로서 마케팅 의사 결정자들이 마케팅에 있어서 계획, 수행, 통제의 개선에 사용할 수 있도록 새로운 정보를 수집, 분류, 분석, 평가하여 시간적으로 적절한 분배 과정을 거쳐 정확한 정보를 제공하는 것' 이라고 정의하였다.

다음 [그림 4-4]는 마케팅 정보 시스템의 정의를 그림으로 표현한 것이다.

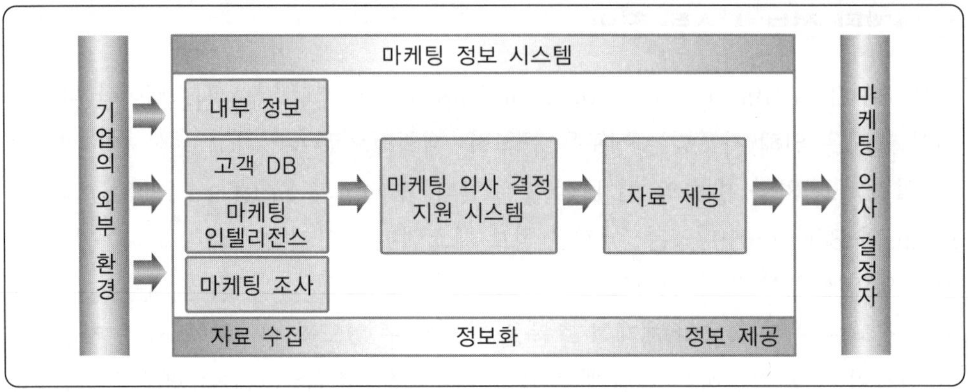

*내부 정보 : 기업의 통상적인 경영 활동과 관련되어 기업 내부에서 발생하는 정보
*인텔리전스 : 기업의 외부에서 일상적으로 발생하는 기업 활동에 영향을 미칠 수 있는 내용

[그림 4-4] 마케팅 정보 시스템 정의

위 그림에서 볼 수 있듯이 마케팅 정보 시스템은 마케팅 문제를 해결하기 위하여 기업 내외의 자료(고객, 잠정 고객, 소비자, 그리고 경쟁자들에 관한 정보, 시장, 경제, 인구 통계)를 체계적으로 수집, 분석, 정리하여 마케팅담당자들에게 시기적절한 정보를 제공함으로써, 마케팅 의사 결정에 도움을 줄 수 있도록 하는 것이다.

2. 마케팅 정보 시스템의 정보 내용

다음은 마케팅 정보 시스템이 마케팅 기능을 지원해 주는 다양한 정보 내용들이다.

가. 제품 정보

생산 관리자는 특별한 제품과 생산 라인, 그리고 상표의 작업을 계획하고 제어하기 위한 정보를 필요로 한다. 컴퓨터는 현존하는 제품과 신제품 개발의 가격과 수익, 비용, 그리고 증가에 관한 정보를 제공하는 것을 도울 수 있다.

정보의 제공과 가격 결정에 대한 분석은 가장 중요한 기능이다. 정보는 제조와 계획된 상품에 대한 자원 배분에도 필요하다. 컴퓨터를 기반으로 한 모델은 아마도 계획된 상품의 성공에 대한 예견과 현재 상품의 성취에 관한 평가를 하는 데 사용될 수 있을 것이다.

나. 유통 채널 정보

기업의 유통 네트워크에 관한 정보를 제공하며, 기업은 유통 경로를 통해 자사의 상품이나 용역을 소비자에게 공급한다. 유통 정보로 인하여 유통 시스템을 확립시키고 분배 기능을 수행한다. 유통 시스템의 확립은 두 단계를 거친다.

첫째, 어떠한 기업들이 유통 시스템의 구성원이 될 것인가를 결정한다. 이러한 결정은 제조업자와 같이 유통 경로 상에서 역량 있는 구성원이 내린다.

둘째, 제품 흐름을 정착시키기 위해 필요한 자원들을 연결시킨다. 창고 문제, 유통 경로 문제 등에서 비용을 최소화시키는 데 컴퓨터가 사용됨으로써 분배 기능의 수행을 지원한다.

다. 판매 촉진 정보

시스템은 판매 관리자가 판매 조직의 업무를 계획하고 감독할 수 있도록 정보를 제공한다. 대부분의 기업에서 시스템은 생산과 생산 라인, 고객, 고객의 유형, 판매원, 판매 구역에 의한 판매 분석을 하는 판매 분석 보고서를 만들어 낸다. 이런 보고서는 마케팅 관리자가 상품의 판매 실적을 분석하는 데 도움을 주게 된다.

또한 마케팅 관리자는 광고와 판매 촉진에 있어서 가장 적은 비용으로 판매 목표를 달성하기 위해 자기들에게 도움을 줄 정보를 필요로 한다. 컴퓨터는 대중 매체와 판매 촉진 방법을 고르고, 재정 자원을 분배하고, 결과들을 비교, 평가하는 것을 돕기 위해 시장 조사 정보와 판매 촉진 모델을 사용한다.

판매 예측의 기본적 기능은 단기 예측과 장기 예측 두 가지 범주로 구분할 수 있다. 단기 예측은 일 년 간의 판매 예측을 취급하는 데 비해, 장기 예측은 일 년, 또는 그 이상의 판매 예측과 관계가 있다. 마케팅 관리자는 이런 예측을 하기 위해 시장 조사 자료, 과거 판매자료, 판매 촉진 계획, 통계적인 예측 모델들을 사용한다.

라. 가격 관리 정보

제품 가격의 결정에 관한 정보를 경영자에게 제공한다. 기업은 비용 중심의 가격 정책을 이용하여 적정한 가격 수준을 책정한다. 그러나 높은 가격의 책정에는 경쟁상 한계가 있다. 이러한 가격 의사 결정을 위해 가격 정보가 필요하다. 회사의 가격 전략상의 효과를 모의실험할 수 있는 수학적 모델을 구축할 수 있다.

가격에 미치는 환경 및 내부 요인을 살펴보면, 첫째, 환경 요인으로서 국가 경제, 계절 수요, 경쟁사의 가격 전략, 경쟁사의 마케팅 예산이 있으며 둘째, 내부 요인으로서 생산 능력, 원자재의 재고, 완제품의 재고, 마케팅 예산이 있다. 이러한 요인들이 모델 내에서 시나리오로 표현되고 가격을 포함하는 기타 결과를 산출한다. 이것은 관리자에게 최적의 가격 전략보다는 가격 전략 결과에 대한 암시를 준다.

마케팅 관리자는 마케팅 정보 시스템을 사용하여 제품 판매, 이익, 그리고 증가하는 목표의 윤곽을 표시하는 장·단기 계획을 세운다. 또한 마케팅 정보 시스템은 관리자들이 각각의 영업 활동 지역에 대한 계획과 업무 실적에 관해 피드백을 할 수 있도록 정보를 제공한다. 아울러 마케팅 관리자는 위의 모든 내용을 포함한 마케팅 업무를 수행하게 된다. 또한 마케팅 정보 시스템은 한 가지의 개별적 내용이 다른 내용들과 결합하여 나타난 효과를 제공한다. 그리고 이 시스템은 상호 결합된 내용을 어떻게 이해할 것인가를 알려 주기도 한다. 그러면 마케팅 관리자는 마케팅에 관한 경쟁적 전략을 개발하게 된다.

McLeod(2001)가 제시한 전통적인 마케팅 정보 시스템이 제공하는 정보는 마케팅 믹스(marketing mix), 즉 4 P에 관련된 것이다. 4 P는 제품(product), 판매촉진(promotion), 유통채널(place), 그리고 가격(price)을 가리킨다. 그러나 정보사회 더 나아가 지식기반의 사회로 진행해 감에 따라 마케팅도 공급자 중심에서 고객 중심으로 패러다임이 변화되고 있다. 따라서 4 P도 [그림]에서 보듯이 4 C로 바뀌어 간다. 고객이 원하는 제품, 고객에게 부과되는 비용, 편리함, 그리고 의사소통이 그것이다. 이 4 C가 구체적으로 반영된 시스템이 곧 고객 관계 관리(CRM) 시스템이다.

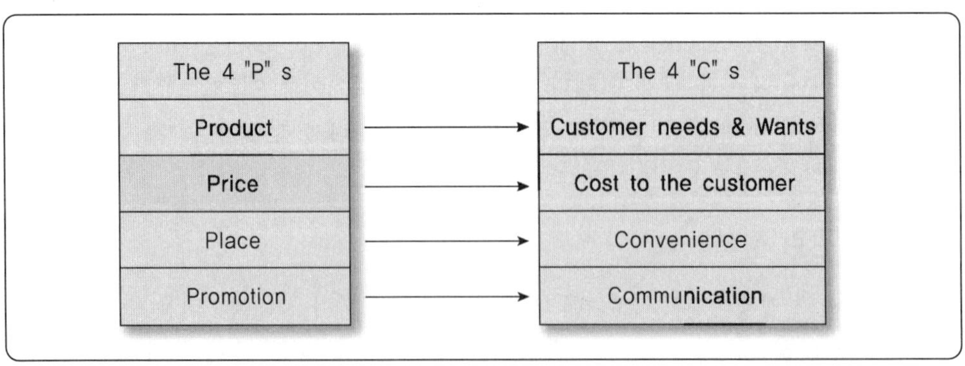

[그림 4-5] 새로운 변화: 4P에서 4C로

제3절 제조 정보 시스템

제조 정보 시스템(manufacturing information system)은 제품, 또는 서비스를 생산하는 과정에서 계획과 통제에 관련된 모든 활동을 포함하는 생산과 운영의 기능을 뒷받침해 준다. 따라서 생산과 운영 기능은 모든 기업의 운영 정보 시스템과 관련이 많다. 제조 정보 시스템은 [그림 4-6]에서 보여주는 것처럼 생산과 운영에 관한 정보를 제공한다. 이러한 시스템은 제품 제조, 원 · 부자재 구매, 제품 수송, 제

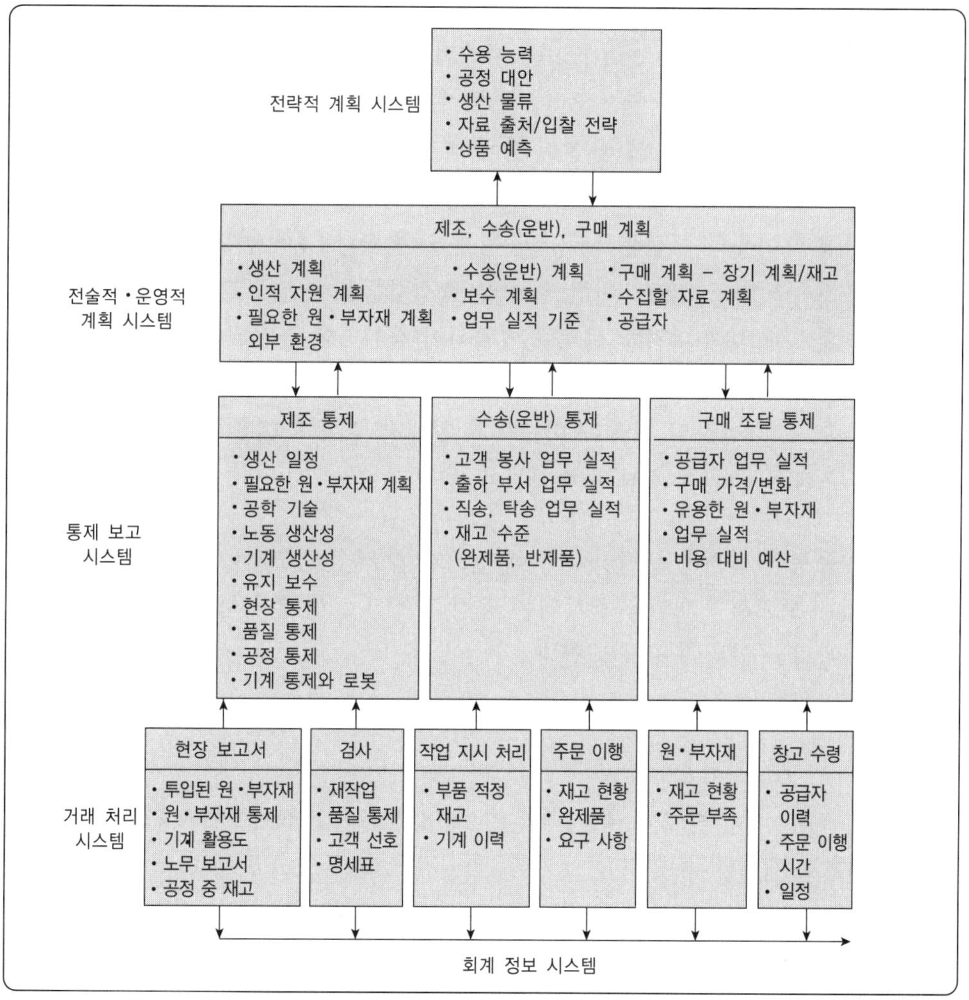

[그림 4-6] 제조 회사의 생산 및 운영 정보 시스템
(출처: Andersen Consulting, 1989)

품과 서비스의 흐름 등을 계획하고 감시하고 통제해야 하는 모든 기업에서 필요로 한다. 그러므로 운송 회사, 도매상, 소매상, 그리고 제조업체 같은 기업들은 운영을 계획하고 통제하기 위해 제조 정보 시스템을 사용하는 것이다. 여기서는 전산화가 이루어진 제조 분야에서의 생산과 운영에 대한 기능을 지원하는 정보 시스템에 초점을 두기로 하겠다.

1. 생산 및 운영 정보

가. 생산 공정 제어

생산 공정 제어(process control)는 컴퓨터를 사용해서 진행 중인 물리적 공정(physical process)을 제어하는 것이다. 컴퓨터는 정유, 시멘트, 철강, 화학 플랜트, 식품, 가공, 펄프, 제지, 발전 설비 등의 물리적 공정의 제어에 사용된다. 대부분의 생산 공정 제어에서의 컴퓨터는 특수 목적을 가진 중형 컴퓨터 시스템이다. 따라서 생산 공정에 이용되는 컴퓨터 시스템은 온도 변화나 압력 변화를 감지하는 특별한 센서가 요구되기도 한다. 이런 물리적 측정값들은 아날로그-디지털(analog-digital) 변환기에 의해 디지털 신호로 변환되어 컴퓨터에 전달된다. 생산 공정 제어 프로그램은 실행 중인 생산 공정에서 얻어지는 자료를 분석하기 위해서, 그리고 그 자료를 기준, 또는 예상된 결과와 비교하기 위해서 수학 모델을 이용한다. 생산 공정 제어 시스템은 세 가지 형태의 결과물을 얻을 수 있다.

① 생산 공정의 실적을 분석하기 위해 필요한 주기적 보고서나 필요한 시기에 볼 수 있는 보고서 : 개인용 컴퓨터는 공정 제어 자료를 분석하고 보고하는 데 가장 각광받고 있는 도구가 되었다.

② 공정 상태에 대한 메시지 : 운영자는 공정 제어를 위한 적절한 측정치를 알 수 있다.

③ 온도 조절 장치, 밸브, 스위치와 같은 제어 장치의 조작에 의한 생산 공정을 직접적으로 제어할 수 있다.

나. 기계 제어

기계 제어(machine control)는 컴퓨터를 사용한 기계의 동력 제어 장치이다. 기계 제어는 일반적으로 수치 제어(numerical control)라 부른다. 공장에서 공작 기계의 제어는 용접 기계, 방적 기계, 그 밖의 여러 산업 기계류를 포함하는 전형적인 수치 제어 기구이다. 공작 기계를 위한 수치 제어용 컴퓨터 프로그램은 기술 도면과 관련된 기하학적 데이터나 공정 계획과 관련된 기계 명령 등을 공장 기계의 동작을 제어하는 수치 코드 명령으로 전환시킨다.

기계 제어는 PLCs(programmable logic controllers)라 부르는 특별한 용도의 마이크로 컴퓨터를 포함하고 있다. 이 장비는 수치 제어 프로그램의 지시에 의해 하나, 또는 그 이상의 기계를 조작할 수 있다. 공장 환경에 잘 적용할 수 있는 특별한 개인용 컴퓨터들은 PLCs에 수치 제어 프로그램을 설치하는 데 쓰인다. 이러한 특별한 용도의 개인용 컴퓨터들은 PLCs에 의해서 제공된 생산 자료를 분석하는 데 쓰인다. 분석된 자료들을 엔지니어들의 정밀 기계 가공을 돕는다.

다. 로봇

기계 제어와 생산 준비 시스템의 놀라운 발전은 다양한 기계들과 로봇(robotics)에 의해서 이루어졌다. 이런 기계들은 마이크로 컴퓨터에 의해서 그들 자신들의 행동을 직접 제어할 수 있다. 로봇은 인간의 능력인 물리적 능력, 즉 시각, 운동 등과 컴퓨터 지능을 이용해서 기계를 사용하고 제어한다. 이미 앞에서 언급한 바와 같이 로봇은 인공지능 분야에서 중요한 연구 대상이 되어 왔다.

로봇은 생산성을 높이고 비용을 줄이는 강철 노동자로 불리운다. 예를 들면, 로봇은 12개 부분의 컴프레셔(compressor) 조립에서 인간 노동자의 10배에 이르는 시간당 320개를 조립한다. 또 로봇은 인간에게 위험한 작업과 인간에게 유해한 환경에서 일할 수 있다는 장점을 가지고 있다. 로봇은 분리되어 있거나 부착된 특별한 마이크로 컴퓨터에 입력된 프로그램에 의해 움직인다. 대표적인 것으로 시각 센서나 촉각 센서 등으로부터의 입력은 마이크로 컴퓨터를 거쳐서 로봇의 동작으로 출력된다. 이러한 과정을 거쳐 팔의 움직임과 집어 올리는 동작을 포함한 짐 나르기, 페인팅, 드릴링, 용접과 같은 일을 할 수 있다. 컴퓨터, 센서 등의 발전에 의해 더욱 지능적이고 유연하며 기동성 있는 로봇을 만들 것이라 생각된다.

라. 연구 개발 시스템

제조 기술자는 설계 준비 시스템(CAD)을 이용해서 개발한 제품 디자인 모델의 모의실험, 분석, 평가에 연구 개발 시스템(CAE)을 사용한다. CAE는 CAD를 더욱 발전시킨 것이다. 고급 계산 능력과 그래픽 기능을 가진 엔지니어링 워크스테이션은 제품과 제조 설비의 분석과 디자인에 사용된다. 제품은 마케팅 분석가와 제품 개발 전문가의 합동 작품인 설계 명세서에 의해서 설계된다. 이런 설계 과정의 최종적인 산물 중의 하나는 MRP 응용 분야에서 사용되는 모든 재료들의 명세표이다. CAD 패키지와 엔지니어링 워크스테이션은 엔지니어들이 사용하는 소프트웨어 자원이며 하드웨어 자원이다. 엔지니어들은 이 워크스테이션을 제품 설계, 제품 설비 및 공정의 검사 등에 사용한다. 입력 가능한 도구로는 라이트 펜(light pen), 조이스틱(joystic), 키보드 등이며, 출력은 디자인된 물체의 모든 면을 볼 수 있도록 회전 가능한 2차원이나 3차원 화면으로 표시된다. 디자인된 것은 제품의 수치적 표현으로 변화되어 생산 명세표와 공작 기계의 프로그램 기초로 사용된다.

마. 생산, 재고, 품질 정보

생산 일정, 재고 관리, 제품 품질 통제, 그리고 제품 원가 등에 관한 정보를 경영자가 의사 결정에 활용하기 위해 제조 정보 시스템을 이용한다.

새로운 생산 설비 시설을 설치함에 있어서 막대한 자원의 투자를 필요로 하고, 장기간의 효과를 분석하기 위해 경영자들은 시스템을 활용한다. 그리고 기업이 상품을 팔기 위해 시장이 이동했다거나, 공장의 입지가 좋지 못하거나, 공장이 늘어나는 생산 부피를 더 이상 감당하지 못하기 때문에 새로운 공장 설립에 대한 의사 결정을 내려 그것의 적절한 배치와 활용에 대한 결정이 요구될 때, 기업은 시스템을 활용할 수 있다. 아울러 공장 플랜트를 어디에 선정할 것인지, 또는 가장 가까운 공장에서 각 지점으로 상품을 운송함으로서 운송비를 최소화하는 데 시스템의 모델을 이용하여 의사 결정을 할 수 있다.

상품 수불에 관련된 모든 사항을 효율적으로 분류하고 입 · 출고 처리를 정확하게 관리해야 한다. 재고 관리에 관련된 것들은 다음과 같다.

① 유지 비용 : 재고 유지와 운반 비용은 자재 축적의 형태에 따라 상당히 달라지기 때문에 유지 비용을 최소화하기 위해서는 재고량을 낮게 유지해야 한다.

② 재고 적정량 수준 : 안전한 재고량과 주문량을 합한 것의 절반으로 조정되는 평균 재고 수준을 낮게 하여 투자를 최소화한다면 첫째, 적은 양의 주문을 받을 것이며 둘째, 더 좋은 재주문의 시점을 세우게 된다. 이 두 가지 전략의 효

과를 형상화하기 위해 수학 모델을 사용할 수 있다.

③ 미납 주문 : 안전한 재고량이란 품절의 방지와 최소화를 미납 주문(품절로 인해 주문에 대한 미납품)을 줄이는 것이다.

④ 구매 비용 : 원자재가 주문되었을 때 초래되는 구매자 시간, 전화비용, 구매주문 형식, 기타 등의 비용을 포함한다.

⑤ 경제 주문량 : 재고와 구매비용의 균형을 맞추고 최저 비용을 산출한다.

⑥ 경제 생산량 : 비효율적인 생산비용과 재고 운영비 간의 균형을 유지한다.

이와 같은 원 · 부자재 재고, 혹은 제품 재고를 통제하기 위해서 제조 정보 시스템의 모델을 활용하여 경영자들은 최적의 의사 결정을 내릴 수 있다. 다음은 제품 품질 통제에 관한 제조 정보 시스템의 지원 내용이다.

① 원료의 품질 수준이 설정된 기준에 적합한지를 알아낸다.

② 생산 과정에서 각각의 질적 수준을 비교하여 의도된 품질 수주에 제품의 질이 적합한가에 관한 정보를 얻는다.

③ 원자재로부터 제품 생산 과정을 통합적으로 관리하고, 체크된 결과는 데이터베이스에 기록하여 품질 향상 경영 활동에 활용한다.

그 밖의 주로 인건비와 원 · 부자재 원가로 이루어지는 제품의 생산 원가에 관한 정보를 제조 정보 시스템으로부터 얻어 미리 결정된 원가 기준들과 비교함으로써 재료의 유통과 생산 과정을 효율적으로 결정할 수 있다.

2. 컴퓨터 통합 생산(Computer Integrated Manufacturing:CIM)

기업 생존을 위해 생산 속도를 향상시키거나 제조 환경 변화에 대응하는 구체적인 방법의 하나로 컴퓨터 통합 생산(CIM) 시스템을 구축하고 있다. 제조 정보 시스템의 범위는 하나의 기업에 국한되지만 CIM의 범위는 한 기업이 아니라 관련된 기업 전체이다. 즉 하나의 제조회사를 중심으로 협력업체, 부품업체, 하도급업체, 유통업체, 고객에 이르기까지 적용 범위가 확대된다. 1973년 Harrington이 CIM이라는 단어를 사용한 이래 CIM에 대한 정의에는 여러 가지가 있으나 그 중 대표적인 개념을 살펴보면 다음과 같다.

CIM은 제품의 판매, 설계, 개발 및 경영 관리를 통합하는 정보 시스템이다. 즉,

전체 공장의 생산 활동을 컴퓨터를 활용하여 통합하고자 하는 것이다. 또는 많은 분야의 통합을 강조하여 CIM은 판매, 영업, 구매, 자재 관리, 품질 보증, 제품 설계, 공정 설계, 엔지니어링, 유통 등을 포함한 기업의 모든 기능을 일원적으로 연결시키기 위해 컴퓨터 네트워크를 이용하는 광의의 개념으로 정의할 수 있다([그림 4-7] 참조). 결국 기업이 치열한 국제 경쟁에서 살아남기 위해 고객이 원하는 제품을 만들어야 하는데 이를 위해 제품 부품의 설계와 생산, 제품 생산 및 조립, 완제품의 분배 및 유통, 제품의 사후 서비스까지 관련된 기능을 통합해야 한다. 이를 위해 이러한 기능간 필요한 데이터와 정보가 공유되고 활용되어야 하는 CIM의 개념이 형성되기에 이른 것이다.

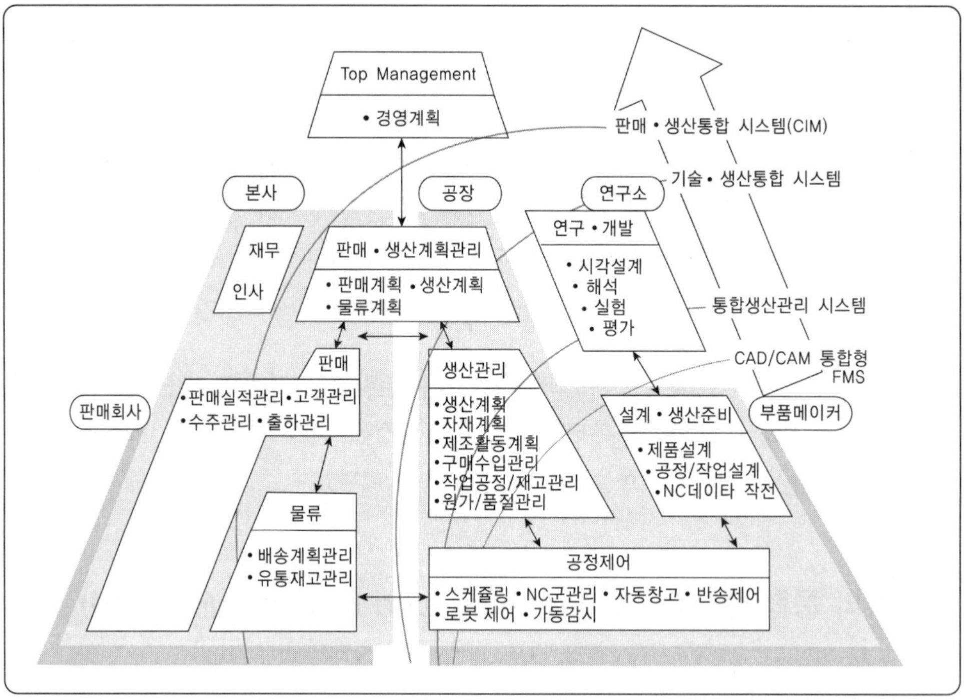

[그림 4-7] CIM 개념도
(출전: 기계진흥협회)

CIM의 개념을 살펴보면, 컴퓨터는 모든 종류의 제품을 생산하기 위해 생산 과정, 제품 설계, 공장 조직 같은 필요한 생산 활동을 단순화시킨다. 컴퓨터와 로봇으로 생산 과정과 관리 기능을 자동화하며, 컴퓨터 통신망을 이용해서 모든 생산과 지원 체제를 통합한다. 그러므로 정보 기술은 모든 종류의 제품을 생산하는 데 필요한 대부분의 생산 활동들을 단순화, 자동화, 그리고 통합화시키는 것이다. 이 세 가지가 바로 CIM 구축의 궁극적인 목적이라 할 수 있다. 따라서 CIM의 장점은 작업의 단순화, 자동화, 정확한 생산 계획을 통한 소비자의 요구를 만족시키는 고품질의 제품 생산, 자원 낭비의 감소, 생산 능력과 적정 재고량의 균형을 통한 효율성 제고, 로봇의 제어를 통한 생산 설비의 유용성 증대 등이다.

CIM 구축에 필요한 요소 기술에는 여러 가지가 있다. 시스템 기반 기술로 여러 가지가 필요하나 그 중에서도 데이터베이스, 네트워킹, 시스템 관련 기술이 기반 기술이고, 관리 기술로는 MRP/MRPII, JIT, 품질 관리(quality control)가 필요하고, 분석을 위해서는 시뮬레이션, OR(operation research), 벤치마킹 등이 필요하다. 응용 기술로는 사용자에게 편리함을 주기 위한 사용자 인터페이스와 의사 결정을 지원하기 위한 인공지능 등이 필요하며, 설계 기술로 더 좋은 제품 설계를 위해 설계 준비 시스템(CAD)을 포함한 연구 개발 시스템(CAE), 그리고 제품의 제조를 돕는데 사용되는 생산 준비 시스템(CAM) 등이 필요하다.

① CAD : CAD는 뛰어난 그래픽 기능을 가진 컴퓨터 시스템을 이용하여 설계도를 작성하거나 이미 만들어진 설계도면을 수정하며, 설계 과정에서 발생되는 모든 자료를 시스템으로 관리하는 것을 말한다. CAD 시스템을 이용하는 경우 설계자의 생산성을 크게 향상시킬 수 있는데, 특히 고난도의 설계나 반복적인 설계가 더욱 용이하게 이루어질 수 있다.

② CAE : 시스템으로 작성한 모델에 따라 이전처럼 사람이 직접 제품을 제조하면 강도 · 소음 · 진동 등의 예측 불가능한 결점이 나타날 수 있다. CAE는 CAD로 작성한 모델의 성능을 컴퓨터 내에서 상세히 검토하여 그 자료를 토대로 모델을 수정하는 시스템이다.

③ CAM : CAM은 컴퓨터 시스템을 이용하여 생산을 기획하고, 관리하고, 통제하는 것을 말한다. CAM에는 생산 및 제조 관리를 위해 수치 제어 기술, 로보트 공학, 유연 제조 시스템(Flexible Manufacturing System, FMS), 공정 제어 기술, 자동 창고 및 자재 관리 시스템, 자동 검사 시스템, MRP 등과 같은 다양한 기술이 요구된다.

가. MRP/MRP II 시스템

MRP(material requirements planning)는 수요 예측 및 평가, 주문, 지점의 요구 사항으로부터 생성되는 대일정 계획(master production schedule: 최종 제품에 대한 개별적 요구 사항을 기록)인 요구 정보와 현재 보유 제품 재고, 자재 현황에 관련된 정보를 종합, 분석하여 자재의 구매 및 생산에 대한 시간별 계획표를 발행하는 시스템이다. MRP(manufacturing resource planning) II는 MRP에 비즈니스와 관련된 제반 요소를 추가한 생산 자원을 효율적으로 관리하는 시스템이다. MRP II의 범주는 [그림 4-8]에서 보여 주듯이 종전의 MRP보다 경영 제반 요소들이 포함되고 있다.

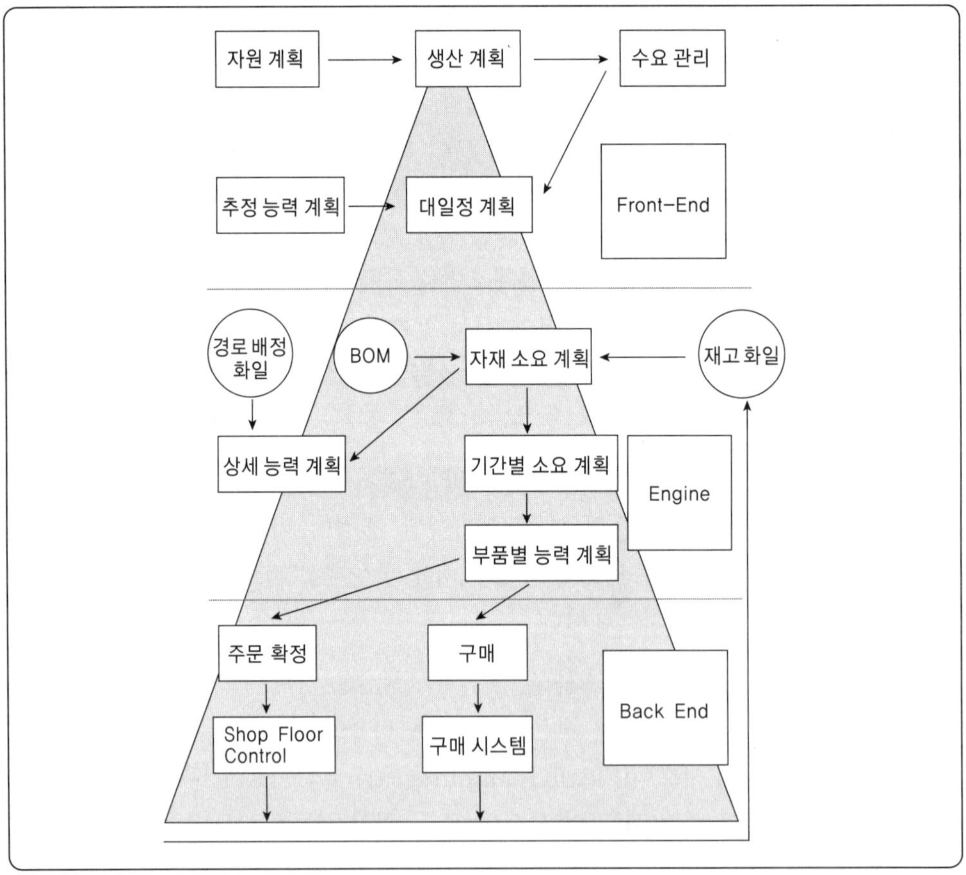

[그림 4-8] MRP II의 범주
(출처 : 이석주, 1994)

나. JIT

JIT(just-in-time)은 도요다 자동차 공업의 창시자인 도요다 기이찌로의 발상에서 출발했으며 이 발상을 후계자들이 발전시켜 JIT로 발전시켰다. JIT 철학의 핵은 필요한 물품을 필요한 때에 필요한 양만큼 생산 현장에 투입할 수 있으면 생산 현장의 불필요, 불균일, 불합리를 없애 생산 효율을 향상시킬 수 있다는 것이다. 개념은 누구나 생각할 수 있는 단순한 것이지만 이것이 실천되기 위해서는 자재의 JIT 이동을 가능하도록 모든 사고와 행위, 그리고 이를 지원하는 시스템 또한 필요한 것이다. 다시 말해 생산 현장에 흐름을 만들도록 제반 조치를 강구해야 한다.

뒷 공정이 앞 공정으로 필요한 시기에 필요한 부품을 필요한 양만큼 인수하러 가고 앞 공정은 그 인수해 간만큼 만들어 보충한다면 생산 현장의 불필요한 요인들이 상당히 제거될 것이다. 중요한 것은 In Time이 아니라 Just In Time이라는 데 중요한 포인트가 있다. [그림 4-8]에서 삼각형으로 표시한 부분이 JIT의 적용 범위이다. 또한 [표 4-2]는 MRP와 JIT의 개념 차이를 설명하고 있다.

[표 4-2] JIT와 MRP 비교

비교 항목	JIT의 개념	MRP 개념
재고	부채로 봄	자산으로 봄
로트 크기	즉시 필요한 양만큼의 크기	일정 계획에 필요한 정도의 크기
준비 정도	무의미하게 됨	우선순위가 낮음
납품업자와의 관계	협력자	적대시함
품질 상태	무결점을 추구	얼마간의 폐기품 허용
설비 유지 보수 정도	끊임없으면서도 효과적이길 기대	필요한 것으로 봄
조달 시간	될 수 있으면 짧은 것을 기대	길면 길수록 좋음
작업자	합의제에 의한 관리	규정에 의한 관리

(출처: 이석주, 1994)

3. 6시그마

시그마는 원래 그리스 철자의 18번째 글자의 이름으로 문자로 쓸 때에는 σ로 표기하며 통계학에서는 특성치의 산포를 나타내는 표준편차의 기호로 사용한다. 즉, 시그마(σ)는 공정 능력을 반영하는 통계적 단위인 표준편차로부터 유도된 품질의 단위를 의미한다. 에러나 미스의 발생 확률을 가리키는 통계 용어이다. 표준편차란

'편차의 제곱 합을 시료수로 나눈 것의 제곱근' 으로서 표준편차(σ)의 값이 작으면 작을수록 산포가 좁다는 것을 의미하고 이는 제품이 균일하다는 것이고 다시 말해 제품의 품질이 높음을 뜻하게 된다.

6시그마의 통계적 의미는 표준편차와 규격 허용 범위와의 관계에서 규정 상한 값과 규격 하한 값의 범위 내에 표준편차가 상하 6개씩 들어갈 수 있는 상태를 말하고 "규격 상한-규격 하한=12σ"가 되는 것을 뜻한다. 4σ와 3σ는 규격 허용 범위 내에 표준편차가 상하 4개씩 또는 3개씩밖에 들어갈 수 없는 상태이므로 그만큼 산포가 크다는 것을 의미하고 제품이 규격 허용 범위 밖으로 벗어날 가능성이 높다는 것을 뜻하게 되어 시그마 앞의 계수 값은 품질의 척도를 나타내는 의미를 갖게 된다. 즉, 3σ보다는 4σ가 불량률이 낮고 이보다는 6σ가 불량률이 낮음을 의미한다. 따라서 6시그마의 품질수준은 불량률 3.4ppm, 즉 백만 개당 3.4개의 불량품 발생 확률로서 실제적으로는 무결점(Zero Defect)에 해당된다고 볼 수 있다.

창안자인 마이클 해리박사는 6시그마를 다음과 같이 정하고 있다. 첫째, 통계적 측정치이다. 모든 경영 활동이 객관적인 통계 수치로 나타나기 때문에 제품이나 업종, 업무 및 생산 프로세스가 다르더라도 비교할 수 있다는 뜻이다. 즉 수 개의 서로 다른 제품을 생산하는 회사의 서로 다른 업무 영역이라도 '시그마 수준' 으로 업무 수준을 계량화하여 상호간 직접 비교가 가능하다는 것이다. 예로 총무는 3시그마, 생산은 4시그마, 판매는 2.5시그마, 인사가 3.5시그마 등과 같이 비교할 수가 있다. 둘째, 기업 전략이다. 시그마 수준을 높이는 만큼 품질은 높아지고 원가는 떨어짐으로 경쟁 우위를 갖게 해주기 때문이다. 셋째, 철학이다. 기술적인 통계학의 기법을 익히는 것 외에도 그것의 개념을 철학적으로 사유하는 방식이 필요하고 의식 혁명이 뒤따라야 하기 때문이다.

따라서 6시그마 운동은 모든 경영 활동 과정에서 결함이 발생할 수 있는 원인을 통계적 기법을 이용하여 원천적으로 제거하고 개선하는 경영 혁신 운동이다. 이러한 관점에서 6시그마는 "무결점을 달성하고자 하는 프로세스 능력과 백만개 중에서 단지 3.4개의 불량 제품과 서비스를 생산하는 능력, 즉 초 일류의 공정 능력을 측정하는 통계적 단위"라고 정의할 수가 있다. 다시 말해 고객의 관점에서 품질에 결정적 영향을 미치는 요소를 찾아내어 통계적 기법을 활용해 1백만 개의 제품 또는 서비스 중 3.4개의 결함만을 허용하자는 일종의 무결점 운동이다.

4. 제품 생명 주기 관리(Product Lifecycle Management)

PLM 정의는 제품을 제공하는 업체마다 약간의 차이를 보여주고 있다. IBM은 가치 사슬의 주요 부문인 Enterprise Business Process(ERP, CRM, SCM)를 통합하고 e-business 기술을 이용하여 제품 컨텐츠의 이용을 극대화하는 것이라고 정의한다. SAP는 B2B Collaborative Engineering을 지원하기 위한 PDM의 확장되고 발전된 개념으로서 제품 수명 주기 동안 일관된 비즈니스 프로세스를 지원하는 것이라고 하였다. CIMData는 확장된 기업을 통하여 제품의 개념으로부터 폐기까지 제품관련 정보의 협업적 창조와 관리, 분배 그리고 사용을 위한 일련의 비즈니스 솔루션을 제공하는 전략적 비즈니스 접근이라고 하였다.

이를 통합하여 정리하면 PLM은 제품 생명 주기를 따라서 데이터와 프로세스 등과 더불어 제품을 관리하는 포괄적인 개념으로 볼 수가 있다.

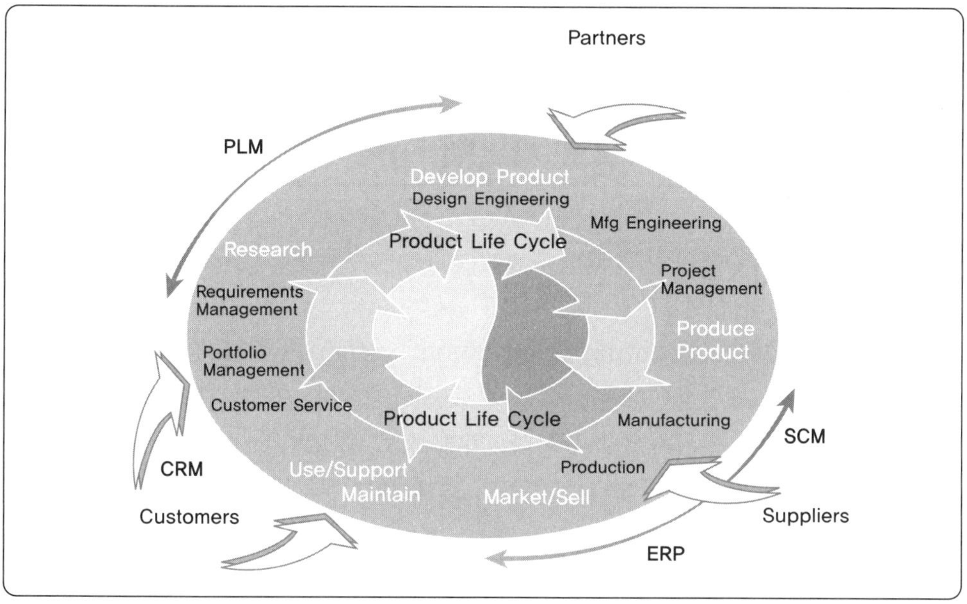

[그림 4-9] PLM의 역할
(출처: http://www.inops.co.kr/product/DynaPDM7.asp)

PLM은 기존의 제품 설계 및 엔지니어링 분야 지원을 위한 PDM(Product Data Management)의 확장 및 발전된 형태로도 이해될 수 있으며, 현재는 cPDM(Collaborative Product Definition management), CPC(Collaborative

Product Commerce) 등의 이름과 유사한 개념으로 협업과 제품에 대한 지원을 담당하고 있다는 점에서 혼용돼 사용되고 있다. PLM은 협업 환경 하에서의 전체 제품 수명 주기 지원에 보다 많은 비중을 실어 강조하고 있으며, 공급망 관리의 범위를 확대하여 제품 개발 초기의 아이디어 착상에서부터 생산 및 고객에게 전달된 이후의 설비 · 자산으로서의 유지보수 관리 및 교체 · 폐기까지의 전 과정을 통합적으로 연계 지원할 수 있는 솔루션으로 이해될 수 있다(CAD&Graphics, 2002).

PLM 시스템은 크게 제품의 설계 데이터 등 노하우를 축적 관리하는 제품 데이터관리(PDM) 시스템, 제품 개발 프로젝트의 일정을 워크플로에 따라 관리해주는 프로젝트 관리(PMS) 시스템, 기업 내 각 부서와 기업 외 업체들 간의 온라인 공동 작업을 위한 협업 시스템, 워크플로 시스템, 자재 정보(BOM) 관리 시스템 등으로 구성된다. PLM을 통해서 궁극적으로 이루고자 하는 것은 제품 출시 기간의 단축, 제품 출시 비용의 절감, 시장의 요구에 정확하게 부합하는 제품 출시의 세 가지 정도로 요약된다. PLM은 이 목적을 달성하기 위한 모든 기능을 충족시키는 방향에서 구성된다.

제4절 회계 및 재무 정보 시스템

1. 회계 정보 시스템

회계 정보 시스템(accounting information system)은 기업 경영 활동에 있어서 가장 오래되고 보편적으로 사용되는 정보 시스템이다. 이 시스템은 경영 거래와 다른 경제 행위들을 기록하고 보관한다. 회계 정보 시스템은 100년의 역사를 가진 기업의 복식 부기 개념뿐만 아니라 최근의 회계 개념, 부채 상환 회계와 수익성 회계와 같은 최근의 회계 개념에 바탕을 두고 있다. 회계 시스템은 과거를 기반으로 조직 전체의 자금 흐름을 기록하고 보관하며, 대차 대조표와 손익 계산서와 같은 중요한 재무제표를 만들어 낸다. 이 시스템은 또한 사업 계획을 나타내는 재무제표 또는 재정 예산들과 미래 상황 예견서들을 산출해 낸다. 한 기업의 재무 성과는 다른 회계 자료들에 의한 이와 같은 재정 예견서를 기준으로 하여 측정되는 것이다.

운영 회계 시스템은 합법적으로 이미 이루어진 경영 활동에 관한 기록 보관과 정확한 재무제표의 산출에 초점을 둔다, 전형적으로 이러한 시스템들은 주문 처리, 재고 관리, 외상 매출금 계정, 외상 매입금 계정, 급료, 그리고 총 계정 원장 시스템과 같은 거래 처리 시스템들을 의미한다. 관리 회계 시스템은 기업경영의 계획과 통제에 초점을 맞춘다. 이것들은 원가 계산 보고서들과 재정 예산, 재무제표들, 그리고 예상한 재정 성과를 실제와 비교하는 분석적인 보고서들의 전개에 강조를 둔다.

[그림 4-10]은 보편적으로 대기업과 중소기업들이 컴퓨터를 이용하여 개발한 중요한 회계 정보 시스템들의 상호 연관성을 보여준다. 이제 여러 개의 시스템들이 한 기업의 운영과 관리를 어떻게 도와주는지 간략하게 살펴보기로 하자.

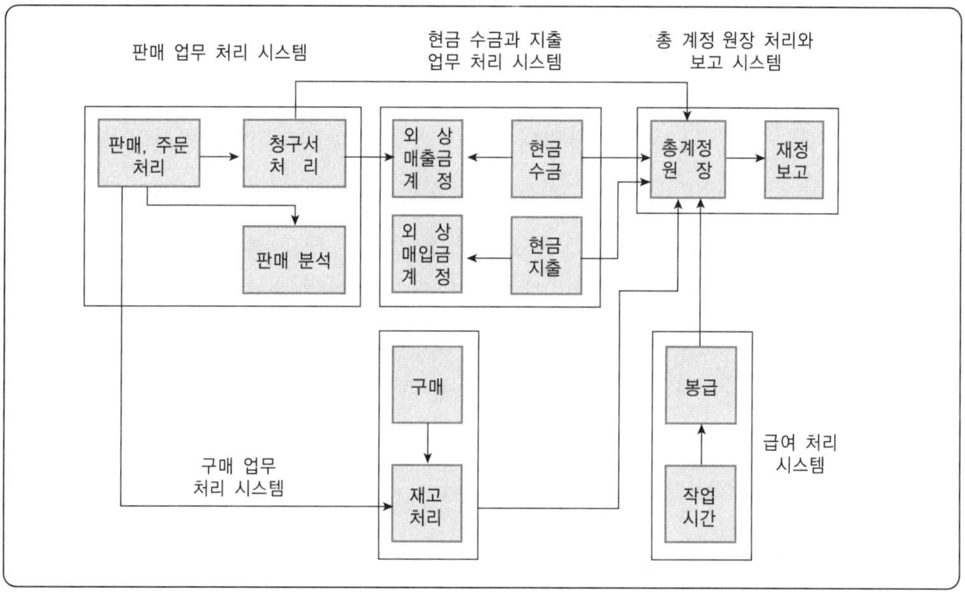

[그림 4-10] 거래 처리와 재정 보고를 위한 회계 정보 시스템
(출전: J. W. Wilkinson, 1989)

가. 주문 처리

주문 처리(또는 판매 주문 처리)는 고객의 주문을 컴퓨터로 자동 처리하여 판매 분석과 재고품 정리에 필요한 보고서와 고객에 대한 송장을 만들어 낸다.

이것은 또한 많은 회사에서 상품이 배달되기까지 고객의 주문 상태를 추적한다. 판매 주문 처리 시스템은 고객의 주문과 판매 거래를 기록하고 조회하는 데 빠르고 정확하며 효율적인 방법을 제공한다. 또한 이 시스템은 고객 주문이 최대한 빨리 이루어질 수 있도록 주문에 관한 정보를 재고 통제 시스템에게 제공한다.

나. 재고 관리

재고 관리 시스템은 제품 재고의 변화에 대한 자료를 처리한다. 일단 고객 주문에 관한 자료가 주문 처리 시스템에서 받아들여지면, 재고 관리 시스템은 제품의 재고 수준에 관한 변화를 기록하고 적절한 운송용 문서들을 준비한다. 그러면 시스템은 경영자에게 재주문할 필요가 있는 제품들에 관하여 알려 주며, 또한 다양한 재고 상태 보고서를 제공해 준다. 이러한 재고 관리 시스템은 재고 유지 비용과 운송 비용을 최소화하면서 고객이 만족할 만한 서비스를 제공하게 된다.

다. 외상 매출금 계정

외상 매출금 계정 시스템은 고객들의 구매와 대금 지불에 의해 발생되는 자료를 바탕으로 고객의 체납 금액을 기록한다. 이 시스템은 매월 고객 명세서와 신용 거래 경영 보고서를 만든다.

외상 매출금 계정 시스템은 정확하고 때에 알맞은 송장과 매월 신용 거래 고객들에게 보낼 명세서를 준비함으로써 고객들이 신속하게 지불하도록 자극을 가한다. 이 시스템은 시기가 연장된 신용 거래의 금액과 체납된 대금 수금을 관리할 수 있도록 도와주는 보고서를 경영자들에게 공급해 준다. 이러한 활동은 이익이 되는 신용 거래를 최대화해 주는 반면, 악성 부채들로부터 손해를 최소화할 수 있도록 해준다.

라. 외상 매입금 계정

외상 매입금 계정 시스템은 공급자에 대한 지불과 관련되는 자료를 보관한다. 이 시스템은 공급자들이 발송한 송장들에 명시된 금액에 대해서 수표를 준비하고 현금 상황 보고서를 만든다. 외상 매입금 계정 시스템으로 인하여 공급자들에게 신속하고도 정확한 대금 지불을 함으로써 좋은 관계가 유지되고, 신용 거래가 양호하며, 신속한 지불로 할인 혜택을 받게 된다. 이 시스템은 경영의 모든 현금 지출에 관해 재정 통제를 하는 데 도움을 준다. 또한 이 시스템은 경영자에게 대금 지불, 경비, 구매, 근로자 경비와 현금 요구에 관한 분석들을 위해 필요한 정보를 제공한다.

마. 급여

급여 처리 시스템은 근로자의 작업 시간 카드와 다른 작업 기록들로부터 자료를 받고 보관한다. 이 시스템은 급여 명세표와 소득 명세서, 급여 지불 보고서, 그리고 노동 분석 보고서와 같은 문서들을 만든다. 기타 보고서들은 또한 경영자와 정부 기관들을 위해 준비되는 것이다. 급여 처리 시스템은 회사들이 고용자에게 신속하고 정확한 지불을 할 수 있도록 도와줄 뿐만 아니라, 소득, 세금, 그리고 기타 공제 사항들에 관하여 정부 기관과 경영자, 고용자들에게 보고서를 만들어 준다. 그리고 경영자에게 인건비와 생산성을 분석한 보고서도 제공한다.

바. 총 계정원장

총 계정 원장 시스템은 외상 매출금 계정, 외상 매입금 계정, 급여, 그리고 다른 회계 정보 시스템에서 얻어지는 자료를 통합, 정리한다. 각 회계 기간 끝 무렵에는 시산표, 손익 계산서, 대차 대조표, 그리고 다양한 수입과 지출 보고서를 만든다. 총 계정 원장 시스템은 정확하고 시의적절한 방식으로 회사들이 이러한 회계 업무들을 성취할 수 있도록 도와준다. 이 시스템은 수작업 회계 처리 방식과 비교해서 더욱 적은 인원과 낮은 비용으로 재정 관리를 할 수 있고, 경영 보고서를 제공해 줄 수 있다.

2. 재무 정보 시스템

재무 정보 시스템(financial information system)은 회사에 있는 재정 자원의 배분과 통제, 회사의 재정에 관계한 의사 결정에 있어서 재정 담당자들에게 도움을 준다. 주요 재무 정보 시스템의 범주는 현금과 유가 증권 관리, 자본 예산, 재정 예측, 그리고 재정 계획을 포함한다. 회계 정보 시스템은 빈번히 재무 정보 시스템의 중요한 범주로서 포함된다. [그림 4-11]은 기업의 재무 관계자들이 자금 공급, 재정 보고, 거래 처리 시스템에 의존한다는 것을 설명해 준다.

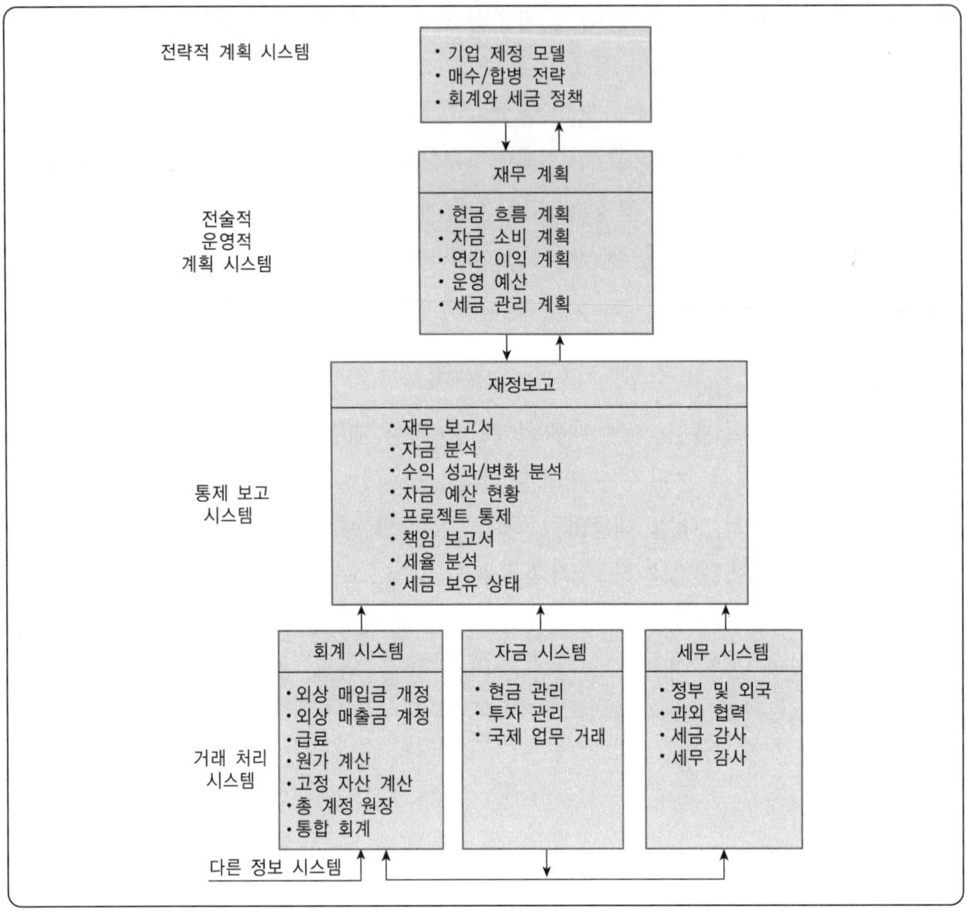

[그림 4-11] 재무 계획, 재정 보고, 거래 처리 시스템은 기업 내에서 자금의 공급, 할당, 통제에 관한 의사 결정을 지원한다.

재무 정보 시스템의 기능을 살펴보면 다음과 같다.

가. 현금과 유가 증권 관리

시스템은 즉시, 혹은 주기적으로 기업의 경영 활동과 관련된 모든 현금 영수증과 현금 지불에 관한 정보를 수집한다. 이러한 정보는 회사들이 보다 빠르게 여유 자금을 저축하거나 투자할 수 있도록 해주며, 저축 또는 투자된 자금으로 야기된 수입을 증가시켜 주기도 한다. 이러한 시스템들은 또한 미래의 현금 적자나 잉여금을 탐지해 내는 데도 이용되는 자금 흐름 예측을 매일, 매주, 혹은 매달 만들어 제공한다.

수학 모형들은 최적의 현금 수금 방법들을 결정하기 위해서, 그리고 예상되는 현금 적자와 최적의 현금 수금 방법들을 결정하기 위해서, 그리고 예상되는 현금 적자와 잉여금을 다루기 위한 재정, 혹은 투자 전략을 세우기 위해서 자주 이용된다. 많은 회사들은 자금이 필요한 시점까지 투자를 통한 수익을 얻기 위해 증권 시장에 단기간으로 여유 자금을 투자한다.

나. 자본 예산

자본 예산 과정은 계획된 자본의 지출에 관하여 재정적인 영향과 수익성을 평가하는 것을 의미한다. 공장과 설비에 관한 장기간의 지출 계획은 예상되는 현금 흐름에 관한 현재의 가치 분석과 위험 가능성의 분석을 종합해 주는 다양한 기술을 이용해서 분석할 수가 있다. 이러한 일을 위해 스프레드시트 패키지와 다른 종류의 의사 결정 지원 시스템과 기업의 재정 계획에 맞도록 설계된 전문가 시스템의 소프트웨어 패키지를 많이 이용한다.

다. 재무 예측

기업은 경제 추세를 진단하는 가운데, 특히 재정적인 측면을 예측해야 한다. 다양한 통계 예측 패키지는 국가, 지역 경제 상황, 임금 수준, 가격 수준, 이자율 등을 이끌어 내는 분석 기술 등을 제공한다. 이 예측은 기업의 데이터베이스에서 얻을 수 있는 외부 환경에 관한 자료를 이용한다는 것을 의미한다.

라. 재무 계획

재무 정보 시스템은 기업, 혹은 부서의 현재, 그리고 미래의 재정 업무 실적을 평가하기 위해 업무 수행 상 계획 모형들을 사용한다. 이 시스템은 또한 기업의 재정 공급 필요 사항의 결정을 도와주며, 재정 업무 처리에 관한 여러 대안의 분석을 도와준다. 경제 상황, 기업의 운영, 유용한 재정 공급 형태, 이자율, 주식과 증권 가격 등과 관계 있는 정보는 사업에 있어서 최적의 재무 계획을 수립하는 데 이용된다.

스프레드시트 패키지와 의사 결정 지원 시스템 제너레이터들은 자주 이러한 모형들을 개발하고 유지하는 데 쓰인다. 가정 분석과 목적 추구 분석 모델을 이용하여 문제 해결에 관한 해답들은 자료, 혹은 모형의 변수에 변화를 주어 그 영향을 관찰함으로써 얻을 수 있다.

요 약

**

인사 정보 시스템은 기업의 인적 자원을 효과적, 효율적으로 이용할 수 있도록 정보를 제공해 준다. 이 시스템은 인력 관리, 훈련 및 개발, 급여 분석, 그리고 업무 실적 평가를 위한 정보 시스템을 의미한다.

마케팅 정보 시스템은 마케팅 기능의 계획과 통제에 대한 정보를 제공한다. 마케팅 계획 정보는 생산 계획, 가격 결정, 기획 광고와 판매 촉진 전략과 경비, 신상품과 기존 상품에 대한 잠재적인 시장 예측, 유통 수단 결정에 있어서 마케팅 관리자들을 지원해준다. 마케팅 통제 정보는 상품과 서비스의 판매와 유통을 효율적이고 효과적으로 통제할 수 있도록 관리자들에게 제공된다. 마케팅 정보 시스템의 주요한 유형에는 판매 관리, 광고와 판매 촉진, 판매 예측, 시장 조사, 그리고 마케팅 관리 시스템들이 있다.

제조 정보 시스템은 제품, 또는 생산 과정에 대한 계획과 통제에 관련된 모든 활동을 포함하는 생산과 운영의 기능을 뒷받침해 준다. 이 시스템은 재고, 구매, 제품과 서비스의 흐름 등을 계획하고 감시하고 통제해야 하는 모든 기업에서 필요로 한다. 제조 정보 시스템은 생산 준비 시스템(CAD)을 사용하고, 생산 과정에 필요한 재료의 형태에 따라 MRP로 계획을 세운다. 그리고 작업 현장에서 제품들을 제조하기 위해 공정 제어, 수치 제어, 로봇 등과 같은 분야에서 컴퓨터를 이용한다. 또한 생산 일정, 재고 관리, 제품 품질 통제, 그리고 제품 원가 등에 관한 정보를 경영자가 의사 결정에 활용하기 위해 제조 정보 시스템을 이용한다. 오늘날 ERP, SCM. CRM과 연계하는 제품 생명 주기 관리에 기업들의 관심이 고조되고 있다.

회계 정보 시스템은 기업의 상거래 활동을 보고하고 기록한다. 운영 회계 시스템은 합법적으로 이미 거래가 이루어진 내용 기록과 정확한 재정 명세서의 산출에 초점을 맞춘다. 관리 회계 시스템은 사업 경영의 계획과 통제에 초점을 맞춘다. 일반 운영에 이용되는 회계 정보 시스템은 주문 처리, 재고 관리, 외상 매출금 계정, 외상 매입금 계정, 급여, 그리고 총 계정 원장 시스템을 취급한다. 관리 회계 정보 시스템은 원가 회계와 예산 시스템과 같은 응용 분야를 다룬다. 재정에 있어서 정보 시스템은 기업의 재정과 기업 내의 서로 다른 부문에 재정 자원의 할당에 관한 재정 담당자의 의사 결정을 지원해 준다. 재무 정보 시스템은 현금과 유가 증권 관리, 자본 예산, 재정 예측, 재무 계획 등을 포함한다.

주요용어

CIM	JIT	MRP/MRP II
6시그마	제품 생명 주기	인사 정보 시스템
마케팅 정보 시스템	회계 정보 시스템	재무 정보 시스템
제조 정보 시스템	조직 정보 시스템	

연습문제

1. 기업의 경영 활동에서 입력, 처리 출력에 해당되는 내용들은 무엇인가?
2. 조직 정보 시스템이란 무엇인가?
3. 인사 정보 시스템이란 무엇인가?
4. 인사 정보 시스템이 제공하는 정보의 내용은 무엇인가?
5. 마케팅 정보 시스템의 특성을 기술하여라.
6. 제조 정보 시스템의 특성은 무엇인가?
7. 컴퓨터 통합 생산(CIM)의 의미는 무엇인가?
8. 6시그마란 무엇을 말하는가?
9. 제품 생명 주기 관리는 무엇을 의미하는가?
10. 회계 정보 시스템과 재무 정보 시스템의 차이점을 설명하여라.
11. 재무 정보 시스템의 범주에는 어떠한 내용이 포함되는가?
12. 인사 정보 시스템, 마케팅 정보 시스템, 제조 정보 시스템은 회계 정보 시스템으로 연결되며, 이 회계 정보 시스템은 재무 정보 시스템으로 귀착된다. 그 이유를 설명하여라.

PART 03

수요자의 새로운 요구 (on demand)

제5장 전사적 자원 관리
제6장 공급망 관리
제7장 고객 관계 관리
제8장 인터넷 비즈니스
제9장 비즈니스 인텔리전스
제10장 지식 경영

CHAPTER 5

제 05 장

전사적 자원 관리(ERP)

도입 사례 – 쌤소나이트(Samsonite)

Business Problem

여행용 가방 수입 판매 및 제조회사인 쌤소나이트코리아는 지난 2000년까지 만해도 다른 기업들처럼 자체 전산실을 보유하고 서버와 업무용 애플리케이션을 직접 개발해 사용해왔다. 그러나 회사의 규모가 커져감에 따라 기존의 전산 시스템이 여러 가지 문제에 직면했다. 시스템 간의 불일치로 집계가 정확하지 않거나 원장과 시산표가 맞지 않는 경우가 발생하였다. 또한, 가장 중요한 매장의 재고 관리에도 문제가 발생했다. 영업점으로부터의 주문과 본사 및 매장재고에 근거한 발주 예측의 어려움으로 납기와 재고 관리가 원활하지 못하였고, 멀리 떨어져 있는 영업점 간의 원활한 커뮤니케이션이 필요했다. 그러나 ERP 시스템이 제대로 구축되지 않은 상황에서 기존 시스템과 수작업 체제로는 사업 수행에 한계를 느낄 수밖에 없었고, 또한 전국 300여 개 영업점의 판매 실적을 본사의 영업관리 인원이 관리하기에는 업무 효율성이 저하되고 인원도 턱없이 부족한 실정이었다. 이로 인하여 수입·수출 자금 계획 수립이 곤란해 자금 흐름을 조절하기가 어려웠고, 매월 벨기에 본사로 송부하는 매출 및 판매에 대한 통계 보고 자료의 작성 역시 수작업에 의존할 수밖에 없었다.

IT Solution & Result

쌤소나이트코리아는 해가 갈수록 커지는 유통 규모와 영업 업무를 원활히 처리하기 위해서 업무 프로세스 전체를 자동화하지 않는 이상 생존할 수 없다는 판단 아래 정보 시스템을 전면 재구축키로 하고 전사적자원관리(ERP ; Enterprise Resource Planning)와 그룹웨어 시스템 도입을 결정했다. 이에 시스템의 개발 기간을 단축하고 비용을 줄이기 위해 아웃소싱을 선택하였고, 2001년 2월부터 ERP를 도입하였다. ERP의 도입으로 쌤소나이트코리아는 여러 분야에서 성과를 거두었다.

먼저 영업 관리 측면의 성과를 보면, 주문 등록에서 대금 청구 및 미수금 관리까지의 프로세스를 통합하고, 원거리의 영업점 간에 제품 보유 현황에 대한 자료를 공유함으로써 영업점의 주문에 대한 제품 보급이 원활하게 되었다. 제품 수불 관리 측면에서는 품목 특성별 재고 및 구매와 관련한 처리 방침을 설정할 수 있게 됨으로써, 신속하고 정확하게 계획 자료의 작성을 통해 업무 효율 및 작업 시간을 단축함은 물론, 본사와 영업점별 총괄 정보의 조회를 통해 재고의 정확도 향상 및 재고 감축에 성과가 나타났다. 인사 관리 측면에서는 수작업 위주였던 처리 방식에서 벗어나 인사와 급여 시스템의 자동 연계를 통해 업무 담당자들이 본연의 핵심 업무에 집중할 수 있게 되었다. 회계 관리 측면에서는 사업장별 자료 집계와 월 결산 체제가 가능하게 되었고, 전표는 발생 부서에서 입력(매출 관련 전표 발생은 자동 기표로 중복입력을 없애고 작업시간 단축)하게 되었다. 실제로 쌤소나이트코리아는 다음달 30일까지 지연되던 월별 결산 마감을 10일로 단축시켰고 발주에서부터 출고에 이르는 리드타임도 평균 7일에서 3일로 줄었으며 문서 결재와 전달 처리 시간도 평균 3일에서 당일처리 체제로 바뀌었다고 밝혔다. 이 때문에 직원 1인당 매출액이 7억 원에서 19억 원으로 2.7배나 증가하는 효과를 보였다. 위에서 알 수 있듯이 ERP 시스템의 성공적인 구축으로 기존의 인원으로도 충분한 관리가 가능하게 되어, 그 효과는 주문에서 출고까지의 리드타임 단축, 제품 배송을 감안한 정확한 발주 예측 가능으로 재고감축 및 재고의 정확도 향상, 결산 기간 단축 등의 관리적 측면까지 이어지고 있다. 정보를 임직원과 영업점 모두가 공유해 활용함으로써, 쌤소나이트 코리아의 기업 경쟁력도 영향을 준 것이다. 쌤소나이트코리아의 사장은 ERP의 성공적인 도입으로 무엇보다 경영의 성과가 획기적으로 좋아졌다고 자신 있게 말한다. 이처럼 ERP의 도입은 기업에게 경쟁력을 갖추는 중요한 요소로 작용하고 있다.

제1절 ERP 탄생 배경

1. 경영 환경의 변화

오늘날 경영 환경은 끊임없이 변하고 있고, 정보 기술 또한 하루가 다르게 발전하여 따라가기 조차 힘든 상황이다. 우리가 ERP 시스템을 이해하기 위해선 이러한 경영환경의 변화 및 정보 기술의 발전을 먼저 이해하는 것이 필요하다고 본다.

[표 5-1] 사회의 변화에 따른 경영환경의 변화

시대 (Eras) 구분 (VARIABLES)	농경 사회 (Agricultural Era)	산업 사회 (Industrial Era)	정보 사회 (Post-Industrial or Information Era)	지식 사회 (Knowledge Era)
경제 성장의 전략 요인 Strategic Factors of Economic Growth	Land	Capability of Industrial Prouction	Information	Knowledge
조직 구조 Organizational Structure	Hierarchy (Land Owner)	Blue Collar Bureaucracy (Factory Owner: Trade Union leader)	White Collar Bureaucracy(Administrators, IT Manager)	Collaboration (Communities)
대표적인 소비재 Predominant Consumer Goods	Food	Agricultural Goods, House and Clothing	Information and Communication Services and Products	Intellectual products and Services
기술 Technology	Agricultural Technology	Manufacturing and Engineering Technology	Information and Communication Technology	Technology for Learning, Innovating, Consulting, Collaborating
대표적인 자원 Predominant Resources	Workforce	Physical Sources of Energy	Information	Ideas

(출처: 이명수, 홍익대학교, 2002)

1970~80년대는 생산 중심의 대량 생산 시대라고 정의내릴 수 있다. 생산 중심 시대는 Trade-Off의 세계이며, 비용, 생산성, 표준화, 비유연 자원, 재무 등의 흐름을 강조한다. 대량 생산에 근간을 둔 기업은 공급자 중심의 소품종 다량 체제 및 관료적인 계층적 조직을 갖고 있다. 엄격한 감독 하에 노동자는 협의로 정의된 반복

작업을 수행한다. 그 성과물로는 낮은 비용 그리고 표준화된 제품과 서비스가 있다. 또한 생산 중심 시대의 효율적인 마케팅 방법은 매스(Mass) 마케팅이다. 1990년대는 고객 중심의 대량 고객화 시대라고 정의내릴 수 있다. 대량 고객화 시대는 차별화의 시대이며, 고객 기호에 따른 제품, 서비스, 유연 자원, 재무 등의 흐름을 강조한다. 고객화 시대에는 유연성과 즉각적인 대응력을 필요로 한다. 환경이 완전히 변하는 경우에도, 프로세스, 작업 및 기술을 재편성하여 고객이 원하는 바를 제공하게 된다. 고객 중심의 기업은 소비자 중심의 다품종 소량 생산 체제 및 작업자 중심의 수평적 조직을 갖고 있으며, 효율적인 마케팅 방법으로 일대일 마케팅을 이용한다.

2. ERP 시스템의 출현 배경

ERP가 최근에 선진 기업들에게 주목을 받은 배경에는 기업 환경의 변화와 정보기술의 발전 양쪽에 있다. 기업경영으로부터의 필요성과 정보기술의 발전에 발을 맞추어 기존의 정보 시스템을 변혁하여 새로운 기업 정보 시스템을 개발할 필요성이 절실히 요구되었다. 기업 경영과 정보 기술의 환경 변화가 ERP에 대한 기대로 이어지는 배경은 아래 그림에서 알 수 있다.

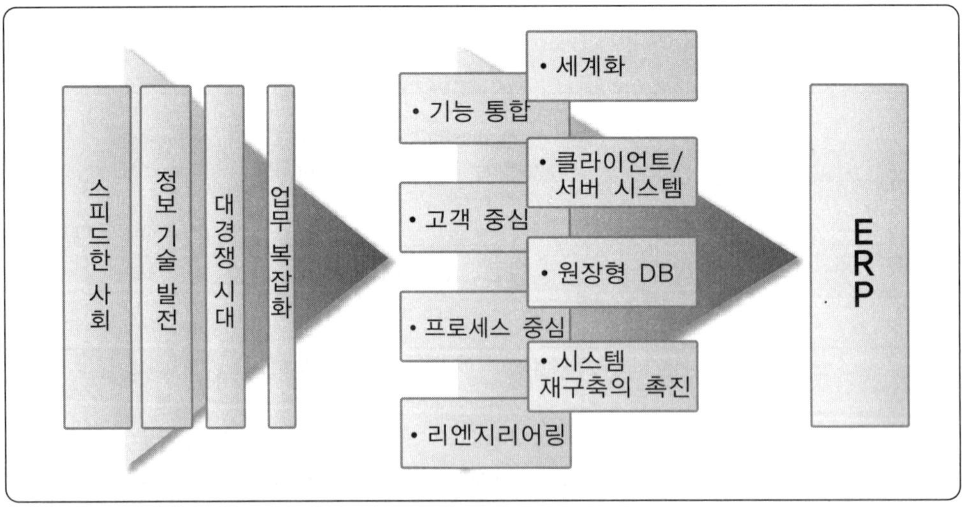

[그림 5-1] 기업환경의 변화 및 정보기술의 발전에 따른 ERP 시스템의 출현
(출처: Korea ERP Associastion (http://www.erp21.com/))

오늘날의 비즈니스 상황을 보면 스피드한 사회, 정보기술의 발전, 대 경쟁시대, 업무의 복잡화 등으로 크게 4가지로 설명될 수 있을 것이다.

스피드한 사회, 정보기술의 발전, 대 경쟁시대, 업무의 복잡화 등과 같은 현재의 비즈니스 상황에 대처하기 위해 기업들은 다음과 같은 특징을 갖고 있는 통합시스템을 갖기를 원하게 되었다. 그 특징들은 기능통합, 고객중심, 프로세스중심, 리엔지니어링, 세계화, 클라이언트-서버 시스템, 원장형 데이터베이스, 시스템 재구축의 촉진 등이다. 이와 같은 특징들에 관한 문제를 해결하기 위해 개발된 패키지가 ERP 패키지라 할 수 있다.

ERP는 1970년대의 MRP(Material Requirement Planning)와 1980년대의 MRP II(Manufacturing Resource Planning)를 비롯하여, 생산 관리 분야의 JIT, TQM(Total Quality Management) 등을 비롯하여 경영 분야의 정보 시스템 분야에서의 발전에 그 모태를 두고 있다.

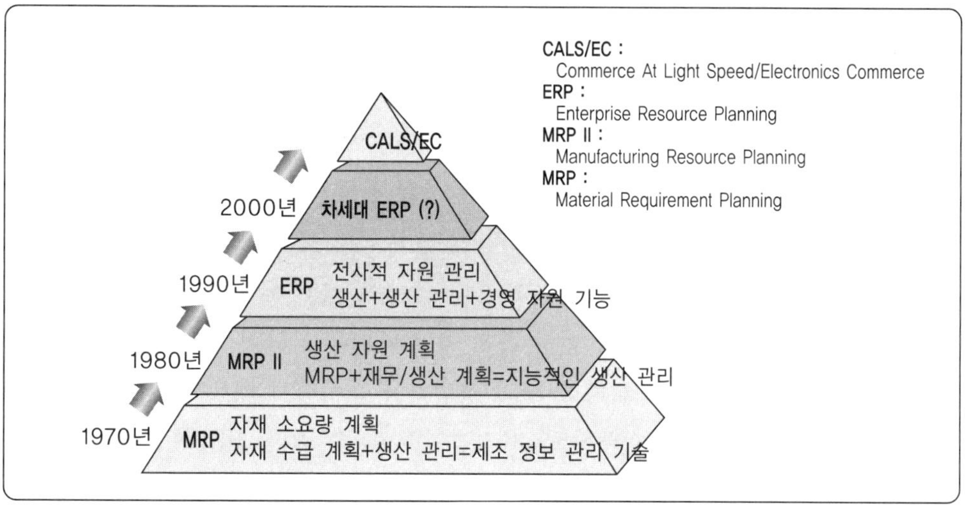

[그림 5-2] ERP 발전과정
(출처: ERP forum (http://come.to/chlee))

제2절 ERP 개요

1. ERP의 요구

시장 환경이 글로벌화함에 따라 생산 및 물류 거점이 국내외 여러 곳에 산재하게 되었고, 새로운 개념의 프로세스인 글로벌 전략 자원 관리 및 최적의 공급체인 구축이 더욱 중요하게 부각되었다. 정보 관리 측면에서는 글로벌하게 통합된 질 높은 정보를 신속히 제공할 수 있고 최적의 제품 공급 및 자재 수급이 이루어질 수 있는 정보 시스템이 생산, 자재, 협력업체, 고객, 물류, A/S, 회계, 원가 등 기업의 전 프로세스를 일관되게 통합할 수 있어야 하였다. 이러한 기업 정보 시스템에 대한 요구 변화에 따라 개발된 것이 ERP 시스템이다.

2. ERP의 개념적 정의

ERP는 Enterprise Resource Planning의 약자로 우리말로는 전사적 자원 관리로 불리어지고 있다. 앞 절에서 설명한 바와 같이 ERP는 기업 내의 모든 활동을 위해 사용되어지는 모든 인적 자원과 물적 자원을 효율적으로 관리하여 궁극적으로 기업 경쟁력을 강화시켜 주는 역할을 하게 되는 통합 정보 시스템이라고 할 수 있다.

ERP는 기존의 전통적인 시스템의 업무 프로세스를 통합적으로 운영 관리해 주며, 각종 정보의 공유와 새로운 정보의 생성, 올바른 의사 결정을 도와주는 전사적 통합 정보 시스템으로 정의된다. 또한 각종 경영 자원을 하나의 통합적인 체계로 재구축함으로써 생산성을 극대화하고 대외 경쟁력을 높이면서 대표적으로 기업 리엔지니어링을 추구하는 전사적 자원 관리 기법이라 할 수 있다. ERP는 생산 및 생산 관리 업무는 물론 설계, 재무, 회계, 영업, 인사 등의 순수 관리 부문과 경영 지원의 기능을 포함하고 있다. 더욱이 ERP는 이들 모든 업무에 고객회사 또는 하청업체 등 공급업체에 대한 최적의 의사 결정을 내려줌으로써 업무 효율성을 극대화시켜 준다. 이러한 ERP는 새로운 정보 기술의 대폭적인 수용 및 적용으로 Application의 개발과 유지 관리 및 사용자의 편의성을 향상시켰고, 급변하는 경영 환경에 대응하기 위한 추가적인 기능들을 많이 반영하여 오늘의 모습을 갖추게 되었다.

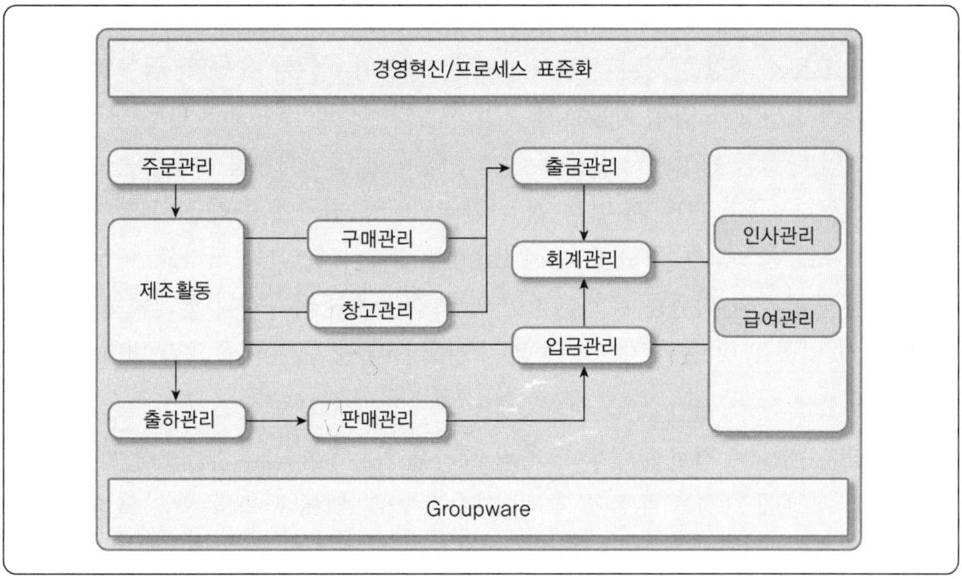

[그림 5-3] ERP의 기본 개념
(출처: Korea ERP Associastion (http://www.erp21.com/))

3. ERP 개념의 변화와 분류

최초의 ERP 개념은 경영 기법으로서가 아니라 ERP의 개념을 실현하기 위한 통합형 업무 소프트웨어 패키지로서 소개되었다. 이를 협의의 ERP라 한다. 지금도 현실에서는 이러한 측면에 중점을 두고 있는 경향이 있다. 그러나 업무 재구성을 가능하게 해주는 ERP 시스템은 급속도로 시장이 팽창하게 됨으로써 단순한 소프트웨어 패키지가 아닌 비즈니스 통합 솔루션의 개념으로 변하게 된다. ERP의 정보 기술적인 측면에서는 먼저 개방형 시스템 채택을 통해 특정 H/W업체에 의존하지 않고 최소의 도입 · 유지 비용으로 다양한 구성과 뛰어난 확장성, 그리고 외부 연계성을 확보할 수 있게 되었다. 그리고 DBMS의 활용으로 정보의 공유, 가공, 활용에 획기적인 전기를 마련하였고, 클라이언트-서버 환경, 객체 지향 설계 및 개발 등을 통해 전체 시스템 도입 비용과 도입 이후의 유지 보수 비용 절감도 기대할 수 있게 되었다. 뿐만 아니라 GUI 지원, 멀티미디어 지원, EUC Tool과의 호환 등을 통하여 사용자 친숙성, 편리성 및 컴퓨팅 파워를 극대화할 수 있는 방향으로 나아가고 있으며, 외부와의 연계를 위한 기술적인 차원도 EDI를 이용한 Extranet으로 발전하고 있다. ERP의 기능 또한 변하고 있다. ERP는 MRP에서 출발하는데 MRP는 단순히 설계, 생산 및 관리를 중점으로 하는 대기업의 업무 프로세스에 중점을 두고 있다. MRP, MRPⅡ의 과정을 지나 현재의 ERP는 제조업, 물류, 유통업, 금융업은 물론 공공 기관에서 필요한 업무 기능까지 포함하는 다양성과 소규모의 단위 공장에서부터 세계적인 다국적 기업에서 요구하는 업무의 폭과 깊이까지를 수용하는 유연성도 제공하고 있다. 특히 90년대 이후 기업 환경의 글로벌화에 따라 ERP가 제공하는 비즈니스 프로세스 모델 또한 Global Standard화되고 있다. 그리고 e-business에 대비한 공급망의 원활한 운영을 위하여 고객이나 공급자와의 연계를 고려한 고객, 공급자 일정 관리 등과 같은 기능의 추가도 향후를 대비한 중요한 변화 중의 하나다.

이와 같은 ERP는 전사적 차원의 자원 관리를 가능하게 해주지만 기업이 기업 활동의 어떤 부분에 초점을 두는가, 어떤 기술적 환경 위에 구축되는가, 그리고 어떤 외부 환경 요소가 더해지는가에 따라서 다음과 같이 분류할 수 있다.

① 기업 활동의 초점에 따른 분류 : MRP based ERP, Workgroup computing based ERP, BPR based ERP, CALS/EC based ERP

② 기술 환경에 따른 분류 : 전통적 소프트웨어 방식 ERP, 소프트웨어 패키지 방식 ERP, 웹 기반 ERP

③ 기업 외부 환경 요소에 따른 분류(Extended ERP) : 고객 관계 관리, 공급 망 관리, 컴퓨터 통합생산, 제품 데이터 관리, 컴퓨터에 의한 군수 지원, 제조 실행 시스템 등

4. 정보 시스템과 ERP 시스템의 비교

기존의 정보 시스템이 단위별 업무를 지원하는 시스템이라면 ERP 시스템은 전 업무를 통합적으로 관리 지원하는 확대된 시스템이라고 할 수 있다. ERP 시스템은 기존의 업무 방식을 정보 기술과 자원을 활용하여 그 과정에서 축적된 정보들을 생산 자원으로 가공하고 이를 통해 조직 구조의 혁신과 생산성 극대화를 지원하도록 하는 솔루션이라고 할 수 있다. 정보 시스템과 ERP 시스템을 비교하여 나타내면 다음 표와 같다.

[표 5-2] 정보 시스템과 ERP 비교

구분	IS	ERP
업무 범위	단위 업무	통합 업무
업무 중심	Task	Process
업무 가치 기준	내부 통재(상하 관계)	외부 중심(고객 중심)
의사결정방식	Bottom-up	Top-down
생산 자원	물자, 자본, 인력	정보, 지식, 시간
시장 조건	제한된 시장, 독과점 체계	무한 경쟁
시스템 구조	폐쇄성	개발성, 확장성, 유연성
업무 처리	수직적 업무처리	수평적 업무 처리
주요 생산 형태	소품종 대량생산	다품종 소량 생산
소비자 의식	획일화	다양화, 개성화
업무 처리 형태	부분 최적화	전체 최적화
정보 가공	수치, 문자	멀티 미디어
지역	Local	Global
유지 보수	유지 보수 및 기능 변경 곤란	수시 변경 가능, 유연
DB	파일 시스템	DBMS
전산화 형태	중앙 집중식	분산 처리 구조
시간 개념	Stock	Flow

(출처: 안중호, 홍문사, 2000)

ERP는 업무 프로세스를 핵심 요소로 하여, 의사 결정 방식이 하향식이기 때문에 특히 최고 경영자의 의지가 중요하다고 할 수 있다. 그리고 글로벌 시장에 대한 대응능력이 뛰어나며, 다품종 소량 생산 체제 하에서 유연성을 강조한다. 또한 ERP는 정보를 이미지, 음성, 동화상 등으로 가공함으로써 첨단 멀티미디어에 적합한 시스템이라고 할 수 있다.

제3절 ERP의 특징

1. 통합 업무 시스템

ERP시스템의 가장 큰 특징 중의 첫 번째는 영업, 생산, 구매, 재고, 회계, 인사 등 회사 내의 모든 단위 업무가 통합되어 상호 긴밀한 관계를 가지면서 실시간으로 처리된다는 것이다. 이러한 업무통합을 통하여 기존 정보 시스템에서의 부분 최적에서 전체 최적화가 실현되게 되었고, 과업(Task) 중심적인 업무처리 방식이 고객 지향적인 관점에서 프로세스 중심적으로 전환되어진다. 모든 시스템이 통합되어 있기 때문에 어떠한 정보라도 두세 번 중복적으로 처리할 필요 없이 거의 한 번의 입력으로 처리가 끝나게 되는 One Fact One Place가 가능하게 된다. 또, 업무를 실시간에 통합적으로 처리할 수 있게 됨에 따라 영업, 설계, 생산, 관리가 거의 동시에 이루어지는 이른바 동시 공학도 가능하게 된다.

① 전 업무를 회계시스템에 직결 : 예를 들면, 판매의 출하 데이터는 외상 매출액의 자동 분개 데이터로 회계 시스템에 전송되어 주 거래처 원장과 총계정 원장이 리얼타임으로 변경된다. 따라서 물건과 사람에 관한 비용정보의 수집, 그리고 비용의 직접배분이 가능하게 된다.

② 업무의 통합과 재편성 : 컴퓨터의 업무 메뉴를 재편성해서 고객 지향적인 업무체제를 편성할 수 있게 한다.

③ 사무 변화에 대응 : 기업을 둘러싼 환경 변화에 신속하게 대응하기 위해 사업내용의 변경, 확대, 그리고 조직의 빈번한 변경에 신속하고 부드럽게 대응할 수 있게 한다. 판매, 생산, 회계, 인사 등의 업무가 통일된 조직 정의로부터 행해지기 때문에 조직 변경을 일관되게 할 수 있고 조직의 빈번한 변경에 대응할 수 있다.

2. 세계적인 표준 업무 프로세스

ERP 시스템은 첨단 경영 기법을 연구하고 세계 초일류 기업의 선진 프로세스를 벤치마킹 하여 프로세스를 구성하였기 때문에 ERP 패키지에서 구현된 프로세스 자체가 세계적인 표준 업무 프로세스라고 할 수 있다. 이러한 표준 프로세스의 도입을 통해 기업체들은 별도의 투자 없이 자동적으로 BPR(Business Process Reengineering)을 하게 되는 효과를 얻을 수 있다. 결국 ERP는 BPR을 가능하게 해주는 도구의 역할로서 사용될 수 있다.

3. 그룹웨어와 연동 가능

그룹웨어는 다수의 사람이 서로 협력하면서 공동으로 진행하는 지적인 작업을 지원하기 위한 소프트웨어이다. 일반적으로 전자 결재 시스템이라고 불리고 있는 그룹웨어들은 전자 메일, 전자 게시판, 공용 데이터베이스 등을 기본으로 하면서 전자결재 기능을 통해 워크플로(Work flow : 작업의 흐름을 관리하는 기능)의 자동화를 실현시켜 주고 있다. 이러한 그룹웨어 기능과 영업, 생산, 구매, 자재, 회계 등 기간 업무 시스템과의 연동은 필수적이라고 할 수 있다. ERP 시스템의 경우 패키지 자체 내에서 이러한 그룹웨어 기능을 내장하고 있으나 자체 내에서 그룹웨어 시스템이 없는 경우에도 외부 그룹웨어 시스템과 연계를 통해 그룹웨어 기능을 제공하고 있다.

4. 파라미터 지정에 의해 개발

ERP 시스템이 기존에 비해 빠른 시간 내에 구축이 가능해지고 유지 · 보수 부담이 크게 줄게 된 것은 파라미터 지정(Parameter setting)이라는 기능이 있기 때문이다. ERP 시스템은 패키지 개발 시 해당 업무 프로세스와 관련하여 상정할 수 있는 대부분의 거래유형을 포함시켜 놓고 있다. 따라서 업종별, 기업 규모별로 천차만별인 세계 도처의 기업에 적용이 가능할 뿐만 아니라 시스템을 통한 업무 수행 중에 조직과 업무가 변화되더라도 새로운 시스템을 개설할 필요 없이 기본적으로 파라미터 변경을 통해 대응이 가능하다. 이렇게 필요한 기능을 전부 내장하고 있는 ERP패키지를 파라미터 지정을 이용하여 해당 기업에 맞도록 시스템을 최적화시켜 주는 작업은 ERP 컨설턴트의 몫이라 할 수 있다. ERP에서는 미리 장착된 업무 기능을 파라미터 설정으로 자사에 맞게 적용됨으로써 단기간에 시스템을 도입할 수 있게 한다. 파라미터의 의미는 처리를 실행할 때 화면에서 지정 가능하며 입력이나 원장(master)의 항목을 사용할지에 대한 지정, 계산 방법이나 체크 등 내부 로직 지정, 장표의 출력 형식 지정 등을 할 수 있다는 것이다. 보수 작업도 파라미터의 변경으로 가능하다. 요약하면 ERP 도입 단계의 프로젝트에 관해서는 최종 사용자가 중심이 되어 개발 기간을 단축할 수 있다는 것이다.

5. 확장 및 연계성이 뛰어난 오픈 시스템

기존 정보 시스템이 폐쇄적인 구조로 설계되어 시스템의 확장 및 다른 시스템과의 연계가 제대로 이루어지지 않은 반면, ERP 시스템은 기본적으로 개방적인 시스템 구조로 어떠한 운영체제 및 데이터베이스에서도 잘 돌아가게 설계되어 있어 시스템의 확장이나 다른 시스템과의 연계가 쉽게 되어 있다.

특히 데이터를 정밀하게 분석해주는 데이터웨어하우징(Data Warehousing), 경영 분석 도구인 중역 정보 시스템(EIS), 설계와 생산을 동시에 가능케 해주는 PDM(Product Document Management), 광속 거래라고 불리는 CALS (Commerce At Light Speed), 전자상거래인 EC(Electronic Commerce)와 같은 응용 · 전문 영역의 패키지와 쉽게 조화를 이룰 수 있어 고도화되고 복잡해지며 급변하는 경영 환경의 응용 및 전문 영역에도 적극 대응할 수 있게 된다. 특정 하드웨어 및 소프트웨어 업체에 의존하지 않고, 다양한 하드웨어 업체의 컴퓨터와 소프트웨어를 조합하여 사용할 수 있어 정보 시스템을 쉽게 확장할 수 있다.

① 시스템 핵심 부분 : 여러 가지 운영 시스템이나 데이터베이스 소프트웨어에 대응한 시스템 인터페이스를 가지고 있다.

② 사용자 인터페이스 : 단말기와 애플리케이션과의 대화형 부분을 제어하고 있다.

③ 통신 인터페이스 : EDI 등 다른 시스템과 데이터 교환을 제어하고 있다.

④ 프로그래밍 기술 : 독자적인 프로그래밍 언어, 대화 단계 처리, 데이터베이스의 저장 관리 등을 행한다.

6. 글로벌 대응 가능

글로벌 경쟁 시대에 있어서 다국적 기업은 글로벌한 통제 기능을 구비하여야만 한다. 예를 들어 미국에서 디자인을 생산은 동남아시아에서, 판매는 일본에서 전개한다면 Application은 당연히 글로벌한 대응의 필요가 있다. ERP 시스템은 어떤 특정 국가에 특정 기업의 표준 프로세스를 구현시켜 놓은 것이 아니라 각 사업별 유형에 따라 가장 모범적인 프로세스를 내장하고 있어 글로벌 대응이 가능하다.

① 다언어에 대한 대응 : 응용 소프트웨어에 로그인할 때 이용자의 상용 언어를 지정하면 다음 화면부터 안내, 도움말 등이 지정한 언어로 표시된다.

② 현지의 세제, 법적인 보고서에 대한 대응 : 현지 국가의 상법이나 세법에 따라 지정된 상각 계산이나 평가법을 사용하여 법제도에 대응한 보고서 내지 재무제표 작성이 가능하다.

③ 다양한 통화에 대한 대응 : 외화로 입력할 때는 환율 계산의 지정에 따라 현지 통화로 환산하여 기록된다.

④ 연결 회계에 대한 대응 : 국제회계기준(IAS)에 대응되는 계정 과목의 변환, 외화환산, 연결 회사 간 채권, 채무의 상쇄/소거 등을 하여 연결 재무제표를 작성할 수 있다.

⑤ 연결 관리 회계에 대한 대응 : 부문 회사에 대한 부문별 손익 계산서뿐만 아니라 그룹 회사 전체의 부문별 손익 계산서를 작성할 수 있다.

7. 비즈니스 프로세스 모델에 의한 리엔지니어링의 지원

ERP를 도입하는 기업은 "최적 비즈니스 실행용"에 의해 제공된 "비즈니스 프로세스 모델"을 이용해서 자사의 업무를 볼 수 있다. 이와 같이 자사의 업무 프로세스의 최적 비즈니스 실행용으로의 전환은 비즈니스 프로세스 리엔지니어링(BPR)을 실현한다.

ERP 도입의 성공은 현행 업무를 패키지에 맞춰서 변경시키고 있다. 자기 회사 고유의 기능을 개발하지 않고 해결하는 것이 가장 바람직스러운 형태이다.

① ERP 패키지에 관한 비즈니스 프로세스 모델 : 처리 프로세스, 처리 기능, 필요정보, 갱신 정보, 처리 권한자

② 원장형 통합 데이터베이스 : ERP의 업무 프로세스는 원장형 통합 데이터베이스라고 하는 중앙의 데이터베이스를 중간 매개로 기업 활동 전반에 걸쳐 통합되어 있다. 이는 정보의 일관성 유지 및 관리의 중복을 배제할 수 있다.

③ 데이터의 논리적 통합 : 중복시키지 않고 데이터를 보존

④ 데이터의 완전성 : 정보 발생원으로서 완전한 데이터를 입력

⑤ 데이터 간의 리얼타임 결합 : 총 계정 원장, 분개전표, 가불전표와 더불어 정산 전표와 같은 데이터들의 실시간 결합을 이루어야 한다. 리얼타임 결합에 따라 발생한 문제의 원인 규명에 도움을 주는 구조를 만든다.

⑥ 최종 사용자 전산(EUC ; End User Computing)이 가능 : 공개된 데이터베이스에 대해서 여러 가지 조건을 설정해 놓고 자유롭게 검색, 집계할 수 있다.

8. 경영자 정보(EIS : Executive Information System) 제공

ERP 시스템을 통하여 경영자들은 수시로 경영 상황을 점검하고 분석할 수 있게 된다. ERP 시스템에서는 제공되는 경영자 정보인 EIS를 통하여 경영자는 언제라도 원하는 정보를 검색할 수 있게 되어 있다. 기업 내에서 거래되고 발생되는 모든 활동은 기업 내에서만 그치는 것이 아니라 외부 기업체와의 연계가 필수적인 사항이라 할 수 있다. 외부와의 연계 업무 중 대표적인 것이 전자 문서 교환(EDI ; Electronics Data Interchange)이라 할 수 있다. ERP 시스템에서 EDI를 연계시킨다면 거래처와 주고받는 모든 문서가 EDI를 통해 접수됨과 동시에 자동적으로 ERP 시스템으로 연계되기 때문에 업무 처리의 신속성과 정확성, 표준화를 가질 수 있게 된다.

제4절 ERP 구성 모듈

1. 사용자 인터페이스(GUI : Graphical User Interface)

기업 시스템을 보다 발전시키고 사용에 따른 효과를 높이기 위해서는 실제 업무를 처리하는 실무자 외에도 기업의 관리자나 경영자들이 시스템에 대한 관심을 가지고 직접 사용하면서 개선 지침을 부여하는 것이 필요하다. 그러나 지금까지 기업 정보 시스템의 주요 문제는 문자를 중심으로 한 시스템 구성과 영어를 위주로 한 전산용어가 사용되었기 때문에 사용자가 쉽게 접근할 수 없었다. 이러한 상황에서 그래픽을 사용자 인터페이스로 이동하는 GUI 기술의 등장은 관리자나 경영자 외에도 기업 내의 모든 사용자가 쉽게 정보 시스템에 접근하는 계기를 마련해 주었다.

2. 4세대 언어, CASE(Computer Aided Software Engineering) Tool

갈수록 고도화되어 가고 있는 산업용 소프트웨어를 개발하는 데 있어 기존의 프로그램 개발방식으로 한계에 부딪치게 되면서 4세대 언어(4GL)라고 불리는 프로그램 언어들이 등장하게 되었다. 대표적인 4세대 언어는 Visual Basic, C++, Power builder, Delphi, Java 등이 있다. 이와 아울러 고기능성 산업용 소프트웨어를 개발하기 위한 별도의 방법론으로 등장한 것이 CASE(Computer Aided Software Engineering) Tool이라는 것인데, 이는 소프트웨어를 만드는 소프트웨어라고 할 수 있다. ERP 시스템은 소프트웨어 개발 측면에서뿐만 아니라 유지 · 보수 측면에서 유연성 있게 활용할 수 있는 이러한 4GL이나 CASE Tool을 기본으로 채택하고 있다.

3. 클라이언트 서버(Client Server Environment) 시스템

업무가 복잡해지고 빨라지는 등 경영 환경의 급변으로 새로운 시스템이 요구되는 상황에서 과거 중앙 집중식 환경 하에서는 일반 직원들이 사용하고 있는 터미널은 중앙의 주전산기로부터 얻어온 정보를 뿌려주는 단순한 단말기 역할만해서 더미(Dummy : 바보, 멍텅구리)라고 불렸다. 그러나 분산 처리 구조라고 불리는 클라이언트 서버 시스템이 도입되고, 지금 일반 직원들이 사용하는 클라이언트 PC는 기능이 강력해지면서 더 이상 Dummy가 아닌 똑똑한(Intelligent) 시스템으로 바뀌게 되었다. 또한 이러한 Client에게 새로운 역할을 주고, Server는 과거 중앙 집중식 방식과 같이 모든 것을 가질 필요가 없어지는 따라서 부하가 크게 줄어들게 되어 자원을 효율적으로 운영하고 관리할 수 있도록 해주었다. ERP 시스템 역시 웬만한 일은 대부분 Client 수준에서 처리를 하게 되는 클라이언트-서버에 기반을 둔 대표적인 분산 처리 형태에서 등장한 패키지라고 할 수 있다. 지금 거의 모든 ERP 패키지가 클라이언트-서버 구조를 채택하고 있다.

4. 전자 문서 교환(EDI: Electronic Data Interchange)

이제 모든 사람이 인터넷을 자유롭게 활용할 수 있는 시대이며 인터넷은 판매 및 구매를 비롯한 기업의 프로세스에 큰 영향을 미치고 있다. 인터넷을 이용한 데이터의 전송 및 교환 그리고 공유는 기업의 생존을 위한 선택이 아닌 필수라고 할 수 있는 것이다. 기업 간 또는 관공서와의 업무 처리 시 단순 데이터만으로는 내용의 전달이 불충분한 경우가 종종 발생하게 된다. 즉, 데이터를 표현하는 구조화된 표준 양식과 데이터의 교환이 필요한 것이다. 전자 문서 교환(EDI)은 사람의 간섭이나 데이터의 재입력 없이 데이터가 수신자의 컴퓨터에 자동으로 입력되어 처리되는 것을 목적으로 하고 있으며, ERP 시스템이 지향하는 기업 간의 정보 교환의 첨병 역할을 수행한다.

5. 의사 결정 지원(What-If Simulation)

매일 매일의 의사 결정뿐만 아니라 전략적 의사 결정은 최종적으로 사람에 의해 이루어지고 있다. 많은 정보를 관리하고 있는 ERP를 이용하여 이러한 의사 결정에 많은 도움을 얻을 수 있다. 기업에서 행하려고 하는 의사 결정의 결과를 원하는 형태로 미리 얻어 볼 수 있는 기능을 통하여 기업의 생산성 증대 및 이윤 극대화가 가능할 것이다.

6. 관계형 데이터베이스(RDBMS : Relational Data Base Management System)

거의 모든 ERP 시스템은 원장형 데이터베이스 구조를 채택하고 있다. 기존의 파일 시스템 구조로는 데이터의 독립성, 종속성이 문제가 있기 때문에 ERP와 같은 고기능성 산업용 소프트웨어에는 상용 RDBMS를 채택해야만 한다. 현재 ERP 시스템에서 돌아가고 있는 RDBMS는 Oracle, Informix, Sybase, SQL 등인데 RDBMS의 채택은 주로 운영환경(OS)과 하드웨어(H/W) 등 전체의 플랫폼에 의해 결정되고 있다.

7. 객체 지향 기술(OOT : Object Oriented Technology)

ERP 패키지 내의 각 모듈(프로세스)은 제각각 독립된 개체(Object)로서의 역할을 하게 된다. ERP 시스템은 이렇게 수많은 모듈들의 집합체이다. 각 모듈들과의 인터페이스를 통해 전체적으로 시스템의 효율성을 향상시킨다. 시스템이 업그레이드 되거나 기능이 추가 또는 삭제되는 경우에 객체 지향적으로 설계된 ERP 시스템은 전체를 건드릴 필요 없이 해당 모듈에 대한 교체만으로 시스템의 변경이 가능하다. 마치 레고블럭처럼 영업, 생산, 구매, 자재, 재고, 회계, 인사 등 각 모듈들을 서로 짜 맞추는 식으로 전체를 최적화시켜 나가면 되고, ERP 시스템이 구축된 이후에도 언제나 단위 모듈의 변경이 가능하다. 즉, 객체 지향 기술은 소프트웨어의 재사용성을 충분히 보장해주는 기반 기술이라고 할 수 있다.

8. 데이터 웨어하우스(Data Warehouse)

정보화 시대에 접어들면서 기업의 데이터는 기하급수적으로 늘어나고 있는 실정이다. 그러나 데이터가 기업의 가치 있는 정보로 활용되기 위해서는 각 기능에서 수집하고 보유한 원 데이터(Raw Data)에 대해 여러 각도에서 분류하고 결합하는 분석 과정을 거쳐야만 한다. 데이터 웨어하우스 개념은 기업의 각 기능이나 부문에서 가지고 있는 데이터를 사용자의 요구와 필요에 부합되도록 정보를 효율적으로 가공하여 테이블이나 각종 그래픽으로 분석하는 기술로 ERP 시스템에 적용되게 하였다.

9. 웹(Web) 기술

서로 연결되어 있는 네트워크들의 집합체로서 정보 고속도로를 형성하고 있는 인터넷은 빠르고 편리하고 쉬운 정보 교환을 위해 웹(Web)을 탄생시켰다. 누구라도 웹에 엑세스(Access)하여 세계의 정보를 자신의 책상이나 안방에서 쉽게 이용할 수 있는 기회를 가지게 된 것이다. 이러한 웹 기술은 기업 외부 근무나 출장이 잦은 사람도 쉽게 자기 기업의 정보 시스템에 접근하여 회사 업무를 처리할 수 있도록 해주고, 웹이 가능한 ERP 시스템을 탄생시켰다.

제5절 ERP 시스템의 주요 구성 및 기능

1. 인사 관리 모듈(HR : Human Resource)

인사 관리 모듈은 '사람'과 '조직'을 관리하는 모듈이며 모집, 채용, 배치, 이동, 평가 사정, 해고, 퇴직 등 인사의 일련의 흐름과 근태 관리, 육성 교육, 급여 계산(승격, 승진, 승급을 포함)등 인사 일반 업무를 포괄적으로 지원한다.

2. 판매 관리 모듈(SD : Sales and Distribution)

판매 관리 모듈은 기업의 영업 활동에서 수주 업무, 출하 업무, 대금 청구 업무까지 처리하는 모듈이다. 수주 관리는 개별고객의 품목 정보와 가격정보 등의 데이터를 미리 설정함으로써 판매 업무에 필요한 많은 정보를 간단히 등록할 수 있도록 고안되었다. 영업 활동 데이터와 실수주 데이터는 판매 분석 시스템으로 대표되는 로지스틱스 정보 분석에서 여러 각도로 분석할 수 있으며 판매 부문만이 아니라 제조 부문, 구매 부문, 연구 개발 부문에도 실시간으로 정보를 제공할 수 있다. 재무 회계 모듈은 기업 경영 활동 성과를 기록 · 보고 · 분석하기 위한 회계 시스템이다. 관리 회계 모듈은 장기적인 고수익 지향의 기업 경영에 필요한 경영 관리 업무와 관리자의 의사 결정을 지원하는 모듈로 간접비 관리, 수익성 분석, 관리의 세 가지로 대별된다. 자산 관리 모듈은 기업의 "고정 자산 관리"를 지원하기 위한 모듈이며 고정 자산 회계, 투자 관리, 설비 자산 관리의 세 가지 서브모듈로 구성된다.

3. 재고 · 구매 관리 모듈(MM : Material Management)

재고 · 구매 관리 모듈은 구매 업무와 재고 관리 업무로 크게 나누어진다. 구매 관리는 구매 요청에서 시작하여 구입처의 견적, 구입처 선정, 구매 발주, 구매품 입고, 청구서 조회라는 흐름 중에서 사내 승인, 복수 구입처 관리 등 기업에 필요한 기능을 지원한다. 재고 관리는 재고 자산의 입출고를 총괄하며 수량 관리의 관점에서 로지스틱스 관련 모듈의 중심에 위치하고, 평가 관점에서 회계 모듈과 긴밀성이 강한 모듈이다.

4. 생산 계획 · 관리 모듈(PP : Product Planning)

생산 계획 · 관리 모듈은 생산 계획과 생산 관리로 대별된다. 생산 계획에서는 판매 계획의 중 · 장기 판매량을 토대로 이를 달성하는데 필요한 개괄 생산 계획을 작성한다. 생산 관리는 생산지 시설 관리를 기초로 하여 설계되어있다. 재고의 입출고 처리는 재고 · 구매 관리에서, 원가 처리는 관리 회계에서 이루어진다.

5. 품질 관리 모듈(QM : Quality Management)

제조 판매에서 중요시 되는 품질 관리에 관한 업무를 포괄적으로 지원하기 위한 여러 기능으로 모듈이 구성되어 있다. 이 모듈은 공급망(Supply Chain)의 각 기능인 구매, 재고, 제조, 출하, 원가 등 각 시스템과 연동되고 방침에 입각한 계획 작성에서 일상 업무 및 관리 업무, 각종 분석까지 일련의 흐름을 포괄한다.

6. 경영 정보 관리

최고 경영자의 비구조적인 의사 결정 모델을 지원하며, 최고 경영자가 필요로 하는 정보의 기업 내부뿐만 아니라 외부에 존재하는 자료도 포함되므로 요약된 형태의 자료 제공이 대부분을 차지하는데 이에 대한 해답을 제시한다.

제6절 ERP 성과

1. ERP 도입

ERP 시스템은 단지 패키지만 구입하기만 하면 내일부터 당장 사용할 수 있는 그러한 시스템은 아니다. ERP 시스템 도입을 성공적으로 이끌기 위해선 상당한 사전 준비를 하여야 하며, 구체적으로 극복하여야 할 과제도 많다. 이러한 사전 준비 및 과제가 많다고 하여 ERP 시스템 도입을 미룬다면 결과적으로 경쟁에 뒤지고 말 것이다. ERP 도입을 성공적으로 이끌기 위해 사용자들이 고려하여야 할 요소들은 전략적 도입, 적합한 패키지 선정, 적용 방법론, 의식 개혁의 공유, 기술적 요소, 팀 구성 요소, 변화 관리 등이다.

가. 전략적 도입

ERP 시스템 도입은 현재 업무의 단순한 전산화가 아니라 기업의 경쟁력을 높이기 위한 전략적 도구로서 도입되어져야 한다. ERP 시스템 도입에 있어서 가장 중요한 점의 하나는 도입 목적을 명확히 하여야 한다는 것이다. 일부 기업들은 '경쟁 기업이 도입했기 때문에', '유행이기 때문에', '정보 시스템 도입을 위해' 라는 이유만으로 시스템 도입을 결정하는 경우도 종종 있다. 일부 기업들의 경우 스스로는 도입 목적이라고 생각하고 있지만 실제로 구축 수단을 이야기하고 있는 경우도 종종 있다. 예를 들어 ERP 시스템의 도입 목적으로 다운사이징이라든가 개발 기간의 단축을 예로 드는 기업이 있는데 이는 단지 구축 수단에 불과할 뿐이라는 것을 명심하여야 한다.

현장의 협력을 얻기 위해선 리드타임(Lead Rime)의 감축, 고객 만족, 재고감축과 같은 명확한 도입 목적을 제시하여야 한다. ERP 도입 및 구축 시 보통 세 형태의 컨설턴트 즉, 프로세스 컨설턴트, ERP 모듈 컨설턴트, ERP 전략 컨설턴트 등을 필요로 한다. 프로세스 컨설턴트란 현업 담당자로서 기업의 현재 업무 프로세스를 가장 잘 알고 있는 사람을 말한다. ERP 모듈 컨설턴트란 EPP 시스템의 일부 기능에 정통하여 기업의 프로세스에 맞게 ERP 패키지를 적용해 줄 수 있는 사람을 말한다.

ERP 전략 컨설턴트란 ERP 도입과 업무 개혁을 동시에 추진하는 일을 이끌 수 있는 경영 컨설턴트를 말한다. ERP 시스템의 전략적 도입을 위해 가장 필요한 컨설턴트가 ERP 전략 컨설턴트인데 현실적으로 가장 부족한, 모셔오기 힘든 컨설턴트라 할 수 있다. ERP 전략 컨설턴트는 기업의 목표 및 전략뿐만 아니라 기업의 모든 기능들 간의 상호 관계, ERP 시스템의 모듈 간의 통합 개념을 이해하고 있는 경험 많은 전문 컨설턴트이다.

나. 적합한 패키지의 선정

ERP 패키지는 크게 두 가지로 대별되는데, 첫째는 커스터마이징이 쉬운 패키지이고, 둘째는 커스터마이징이 어려운 논커스터마이징(Non-Customizing) 패키지이다. 커스터마이징형 패키지란 패키지 자체를 기업의 업무에 맞게 수정이 용이한 패키지를 말한다. 예를 들면 Baan IV 같은 ERP 패키지가 이러한 형태에 해당한다.

논커스터마이징 패키지란 패키지 자체의 수정이 힘들기 때문에 가능하면 기업의 업무를 패키지에 맞게 변경시켜야 하는 패키지를 말한다. 예를 들면 SAP R/3와 같은 패키지가 여기에 해당된다.

다. 적용 방법론

ERP 시스템 적용 방법론은 크게 네 가지로 분류된다. 첫째, 현재의 프로세스를 변화 없이 그대로 적용하는 것이다. 현재의 업무를 단순히 전산화하는 것이므로 사용자들의 교육을 최소화할 수 있고 업무 변경에 대한 위험을 최소화할 수 있다. 반면 ERP 패키지의 많은 수정을 필요로 하며, 패키지 도입의 효과를 기대하기가 어렵다. 이 방법은 기존 정보 시스템 구축과 별 차이가 없으므로 바람직한 적용 방법론이라 할 수 없다.

둘째, 리엔지니어링 후 ERP 패키지를 적용한다. 이 방법은 현업의 요구 사항과 목표를 정확하게 정의함으로써 기업이 얻고자 하는 바를 성취할 수 있다. 반면 리엔지니어링의 결과가 ERP 패키지의 기능과 일치하지 않을 경우 ERP 패키지의 수정이 많을 수 있으며, 어떠한 경우에는 리엔지니어링의 결과를 재조정하는 경우가 발생할 수 있다.

셋째, 리엔지니어링과 ERP 적용을 병행해 나가는 것이다. 이러한 적용 방법론은 리엔지니어링과 ERP 적용이 잘 연계될 경우 높은 효과를 낼 수 있다. 반면 일반적으로 프로젝트 기간이 길어지게 되며 높은 비용이 발생한다. 보통 리엔지니어링을 잘 수행할 수 있는 대기업에서 많이 취하고 있는 적용 방법론이다.

넷째, ERP 패키지를 그대로 적용하는 것이다. 이 방법론은 단시간 내에 가시적인 효과를 낼 수 있으므로 비용을 절감할 수 있으며, 선진기업의 최적 실행(Best Practices)을 그대로 도입하는 효과를 기대할 수 있다. 반면 패키지 선정에 따라 리엔지니어링의 효과가 다를 수 있다. 보통 리엔지니어링을 수행할 인력이 부족한 중 · 소기업에 적합한 방법론이라 할 수 있다.

라. 의식 개혁의 공유

기업이 리엔지니어링을 착수하는 시기는 '기업이 절망적인 상황에 빠졌을 때' 혹은 '기업의 미래에 끝이 보이기 시작했을 때' 이다. 위기의식을 공유하고 명확한 도입 목적이 현업에 전달될 때 ERP 시스템 도입의 성공 확률이 높아진다. ERP 패키지 도입 시 주요 요점 중의 하나는 기업의 업무를 ERP 패키지에 맞춰 나가는 것인데, 이러한 경우 현장의 저항은 각오하여야 한다. 사람은 누구나 기본적으로 자신의 현재 업무에 대한 변화를 싫어한다. ERP 시스템을 도입하다 보면 일부 사람들은 자신들이 설 자리를 읽게 될지도 모른다고 생각한다. 이러한 사람들의 변화에 대한 두려움 및 반발을 무마하여 성공적으로 ERP 시스템을 도입하기 위해선 교육과 훈련을 통해 위기 의식을 공유하는 것이 반드시 필요하다.

마. 기술적 요소

ERP 시스템을 도입하기 위해선 클라이언트-서버, 네트워크 및 인터넷과 같은 새로운 정보 기술이 필요한데 아직까지 많은 정보 기술자들이 주전산기(메인 프레임)에 익숙해져 있기 때문에 이러한 새로운 정보 기술에 정통한 전문가들이 많지 않다. 새로운 정보 기술 구조 하에서 다음과 같은 문제들이 발생할 수 있다.

① 사용자 측면에서 충분한 응답 성능을 확보할 수 없는 경우가 있다.

② 시스템의 안정성 · 신뢰성 확보가 어려우며, 보안 대책이 확실히 되어 있지 않다.

③ 장애가 발생한 경우 정확한 구별이 어렵다.

그러므로 성공적으로 ERP 시스템을 도입하기 위해선 이러한 기술적 요소들도 사전에 고려되어져야 한다.

바. 팀 구성 요소

ERP 시스템 적용 프로젝트 수행 시 가장 중요한 점의 하나는 프로젝트 리더로서 최고 경영자를 끌어들여야 한다는 것이다. ERP 시스템의 목적은 기업 전체 업무의 통합을 통한 효율성 증대에 있지만 업무 통합 시 조직 간의 알력이 심화되는 경향이 있으므로 최고 경영자만이 이러한 문제를 해결할 수 있기 때문이다.

최고 경영자는 또한 팀원들에게 위기 의식 및 동기부여를 제공하여야 한다. 그리고 프로젝트 팀 구성원은 정보 시스템 개발자들이 주체가 아니라 현장 주체로 개혁 성향이 있는 부서의 최고 엘리트로 구성되어져야 한다. 특히 ERP 시스템 도입을 통해 업무 개혁을 추진하기 위해서는 기업의 경영 과제와 현장 업무의 이해가 전제 조건이 되며, 또한 현장의 저항을 해소하기 위해선 현장 업무에 정통한 현장 중심으로 프로젝트를 수행하여야 한다. 마지막으로 팀 구성 요소 중의 하나는 외부 컨설턴트의 활용이다. ERP 시스템은 상당히 복잡한 시스템이기 때문에 현업 주체로만 프로젝트를 수행하기는 매우 힘들므로 ERP 패키지에 정통한 컨설턴트를 활용하여 프로젝트 기간과 비용을 줄일 수 있다. 또한 내부의 의견 대립이 심할 경우 중도적인 입장에서 시시비비를 가려줄 경영 컨설턴트들도 프로젝트 팀에 포함되어져야 할지도 모른다.

사. 변화 관리

변화 관리란 ERP 시스템 도입을 통해 통합된 프로세스를 갖게 되면, 그 통합된 프로세스에 맞게 조직이나 문화를 혁신하고 사원들의 자질을 향상시키는 활동을 말한다. ERP 시스템 도입과 병행해 변화 관리가 이루어지지 않으면, 새로운 시스템은 원활히 작동하지 않을 것이고 도입 비용만 소비해 ERP 패키지 도입을 통해 얻고자 하는 이득을 얻지 못할 것이다. 특히 ERP 시스템은 기업의 전체 업무를 다루기 때문에 기존 시스템에서 ERP 시스템으로의 변경 시 조직, 업무, 사고 및 문화의 변화가 수반되는데, 이러한 변화를 적극적으로 관리해 주는 것이 ERP 시스템 도입 시 성공의 열쇠이다. 이러한 변화 관리를 성취하기 위해선 교육 및 훈련을 통해 ERP 시스템 도입의 당위성을 사원들에게 인식시키고 ERP 시스템 도입을 통해 기업의 업무를 혁신적으로 개선하지 못하면, 앞으로 기업이 생존하기 어렵다는 것을 알려 적극적으로 동참을 유도하여야 할 것이다.

2. ERP 시스템의 효과

산업자원부가 2001년 10월 말부터 11월 중순까지 3주일간 ERP를 도입 · 활용 중인 124개 국내 중소기업에 대한 조사를 거쳐 11월 20일 발표한 「중소기업의 ERP 도입 효과 분석」 자료에 따르면 도입 전에 비하여 고객 납기 응답 기간이 10.5일(평균)에서 6.6일로 36.8%만큼 짧아졌다. 또한 재고 보유 기간이 35.9일분에서 20.4일분으로 43.3%, 월차 마감 기간이 16.2일에서 5.6일로 65.5%가 단축되고, 종업원 1인 당 매출액은 2.0억 원에서 2.7억 원으로 34.3%가 증가하였으며, 업종이나 기업 규모에 관계없이 모두 큰 효과를 본 것으로 나타났다.

가. ERP 도입 효과 (도입 전 대비)

구분	고객 납기 응답 기간	재고 보유 기간	월차 마감 기간	1인당 매출액
단축 기간	4일	15일	11일	69백만원
증감 률	37% 감소	43% 감소	66% 감소	34% 증가

나. 업종별 ERP 도입 효과 (도입 전 대비)

구분	고객 납기 응답 기간	재고 보유 기간	월차 마감 기간	1인당 매출액
정보 통신	−42.2%	−42.9%	−66.7%	−66.7%
자동차 부	−35.4%	−60.7%	−61.0%	+21.4%
전기 전자	−31.6%	−39.8%	−64.6%	+41.9%
기계 금속	−57.7%	−47.8%	−69.4%	+28.1%
석유 화학	−46.5%	−49.7%	−67.0%	+22.9%
기 타	−38.8%	−41.6%	−68.5%	+26.7%

다. 기업 규모별 ERP 도입 효과 (도입 전 대비)

구분	고객 납기 응답 기간	재고 보유 기간	월차 마감 기간	1인당 매출액
50명 미만	−52.6%	−44.8%	−65.4%	+34.6%
50~100명	−84.7%	−49.1%	−65.0%	+26.4%
100~200명	−40.4%	−40.1%	−62.3%	+29.3%
200명 이상	−20.6%	−35.2%	−73.6%	+56.1%

3. ERP 시스템 도입의 문제점

ERP는 1990년대 초반에 경영 혁신의 방법으로 등장한 리엔지니어링 혹은 BPR을 지원할 수 있는 강력한 정보 기술로서 자리를 잡고 있다. 하지만, 기업에서 ERP를 도입함에 있어서는 다음과 같은 문제들이 제기되고 있다.

첫째, 많은 기업들이 ERP는 패키지이므로 곧바로 사용할 수 있을 것으로 생각하지만, ERP 시스템을 도입하는 데 엄청난 시간과 재정이 소요된다. 일반적으로 ERP를 도입함에 있어서 많은 기능을 자사의 환경에 맞추어야 하므로 최소한 6개월에서 2년 정도의 시간이 소요되며, 현재 전 세계적으로 ERP 컨설턴트의 공급 부족, 자체 인력의 교육 · 훈련 비용, 업무 전환으로 인한 부대 활동 등으로 상당한 비용이 소요된다는 것이다.

둘째, ERP 시스템이 오픈되어 있기 때문에 기업의 회계 상태가 전산망에 상당 부문 그대로 노출되는 문제가 있다.

셋째, ERP 시스템을 가동함으로 인하여 생산성이 대폭 향상되고 이로 인하여 인원감축을 초래하여, 고용 안정을 해칠 수도 있다는 것이다.

넷째, ERP 시스템을 구축함에 있어서는 도입한 ERP 패키지를 기업의 환경에 맞게 수정하고 자료의 표준화 및 기업 재구축 등에 소요되는 리엔지니어링 비용 혹은 컨설팅 비용이 구입 비용보다 더 많이 소요되고 있다. 현재 ERP 구축 프로젝트에서 실제 패키지 자체가 갖는 비중은 전체의 20~30%를 차지하고 있는 것으로 분석된다. 나머지는 실제 구축 작업에 소요되는 컨설팅과 유지 보수가 차지하는 것으로 조사되고 있다.

다섯째, 국내 기업에서의 수요에 비하여 한국형 ERP 패키지의 개발이 부족한 실정이며, 대부분 국내 기업이 외국 패키지에 의존하고 있다는 것이다. 이로 인하여 서로 다른 기업 환경과 상거래 관행을 갖고 있는 외국 패키지를 무분별하게 도입할 경우에 경영 기술의 종속화가 우려된다는 것이다. 즉, 대부분의 ERP 패키지는 국외의 경영 환경에서 가장 표준적이며 합리적인 현업을 모델로 개발되어 있으며, ERP를 현장에 적용할 때 기본적인 접근 방법은 현업의 업무를 ERP의 프로세스에 맞게 재설계하도록 되어 있다는 것이다.

여섯째, ERP 업체들은 우선 시장의 선도자가 되기 위하여 양적인 사이트의 확보에 지나치게 치중한 나머지 성공적인 사례가 별로 없다는 문제가 있다.

ERP 왜 실패하나?

상용화 패키지를 이용한 ERP 시스템 구축에 있어 100% 실패란 매우 드물다. 패키지가 보유한 기능을 활용할 경우, 기업에서 요구하는 기능에 얼마만큼 대응이 가능한 시스템을 구축했는가의 문제이기 때문이다. 따라서 ERP의 실패는 기업의 요구 사항에 대비하여 몇 퍼센트를 해결했는지를 따져야 할 문제인 것이다. 기업에서 상용화 패키지를 이용하여 ERP 시스템을 구축하였는데 실패했다고 판단하는 것은 다음과 같은 경우이다.

① 기능 부족 ② 자질 부족 ③ 사용자 능력 부족 ④ 기업의 관심 부족

그리고 패키지에 의한 ERP 제품 구현은 이미 만들어진 제품을 기업에 맞게 조정하여 사용하는 경우가 되기 때문에, 자체 개발 방식에서 나타날 수 있는 개발 시스템의 불안정이나 성능 문제는 피할 수가 없다. 따라서 상용화 패키지에 의한 ERP 구축 시의 성공과 실패는 제품이 보유한 기능을 기업의 업무 환경에 얼마만큼 잘 적용하는지에 대한 요인, 시스템 공급자와 기업 양쪽에서 참여하는 인력의 자질, 사용자 입장에서 ERP 시스템을 충분히 이해하고 사용할 수 있는 반복적인 교육·훈련이 좌우하며, 항상 거론되는 기업 최고 경영자의 관심과 구성원의 이해가 추가 요인이 된다.

4. ERP 구축 성공 전략

ERP 시스템 구축을 완료한 기업을 대상으로 조사한 결과에 의하면 시스템 구축 이후 나타나는 불만의 많은 부분이 사용자의 시스템 사용 미숙에 따른 오해와 현업 사용자가 요구하는 업무에 대응하지 못한 경우가 대부분 이었다. 결국 ERP 구축을 성공하기 위해서는 다음의 것들이 요구될 수 있다.

① 자사에 맞는 패키지를 선정할 것

기업에서는 우선 도입 목적과 범위를 명확히 설정하고 현황 분석을 통해 도출된 요구 사항을 바탕으로 패키지를 신중하게 선택해야 한다.

② 경영전략 및 비전을 명확히 할 것

구체적인 목표 없이는 어떠한 결과도 기대할 수 없다. 목표가 명확해야 목표 달성을 위한 의지가 생기는 것이다.

③ CEO가 확고한 의지 가질 것

CEO는 ERP 도입 결정 과정에서 주도적인 역할을 했듯이 구축 과정에서도 선봉장이 되어 새로운 시스템에 대한 이해와 적응에 노력해야 한다.

④ 단기간의 효과 위주로 구현하지 말 것

ERP는 단순히 정보를 쉽게 조회하거나 업무 처리를 간편하게 하는 것이 아니다.

전사적 차원에서의 통합을 의미하는 것인 만큼 단기간에 이루어지는 것이 아니다.

⑤ 현업 중심의 프로젝트가 진행되도록 할 것

결국 ERP 시스템으로 업무를 수행하게 되는 주체는 현업에 있는 직원이다. 이러한 현업에서 ERP 시스템을 제대로 이해하지 못하고 데이터를 입력할 때부터 부정확한 정보를 다루게 된다면 큰 문제를 가져오게 된다.

⑥ 사용자의 편의성과 효과적 운영을 고려할 것

사용자가 자신이 사용할 시스템에 만족하지 않을 경우 시스템의 성공에는 매우 불리하게 작용하게 된다. 특히 국내 사용자는 서식에 민감하여 결재 처리 등과 같은 업무 관행을 중요시 할 수밖에 없는 상황에 있는 만큼 이를 최대한 반영한 패키지를 선택하고 커스터마이징할 수 있도록 하는 것이 중요하다.

⑦ 경험 있고 유능한 컨설턴트를 활용할 것

ERP 프로젝트에 있어서 컨설턴트들의 역할이 중요하기 때문에 리스크를 최소화시킬 수 있는 방법 가운데 하나는 유사 업종에 구축 경험이 많은 컨설턴트를 활용하는 것이다.

⑧ 통합의 관점을 잊지 말 것

한 두 가지의 모듈만을 도입하는 기업이든 전체 모듈을 도입하는 기업이든 반드시 가져야 할 준비 자세는 업무 시스템의 개발보다는 전사적 관점에서의 통합성을 반드시 고려하여 도입하여야 할 것이다.

⑨ 가시적 성과를 거둘 수 있는 부분에 역량을 모을 것

피부로 느낄 수 있는 프로젝트 추진 일정을 수립하여 경영진들이 피부로 느낄 수 있는 성과와 업무를 추진해 나가는 것이 필요하다.

⑩ 변화 관리 기법을 동원할 것

ERP 시스템을 구축해나가는 과정에는 어떠한 프로젝트보다도 대단히 많은 변혁이 요구되고 있다. ERP 시스템의 구축은 점진적인 개선이 아니라 전면적으로 근본적이고 급진적인 혁신이 필요한 특성을 갖고 있다.

제7절 ERP 시스템 도입 사례

1. 델리회사

델리는 '카레 전문점'으로의 최고만을 고집하는 창업주의 경영 이념에 입각하여 양질의 엄선된 재료만을 사용하며, 일급 주방장의 노하우와 정성이 담긴 음식, 고객 제일주의의 서비스 정신을 바탕으로 고객 취향에 맞는 편안하고 세련된 실내인테리어 등 세심한 경영을 하고 있다.

가. 현황

서울 압구정동의 본점을 중심으로 서울 시내 및 분당, 일산 지역에 총 11개의 매장을 운영하고 있으며 연간 판매 매출액은 100억 원, 총 종업원 수는 정규 사원 121명, 아르바이트 사원 30여 명에 이르는 프랜차이즈 사업 확장을 계획 중인 대형 레스토랑 업체이다.

나. ERP Blueprint 및 도입 시 장점

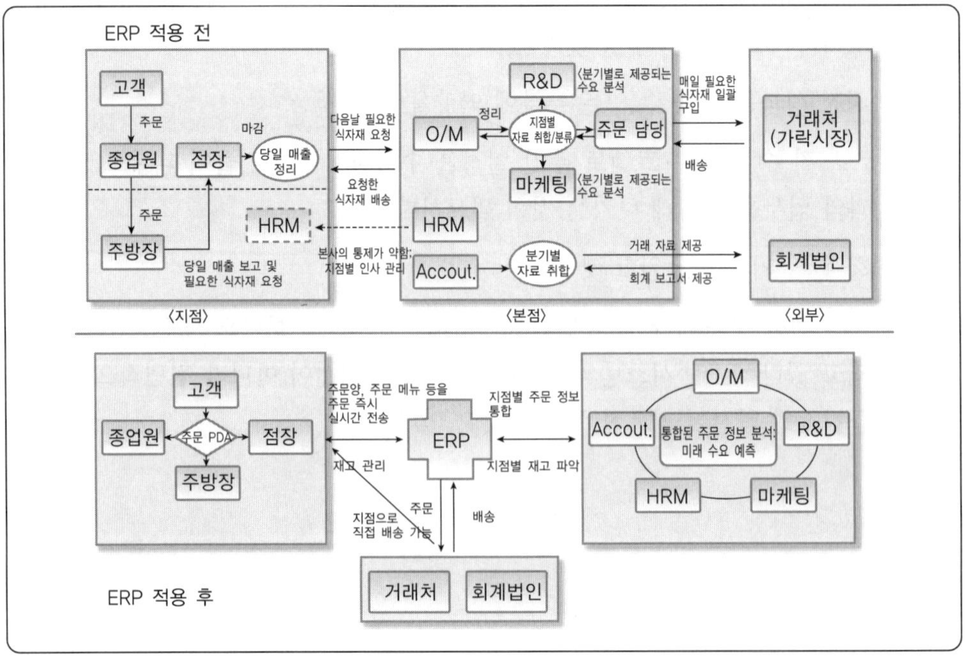

(1) 생산 관리

① 적용 전

- 영업 마감 1시간 전. 저녁 9시 각 매장에서 영업 마감 후 매출/보유 재고 파악 후 본점에 보고(1시간)
- 본점에서 다음날 필요한 재료의 종류와 양을 정리(1시간)
- 50여 군데 거래처에 일일이 전화, 팩스로 주문(20분)
- 다음날 새벽 4시, 가락시장 각 거래처에서 재료 수령, 대금 지불 및 주문 재료 확인(2시간)
- 본점 이송, 매장별 재료 분류 및 운송(4시간)

② 적용 後

- 손님이 음식 주문 시 실시간으로 중앙 시스템에 전해짐
- 영업 마감 시 지점에서 본사로 특이 사항 보고(특별히 많이 필요한 재고 등)
- 중앙 시스템이 다음날 필요한 재료 측정, 각 거래처에 전자 통보
- 다음날 새벽 4시, 가락시장 매장별 운송
  (확인 절차가 필요 없음 - RFID 탑재 시) - 2시간

(2) 회계

① 적용 전

- 지점 별 회계 자료를 중앙에서 일일이 통합
- 3, 4일에 한번 씩 회계사 사무실에 장부 배송

② 적용 후

회계 정보가 실시간으로 각 지점에서 회계사 사무실로 전해짐

(3) 인사 관리

① 적용 전

비정형화. 지점별 적용 기준도 다르고 인사 보고도 대부분 점장의 말에 의존, 사장이 독단적으로 판단.

② 적용 후

정형화된 서식에 따른 주기적인 인사 성과 보고. 적용 기준 동일화.

(4) 마케팅

① 적용 전

계절에 따른 메뉴 변경 외에 별다른 사항 없음.

② 적용 후

매출 발생 시 같이 주문되는 메뉴에 대한 통계 등 매출 성향을 쉽게 파악해 마케팅 전략 수립 가능.

(5) 연구 개발(R&D)

① 적용 전

사장의 아이디어 혹은 주방의 임의로 개발 시도. 새로운 메뉴 개발시 업무 차질.

② 적용 후

- 모든 종업원의 의견 수렴 가능. 고객 의견 웹을 통해 수렴. 마케팅과 같이 매출 성향 수렴.
- 새로운 메뉴 개발로 새로운 재료나 업무의 process 발생 시 이를 쉽게 기존 시스템에 적용 가능.

2. 주식회사 잉크테크

주식회사 잉크테크는 1992년 6월 전량 수입에 의존하고 있었던 전자산업용 잉크 제품 제조를 목적으로 설립되었으며, 국내에 처음 프린터 소모품의 리필(Refill) 개념을 도입했습니다. "21세기 최고의 경쟁력을 갖춘 전산 소모품 전문 기업"을 모토로 연구 개발 중심의 기업으로 성장해 왔으며, 잉크젯 관련 사업 분야를 바탕으로 '잉크젯 활용 기술의 세계적인 선도 기업' 을 비전으로 수립, 회사의 역량을 집중하고 있다.

가. ERP 도입 배경

1998년 말 IMF 외환 위기 여파가 가장 극에 달했던 이 시절, 외환위기 이전 대부분의 잉크젯프린터 사용자들은 리필잉크와 대체카트리지보다 가격이 비싸더라도 새 카트리지를 선호했지만, 외환 위기를 겪으면서 다국적 기업의 값비싼 새 잉크카트리지 대신 가격이 저렴하고 외화 낭비도 없는 리필잉크에 관심을 갖기 시작하면서 (주)잉크테크의 1998년 매출액이 전년 대비 102% 증가하였고, 종업원 수 또한 97년 30명에서 98년 60명으로 1년 사이 두 배 규모로 성장하였다. 매출액과 조직 규모가 커지자 그 동안 아무런 불편 없이 사용해 오던 단위 업무의 전산프로그램 및 수작업 처리에 한계를 느끼게 되었다.

사실 1997년에 인터넷 연결이 가능한 1인 1 네트워크 PC 사무환경을 갖추고, 재무 회계 등 단위 업무를 전산화하여 사용할 정도로 정보화가 비교적 잘 구축되어 있는 편이었지만 급변하는 환경에 능동적으로 대처하고 경쟁력 있는 시스템을 구축하기에는 역부족이었다. 조직이 확대되고 기업 규모가 커지게 되자 (주)잉크테크는 생산, 판매, 재고 등 회사의 모든 자원을 실시간으로 한눈에 파악할 수 있는 통합 정보 시스템이 필요하였다. 효율적인 업무 처리와 조직 관리 및 비공식적으로 발생하는 업무를 공식적인 업무 체계로 전환시켜 손에 잡히는 경영을 위해 ERP 시스템을 도입하게 되었다.

〈ERP 도입 배경〉

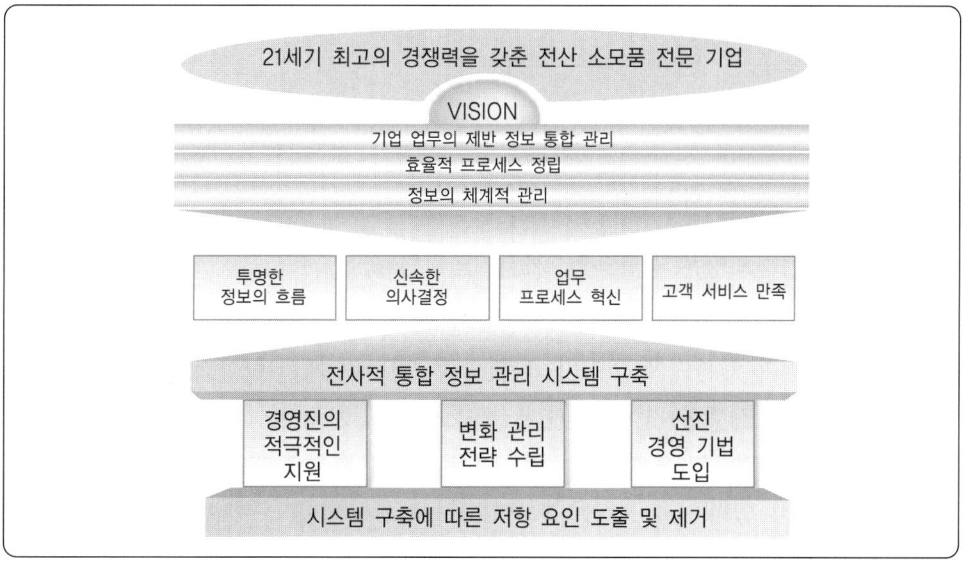

나. ERP 도입 후 첫 실패

실패 요인은 다음과 같은 것들로 요약할 수 있었다.

▶ CEO만의 의지만으로 철저한 준비 없이 무턱대고 시작
▶ 직원 교육 등 사전 준비 부족
▶ ERP 추진을 위한 실무 Team 미구성

잉크테크의 ERP 시스템은 2001년 5월 처음 가동에 들어갔다. 그런데 6개월 동안 정성들여 구축한 시스템은 제대로 돌아가기는 커녕 업무에 심각한 혼란을 가져왔다. 개발사는 방법론에 따라 시스템을 구축할 것을 제안했지만 실무 부서는 기존 업무 관행에 맞춰 시스템을 구축해 달라고 요구, 혼선을 부채질했다. 1억여 원이라는 순수 개발비에 내부 인력 투입, 그리고 시스템이 제대로 가동되지 않음으로써 발생한 자원 낭비 등 무형의 비용까지 더하면 손실이 엄청났다. CEO의 강력한 의지만 있었지 명확한 방향성이 설정되지 않아 초래된 일들이었다. 결국 가동 6개월 만에 ERP 프로젝트를 중단해야 했다. 다음은 실패 당시의 주요 언론 기사이다.

※ 디지털 타임스 2003-09-01※

『잉크테크=92년 설립된 잉크 리필 전문업체인 잉크테크는 한 차례 전사적 자원관리(ERP) 도입에 실패한 뒤 재도전해 성공한 사례. 이 회사 관계자는 "사전 계획이 부족했고, ERP에 대한 체계적인 이해도 없이 무작정 진행하는 바람에 막상 시스템을 구축한 후 사용하기가 어려웠다"고 첫 시도가 실패한 원인을 솔직히 털어놓았다.』

다. ERP 도입 성공 전략

① 첫 번째 성공요인은 경영자의 확고한 의지였다.

비록 첫 시도는 실패했지만 도입의 필요성과 목적 의식이 뚜렷했기 때문에 다시 도전할 수 있었고, 일관되게 추진할 수 있었다. 명확한 개선 방향과 전략 목표 설정이 성공의 열쇠로 작용한 것이다. ERP S/W 선정 시 가격 등 다른 측면보다 설정된 목표를 가장 효과적으로 달성할 수 있는가를 최우선적으로 고려한 것도 이러한 맥락에서 해석할 수 있다.

② 두 번째, 전 직원의 관심과 공감대 형성 및 적극적인 참여가 성공적인 시스템을 만들어냈다. 전사적인 참여 없이 경영진과 몇몇 직원만으로는 도입할 수 없는 것이 ERP 시스템이라는 것을 누구보다 잘 알고 있었기 때문에 직원의 관심과 참여를 이끌어 내기 위한 일을 우선 추진하였다. 전 직원을 대상으로 이 새로운 시스템이 우리에게 왜 필요한 것인지, 어떻게 해야 하는지, 무엇을 해야 하는지를 함께 공유하고 고민하기 위한 교육, 워크샵, 정보화전략 회의 등 다양한 행사를 개최하였다.

③ 세 번째는 잘 구성된 프로젝트 추진 팀과 이들의 활동이었다.

구심점 역할을 담당할 2개의 프로젝트 추진 팀(T/F Team)을 구성하였다. 하나는 전략 조직 T/F Team으로 의사 결정, 부서 간의 협조, 현장과 ERP 시스템과 경영진과의 매개체 역할이 원활하게 이루어지도록 구성하였다. 또 다른 하나는 실무 T/F Team으로 해당업무 2년 이상의 사원 급으로 구성하여 비교적 회사 업무도 잘 알면서 컴퓨터와 정보화에 대한 개념을 이해하고 있는 컴퓨터 세대로 구성하여 회사의 업무와 ERP 시스템이 잘 연계될 수 있도록 하였다. 이러한 두 개의 전담 조직은 패키지 업체와 업무 협력이 원활하게 추진될 수 있도록 매개체 역할을 훌륭히 수행해 냈다. 또한 주 1회 주간 업무 보고 및 월 1회 월간 추진 실적 보고를 통해 경영진과의 공감대를 형성하는 임무를 수행하기도 하였다.

라. ERP 도입 성과

ERP 시스템을 구축하여 구체적으로 어떤 경영 성과가 나타나는지를 정확히 측정하기 어렵지만 가장 큰 효과는 생산부터 판매, 회계, 인사 등 전 부문이 실시간으로 조회, 계산, 출력, 업무 처리가 가능해졌다는 것이다. 또한 자료의 신뢰성과 일관성이 유지되어 누가 어디서 자료를 조회하더라도 정확한 데이터를 산출할 수 있어 부서 간의 수치 확인 등 불필요한 업무가 줄어 업무의 생산성이 높아졌다.

또한 투명 경영, 손에 잡히는 경영이 가능해졌다. 영업 사원의 경우 예전에는 고객과 상담을 할 경우 현재 재고를 우선 파악하고 고객이 주문하는 수량을 원하는 며칠 안에 납품할 수 있는지를 계산하는 일도 까다롭고 시간이 많이 걸렸다. 현재 남아 있는 원 · 재료 현황과 생산 대기 중인 주문 물량을 파악하고 나서 가동 가능한 설비와 인력 등을 감안해서 납기 가능일과 수량을 계산하는데 많은 시간이 걸려 고객 상담과 영업에 많은 차질을 빚었지만 ERP 시스템을 활용하고 난 후 간단한 컴퓨터 조작 몇 번만으로도 이 모든 것이 가능해진 것이다. 마지막으로는 원 · 재료, 제품의 재고가 줄어들어 자금 운용이 원활해졌다.

〈ERP 도입 전 · 후 주요 업무처리기간 비교〉

업무	도입 효과		업무	도입 효과	
	도입 전	도입 후		도입 전	도입 후
인사 자료 작성	1일	2시간	급여 계산	3일	1일
급여 자료 가공	1일	3시간	전표 마감	10~15일	2일
월 결 산	15~20일	5일	실적 관리	개인 PC 관리	시스템 통합 관리
수불 마감	3~4일	1일	기준 정보	개인 PC 관리	시스템 통합 관리

현재 정보 시스템은 완전 자동화된 것이 아니다. 생산량, 판매량 등을 사람이 입력해 주어야 하기 때문이다. 하지만 이것마저도 필요 없는 시스템 구축을 준비 중이다. 무인카메라가 실시간으로 생산수량을 파악하여 자료를 컴퓨터에 입력하고, 물류 · 유통 정보화를 통해 판매 · 재고 또한 자동으로 파악되는 시스템이다. 이처럼 많은 기업들은 보다 신속하고 정확한 그리고 업무의 단순화를 위한 시스템들을 필요로 한다. ERP는 이러한 수요들과 함께 새로운 흐름을 만들어 낼 것이다. 사례로 제시한 (주)잉크테크는 먼저 실패를 알았기 때문에 성공하기 위한 길을 더 빨리 찾아냈을 수도 있다.

요 약

ERP는 Enterprise Resource Planning의 약자로 우리말로는 전사적 자원 관리로 불리어지고 있다. ERP는 기업 내의 모든 활동을 위해 사용되어지는 모든 인적자원과 물적 자원을 효율적으로 관리하여 궁극적으로 기업 경쟁력을 강화시켜 주는 역할을 하게 되는 통합정보 시스템이라고 할 수 있다.

ERP는 기존의 전통적인 시스템의 업무 프로세스를 통합적으로 운영 관리해 주며, 각종 정보의 공유와 새로운 정보의 생성, 올바른 의사 결정을 도와주는 전사적 통합 정보 시스템으로 정의되며, 또한 각종 경영 자원을 하나의 통합적인 체계로 재구축함으로써 생산성을 극대화하고 대외 경쟁력을 높이면서 대표적으로 기업 리엔지니어링을 추구하는 전사적 자원 관리 기법이라 할 수 있다. ERP는 생산 및 생산 관리 업무는 물론 설계, 재무, 회계, 영업, 인사 등의 순수 관리 부문과 경영지원의 기능을 포함하고 있다. 더욱이 ERP는 이들 모든 업무에 고객회사 또는 하청업체 등 공급업체에 대한 최적의 의사 결정을 내려줌으로써 업무 효율성을 극대화시켜 준다. 이러한 ERP는 새로운 정보 기술의 대폭적인 수용 및 적용으로 Application의 개발과 유지 관리 및 사용자의 편이성을 향상시켰고, 급변하는 경영 환경에 대응하기 위한 추가적인 기능들을 많이 반영하여 오늘의 모습을 갖추게 되었다.

주요용어

프로세스	커스터마이징	ERP 시스템 모듈	BPR
ERP	Extended ERP	MRP	MRPII

연습문제

1. ERP(enterprise resource planning)란 무엇인가?
2. ERP 패키지의 시스템 구조에 관해서 설명하여라.
3. ERP 시스템 모듈 중 물류 시스템 모듈에 대해 설명하여라.
4. ERP 도입과 고려할 점에 대해 설명하여라.

CHAPTER 6

제 06 장 공급망 관리(SCM)

제1절 SCM 바로 알기

1. 공급망 관리(SCM ; Supply Chain Management) 정의

SCM이란 제조-물류-소매점에 이르는 유통망 관리를 말한다. SC(Supply Chain)란 원재료에서부터 최종 고객에 이르기까지 생산과 공급의 전 과정에 포함되는 각각의 요소들을 연결하는 망(chain)을 의미하는 것으로 사용되고 있다. SCM은 생산에서 최종 판매에 이르기까지 상품 정보 그리고 자금의 흐름을 공유해 불필요한 시간과 경비를 제거하는 데 목적을 두고 있다. 소비자의 실제 수요에 보다 잘 응답할 수 있는 유통 공급망을 만들기 위한 기업 간 BPR의 일종이라고 할 수 있다.

공급 경로의 개념이 처음 도입되었을 때, 기업들은 수직적인 통합을 하려고 하였다. 이는 기업들이 공급망 전체에 대한 통제력을 행사하고 망 내 각 요소들을 소유함으로써 자사에서 기대하는 이점과 효율성을 극대화하려는 의도였다. 그러나 SCM 전략은 수직 통합으로 얻을 수 있는 대부분의 이점이 망 내 독립 기업들 간 물류 활동의 조화를 통해서만 얻을 수 있다는 생각을 가지게 되면서 비로소 전략으로 자리잡고 있다. 따라서 제조 · 물류 · 유통업체 등 유통 과정과 관련된 모든 업체가 공동으로 데이터베이스를 구축함으로써 재고를 최적화하고 납기를 줄이는 전략을 말한다. 이를 통해 제반 비용을 줄이고 가격 인하를 통해 소비자 만족을 극대화할 수 있다.

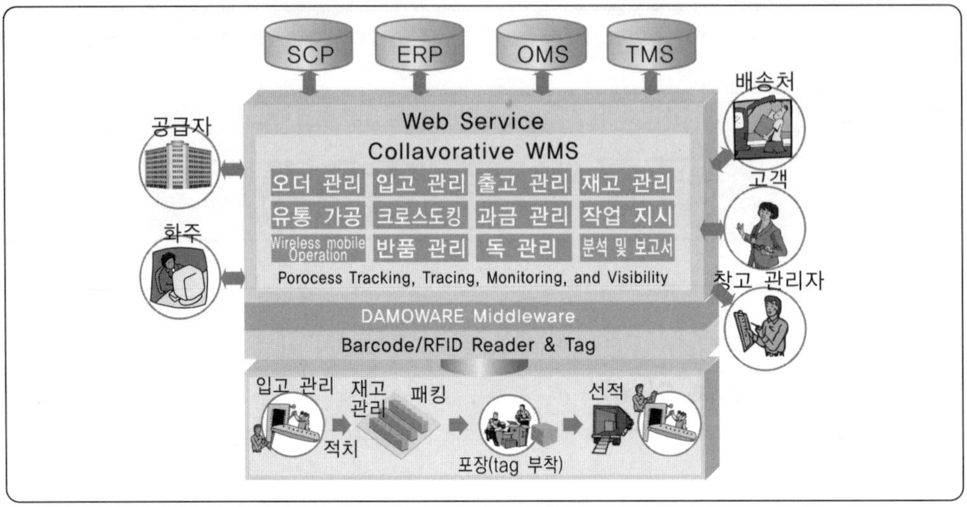

[그림 6-1] SCM 구성도

2. SCM 개념

SCM은 크게 계획 부문(SCP; Supply Chain Planning)과 그에 따른 실행 부문(SCE; Supply Chain Execution)으로 나눌 수 있다. 또한 SRM[1](Supply Relationship Management) 또는 CRM[2](Customer Relationship Management)과 CPFR[3](Collaborative Planning Forecasting & Replenishment)도 SCM을 구성하는 한 부분으로 공급 사슬 상에 참여하고 있는 기업 및 고객에 대한 연계를 지원하기 위한 것이다. 여기서 중요한 것은 SCM은 시스템이 아니라 관리 기법이라는 것이다. SCM은 생산 및 공급 지역 그리고 고객 시장이 글로벌화되고 개별 경쟁에서 공급망 간 경쟁으로 변화되어감에 따라 그에 대응하는 공급망 전체의 관점에서 각 참여 기업들의 역할 및 연계를 지원하기 위한 관리 방안이다. 대기업이든 중소기업이든 SCM을 안 하고 있는 업체는 없다. 다만 규모가 작은 업체는 별도의 솔루션 및 지원

1) 공급자 관계 관리 SRM은 기존의 e-Procurement 개념에 전략적 소싱과 협업 기능을 강화시킨 솔루션이다. 즉, SRM은 기업이 수익성을 올리는데 필요한 공급 업체와 협력 관계를 유지하기 위한 원칙을 정하고 이를 성공적으로 이행할 수 있게 해준다. SRM은 기업이 수익 창출을 위해 제품 공급 업체를 어떻게 관리해야 하는가를 제시해주는 솔루션이며, 협력사의 제품 공급 현황은 물론, 수요 예측 및 재고 관리를 효율적으로 처리할 수 있다는 점에서 CRM(Customer Relationship Management)이나 SCM과 구별된다.

2) 고객과 관련된 기업의 내 · 외부 자료를 분석, 통합하여 고객 특성에 기초한 마케팅 활동을 계획하고, 지원하며, 평가하는 과정이다. 고객 데이터의 세분화를 실시하여 신규 고객 획득, 우수 고객 유지, 고객 가치 증진, 잠재고객 활성화, 평생 고객화와 같은 사이클을 통하여 고객을 적극적으로 관리하고 유도하며 고객의 가치를 극대화시킬 수 있는 전략을 통하여 마케팅을 실시한다.

3) 기업이 거래처와의 협력을 통해 상품 계획과 예측을 하고 상품을 보충하는 것이다. 즉, 수요 예측과 재고 보충을 위한 공동 사업을 말한다.

시스템이 없이 그 작업이 가능하다. 따라서 한 장의 스프레드시트에 모든 흐름을 정리할 수 있는데 솔루션을 별도로 구축할 필요가 없다.

다시 본론으로 들어와서 SCM은 전략, 전술, 실행의 각 레벨에 대해 수요, 생산, 자재, 수 · 배송, 회수의 각 부문에 대한 계획과 실행 그리고 모니터링의 역할을 수행하게 된다. SCE는 크게 주문 관리, 창고 관리, 수 · 배송 관리로 나눌 수 있는데, SCM 상에서 창고 관리(WM; Warehouse Management)는 공급사슬 상의 각 자재 및 제품에 대한 정보(특성, 위치, 수량, 수요 등)를 효율적으로 관리하기 위한 것이라 말할 수 있다. 이 데이터를 근간으로 SCM에서는 전체 공급사슬 상의 계획을 수립하고 이를 기준으로 각 지역별 계획이 수립된다. 그리고 난 후 실행을 통해 각 창고(생산 공장, 유통센터, 판매처)의 데이터가 변경 · 관리되어지고 이를 통해 다시 계획이 수립된다. 창고 관리가 SCM에서 어느 정도 비중을 차지하고 있다는 표현보다는 창고 관리 정보의 정확도에 따라 SCM의 효과가 결정된다고 말할 수 있겠다. 일반적으로 SCM의 도입효과를 말할 때 가장 먼저 제시하는 것이 재고의 감소이다. 이는 창고 관리의 정확한 정보를 통해야만 가능한 것으로, 이를 통해 전체 공급망상의 안전재고 및 기회비용의 발생을 줄일 수 있다. 점차 창고 관리는 자동화되고 있으며 RFID[4]의 확산에

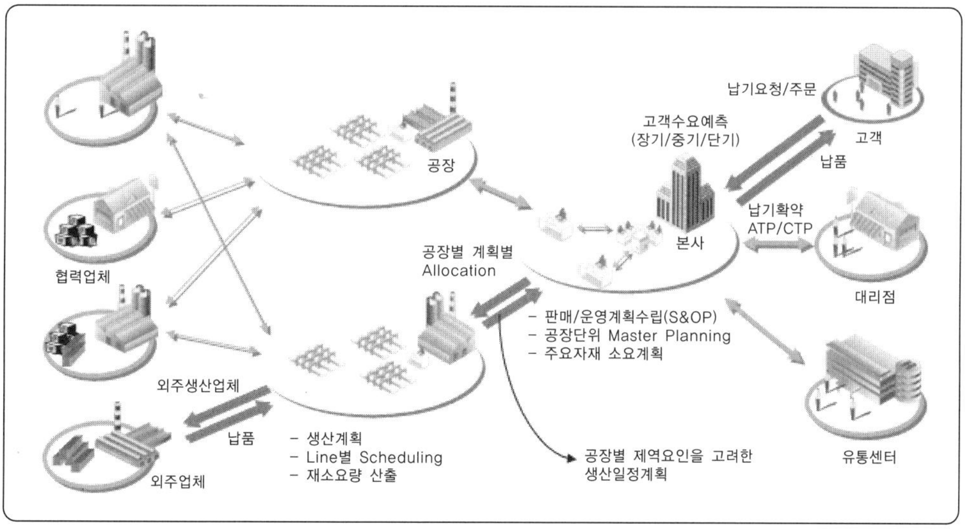

[그림 6-2] SCM 개념도
(출처 : http://scm.korcham.net/)

4) 각종 물품에 소형 칩을 부착해 사물의 정보와 주변 환경 정보를 무선주파수로 전송하도록 하는 비접촉식 인식 시스템이다. 1980년대부터 등장한 이 시스템은 DSRC(dedicated short range communication : 전용 근거리 통신) 또는 무선 식별 시스템이라고도 한다.

따라 그 데이터의 신속성과 정확도가 높아짐에 따라 SCM의 대응속도 및 계획 · 실행 차이에 따른 비용 발생도 최소화될 수 있을 것이라 생각된다.

3. SCM 필요 배경

제조업체들은 종래에 라인, 공장, 또는 기업 내의 생산성 향상, 리드타임 단축, 원가 절감, 품질 제고를 위한 합리화 및 리엔지니어링, 기업 통합 및 정보화, 자동화 및 컴퓨터통합생산(CIM) 구축 등에 노력해왔다. 그러나 최근에는 제조 단계 외부의 가치사슬 또는 공급망 관리를 더 중요하게 인식하게 되는 경향이 있다. 그 이유는 다음과 같다.

첫째, 부가가치의 60~70%가 제조과정 외부의 공급 사슬 상에서 발생한다. 미국의 경우 제조업의 물류비용은 업종에 따라 10~15%에 이른다. 일반적으로 고객이 주문 후 납품까지의 주문 사이클 타임 중에서 순수 제조 소요 기간보다 공급 사슬 상에서 소요되는 시간이 훨씬 길다. 제조업체들이 공장자동화나 CIM 구축을 위해 막대한 투자를 하고 있으나 고객 만족 효과는 주문 처리, 물류 관리, 구매 조달 등에서 개선의 여지가 더욱 크며 적은 규모의 투자로 개선이 가능하다.

둘째, 부품 및 기자재 공급의 납기 및 품질의 불확실성과 수요 및 주문의 납기, 수량 등의 불확실성을 제조업체 내에서 수동적으로 흡수하여, 생산 계획을 편성하고 재고를 관리하여 리드타임을 단축하고 재고 및 반제품을 감축하는 데에는 한계가 있다. 따라서 최근에는 이러한 외부로부터의 변동을 낮은 비용의 정보를 활용하여 감소시키는 적극적인 방안을 강구하게 되었다.

셋째, 일반적으로 채찍효과(Bullwhip Effect)라고 알려져 있는 정보 전달의 지연 및 왜곡 확대 현상에 의해 공급망의 가장 마지막 단계인 소매단계의 고객으로부터의 주문 및 수요 행태의 변동에 관한 정보가 도매상, 지역 유통 센터 등의 공급망을 거슬러 전달되는 과정에서 지연 및 왜곡이 누적되어 납기 지연, 결품, 과잉 재고 등의 문제가 발생한다. 특히, 시장 및 제품 정보가 확산되어 경쟁이 격화되고 가격할인 및 판촉 활동 등의 공격적 마케팅 전략이 구사됨에 따라 고객 및 유통 업체들의 행태가 종래보다 더욱 동태적으로 변화하게 되어 불확실성 전파 및 정보 왜곡 효과가 더욱 증폭되고 있다. 따라서 공급망상의 정보 공유 및 전달, 상호 협력 및 조정이 중요한 과제로 부각되고 있다.

넷째, 생산, 부품 조달 및 구매, 보관 및 물류, 운송, 판매 및 유통 등의 기업 활동이 글로벌화 됨에 따라 공급망상의 리드타임이 길어지고 불확실해졌다. 또한, 부품 조달 비용, 인건비, 금융 비용, 생산성, 운송 및 물류 비용 등의 국가별 지역별 편차, 관세 및 환율과 수출입관련 법규의 국가별 차이, 지역별 제품사양의 차이 등을 감안해야 하고 물류가 복잡하게 되었다. 이에 따라 글로벌한 공급망 및 물류의 합리적인 계획 및 관리와 조정 통제가 중요하게 되었다. 어떤 주문을 언제 어디서 어떻게 얼마나 만들고 어떻게 유통, 운송하고 부품 조달을 어떻게 할 것인가에 대한 계획 및 의사결정, 실행 및 추적의 문제가 부각되고 있다.

다섯째, 종래의 표준화된 제품을 대량 생산하여 고객에게 밀어내던 방식에서 탈피하여 고객의 다양한 요구에 맞추어 제조, 납품해야 하는 Mass Customization이 보편화되고 있다. 특히, 글로벌화에 따라 지역별 국가별 제품 사양(전압, 폰트 등)이 더욱 다양하게 되었다. 이러한 Mass Customization에 따라 로지스틱스 대상 품목이 많아지고 재고 및 물류 관리가 복잡해지며 주문 관리, 생산 계획, 정보 관리 및 추적 관리가 복잡해진다. 동시에 리드타임이 길어지고 불확실해지며 재고가 증가하고 주문 충족도가 악화되는 등 공급망의 효율이 급속히 저하되게 되었다. 이에 따라 공급망 관리의 중요성이 부각되게 되었다.

여섯째, 기업 간의 경쟁이 치열해짐에 따라 원가 및 납기의 개선이 시급하게 되었다. 특히, 고객 지향, 고객 만족, 시장 요구에 대한 적응을 위해 공급망의 혁신 요구가 증대되고 있다. 더구나, HP, Digital, Dell, Walmart, 미국 섬유산업, 식료품업계, 의료제품업계, 자동차업계 등에서의 최근의 공급망 관리 성공 사례들이 공급망 관리 기법의 확산을 촉진하고 있다.

끝으로, 최근 전사적 자원 관리(ERP) 등에 의해 기업 내 프로세스가 정보화, 통합되고 전자 문서 교환(EDI), Internet 및 WEB, 전자상거래 등의 기술이 급속히 발전되고 있다. 이에 따라, 공급망 간의 정보 공유 및 전달 과정을 혁신하고 공급망 간의 프로세스를 적극적으로 통합할 수 있게 됨에 따라 관련 개념 및 기법의 보급이 확산되고 있다.

공급망 관리를 위해서는 공급망 관련 프로세스 및 제품 설계를 혁신하는 공급망 리엔지니어링, 공급망상의 업체 간 전략적 제휴, 공급망 관리를 위한 조직의 개선, 공급망 간의 정보 공유 및 프로세스 통합, 공급망 네트워크의 전략적 설계, 공급망 계획 및 관리 시스템 구축 등의 방안이 있다. 이들 각 방안들은 대개 공급망상의 부서 및 업체 간에 정확한 정보를 신속하게 전달 · 공유하고, 구매 조달, 운송 및 보관,

유통 및 판매 등의 업무 프로세스를 네트워크 및 정보 기술에 의해 통합하는 작업을 수반한다. 따라서 공급망 관리 및 통합을 위한 새로운 시스템 통합(SI) 사업 기회가 창출되고 있다.

기업 환경의 변화

▶경쟁 우위 전략의 변화
기업의 핵심 역량을 경쟁 우위 요소로 집중화(비핵심 부분은 아웃소싱 전략 활용 가능)

▶산업의 글로벌화
· 고객의 제품 구입 채널: Single → Multiple
· 시장 형태: 단일 국가 → 다 국가

▶최적화 활동으로의 전환
· 과거: 각 단일 기능의 최적화
· 현재: 전체 최적화를 우선 고려 단일 기능의 최적화 추구

공급사슬상의 문제

▶정보 흐름의 문제:
· 비효율적인 정보 시스템의 사용
· 기능/조직 간의 커뮤니케이션 장벽

▶프로세스 설계의 문제:
복잡한 네트워크 및 비효율적인 프로세스

▶프로세스 운영상의 문제:
· 조직 간의 장벽
· 단순한 재고 정책
· 비효율적인 유통 구조

정보 기술의 발전

▶업무 지원 시스템의 발전
· ERP 등

▶인터넷/인트라넷의 발전
인터넷을 활용한 다양한 애플리케이션 개발로 업무의 신속화 및 효율화 가능(CALS/EC, EDI, EDMS, PDM 등)

▶H/W, S/W 기술의 발전
· 서버, DB, 운영 체제 등의 발전
· 저비용 고효율의 하드웨어 도입 가능

[그림 6-3] SCM의 등장 배경
(출처 : http://scm.korcham.net/)

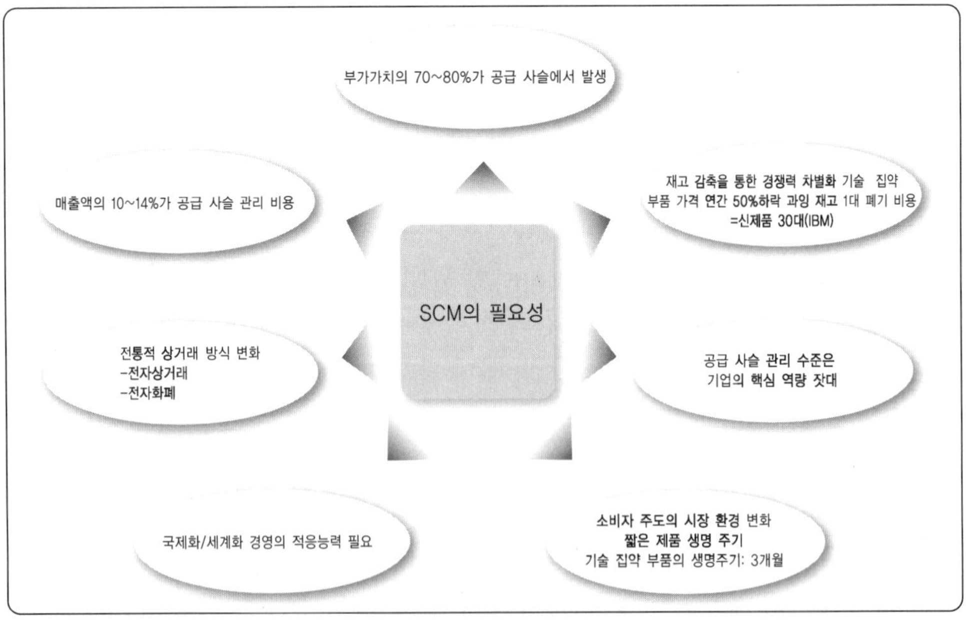

[그림 6-4] SCM의 필요성
(출처 : http://scm.korcham.net/)

4. SCM을 통한 기대 효과

SCM은 글로벌화된 비즈니스 경쟁을 위한 기본 조건으로 자리 매김하고 있다. SCM의 효과는 이미 잘 알려진 것과 같이 과다 · 과소 재고의 위험을 없애고 매장의 재고를 효율적으로 유지하도록 해줌으로써 재고 비용 및 그와 관련된 창고, 인원 등의 여러 가지 관리 비용 절감과 업무 프로세스 단축 등의 효과를 기대할 수 있다. 또한 주문 정확도가 향상되며 그에 따라 안정적인 제품 공급과 정확도 높은 생산 계획이 가능해져 원가 절감은 물론, 최종적으로 소비자에게 양질의 상품 및 서비스를 제공할 수 있게 됨으로써 경쟁 우위를 지킬 수 있도록 해준다.

가. 재고 감소

SCM의 기본 사상은 공급망 전체를 보고 계획하고 실천하는 것이다. 따라서 재고 관리 측면에서 생산, 유통, 판매를 위한 정보가 적시에 제공되기 때문에 공급망 내에서 원자재 및 제품의 흐름이 적정 수준으로 원활하게 운영될 수 있다. 이는 각 업체들이 공급망 내의 자사에 해당하는 부분을 단절되고 독립적인 것으로 생각하여 각각 자기의 계획에 따라 상품의 흐름을 파악하면서 그에 필요한 안전 재고를 확보하던 것을, 자사의 부분을 연결된 공급망의 일부분으로 고려함으로써 재고 수준을 현저하게 줄일 수 있게 됨을 의미한다. 이는 자사에 안전 재고가 없더라도 필요한 때에 틀림없이 필요한 상품이 필요한 만큼 필요한 곳에 공급된다는 확신이 있을 때 더욱 확고해진다.

나. 업무 절차의 간소화로 인한 업무 처리 시간 단축

SCM은 공급망 내 모든 프로세스들 사이에서 유기적인 통합을 기반으로 수행된다. 그렇기 때문에 효과적인 SCM 운영을 할 경우의 업무 절차 및 처리 시간은 공급망 내 각각의 프로세스들이 개별적으로 업무절차를 수립하여 수행하는 것에 비해 상당히 간결하며 짧다. 그 이유는 각각의 프로세스가 독립적으로 업무 절차를 수립한 후 수행하는 경우에는 공급망 내 다른 프로세스를 고려하지 않았기 때문에 사후에 업무 절차를 수정하는 작업이 불가피하기 때문이다. 결과적으로 업무 처리의 지연은 곧바로 납기에 대한 고객 불만족으로 이어진다. 이러한 SCM운영으로 인한 업무 처리 시간의 단축은 다양한 정보 기술의 발달에 따라 가속화될 것이다.

다. 안정된 공급

SCM을 운영함으로써 상호 신뢰 관계를 형성하고 장기적인 비즈니스 협력자로서 우호적인 제휴 관계를 구축하여 안정적인 거래를 확보할 수 있다. 그로 인해 구매자는 좋은 구매 가격으로 더욱 좋은 품질의 필요한 상품을 공급받을 수 있고, 공급자 또한 장기적인 구매자를 확보하는 것으로 안정적인 생산활동을 벌일 수 있다. 또한 생산 원가를 절감하면서 공급 상품의 수급조절을 개선하고, 더 좋은 가격으로 공급하면서도 사업수익성을 개선하는 등의 효익이 발생한다. 결과적으로 구매자와 공급자 사이에 윈-윈(Win-Win) 전략이 구축될 수 있는 것이다.

라. 자금 흐름 개선

자사가 보유하는 재고 수준이 현저하게 감소하게 되며 그 재고를 유지하기 위한 공간, 관리 인력 등이 동시에 감소하게 된다. 따라서 재고 상품을 구매하기 위한 자금과 재고 유지 비용이 대폭 줄어들게 되어 상당한 자금 여유가 생기게 된다. 이러한 자금은 일회성이 아니고 계속적인 것이므로 결과적으로 기업의 이익에 크게 기여하게 된다.

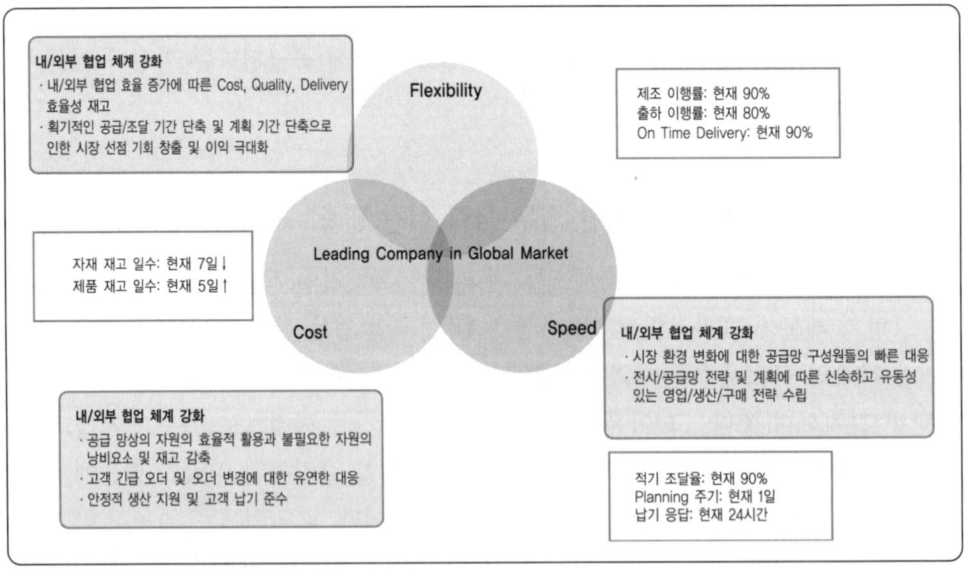

[그림 6-5] SCM의 효과
(출처 : http://scm.korcham.net/)

마. 이익 증가

SCM의 전략적 제휴에 의한 상품 및 서비스의 호혜적인 가격 적용은 직접적으로 원가에 반영되어 가격 경쟁력과 이익에 직접 기여하게 된다. 또 재고 자산의 감소로 인해 그 재고의 구매 및 관리유지에 소요되는 비용이 절감되어 자금 흐름과 이익에 크게 공헌하게 된다. 아울러 사무 절차의 간소화 및 정보 공유에 의한 사무 혁신을 통해 얻어지는 사무비 절감은 회사 이익에 크게 공헌할 뿐만 아니라 회사의 글로벌 경쟁력 강화에도 큰 기여를 하게 된다.

5. SCM의 공통적인 기반

SCM 구현을 위하여 시도되는 각종 사례는 대부분의 경우 가장 기본적인 기능을 갖춘다는 점에서 두 가지 공통적 기반을 가지고 있게 된다.

가. 첨단 기술을 이용한 새로운 물류 시스템 구축이다. 즉, 전자상거래(EC) 환경이라 할 수 있다.

(1) 전자상거래 환경

전자상거래의 기본은 전자 문서 교환이며 여기에 전자메일, 전자게시판 등이 부가되어 사용되고 있다. 최근에는 전자 카달로그, 전자 대금 결제 등의 부가적인 애플리케이션이 추가되어 이용 범위가 더욱 확대되고 있다.

(2) 전자 문서 교환

비즈니스 상거래 시 모든 정보는 실 자료이며 돈과 직결된 내용이기 때문에 정보 교환의 보안 유지는 필수적이며 가장 중요한 과제이다. 이러한 보안 문제를 완벽하게 해결, 종이 문서보다 훨씬 안전하게 정보를 주고받게 하는 것이 전자 문서 교환(EDI)이다. EDI에는 두 파트너 간의 사전 약속에 의한 상호 인증과 확인을 통한 거래 파트너 보안과, 인증된 두 파트너 간에 주고받는 정보를 국제 표준인 UN/EDIFACT 등의 규정에 따라 표준화하고 암호화하여 파트너와 정보의 두 가지 보안이 완벽하게 보장된다. 이를 통하여 각종 문서, 즉 상품 주문서, 주문 수락서, 지불 확인서 등을 주고받음으로써 업무의 처리 시간을 대폭 단축하고 인력을 절감할 수 있다.

(3) 전자메일 · 전자게시판(E-mail/BBS)

상거래는 상거래 문서 이외에도 많은 커뮤니케이션과 정보의 교환이 필요한데, 이러한 요구를 전자적으로 해결하는 것이 전자메일과 전자게시판이다. 전자메일은 두 파트너 간에 비즈니스 상담이나 상품정보 등 보안이 필요한 일반 정보를 주고 받을 수 있으며, 전자게시판에서는 다수의 파트너를 대상으로 상품 광고나 공지 사항 등을 제공하여 커뮤니케이션 효율을 높여준다.

(4) 전자 카달로그(Electronic Catalog)

기존 종이에 인쇄된 상품 카달로그를 대체하는 것으로 상품 사진이나 각종 사양 등을 그대로 전자적으로 기록해 데이터베이스화하여 제공하는 것이다. 제작기간과 비용을 대폭 절감할 수 있으며, 신제품 출시나 제품 사양이 변경됐을 경우 전체 카달로그를 다시 제작하던 번거로움을 피할 수 있다. 추가 비용 없이 간단한 상품 추가 및 수정으로 항상 최신의 상품 정보를 제공할 수 있다.

(5) 전자 대금 결제(Electronic Payment)

거래에서 발생하는 자금 흐름을 전자적으로 처리하는 것으로, 전자상거래 환경에서는 물품이 납품되고 검수되면, 사전에 약정된 지불 조건(품질, 수량, 납기, 지불기일 등)을 확인하여 거래된 정보에 의해서 자동적으로 은행에 지불 요구를 전송하여 공급자 구좌에 입금되고, 그 내역이 공급자에게 통보되는 시스템이다. 이를 통해서 종래의 서류 작업에서 공급자별 분류 · 집계, 수표 및 어음 발행, 우송 · 직접 전달 등에 소요되는 노력과 인력을 절감할 수 있다.

(6) 서류 없는 거래(Invoiceless Trading)

전자상거래 환경에서는 상품 주문 시 필요한 정보를 입력하면, 이 정보는 거래 상대방과 거래 정보에 대한 보안이 갖춰진 정보 통신망을 이용해서 그대로 공급자에게 전달된다. 정보를 재입력하지 않고도 자동적으로 공급자 시스템에서 처리된다. 상품이 준비되면 공급자는 주어진 주문 번호에 의해 수신한 주문 정보를 납품 통보 형태로 주문자에게 전송한다. 이러한 납품 정보는 추가적인 작업 없이 그대로 주문자 정보 시스템에서 처리되어 전자결제에까지 연결되어 지불 업무까지 완결된다.

(7) 사전 선적 통보(Advanced Shipping Notice)

구매자가 구매 주문서를 전자적으로 송신하면 공급자는 이 주문서에 의하여 상품을 생산 또는 조달하여 납품하게 된다. 납품 전에 납품에 대한 구체적인 정보를 미리 구매자에게 통보하여 구매자가 입고 계획(인원 · 장비, 배치, 운송 등)을 마련하도록 하여 납품에 소요되는 시간을 단축하고 효율을 올리게 한다. 이때 통보되는 정보는 주문 번호, 납품 일시 · 시간, 상품, 수량, 포장 단위, 운송 차량 등 구체적인 정보이므로 구매자는 입고 절차를 효과적으로 수행할 수 있다.

나. {전체 공급망 상품 거래 파트너 } + {각종 서비스 제공자} = {영구적인 탁월성을 갖는 물류 체계}를 만드는 것이다. 이 전자상거래 환경의 여러 기능을 이용해서 공급자 주도의 재고 관리, 사전 납품 통보, 표준 코드, 바코드 등의 앞선 기법을 도입하여 전 공급망을 차별화시켜 우수성을 달성할 수 있다.

(1) QR(Quick Response)

QR은 소매업자와 공급자가 긴밀히 협력하여 소비자의 구매 패턴에 맞게 상품 공급주기를 개선하는 것이다. 즉 상품에 대한 판매 정보를 수집하여 공급망의 참여자들이 공유, 필요한 상품을 필요한 시기에 공급하는 것이다. 이를 통해 상품의 주문과 납품 주기를 단축하여 상품의 품절을 예방해서 가동률을 높이고 판매를 늘릴 수 있다.

(2) AR(Automatic Replenishment, Profile Replenishment)

AR은 공급자의 역할이 좀 더 확장된 개념으로 QR이나 CR은 판매 실적에 따른 상품의 보충이지만, AR에서는 공급자가 좀 더 적극적으로 그들이 가진 상품에 대한 지식과 경험을 토대로 장래의 수요 예측에도 참여하는 것이다. 이렇게 하면 공급자가 더 많은 책임을 가지게 되어, 특히 회전율이 빠른 상품에 대한 소매업자의 단품 판매 관리나 재고 관리의 부담을 덜어주게 되고 그에 따른 비용을 줄여 주게 된다. 공급자는 공급망의 상품 흐름을 잘 파악할 수 있어 상품 공급의 효율을 높일 수 있다.

(3) CR(Continuous Replenishment) VMI(Vendor Managed Inventory)

이것은 QR이 발전되고 개선된 개념으로 구매자로부터 공급 주문이 없이도 공급자가 소매업자의 재고를 계속적으로 보충하여 줄 수 있도록 공급망에 유연성과 효율성을 더해 주는 것이다. 즉 공급자는 구매자로부터 매일 소매점 판매 정보나 물류센터 출하 정보를 통신망을 통해 수신해서 필요한 상품을 공급하고, 구매자는 이렇게 공급된 물량을 구매하는 것으로 합의하는 것이다. 이를 위해서는 두 가지 기본 요건이 갖추어져야 한다. 하나는 공급자와 구매자 간에 정보, 특히 사전 납품 통보를 주고받을 수 있는 효과적인 정보 통신망이 있어야 하고 또 하나는 판매 물량이 운송의 경제성을 얻을 수 있을 만큼 충분하여야 한다.

(4) JIT(Just-in-Time)

JIT는 주로 생산 공장에서 많이 활용하는 기법으로 생산 계획에 따라 생산에 필요한 원재료나 부품을 필요한 시간에, 필요한 공정에, 필요한 수량만큼 공급하여 생산 공정상의 재고를 최소화하는 것이다. 이러한 노력은 더욱 발전해 공정상의 재고 제로화 또는 무재고 생산을 지향하고 있다. 최근에는 JIT의 개념을 더욱 확장하여 원재료 수요를 계획하는 단계부터 공동으로 협력하여 더욱 효율을 높이려는 JIT Ⅱ가 소개되어 시도되고 있다.

6. SCM의 성공 요소

한 조직 내에서 새로운 시도를 할 때에는 많은 저항과 무관심 등 장애에 부딪쳐 그 시도가 좌절되는 경우도 허다하다. 하물며 서로 다른 조직 간에 하나의 목표를 위하여 뜻을 같이 하고, 하나와 같이 움직인다는 것은 매우 어려운 일이다. SCM을 성공적으로 이끌기 위해서는 참여자 모두가 승리자가 되어 그 효과를 같이 누릴 수 있다는 명확한 비전과 확신을 심어 주어야 한다. 여기에는 SCM 활동을 리드하는 선도자로서의 확신에 찬 노력이 있어야 하고 각 사업 책임자의 적극적인 참여가 필요하다. 서로가 하나의 목적을 향한 진정한 사업 동반자가 되기 위하여 다음 8가지 성공 요소를 갖추도록 확신을 가지고 노력하여야 할 것이다.

가. 기업 활동의 우월성

SCM에서 비지니스 파트너로서 역할을 하기 위하여서는 자사가 제공하는 상품 또는 서비스 분야에서 자타가 인정하는 자사의 강점을 보유하고 있어야 한다. 아울러 SCM의 파트너로서 공급망의 경쟁력 강화에 기여할 수 있는 우월성을 보유하고 있어야 한다. 이러한 우월성이 있을 때 다른 참여자들이 SCM의 파트너로서 가치와 매력을 느껴 적극적으로 비지니스 파트너가 되기를 원하고 자사와 같은 우월성을 지닌 좋은 파트너들이 참여하게 되어 SCM을 성공적으로 이끌 수 있다.

나. 중요성의 인식

SCM이란 서로 다른 조직·회사들이 새로운 관계를 설정하고 하나처럼 원활하게 움직이는 것이므로 각 참여자들이 그 중요성을 인식하고 SCM 추진에 비중을 두는 것이 매우 중요하다. 이것은 SCM에서의 비지니스 파트너 관계 설정이 각사의 전략적 목표와 일치하고, 또한 각 참여자들이 자사가 SCM에서 맡은 분야에서 핵심적 역할을 탁월하게 수행할 수 있는 장기 목표와 계획을 가지고 있어야 한다. 즉 모든 참여자들은 자사의 노력과 성과가 전 공급망의 성패에 결정적인 영향을 미칠 수 있다는 사실을 깨닫고 전략적 비지니스 파트너로서의 중요성과 책임감을 인식, 전략적으로 비중 있게 추진하는 것이 필요하다.

다. 독립성·의존성

SCM에 참여하는 모든 파트너들은 각자가 각 분야에서 우월성을 지닌 하나의 독립된 사업자이다. SCM의 각 참여자들은 자사의 사업 경쟁력 강화를 위하여 다른 참여자들을 보완적인 파트너로서 필요하게 되고, 이를 효과적으로 이루기 위하여 전략적인 파트너 관계를 모색하게 된다. 따라서 각 파트너들은 서로가 상호 보완적인 자산과 기술을 보유하고 있어서 어느 참여자라도 단독으로 해낼 수 없는 일을 SCM을 통한 공동의 노력으로 효율적으로 해낼 수 있게 되고, 그것이 경쟁력을 확보하는 길이다.

라. 적극적인 투자

SCM을 성공적으로 실현하기 위하여서는 전 참여자들 간의 신뢰를 바탕으로 한 전략적 제휴 관계의 형성이 필수적이므로 이를 위하여 모든 참여자들의 자발적이고 적극적인 노력이 선행되어야 한다. 즉 각 파트너들은 이러한 노력을 가시화하기 위하여 상호간의 필수적인 투자를 적극적으로 함으로써 SCM의 비지니스 파트너로서 맡은 바 역할을 충실히 이행하는 것을 확신시킬 필요가 있다. 이러한 투자에는 상호간의 강점 보강과 약점 보완을 위한 상호 자산의 교환, 자산의 공동 소유 등을 생각할 수 있다. 나아가 공동 사업 계획 · 확장 등을 위한 공동 이사회나 공동 위원회 등도 제휴의 한 방법이다.

마. 정보의 공유

SCM을 구현하기 위해서는 각 파트너들 간의 정보 제공과 공유가 필수적이며 기본적인 요건이다. 각 파트너들 간에는 커뮤니케이션이 상당한 부분까지 개방되어서 SCM 수행을 위하여 필요한 정보를 별도의 절차 없이 제공될 수 있어야 하고 받은 정보는 SCM 수행 목적에만 사용되어야 한다. 이러한 정보에는 파트너 간에 거래를 하기 위한 판매정보, 재고정보 등은 물론 자사의 사업 목표, 각종 기술 정보, 사업 경영, 문제 해결 사례와 사내 변혁 활동 등의 전략적 정보까지 확대하게 되면 SCM의 파트너 관계는 더욱 공고해지고 SCM의 효과도 더욱 커지게 될 것이다. 이와 같은 정보 제공과 정보 공유 마인드와 이를 물리적으로 연결해 주는 전자상거래 기반이 갖추어져야 한다.

바. 업무 연계 · 통합

파트너들은 다른 파트너들과 접점이 되는 업무들을 상대방 업무와 유기적으로 연계하고 필요한 작업을 통합하고 공동으로 하는 작업 방법을 개발하여 모든 작업이 원활히 이루어지도록 하여야 한다. 여기에는 각 파트너 간에 각각의 조직 레벨에서 커뮤니케이션이 원활히 이루어지도록 다수의 계층 조직원들이 광범위하게 연결되어야 한다. 이러한 광범위한 커뮤니케이션을 통하여 파트너들은 서로 상대방으로부터 배울 수 있는 기회를 갖게 되어, 각 파트너들은 SCM 추진을 통하여 스스로가 교사가 되고 학생의 위치가 되기도 한다. 이는 장래 비즈니스 환경에서 강점을 갖는 학습 조직의 유연성을 갖추는 길이기도 하다.

사. 제휴의 제도화

SCM에 참여하는 파트너들은 SCM 추진을 위한 전략적인 제휴를 자사 내에서 공식화하고 또한 그 추진의 책임과 의 사결정 과정을 명확히 하여 업무 규정을 제도화하여야 한다. 이렇게 함으로써 일단 채택된 제휴관계가 SCM을 주도한 특정인을 초월하여 제도적으로 유지되고, 나아가 경영자나 관리자가 바뀌더라도 지속적으로 SCM이 추진되어 다른 파트너들의 신뢰를 쌓을 수 있고 또한 그 효과를 더해 갈 수 있다. SCM의 추진이 인사 이동이나 일시적인 변덕으로 인하여 중단 된다든지 변질되게 되면 그 동안의 투자와 노력은 물거품이 되고 다른 파트너와의 신뢰는 돌이킬 수 없는 지경으로 악화될 것이다. 파트너 간에 신뢰가 쌓임으로 해서 더욱 핵심적인 깊이 있는 업무의 제휴가 이루어지고 그 효과도 배가하게 된다.

아. 정직성 · 도덕성

SCM이란 나무를 키우기 위한 흙이라고 할 수 있는 파트너 간의 신뢰는 그 성패를 좌우한다고 할 수 있다. 따라서 파트너들은 상호 신뢰를 증진하고 SCM 추진의 정당성을 더해 줄 수 있도록 서로에게 존경 받을 수 있는 태도로 행동하여야 한다. SCM 수행을 위하여 얻은 정보는 SCM 실행 목적에만 사용하고 절대로 다른 목적으로 남용하지 않아야 하며, 나아가 고의이든 실수이든 상대방에게 해를 끼치는 일이 절대 없어야 한다. SCM에서 제공되는 정보는 전략적으로 매우 중요한 것들도 있으므로 상대방에서 얻은 정보에 대해서는 각별하고 세심한 주의를 기울여 관리하여 신뢰 관계에 나쁜 영향을 주지 않도록 하여야 한다.

7. SCM의 발전 방향

SCM이란 그 기본이 공급망 전체를 보고 최대의 효율을 목표로 프로세스를 꾸준히 혁신하는 활동이고 이것을 뒷받침하는 것이 정보 시스템과 관련 업체 간의 협력이다. 따라서 여기에는 조직, 예산, 책임과 권한이 재조정되고 설정돼야 하기 때문에 추진하는데 어려움이 따른다. 때문에 각 계층에 걸쳐 교육을 실시하는 동시에 경영층으로부터 적극적인 지원이 요구된다.

SCM의 발전은 추진 주체의 의지와 관련 업체의 여건에 따라 속도와 양상의 차이가 있다. 즉 현재의 거의 모든 조직은 기능 중심으로 세분화되어 있어서 각 기능 사이에는 눈에 보이지 않은 공간이 있다. 이 빈곳에서 업무, 시간 등의 누수가 발생하여 오늘과 같은 복잡하고 빠른 경쟁 상황에서 경쟁력을 잃어가게 된다.

따라서 이 같은 현재의 기능 중심의 업무 체계를 다음 단계인 프로세스 중심으로 재구축함으로써 각 기능 사이에 약간의 업무 중복 부분이 발생하더라도 공간이 없어지게 되고 프로세스가 축소된다. 또 단계가 단순화되기 때문에 누수가 예방되고 업무 처리가 빨라져 효율이 대폭적으로 개선된다. 마지막 단계는 이러한 프로세스 중심의 체계를 더욱 단순화하고 프로세스들을 큰 단위의 프로세스로 통합, 좀 더 넓은 시야를 가지고 업무를 수행하는 체계가 갖추어질 수 있다. 이를 통해 SCM을 효과적으로 추진할 수 있게 된다.

제2절 사례를 통한 SCM 분석

1. 인터넷 쇼핑몰

가. 인터넷에서 물류의 중요성

먼저 제조업의 가치 사슬은 보통 부품 조달-조립 · 가공-판매 유통으로 이루어져 있다. 이러한 가치 사슬의 주기가 빨라야 생산성과 운영의 효율성을 증대시킬 수 있다. 기존에는 조립 · 가공 단계의 생산성 향상에만 주력했다면 최근에는 부품 조달이나 유통 등의 물류에 대한 관심이 고조되고 있다. 이것은 인터넷의 등장 때문이다. 인터넷의 등장으로 여러 가지 새로운 비즈니스 모델이 선을 보였으나 이들 모델의 성공 여부는 물류에 달려 있다. 물류 비용의 절감과 신속하고 정확한 배송 서비스의 구축이 상당히 중요시되고 있다. 더 이상 제조 원가나 고품질 제품의 생산이 전부가 아니다. 고객이 원하는 제품을 얼마나 효율적이고 신속하게 현관문 앞까지 전달함으로써 고객을 만족시킬 수 있는가 하는 것이 인터넷 환경에서 빠른 속도로 확산되고 있다. 이에 대한 대안이 바로 SCM이라 할 수 있다. SCM은 기존 물류 관리의 개념이 확장된 것이라 할 수 있다.

나. 인터넷 쇼핑몰의 SCM의 흐름

인터파크나 GS 등 대부분의 대형 몰들은 SCM을 채용하고 있다. 즉 상품 공급자들은 인터넷 상의 SCM사이트에 들어가서 상품 관리-재고, 배송, 환불 등을 하고 있다. 중소규모의 쇼핑몰의 경우 FAX나 이메일 등을 이용해서 발주 확인과 송장 등을 처리하는 것에 비해 훨씬 효율적이다. 상품주문에서 확인을 하게 되고 배송을 하면 송장 번호를 입력한다. 그 송장번호는 택배사의 사이트에서 배송추적을 통해 제품의 현재 위치를 추적할 수 있고 이것은 대형 몰에서 콜센터 직원이 자주 질문되는 고객의 상품 추적 답변을 SCM 상에 등록된 송장 번호를 확인하여 응대를 할 수 있는 것이다. SCM은 전자상거래 업체들에게 효율적이며 보다 정확한 정보를 제공해 주며 이는 고객 서비스의 확대로 이어지게 되는 것이다.

다. 인터넷 유통에서의 물류 원칙

최근 대두되는 인터넷 비즈니스에서 물류가 중시됨에 따라 인터넷 유통에서의 물류 원칙을 적정 수요 예측, 배송 기간의 최소화, 반송과 환불 시스템 구축과 같이 정리해 볼 수 있다.

라. 채찍효과

디지털 기술을 활용하여 공급자, 유통채널, 소매업자, 고객 등과 관련된 물자 및 정보 흐름을 신속하고 효율적으로 관리하는 것을 의미한다. SCM은 원래 수요량과 발주량 간의 격차를 해결하고자 했던 것이다. 이러한 격차가 공급망 상류로 갈수록 더욱 크게 나타나는 것을 채찍효과(BullWhip Effect)라고 한다. 채찍효과가 나타나는 이유는 다음과 같이 요약할 수 있다. 공급망 내의 각 업체가 고객의 수요량에 대한 정보 공유 없이 전단계의 주문량에 근거한 수요 예측을 하거나 수요 예측 기법들의 특성에 의해 나타날 수 있다. 리드타임이 길 경우 이러한 채찍 효과는 더욱 커진다. 가격 변동에 대비하거나 가격 할인이나 판매 촉진 정책에 의해 일괄 주문을 할 경우 발생한다. 부족할 것에 대비한 가수요에 의해 발생하기도 한다.

이러한 채찍효과는 공급망 전체에 정보를 공유함으로써 해결할 수 있다. 그밖에도 기업 간 재고가격이나 수송정책을 협의 · 조정하거나 리드타임을 단축하여도 성과를 볼 수가 있다. 다음은 채찍효과를 통제하는 여러 가지 기법들을 정리한 것이다.

[표 6-1] 채찍효과 통제 방법

(출처: 현대경제연구원)

채찍효과의 원인	주요 해결 기법	활용 기업
수요 예측에 의한 차이	- POS 자료 공유 - EDI/인터넷 활용 - VMI(공급자 주도형 재고 관리) 활용	- P&G, 3M, 월마트 - 모토로라, 애플사 - 델 컴퓨터
일괄 주문에 따른 차이	- EDI/인터넷 - 로지스틱 아웃소싱	- GE, P&G
가격 정책에 따른 차이	- Everyday Low Price 정책 - 활동기준원가(ABC)	- 식품업체
가수요 대비에 따른 차이	- 과거 자료에 근거한 재고량 추정	- GM, 휴렛패커드

(1) 물류대안1 : 로지스틱 아웃소싱

가치의 기반이 생산 · 유통에서 지식의 축적 · 공유 · 활용 쪽으로 이동하게 됨에 따라, 핵심 지식과 가치에 속하지 않는 부분들에 대한 아웃소싱이나 기업 간 협력이 강화되고 있다. 따라서 물류 · 유통 부분은 전문업체에 아웃소싱하여 파트너십을 구축하는 방향으로 나아가고 있다.

① 제3자 물류 서비스(Third-Party Logistics: 3PL)

기업의 자원 관리 기능과 제품 유통기능을 외부 업체에 맡기는 것이다. 기존의 자원 조달 위주의 물류 아웃소싱이 아니라 물류 비용의 절감, 고객 서비스의 향상, 물류활동의 효율성 향상 등을 달성하기 위해 외부 전문 물류 사업자에게 위탁해 공급망 전체 혹은 일부를 대행하는 Business Process Outsourcing(BPO)개념의 물류 서비스이다. 이를 통해 기업은 자신의 핵심 역량에 집중하고 물류, 구매와 같은 비핵심 분야는 BPO에 의존한다. 이렇게 함으로써 기업은 자사의 핵심 역량에 집중할 수 있고 외부 전문 업체에 의해 유통기법의 기술적 변화에 유연하게 대처할 수 있다. 그러나 통제가 어렵다는 단점도 있다.

② 제4자 물류 서비스

하나의 전문 물류 업체가 공급망 상의 각 기능에 대해 최적의 서비스를 제공하는 업체들과 파트너십을 구축하여 원스톱으로 공급망 상의 모든 물류 기능에 대해 최상의 서비스를 제공하도록 하는 것이다. 예를 들어 물류 정보 네트워크를 통해 개인화된 물류 서비스를 제공하는 Goship.com과 같은 사이트는 대형 물류업체뿐만 아니라 중소규모의 새로운 물류업체까지도 하나의 커다란 네트워크로 묶음으로써 좀 더

폭넓은 기회를 소비자에게 제공하고 있다. 배달 기간 · 비용 등과 같은 여러 가지 요소 중 자신에게 중요한 척도를 기준으로 하여 물류업체를 선택할 수 있도록 하였다. 또한 같은 물류업체라도 개인의 중요도에 따라 다양한 서비스를 선택할 수 있다.

(2) 물류대안2 : 기존 유통업체의 물류 거점의 활용

물류 아웃소싱을 통해 물류 문제를 해결할 수도 있으나 이는 비용이 많이 들고 따라서 저렴한 물류 서비스를 제공하는 방법을 찾게 되었다. 그 중 하나가 기존 유통업체의 물류 거점을 활용하는 것이다. PC방, 슈퍼마켓, 주유소, 편의점, 지하철역, 우체국 등 기존의 전국적으로 네트워크화된 시설 대부분을 활용할 수 있다.

① 기대 효과

가까운 물류 거점 시설에 들러 제품을 수령할 수 있어 주문한 물건을 받기위해 집에 대기해야 하는 불편을 줄인다. 또한 환불과 반송도 간편하다. 물류 거점 사슬을 활용하므로 반품에 드는 비용을 줄이고 고객이 반품에 비용을 부담할 필요가 없다. 물론 이들 물류 거점 시설도 방문자의 증가로 인한 부수적 매출효과를 가질 수 있다.

② 문제점

추가적인 교육 훈련 비용이 발생하며 네트워크 구축이나 정보단말기 등의 추가적인 IT자원의 확충 문제가 대두된다. 또한 전문 물류업체가 아니므로 서비스가 불안정하고 물품의 파손 또는 위치추적과 같은 서비스를 제공하기가 힘들다.

마. SCM의 유형

① 첨단 정보 기술의 활용

전자메일을 통해 상품주문서나 지불 확인서를 주고받으며 정보 유지 및 보안 문제에 주의를 기울이는 유형이다. 업무 처리 시간과 불필요한 업무를 줄일 수 있다.

② 공급자 주도의 재고 관리

소매업자와 공급업자가 상품 판매 정보를 공유하여 소비자의 구매 패턴에 맞게 상품 공급 주기를 개선하는 QR(Quick Response)과 JIT가 대표적이다.

③ 중앙 집중 관리

각종 절차나 방식이 모든 작업 현장에서 동일하게 적용되고 거래 물량이 경제적 규모 이상이 되면 최대한 효과를 발휘할 수 있다는 점을 이용한다. 이를 위해 중앙 물류센터를 설치하여 구매와 배송절차를 단순화하여 구매 단가나 운송 단가를 최소화하고 각 점포의 상품 배송 주기를 단축하는 방식이다. 이러한 방식이 진일보한 것이 물류 센터를 상품이동의 중개 기지로서 활용하는 Cross Docking이다.

바. Cross Docking

이 방식은 월마트에서 이용한 방식으로 창고는 재고를 저장한다기보다는 재고를 조정하는 기능을 한다. 여기서는 제품이 공급업자로부터 창고를 통해 고객으로 분배되지만 제품의 창고 보관 기간은 10~15시간이 채 안 된다. 이 방식은 창고 보관 기간을 줄임으로써 재고비용을 줄이고 리드타임을 감소시킬 수가 있다. 이러한 시스템이 가능케 하기 위해서는 정보 시스템에 의해 유통 센터, 소매업자, 공급업자가 연결되어 적시에 수송이 가능해야 한다. 신속한 수송 시스템이 필수적이다. 공유된 정보를 이용한 정확한 수요 예측이 중요하다. 또한 이러한 시스템은 대량의 유통시스템에 더욱 효과적이다.

2. SCM의 문제점과 해결 방안

가. 채찍효과를 경감하기 위한 적절한 대응 방법

공급망에 있어서 수요의 작은 변동이 제조업체에 전달될 때 확대되어 제조업자에게는 수요의 변동이 매우 불확실하게 보이게 된다. 이와 같이 정보가 왜곡되어 공급측에 재고가 쌓이며 고객에 대한 서비스 수준도 저하된다. 또한 생산 계획이 차질을 빚고, 수송의 비효율과 같은 악영향도 발생되며, 배치(batch)식 주문으로 인하여 필요 이상의 기간이 소요되는 등의 문제가 발생된다.

공급망에서 채찍효과를 완벽하게 제거하는 것은 불가능하지만, 적절한 대응을 통해 상당 부분 경감시킬 수 있다. 무엇보다 중요한 것은 전방 단계의 주문량 변화에 일희일비하는 근시안적 태도에서 벗어나 공급망 전반의 수요 및 재고 변화 추이에 주목하는 전략적인 시각을 갖는 것이다. 이러한 시각 아래 판매 쪽의 주문 정보뿐만 아니라 재고 정보까지 활용하여 실제 수요를 판단하려는 노력이 필요하다.

이를 위해 공급자 재고 관리(VMI ; Vendor Management Inventory), 연속 재고 프로그램(CRP ; Continuous Replenishment Program) 등 구매자의 재고

조정에 직접 관여하는 방식이 제안되고 있다. 또한 공급자, 구매자 간의 실시간 정보 공유를 통해 수요 정보의 왜곡을 최소화해야 할 것이며 배치(batch)식 주문을 없애야 하고, 가격 정책의 안정화와 철저한 판매 예측을 거친 뒤 공급하는 방안이 필요하다.

한편 채찍효과에 가장 크게 노출되어 있는 부품 및 장비 기업의 경우, 특정 최종재 산업의 수요 충격을 최소화할 수 있도록 시장 다변화 또는 사업의 연관 다각화를 고려할 필요가 있다. 또한 불황에 대한 대응력을 키우기 위해 공급 사슬상의 거래선과 전략적 협조 관계를 강화해야 할 것이다.

나. 로지스틱 아웃소싱의 문제점과 해결 방안

공급업체와의 협력은 공급 사슬 상에서 발생하는 비용을 절감하고 보다 개선된 고객 서비스를 제공할 수 있기 때문에 간과해서는 안 되는 부분이다. 국내 기업들의 SCM 솔루션 도입은 아직 초기 단계이기 때문에 주로 수요 예측이나 생산 계획, 납기약속 등의 기업 내부적인 SCM에 초점이 맞춰져 있다. 공급망의 양 끝점에 있는 원자재 공급자와 고객까지 포괄하는 Extended SCM은 이뤄지지 않고 있는 실정이다.

이제 경쟁은 개별 기업 간의 경쟁을 넘어 공급망과 공급망 사이의 경쟁으로 치닫고 있기 때문에 확장된 형태의 공급망 관리가 중요해지고 있다. 국내의 경우 특히 협력업체들과의 관계를 올바르게 구축하는 것이 중요하다는 지적이다. 이 부분은 특히 국내 기업들에게 있어서 취약한 부분으로 협력업체와의 협업은 단순히 기술적으로 접근하는것 보다 서로 신뢰를 형성해나갈 수 있는 문화, 사회적 접근이 더욱 필요하다는 지적이다. 아울러 앞으로는 기업 내부 비즈니스 프로세스를 협력업체들과 연계하여 기업 간 협업을 더욱 공고히 해야 한다고 전문가들은 지적한다.

다. 전담 조직의 확보

공급망을 관리하는 것은 매우 복잡한 작업이다. 전자업체의 경우, 부품을 공급받는 협력업체의 수가 대개 수백 개를 넘는다. 이 중 핵심 협력업체만 골라낸다 해도 수십 개에 이르며 유통, 물류 그리고 고객 관리 부문까지 합치면 관리해야 하는 공급망 내 조직은 더 늘어난다. 이렇게 공급망을 관리하는 것은 복잡한 작업이기 때문에 특정 부서나 개인이 전적인 책임과 권한을 갖고 공급망을 적절히 관리하기가 힘든 상황이다. 따라서 기업 내 공급망 관리를 전담할 수 있는 조직을 별도로 마련하는 것이 필요하다는 지적이다. 삼성전자의 경우는 공급망 관리를 전담하기 위해 경영혁신팀 아래 SCM 그룹이라는 조직을 신설했다. SCM 그룹은 개발 혁신 부문, 로지스틱 부문, 제조 혁신 부문 등으로 구성되어 있으며 현재 120여명이 SCM 그룹에서 삼성전자 내 공급망 관리와 관련한 업무를 전담하고 있다. 현재 i2테크놀로지 사의 SCM 솔루션인 리듬 구현도 SCM그룹에서 주도하고 있다. 리듬 구현을 위해 15명의 전문팀이 구성되어 프로젝트를 함께 추진하고 있다. SCM 솔루션 구현은 ERP 프로젝트와 달리 전략을 어떻게 가져갈 것인가 하는 부분이 70% 이상을 차지한다. ERP 프로젝트는 프로세스의 기능적인 측면이 중요하지만 SCM 솔루션 구축에서는 전략과 개념 부분이 중요하다.

제3절 LG실트론의 SCM 사례 분석

1990년 럭키소재㈜가 동부전자통신의 럭키소재 보유 주식 및 경영권을 인수하면서 LG실트론으로 상호를 변경하고 이후 동양전자 금속을 인수·확장하면서 주요 웨이퍼 업체로 성장했다. 매출 2,800억 원, 순익 250억 원(2002년 기준)을 기록한 LG실트론은 웨이퍼 시장에서의 매출 규모로는 세계 7위, 시장 점유율은 4%(2004년 기준)이다.

1. LG실트론의 e-트랜스포메이션 도입 배경 및 추진 분야

e-트랜스포메이션의 도입 배경은 크게 내부적 요인과 외부적 요인으로 나눌 수 있다. 내부적 요인으로는 고객 기반의 정보 체계 통합이 미흡하였고 영업 활동 및 지식화 기반이 미흡하였다. 또한 부서별 의사소통 및 업무 처리가 지연됨으로써 핵심 지식의 수집 및 활용 기반이 취약하게 되었다. 외부적인 요인으로는 고객의 다양한 욕구로 인해 제품의 세부 품질 정보 요구와 제품의 다양화 요구가 생겼으며 경쟁업체의 제품에 대한 원가 경쟁력 및 차세대 제품에 대한 시장 점유율에 대한 경쟁 심화로 인해 LG실트론은 기업에 대한 혁신이 필요했다.

LG실트론은 크게 5개 부문으로 e-트랜스포메이션을 추진하였다.

① 고객 관계 관리(CRM ; Customer Relationship Management)

② 공급망 관리(SCM ; Supply Chain Management)

③ 전략적 기업경영(SEM ; Strategic Enterprise Management)

④ 인적 자원 관리(HRM ; Human Resource Management)

⑤ 지식 경영(KM ; Knowledge Management) 등 5개 영역에서 단계적이고 체계적인 e-트랜스포메이션 추진을 해왔다. 그 중 공급망 관리 부분은 기업의 운영에 있어서 매우 중요한 위치를 차지한다. LG실트론의 SCM은 다른 관계 요소와 매우 밀접한 연관을 가지고 있다. LG실트론의 SCM 시스템은 CRM을 포함하여 LG실트론 내부의 생산 공정을 중심으로 하는 ISCM (Internal SCM)과 원료 공급자를 중심으로 하는 SRM(Supplier Relationship Management)으로 구분한다.

2. ISCM의 구축

ISCM(Internal Supply Chain Management)은 e-Sales Portal을 통해 입수한 수요정보를 바탕으로 진행되는 생산 공정 정보를 공유함으로써 생산 진척도를 가시화하고, 수급의 불일치를 최소화하는 생산 정보 관리 시스템을 중심으로 운영하는 것을 말한다. 먼저 웨이퍼의 주문 정보에 대해 PIMS[5]를 통한 제조 규격 및 생산 관리를 하고 ① SPC[6]로부터 실제 해당 제품의 품질 규격 및 품질 관리 데이터를 수집한다. ② 다음 이를 MRS[7]로 이동하여 생산 및 설비 운용계획을 점검하고 ③ ERP로 이관되어 상세 생산 계획을 새롭게 수립한다. ④ 그 후 MES[8]를 통해 이미 실행 중인 생산 과정을 수정하고 ⑤ SD 모듈은 판매 정보를 입수한다. ⑥ MM모듈은 구매정보를 분석하여 PP 모듈로 전달, 생산 계획을 수립하고 ⑦ 생산 정보를 MES에 전해서 웨이퍼의 생산이 진행된다. ⑧ 다음에 SEM · EIS에 의한 의사 결정

5) PIMS(Production Information Management System) : 신제품 수주 단계의 생산성 검토부터 최종 제조 규격 적용까지의 업무 프로세스를 통합, 이를 표준화하고 효율적 기계관리 및 제품 정보의 실시간 공유에 의한 협업 환경을 제공하는 것을 말한다.

6) SPC(Statistical Process Control) : 제품의 특성 원인인 공정별 가공 조건과 가공 결과인 제품의 물리적 측정치를 실시간으로 조회하여 그들 간의 관계를 통계적으로 분석함으로써, 소비자의 다양한 웨이퍼 품질 조건을 만족시키도록 제조 공정을 체계적으로 관리하는 시스템을 말한다.

7) MRS(Material Review and Revision System) : 제품 수주에 따른 수급 계획 · 조정 업무와 Inactive Inventory의 가용성 판단 및 처리 프로세스를 효과적으로 운영할 수 있는 환경을 구현한다.

8) MES(Manufacturing Execution System) : 현장에서 생산 작업 수행을 위한 제반 활동을 지원하는 관리 시스템이다. 현장 상태의 실시간 정보를 통하여 관리자와 작업자의 의사 결정을 지원하는 기능을 수행한다.

후 ⑨ 이 의사 결정이 MRS로 피드백되어 웨이퍼의 생산을 통제한다.

3. SRM(Supplier Relationship Management)의 구축

다양한 공급자와의 협력 강화와 전략적 구매의 필요성이 증대되면서 e-Pro 시스템을 중심으로 SRM을 구축하였다. 이를 통해 전사적 통합 관점에서 구매 시스템을 단일화하고 전략적 구매 의사 결정 지원 기능을 강화하는 역할을 하였다. SRM 시스템의 기본 구조는 다음의 5가지 영역으로 구성되어 있다.

① Design & Engineering 영역 : LG실트론이 구입을 희망하는 자재 명세와 그 품질 정보를 공유하고 공지 사항, 뉴스, 게시판 등을 통해 구매 관련 정보를 습득한다.

② Strategic Sourcing 영역 : 공급자는 제안된 구매 건에 대해 동의하고 구매자의 견적서 요청에 따라 견적서를 제출한다. 간접 자재에 대해서는 계약 후 바로 구매요청 절차를 밟는다.

③ Procurement 영역 : 직접 자재를 각 공장의 생산 요소 계획으로부터 각 자재별 구매량이 통합되어 구매가 승인된다. 이후 구매 발주, 입고 · 검수, 대금 지불 및 조정의 단계를 거쳐 구매 절차가 완료된다.

④ Purchasing Intelligence 영역 : Procurement 영역에 공급자별 성과 분석, 시스템 성과 분석, 다차원 구매 분석 및 전략적 구매 정보를 제공함으로써 효과적인 구매 의사 결정을 지원한다.

4. SCM의 전 과정을 지원하는 APS 구축과 활용

APS(Advanced Planning & Scheduling)란 조달-생산-판매로 이어지는 전체 공급망의 물류 흐름을 효율적으로 관리하기 위한 최적화 기법 기반의 의사 결정 지원시스템을 말한다. APS는 다음과 같은 3개 영역의 역할을 수행하고 있다.

① 수요 계획(DP: Demand Planning) : 수요 데이터와 소비자의 구매 패턴을 기초로 수요를 예측한다.

② 공급 계획(SP: Supply Planning) : 수요 예측 정보를 근거로 자신의 자재 및

물류자원들을 효율적으로 배분한다.

③ 생산 계획 및 스케쥴링(MPS: Manufacturing Planning and Scheduling) : 소비자의 수요를 만족시키기 위해 생산 자원들을 상세 배분하는 역할을 수행한다.

5. e-트랜스포메이션 구축 후의 변화

LG실트론의 e-트랜스포메이션 구축 성과는 시간과 자본의 낭비를 최소화시키는 동시에 무형의 전략적 가치를 내포하는 재무적 성과까지 이룩하였다. e-트랜스포메이션 구축을 통해 LG실트론은 기업 외적으로 이미지를 크게 향상시키는 계기를 마련하였고 생산성의 혁신, 지식 경영의 정착, 제품의 개발주기 단축 등 기업의 내·외부 평가에서 우수함을 인정하였다. 또한 고객 대응, 매출 신장, 비용의 절감 등 기업의 구조 및 문화를 점진적으로 변화시켜 나갔다. 이를 분야별로 정리하면 다음과 같다.

① 고객 대응 : 신속한 고객의 대응 문화를 구축하였다. 국내 고객 대응시간을 54%, 해외 고객 대응 시간을 73% 감소시켰다. 이는 고객의 요청 사항에 대한 빠른 대처를 했다는 증거이다. 업무 환경 개선과 기업 비전 달성으로 사원의 만족도를 크게 향상시켰고, 2000년 69%의 사원 만족도는 2003년 77%의 사원 만족도를 나타냈다.

② 매출 신장도 : 해외 시장을 개척하고 그 범위를 다각화하기 위해 e-Sales Portal을 활용하여 온라인 매출 비중과 해외 매출 비중을 확대하였다. e-Sales Portal 채널을 통해 모든 거래정보를 고객에게 실시간으로 제공하였고 고객과의 파트너십을 강화하며, 일관적인 대응 체제를 구축하였다.

③ 비용 절감 : e-트랜스포메이션 이후, LG실트론은 CRM, ISCM, SRM에 있어서 매출 향상, 원가 절감, 소요 시간 단축, 경영성과 창출, 구매 단가 절감에 따른 원가 절감 효과가 발생하였다.

LG실트론이 생산하는 실리콘 웨이퍼는 주로 반도체 생산 기업의 요구에 따라 특성을 서로 다르게 하여 개별 생산되는 다품종 주문형 제품이다. 다품종 소량 생산의 특징은 공급망 내 정보의 지배적 흐름이 시장의 가변적 수요에 따라 소비자를 중심으로 생산자를 거쳐 원료 공급자 방향으로 나아가고 있다. 이에 LG실트론은 상위 몇 개 회사를 중심으로 재편되고 있는 웨이퍼 시장의 위기 상황 속에서 기업에 전반적인 개선과 함께 e-트랜스포메이션을 추진하게 되었다. 이에 LG실트론은 시스코사에 의해 이미 실증적으로 검증된 e-트랜스포메이션을 벤치마킹하여 프로젝트를 추진했고, 새로운 시스템의 정착과 적응을 위한 전 조직원의 역할도 중요했다. 조직원들은 이를 통해 생산성 향상에 대한 아이디어를 창출하고 상호 협력을 다지는 계기를 마련하였다. 현재 SCM 의사 결정 지원 시스템인 APS가 2005년 말 1단계 구축을 완료하였고, 일부 다른 지원 시스템에 관한 개선 사항을 수용하여 최적화된 기반 공급망 관리 시스템이 완성될 예정이다.

SCM이란 **

SCM이란 제조-물류-소매점에 이르는 유통망 관리를 말한다. SC(Supply Chain)란 원재료에서부터 최종 고객에 이르기 까지 생산과 공급의 전 과정에 포함되는 각각의 요소들을 연결하는 사슬을 의미하는 것으로 사용되고 있다. SCM은 생산에서 최종 판매에 이르기까지 상품 정보 그리고 자금의 흐름을 공유해 불필요한 시간과 경비를 제거하는데 목적을 두고 있다. 소비자의 실제 수요에 보다 잘 응답할 수 있는 유통 공급망을 만들기 위한 기업 간 BPR의 일종이라고 할 수 있다.

공급 경로의 개념이 처음 도입되었을 때, 기업들은 수직적인 통합을 하려고 하였다. 이는 기업들이 공급망 전체에 대한 통제력을 행사하고 체인 내 각 요소들을 소유함으로써 자사에서 기대하는 이점과 효율성을 극대화하려는 의도였다. 그러나 SCM 전략은 수직 통합으로 얻을 수 있는 대부분의 이점이 공급 사슬 내 독립 기업들 간 물류 활동의 조화를 통해서만 얻을 수 있다는 생각을 가지게 되면서 비로소 전략으로 자리잡고 있다. 따라서 제조 물류 유통업체 등 유통 과정과 관련된 모든 업체가 공동으로 데이터베이스를 구축함으로써 재고를 최적화하고 납기를 줄이는 전략을 말한다. 이를 통해 제반 비용을 줄이고 가격인하를 통해 소비자 만족을 극대화할 수 있다.

주요용어 **

물류 APS SCE SCM SCP SRM

Supply Chain Supply Commerce

연습문제 **

1. SCM의 기업적 측면과 소비자 측면의 차이점은 무엇인가?

2. SCM의 4가지 기본 구성은 무엇이며, SCM 흐름도는 어떻게 구성되어 있는가?

3. SCM의 주요 기능은 크게 3가지로 나누어지는데 각 단계별로 설명하여라.

4. SCM의 성공 요소에 관하여 논하라.

CHAPTER 7

제 7 장 고객 관계 관리(CRM)

제1절 CRM 사례

청바지의 역사는 곧 Levi's의 역사나 다름이 없다. 청바지를 고안해낸 Levi Strauss에 의해 스트라우스 자신의 이름을 딴 상표인 Levi's가 탄생했기 때문이다. Levi's는 전 세계 시장에서 150년 동안, 무려 다섯 세대를 지나는 시간 동안 그 명성을 이어오고 있다. 수많은 청바지 상표가 탄생하고 소멸해 왔지만, 아직도 소비자들은 청바지하면 Levi's를 떠올리며 동시에 최고의 가치를 지닌 청바지로 인정한다. 하지만 유명세를 떨친 Levi's도 잇단 경영 실패와 시장에 대한 적응 부족으로 인하여 미국 시장에서 도산 위기에까지 몰리는 등 위기를 맞고 있다.

미국 시장에서 1998년 이후 매출 감소

Levi's 진은 1950~60년대 미국의 히피 문화와 반항적 청년 문화를 상징하며 전 세계로 확산되기 시작했다. 1984년 Levi's는 카우보이들이 입어 너덜너덜해진 1917년 제품을 복사한 'Levi's 501' 시리즈를 내놓아 선풍적인 인기를 모았다. 후에 2001년 5월 미국 네바다주의 한 폐광에서 발견된 최초의 501 디자인 청바지는 경매에 붙여져 4만6,000달러에 팔리기도 했다. 1880년대 제품인 이 청바지를 사들인 Levi's사는 이를 복제한 '네바다 진' 500장을 만들어 장당 400달러에 팔았다. 이렇듯 Levi's 진은 아직도 세계인에게는 청바지의 명품으로 기억되고 있다. 그러나 난공불락처럼 여겨졌던 Levi's사는 이미 1990년대 중반부터 경영난에 빠졌다. 1990년대 초 시장 점유율이 50%에 육박했고, 16조 원이 넘는 기업 가치, 1996년 71억 달러였던 매출이 계속 줄어들면서 2002년에는 41억4,000만 달러까지 주저앉았다. 그 와중에 직원을 1만6,000명 이상 줄이는 고통을 감수해야 했으며, 그 많던 미국내 생산 공장에 대해서도 2004년 1월 9일 폐쇄 조치를 단행하였다. 1990년대부터 청바지 업계에 등장한 패션진과, 랩 문화와 더불어 유행한 헐렁한 힙합 스타일에도 불구하고 전통적인 모델만을 고집하면서, 아무리 명성이 높아도 젊은이들에게는 '아버지가 입는 청바지'로 낙인찍힌 것이 가장 큰 원인이었다. 리바이스의 이러한 실패의 원인은 크게 세 가지로 나눌 수 있다.

1. 리바이스 실패의 원인

가. 높은 가격, 비효율적 유통 라인

Levi's는 '미국산'이 소비자들에게 중요한 의미를 갖는다고 생각했다. 그래서 Levi's사는 미국에서의 제조가 다른 경쟁사들의 '비미국산' 제조 방식보다 생산 비용이 25%나 높았음에도 불구하고 미국 내 공장에서의 생산을 고집했다. 그 결과 리바이스 진바지의 가격은 디자이너 브랜드만큼이나 비쌌지만 그만큼의 제품 가치를 소비자들에게 주지 못했다. 결국 캘빈클라인, 토미 힐피거, 그리고 더 많은 수익을 올리는 다른 브랜드들에게 시장을 내주는 계기가 되었다. Levi's는 이러한 가격의 문제를 리엔지니어링(Reengineering:사업 과정을 혁신적으로 재설계하고 그것을 고유 기능이 무시된 혼성팀이 수행하도록 하는 경영 전략)을 통해 극복할 수 있다고 생각, 100명의 컨설턴트를 고용해 기업의 재편을 단행하였으나 오히려 혼란은 가중되었다. 또한, 미국과 유럽에 새로운 5개의 대형 유통 센터를 구축하는 데 수억 달러를 투자했으나, 이는 미국 공장에서 물건을 받도록 설계하는 잘못으로 인하여 유통 비용을 증가시켰고, 기업의 혁신을 위한 공장들을 폐쇄하는 일을 한층 더 어렵게 했다. Levi's는 여전히 이 실책의 여파로부터 벗어나지 못하고 있다. 소매업체들을 비롯해 이 모든 조치가 이익 증대에 기여하리라 믿었던 사람들이 불신 속에 Levi's에 등을 돌리기 시작했다. 1999년 4월 12일 Levi's의 문제를 다룬 〈포춘〉의 기사에서 Levi's의 한 주요 고객은 이렇게 말했다. "리엔지니어링으로 인해 우린 완전히 혼란에 빠졌다. 한때는 전혀 고객 서비스가 이루어지지 않아 우리를 불편하게 하더니, 이제는 지나친 고객 서비스로 우릴 피곤하게 하고 있다." 이 기사는 또한 JC페니의 상품 조달 기간이 20일인 반면, Levi's는 평균 27일이라는 사실을 지적했다. 또 전문 상점이 젊은층으로부터 인기를 얻고 있을 때, Levi's는 계속 '한물 간' 백화점에만 제품을 공급했다. 할인점의 인기가 날로 높아졌지만 Levi's는 할인점에 공급할 만한 저가 브랜드를 갖고 있지 않았다. 이는 젊은 고객층을 상실하는 결과를 초래하였다.

나. '청바지=Levi's' 라는 엄청난 브랜드를 효과적으로 이용하지 못함

펩시콜라가 콜라 시장에서 시장 점유율을 잠식해나가기 시작할 무렵 코카콜라는 그들이 콜라 시장의 시조이자 리더임을 적극적으로 알리는 아주 효과적인 광고로 '진품' 캠페인을 전개했다. 그들은 '진품' 임을 내세워 경쟁사들의 도전에 응수했다. 이러한 '진품' 전략은 코카콜라가 지니는 리더로서의 지위를 강화시키고, 경쟁사들의 정통성을 의심하게 되었다. 심리적으로 사람들은 항상 진품이나 원조, 창시자를 원한다. 원조인 사람이나 제품에는 실질적인 가치 이상의 가치를 부여하는 경향이 있다. 원조이기 때문에 이후의 것은 그만큼 더 나을 수밖에 없다고 생각하기 때문이다. Levi' s가 구사했어야 하는 전략도 바로 이것이었다. 그들은 '진바지' 의 원조 기업이 Levi' s라는 사실을 강조해 경쟁사들의 모든 제품을 원조를 모방한 '이류 제품' 으로 하락시켰어야 했다. 실제로 Levi' s의 유럽 사업부는 Levi' s 진을 '진품' 으로 포지셔닝해서 큰 성공을 거두었다. 진품이 아닌 다른 브랜드의 진바지보다 Levi' s가 우수한 이유, 이를테면 섬유, 리벳 등을 계속 광고했다면, 경쟁사의 시장 진입에 큰 타격을 입지 않았을지도 모른다. Levi' s의 리더십으로 인해 사람들은 Levi' s가 다른 브랜드보다 우수하다고 제시하는 근거를 기꺼이 믿었을 것이기 때문이다.

다. 옛것을 고집하며 시장 변화를 읽지 못함

1990년대 후반 진바지 시장이 변화하고 있을 때 소비자들은 소매업체들에게 진바지의 통이 너무 좁다는 불만을 늘어놓기 시작했다. 소비자가 원하는 청바지 스타일이 변화하고 있었던 것이다. 이에 대형 소매업체들은 통이 23인치나 되는 진바지를 만들어 불만에 대응하고자 했고 JC페니, 시어스, 토미 힐피거 등 많은 브랜드들이 이러한 움직임에 가세했다. 하지만 Levi' s는 16인치를 여전히 고수했고, 이때부터 Levi' s의 진은 유행에 뒤떨어진 바지로 전락하기 시작했다. 특히 15~24세 된 청소년들은 더 싸고도 패셔너블한 통이 넓은 바지, 다크 데님 혹은 헐렁한 바지 등을 좋아했다. Levi' s는 이러한 시장의 변화에 경쟁사보다 늦게 대응해 경쟁사들이 추격할 수 있는 빌미를 제공했다. 앞의 세 가지 이유를 자세히 살펴보면 고객의 특성과 니즈(needs)를 제대로 파악하고 있지 못하고 고객 중심적이지 않다는 데에 있다. 그러나 한국의 Levi's 상황을 보면 이야기는 달라진다. 1996년 이후 전 세계 청바지 시장의 마이너스 성장에도 불구하고 2001년 51% 매출 신장세를 기록, 2002년에는

54%나 매출이 늘어나게 된다. 이러한 Levi's 의 성장에는 개발 단계부터 판매 전략 수립까지 한국 시장을 염두에 둔 통합적 마케팅과 현지 고객 중심의 관리 시스템인 CRM이 그 역할을 했다고 할 수 있다.

2. 한국 시장에서 리바이스의 성공 요인

가. Levi's Korea의 강력한 현지화 추진

전통을 버리고 첨단의 인체 공학적 디자인의 청바지를 출시한 것이 Levi' s이다. 그러나 이러한 제품의 등장이 곧바로 성공으로 연결되지 못한 채 미국 본사는 아직도 경영난을 겪고 있다. Levi' s Korea는 Levi' s 제품의 정통성을 존중하면서도 한국적인 마케팅 접근이 필요하다는 판단 아래 국내 광고를 의뢰했다. 본사의 첫 반응은 'NO'였다. 글로벌 광고를 원칙으로 하는 Levi' s로선 국내 광고 제작을 신뢰하지 못했던 것이다. 그러나 끈질기게 본사를 설득하고 협상하여 한국 모델과 한국 감독이 만든 국내 Levi' s 광고를 제작했다. '난 나야'라는 독특한 광고 슬로건을 앞세운 이 CF는 젊은 세대들에 크게 어필하며 Levi' s의 개성적인 이미지를 한층 강화시켰다. 여기에 머물지 않고 Levi' s Korea는 제품의 국내 디자인이 필요하다고 판단, 본사를 설득하기 시작했다. 국내 로컬 광고를 허락하지 않았던 본사가 나라별 의상 디자인을 허락할 리 없었다.

그러나 이번에도 한국적 특성을 강조해 설득, 본사의 허가를 얻어내 1999년 상반기에 한국 자체 개발과 디자인으로 탄생한 Levi' s 신제품을 선보였다. 이 제품은 한국 소비자들의 취향과 최신 경향을 반영한 컨셉으로 한국 시장에서 성공함은 물론 대만에 수출하는 큰 성과를 거두었다. 이러한 Levi' s Korea의 성공 덕분에 2003년에는 한국 시장을 위한 디자인팀이 독자적으로 구성되었다. Levi' s는 현재 유럽과 아프리카 시장을 위한 브뤼셀의 디자인 센터와 미국과 북남미를 위한 샌프란시스코 디자인 센터, 그리고 일본의 도쿄 디자인 센터, 홍콩 디자인센터 이렇게 4곳에 디자인센터를 두고 있다. 아시아-태평양지역에서 특히 빠르게 성장하고 있는 한국 시장을 겨냥해 지속적인 현지화 전략을 적용해 온 Levi' s 측에서 이제 한국 시장만을 위한 디자인팀을 이례적으로 지원하게 된 것이다. 또 Levi' s Korea는 지난 3년간 Levi' s Korea 급성장의 일등 공신인 엔지니어드 진 제품과 2003년 설립 150주년 기념으로 선보인 'Type1' 제품 등 모든 청바지를 국내에서 전량 생산할 것을 발표했다. 지금까지는 태국 등 원가가 싼 해외에서 수입, 판매해 왔는데, 한국에서 생산하는 것이 제조 원가는 높아질 수 있지만 품질이 향상되고 소비자의 반응에 즉각 대응할 수 있는 장점이 있어 이 같은 결정이 내려진 것이다.

나. 이미지를 바꿔라! – 젊은 세대를 공략

Levi' s Korea 측은 국내 소비자들이 다른 나라 소비자들과는 전혀 다른 특성을 지니고 있다고 판단했다. 그래서 지난 3년여 기간 중 마케팅 활동에도 큰 변화가 있었다. Levi' s Korea는 Levi' s가 역사가 오래된 브랜드인 만큼 브랜드 이미지도 오래된 느낌을 줄 수 있다는 판단 아래 다양한 프로모션을 선보였다.

젊은 세대를 타깃으로 한 엔지니어드 진 제품을 널리 알리기 위해 "춤 문화 행사"를 갖는가 하면 5월 1일을 '501 데이' 로 선포해 주목을 받았다. 2003년에는 미국 본사 창립 150주년을 기념하는 행사를 마련했는데 서울 잠실올림픽 주경기장 입구에 기네스북에 '세계에서 가장 큰 청바지' 로 등록돼 있는 '빅진' (Big Jean)을 내걸었고 'Levi' s 락 콘서트' 를 열었다. 또한 청바지 중심이던 매장 인테리어도 확 바꿨다. 청바지와 상의를 함께 진열함으로서 '토털 패션' 의 이미지를 고객에게 심어줬다. 문화는 젊음이 만들어내는 것 그 자체이다. 각종 콘서트, 거리 패션쇼 등 젊은이의 문화를 이용한 프로모션 전략은 Levi' s의 전통에 젊은 이미지를 새로이 부가하면서 젊은이들이 Levi' s를 입어야만 하는 당위성을 부여했다.

다. 인터넷을 이용한 DB 마케팅

Levi' s Korea는 인터넷 홈페이지에 "Levi' s Jean 맞춰 입기" 사이트(www.levi.co.kr/fit)를 개설했다. 이 사이트에서는 소비자가 허리 사이즈, 허벅지 둘레, 다리 길이 등 8가지 항목의 체형이나 옷 입는 방식을 지정하고 "힙합", "섹시", "터프", "스마트" 등 원하는 스타일을 입력하면 이에 맞는 제품들이 제시된다. 또 입체(3D)캐릭터 모델이 소비자가 고른 제품을 입고 회전하는 모습을 동영상으로 볼 수 있다. 이를 통해 소비자들은 자신이 선택한 옷을 입어 본 듯한 간접 체험을 할 수 있는 효과를 거둘 수 있다. Levi' s Korea는 이 사이트에 쇼핑몰 기능을 추가해 온라인 판매 및 배달 서비스에 나설 계획이다. 앞으로 소비자들은 사이트에서 골라낸 제품을 매장에 직접 가지 않고도 인터넷을 통해 구입할 수 있게 되는 것이다. 인터넷을 이용한 이 같은 대량 맞춤 판매 방식은 Levi' s 본사가 지난 1998년 12월 처음 선보여 이미 크게 인기를 모으고 있다. Levi's 제품 홈페이지(www.levi.com)의 "스타일 파인더"라는 코너를 통해 온라인 판매를 시작, 매출 규모가 매주 50%씩 늘어나는 등 큰 성공을 거두고 있다. Levi's는 이 시스템 도입으로 인터넷을 통해 고객으로부터 직접 사이즈와 디자인, 색상 등을 주문받아 실시간으로 생산하고 있다. 이러한 Levi's 방식은 성공적인 인터넷 고객 DB 마케팅 모델로 평가하고 있다. 고객과의 관계를 중시하는 마케팅 전략이 중요해짐에 따라 각 제품 생산자가 직판을 하는 전문 쇼핑몰이 크게 늘어날 것이다. 미국 이외의 지역에서 이 같은 인터넷 맞춤 판매 방식을 도입하는 것은 Levi's Korea가 처음이었다.

지금까지 살펴본 것과 같이 Levi's Korea의 성공은 미국 Levi's 본사에게 많은 것을 시사해준다. 같은 브랜드, 같은 제품 구성을 갖고도 미국과 한국 시장에서 실패와 성공이라는 상반된 결과는 고객과의 관련된 커뮤니케이션일 것이다. 즉 현지 고객의 특성에 기초한 마케팅 활동, 지원을 통해서 이와 같은 성공을 거둔 것이다.

우리가 이제부터 살펴보고자 하는 것은 이와 같이 고객과 관련된 기업의 활동 즉 고객 관계 관리라고 알고 있는 CRM이다.

제2절 CRM의 개요

21세기 기업은 그 어느 때보다 급격한 변화의 압력에 직면해 있다. 세계화가 빠르게 진행되고 있고, 기업 간 경쟁은 국경과 업종의 경계를 넘어 나날이 치열해지고 있다. 이와 같은 상황에서 고객의 힘은 나날이 강해지고 있고 단순히 고객을 확보하는 것이 아니라 고객의 신뢰를 확보하고 이를 통해 단일 고객으로부터 얻는 이익을 극대화하는 것이 기업의 새로운 목표가 되었다. 고객 관계 관리, 즉 CRM의 등장은 20세기 말부터 본격화된 치열한 경쟁 환경과 고객과의 관계 관리의 중요성에서 대두된 비즈니스 개념이자 이를 지원하는 정보 시스템이다

1. CRM 개요

정보 기술의 발전에 따라 고객 및 기업은 인터넷을 기반으로 다양한 정보에 접근 가능하게 되었다. 고객은 정보를 이용하여 상품 가격을 쉽게 비교할 수 있게 되었을

뿐 아니라 직접 가격을 결정할 수 있게 되었다. 또한 기업 측면에서 가치가 고객으로부터 창출된다는 인식이 확산되면서 정보 기술을 이용하여 고객 정보를 전략적으로 활용할 필요성이 대두되었다. 기업의 마케팅 및 판매 형태에 있어서도 1970년대 기업이 대량 생산을 하며 상품을 공급한 시대의 대량 마케팅(Mass Marketing)에 익숙해져 있는 기업은 고객에 대해 더 많이 알고 이에 따른 신속한 대응을 하지 못하면 생존할 수 없는 시대를 맞이하게 되었다. 이제는 바야흐로 고객이 상품 및 서비스를 판매하는 곳을 찾아야 하는 판매자 중심의 시장에서, 상품 및 서비스를 판매하는 기업이 고객을 찾아야 하는 고객 중심의 시장으로 변화하고 있다. 마케팅 패러다임이 제품 판매 중심에서 기존의 우수 고객을 유지하고 이탈 고객을 최소화하려는 관계 마케팅(Relationship Marketing)으로 이동하고 있는 것이다.

[표 7-1] 고객 관리의 변화 추이

(출처: 삼성경제연구소, 2000)

	판매(1970년대)	고객 만족(1980년대)	데이터베이스 마케팅 (1990년대)	CRM(90년대 후반)
對고객 관점	수동적 구매자	선택적 구매자	개성화, 다양화된 구매자	능동적 파트너
고객과의 관계	전체 시장에 일방적 공급	고객 만족도(CSI) 측정, 일방적 관계	그룹화된 고객과의 일방적 관계	개별 고객과 쌍방향 의사소통
고객 관리	단순 영업 위주	영업과 판매 위주 서비스	IT 기술팀 위주	전사적 관리

2. CRM 정의

CRM(Customer Relationship Management, 고객 관계 관리)은 고객의 행동양식에 대한 이해를 바탕으로 기업 경영의 질을 높이기 위한 전략 · 조직 · 프로세스 및 기술상의 변화과정을 의미하며, 여기에는 마케팅, 판매, 고객 서비스 등이 포함된다. CRM의 구현은 고객 관련 활동들과 연계된 조직, 업무 프로세스 및 정보 기술 인프라의 고객 가치 중심으로의 재편을 의미한다. CRM은 고객에 대한 정보를 수집하고 수집된 정보를 효과적으로 활용하여 '신규 고객 획득 → 우수 고객 유지 → 고객 가치 증진 → 잠재 고객 활성화 → 평생 고객화'와 같은 사이클을 통하여 고객을 적극적으로 관리하고 유지하며 고객의 가치를 극대화시키기 위한 기업 마케팅 전략의 일환이다. 기업은 CRM을 기반으로 다양한 이익을 얻을 수 있는데 우선 우수 고객의 유지 비율을 향상시킬 수 있으며, 고객 이탈로 인한 손실을 최소화할 수 있다. 또한 잠재 고객을 활성화시켜 수익 증대 효과는 물론 과학적으로 분석하여 마케팅 활동을 효율적으로 수행함으로써 비용 절감 효과를 기대할 수 있다.

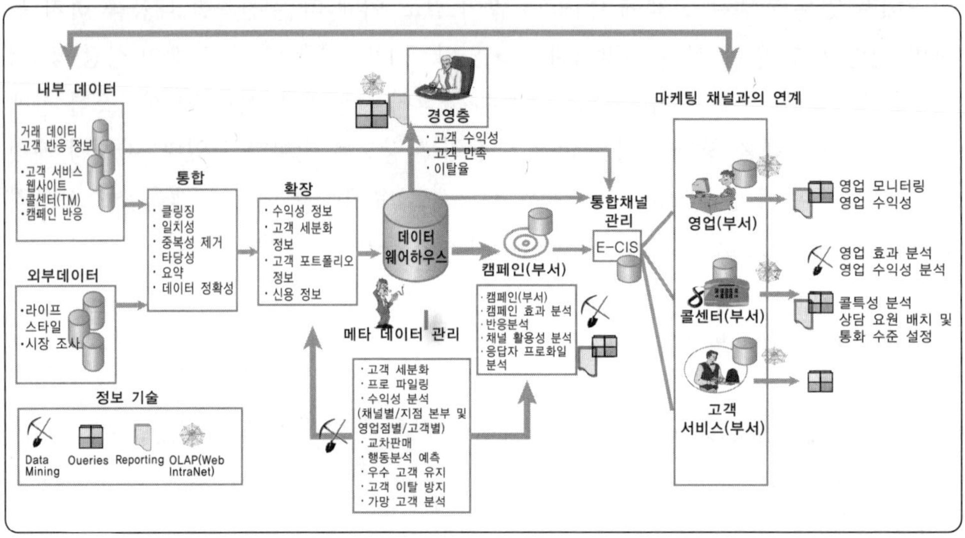

[그림 7-1] CRM 시스템 구성도
(출처 : CRM 온라인)

3. 기업 정보 시스템에서의 CRM

CRM 시스템은 기업의 기타 정보 시스템과 통합되어야 효과적으로 활용 가능하다. 회사의 기본적인 정보 인프라를 제공하는 ERP 시스템의 영업 부문 및 생산 계획 부문과 데이터 웨어하우스를 이용하고 통합하여 판매 관련 정보를 제공하고 고객의 수요 관리 정보를 제공해야 한다. 또한 기업의 로지스틱스 관련 부문을 관리하는 SCM 시스템과 인터페이스하여 고객에게 제품 또는 서비스가 효과적으로 유통되도록 시스템이 설계되어야 한다. 이 두 시스템 외에도 고객 정보와 관련이 있는 시스템이 기업에 존재한다면 그 시스템들과의 통합도 고려되어야 한다.

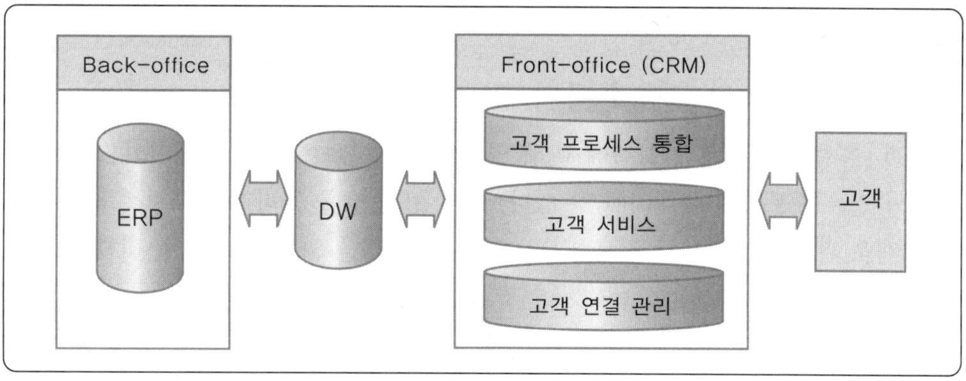

[그림 7-2] 기업의 정보 인프라에 있어서 CRM의 위치
(출처 : 기업 IT 솔루션, CRM 온라인)

4. CRM 도입 목적

기본적으로 CRM의 목적은 신규 고객 유치에서부터 시작하는 고객과의 거래 관계를 고객의 전 생애에 걸쳐 유지하고, 제고해 나가면서 장기적으로 고객의 수익성을 극대화하고자 하는 것이다.

CRM 시스템의 목적을 좀 더 구체적으로 살펴보면 다음 3가지로 나눌 수 있다.

① 고객 중심의 업무 방식 변환 : 고객에 대한 개념을 전환한다.

② 환경 변화의 지속적인 반영 : 고객, 상품, 시장의 변화에 대응한다.

③ 신 개념의 마케팅 전략 : 고객에 대한 마케팅의 과학적 기법을 강화한다.

이와 같이 3가지 CRM 시스템 목표를 가지고 이탈 고객의 발생 원인 파악, 상품의 연계 판매 기회 마련, 채널의 효율화 영업 극대화, 가망 고객 추출 방안, 고객 세분화에 의한 고객 대응, 거래 정보 심층 분석, 영업력 및 생산성 향상, 기존 리포트 대체 등을 실현한다.

5. CRM 도입 효과

CRM은 궁극적인 기대 효과를 기존 사업의 성과 향상과 신규 사업 진출의 플랫폼으로 활용의 두 가지로 나누어 볼 수 있다.

가. 기존 사업의 수익 향상

(1) 신규 고객 확보와 고객 수 증대

고객 수 증대는 잠재적 고객에 대해 일대일로 접근하여 신규 고객화하거나 기존 고객의 권유를 통하여 증대시킬 수 있다. 또한 고객 수를 늘리기 위해서는 적극적으로 고객을 확보하는 활동도 필요하지만, 기존의 고객을 잃지 않고 잘 관리하는 활동도 중요하다.

(2) 고객 평생 가치(Life Time Value, LTV)

고객 평생 가치라는 것은 고객 한 사람이 죽을 때까지 자사의 상품만을 구매한다고 했을 때의 매출액 혹은 이익을 의미한다. 원래 고객 평생 가치는 비용을 차감한 순이익적인 개념이나, 계산의 편의상 매출액으로 대신하기도 한다.

(3) 고객 확보 비용 감소

CRM을 실행하게 되면 고객 확보 비용이 감소하는 이유는 3가지이다. 첫째, CRM은 수익 창출의 패러다임을 고객의 양적 증대가 아니라 질적 성장으로 보므로 과다한 경품이나 광고를 통한 신규 고객의 확보를 자제하게 된다. 둘째, e-메일이나 제휴 마케팅과 같은 방법으로 고객에게 일대일로 접근하게 되므로 불특정 다수를 대상으로 광고하는 것에 비해 비용이 감소된다. 셋째, 데이터 분석을 통해 우량 성향을 지닌 잠재 고객을 찾아내므로 마케팅 자원의 낭비를 예방할 수 있다. 결국, 고객 유지 비용 감소 CRM은 모든 고객이 평등하지는 않다는 생각에서 출발한다. 따라서 수익성이 낮은 고객의 유지 비용을 절감하게 됨으로써 매출액당 유지 비용이 낮아지게 된다.

나. CRM을 통한 신규 사업 진출

이전의 신규 사업 진출이라면 기존 사업과 기술 혹은 생산 공정의 연관성이 있는 사업에 수평적으로 진출하거나, 산업의 계열화를 축으로 수직적으로 진출하는 것이 대부분이었다. 그러나 CRM을 통한 신규 사업 진출은 고객의 로열티 및 고객의 니즈에 기반을 둔다.

[표 7-2] CRM 도입 기대 효과

업무 영역	CRM 도입 기대 효과
마케팅 기회 분석	- 수익 및 고객 평생 가치(LTV) 증대 - 신규 고객 유치 및 기존 고객 활성화 - 고객 라이프사이클 상의 결정적 시점에 효과적 마케팅 활동 - 평생 고객으로 가치를 창출할 수 있게 함
영업 지원 활동	- 시장에서의 경쟁력 있는 제품의 파악 및 신속한 대응 전략 수립 - 수익성 높은 고객 분류와 타겟 마케팅
마케팅 관리	- 시장 변화 및 고객의 니즈에 맞는 상품 개발 - 상품에 대한 시장 반응의 신속한 파악 및 보완 - 고객 니즈 변화에 대한 신속한 파악 및 대응
고객 서비스	- 고객 충성도(Loyalty) 증대 - 고객 유지율 증대 - 고객 만족 증대 - 고객 행위에 대한 이해 - 교차 판매와 상향 판매의 기회 증대 및 활용
고객 채널 관리	- 고객 니즈에 맞는 최적의 채널 제공 - 비용을 최소화할 수 있는 고객 유도

(출처: 언스트앤영, 1999)

6. CRM 특성

평생 고객을 확보하여 고객 라이프사이클의 여러 단계에 걸쳐 고객 관계를 구축하고 강화하여 수익성을 극대화하는 것을 목적으로 하는 CRM의 주요 특성은 다음과 같이 요약할 수 있다.

가. 기업 자산으로서의 고객의 인식

CRM은 기업 가치가 고객으로부터 나온다는 기본 인식에 기초하고 있다. CRM은 고객을 기업 자산으로 인식하고 고객의 이득을 생각하는 고객 중심적 접근으로 기업에 대한 고객가치를 극대화함으로써 기업 가치를 제고할 수 있다는 사고의 틀을 바탕으로 하고 있다. 기업과 고객 모두에게 이득이 되는 윈-윈(Win-Win)을 위한 실천적인 사고이다. 과거의 시장 점유율에 중점을 둔 전략은 고객은 많아지지만 고객의 요구를 반영하기가 힘들어져서 고객의 충성도를 확보하는 데 어려움이 생기게 된다. 과거의 이런 전략은 고객 중심적 접근에 의한 서비스를 행하는 것보다 고객에 대한 관심도가 떨어지게 된다. 이것은 고객 중심적인 기업이 나타났을 때 경쟁에서 밀려날 수밖에 없다.

나. 전사적 변화

CRM의 성공적인 수행을 위한 전사적인 변화가 있어야 한다. CRM은 단순히 기업 정보 시스템의 보강이 아니라 경영 전략, 조직, 생산, 유통 채널 상에서 사고와 행동의 변화를 의미하고, 정보 시스템은 이를 실현하기 위한 중요한 수단이다.

다. 지속적 프로세스

CRM은 또한 지속적인 프로세스이다. CRM은 1회성 프로젝트로 완성되는 것이 아니라 지속적이고 자동화된 프로세스를 이용하여 고객 정보의 변화, 시장과 경쟁 환경의 변화를 파악하여 장기적인 고객 관계를 구축하기 위한 지속적인 프로세스이다. 고객과의 일대일 관계 개선에서 시작하여 고객의 정보를 통합하고 커뮤니케이션을 강화하여 궁극적으로 고객의 이탈을 막고 고객 유지를 강화하는 것이다.

7. CRM 시스템의 구성 요소

CRM 시스템의 구성 요소는 기업의 경영 환경 및 CRM 패키지에 따라 큰 차이를 나타낸다. 경영 환경 측면에서는 기업의 업종, 경영 전략, 기존 정보 인프라, 제한 요소 등에 따라서 영향을 받는다. 기업의 업종에 따라 시스템의 전체적인 구성이 달라질 것이며, 같은 업종에 있더라도 기업이 추구하는 가치에 따라 구축되는 CRM 시스템의 구성 요소는 다를 것이며, 기업에게 존재하는 제한 요소에 따라 차이를 나타낼 것이다.

최근에 구축되는 CRM 시스템의 대부분은 자체적으로 설계되어 구축되기보다 CRM 패키지를 사용하여 구축된다. CRM 패키지는 공급자별로 많은 차이를 나타내기 때문에 이의 선택은 매우 중요하다. 고객 정보 분석에 강점을 나타내는 패키지, 서비스 부문에 강점을 나타내는 패키지, 상거래 부문에 강점을 나타내는 패키지 등 패키지별로 특성이 다르기 때문에 기업의 경영 환경을 면밀히 분석하고, 각 패키지의 특징을 고려한 후에 CRM 시스템을 구축할 필요가 있다. 일반적으로 CRM 시스템의 구성 요소는 고객 정보 분석 부문, 실행 부문, 공통 부문으로 나누어진다. 고객 정보 분석 부문에는 분석 도구, 의사 결정 지원 도구, 계획 도구가 있으며, 효과적인 고객 정보 관리를 위한 고객 세분화, 고객 요구 사항 파악, 마케팅 방안에 대한 분석이 이루어진다. 실행 부문에는 채널 관리자, 로직 저장소, 캠페인 관리자, 플로 관리자가 있으며 고객과의 상호 작용을 위한 요소로 구성되어 있다. 공통 부문은 고객 정보 분석, 실행에서 공통적으로 사용되는 고객 정보 저장소, 지식 관리자가 있다.

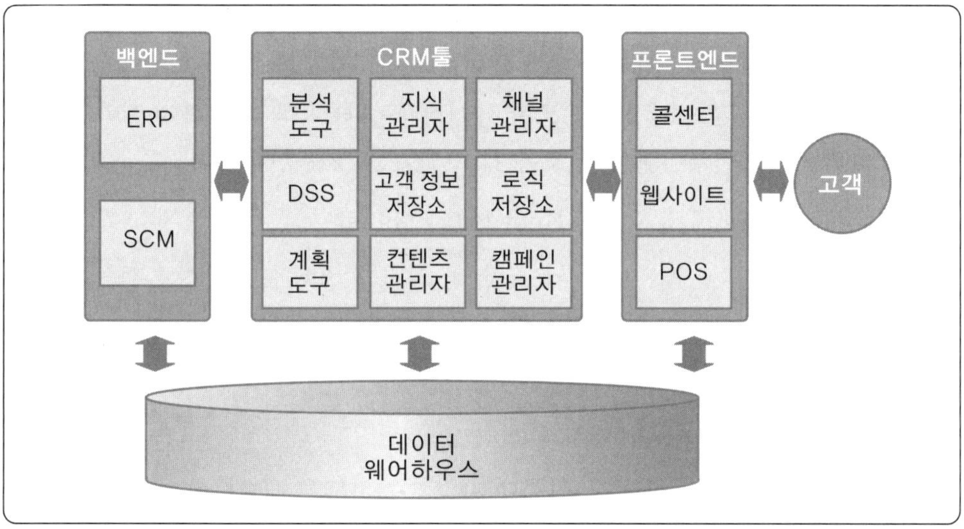

[그림 7-3] CRM 시스템 구성 요소

① 채널 관리자(Channel Manager)

채널 관리자는 판매 자동화, 콜센터, POS(Point of Sales), 인터넷 등의 외부 시스템과 인터페이스 하는 부분을 관리하여 CRM 시스템에게 채널 독립성을 제공한다.

② 로직 저장소(Event Triggers/Business logic)

시스템 측면에서 CRM 시스템과 관련된 고객 정보는 자동적으로 필요한 곳에 제공되어야 한다. 이에 따라 정보의 종류, 형식 등에 따라 정보를 자동적이고 효과적으로 관리하기 위한 로직이 이곳에 저장된다.

③ 캠페인 관리자(Campaign Manager)

캠페인 관리자는 기업이 다양한 채널을 이용하여 마케팅을 하는 과정에서 일어나는 이벤트들의 실행 과정을 관리하고, 이벤트의 효과를 정확하게 파악할 수 있도록 고객 정보 저장소와 연동하여 관련 고객 정보를 관리한다.

④ 컨텐츠 관리자(Content Manager)

CRM 이전에 판매 자동화 측면에서 사용된 컨텐츠 관리자는 고객 정보, 고객 정보의 저장 방법, 고객 정보의 구성 등 CRM 시스템의 컨텐츠 관련 부분을 관리한다. 또한 기존에 사용된 마케팅 자료를 관리하여 관련자에게 필요에 따라 해당 정보를 제공한다.

⑤ 고객 정보 저장소(Customer Information Repository)

고객 정보 저장소는 CRM 시스템의 데이터베이스로 모든 고객 관련 정보가 이곳에 저장된다. 고객 정보 저장소는 또한 데이터웨어하우스와 연동하여 고객 정보의 분석이 효과적으로 이루어질 수 있도록 시스템적으로 지원한다.

⑥ 지식 관리자(Workflow and Knowledge Manager)

지식 관리자는 CRM 시스템의 워크플로와 관련된 전체 프로세스를 관리하는 부분으로, CRM 시스템의 다양한 구성 요소가 효과적으로 연동되도록 시스템적으로 지원한다.

⑦ DSS(Decision Support Systems)

도구 DSS 도구는 의사 결정을 실제로 지원 가능하도록 데이터에 대한 다양한 뷰(view)를 제공한다. 데이터 웨어하우스 및 자체 정보 저장소로부터 정보를 받아 기업의 의사 결정을 지원하기 위한 통합된 정보를 제공한다.

⑧ 분석 도구(Analytical/Data Mining tools)

CRM의 다양한 분석 도구는 데이터웨 어하우스와 연동하여 데이터 마이닝, 통계적 기법 등 다양한 분석 기법을 이용하여 고객 관련 정보를 분석한다. 분석된 정보는 기업의 고객 관련 전략 수립, 향후 마케팅 계획 등 다양한 부문에서 사용된다.

⑨ 계획 도구(Forecasting/Planning tools)

데이터웨 어하우스 및 고객 채널로부터 인터페이스 된 데이터는 분석되어 기업에게 유용한 정보가 된다. 계획 도구는 현재의 데이터를 분석하여 현 상황에 대한 데이터를 제공하는 동시에, 다양한 통계적인 기법 및 데이터 마이닝 기법을 사용하여 계획 데이터를 생성한다.

제3절 CRM의 도입과 구축

1. CRM 도입의 전제 조건

CRM 도입의 가장 큰 전제 조건은 CRM을 도입하기 전 기업이 정말 CRM 도입을 필요로 하는 것인지를 분명히 하는 것이다. CRM이 기업이 속한 산업 특성과 현황, 전사적 전략, 비즈니스 모델 등을 고려하여 기업에 적합한 CRM 전략을 수립하여 전략 방향을 바탕으로 고객 전략, 상품 · 서비스 전략, 커뮤니케이션 · 채널 전략, 프로세스 및 조직 재설계, 시스템 구축 작업 등이 단계적으로 실행되어야 한다. 기업이 보유하고 있는 고객, 상품, 거래 등에 대한 데이터를 하나의 데이터베이스로 통합한 고객 통합 데이터 웨어하우스는 CRM의 근간을 이룬다고 할 수 있다. CRM을 위해서는 기업이 보유한 고객과 관련된 모든 정보를 공유해야 하기 때문이다. 통합 데이터웨 어하우스를 활용하는 도구의 역할을 하는 데이터 마이닝 도입 역시 본격적인 CRM 이전에 선행되어야 한다.

2. CRM 도입 프로세스

전형적인 CRM 방법론은 아래 [그림 7-4]와 같이 현황 평가, CRM 전략 계획 수립, CRM 정보 시스템 구축, 고객 분석 및 CRM 전술 기획, CRM 프로그램 실행,

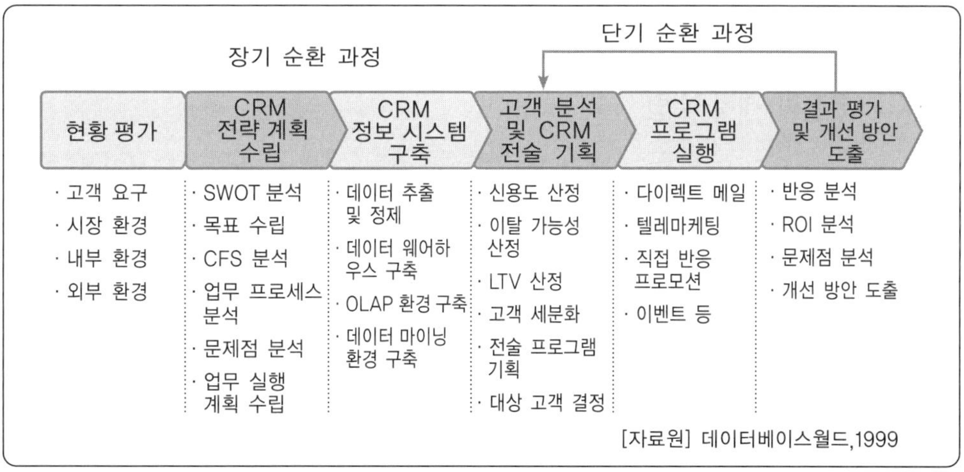

[그림 7-4] CRM 도입 프로세스

결과 평가 및 개선 방안 도출 등의 프로세스를 거친다. CRM은 패키지 도입만으로 도입이 완료되는 것이 아니라 이 과정을 장기적, 단기적 관점에서 반복하면서 지속적인 개선 과정을 거치게 된다.

가. 현황 평가

현황 평가 단계는 기존에 보유하고 있는 사내 외 자료를 바탕으로 전체적인 환경 분석을 실시하고 CRM 타당성에 대한 검토를 수행한다. 구체적으로 고객의 요구 사항을 평가하고, 경쟁사나 동종 업종의 상황에 대한 변화 추이를 파악하고, 기업 내부 환경인 업무 및 조직 등에 대한 자료를 분석한다.

[표 7-3] CRM 도입을 위한 사전 분석 항목

구분		분석 내용
외부 환경 분석	고객 분석	고객 니즈, 구매 결정 요소(Key Buying Factors) 파악
	경쟁사 분석	경쟁사의 고객 관리 활동, 고객의 경쟁사 상품 구매 요인 분석
	거시 환경 분석	거시 경제, 정책과 규제, 기술 발달, 사회 문화적 환경 분석
내부 환경 분석	자사 고객 지향성 분석	기업 전략, 정보 시스템, 기업 문화 등의 고객 지향성을 분석하여 CRM에 있어서 자사의 기존 활동의 문제점 도출
	전략적 적합성 분석	기업 전략, 사업 전략, 마케팅 전략, 고객 관리 활동, 기업 문화 등의 적합성 분석
	외부 환경에 대한 적합성 분석	자사의 전략이나 활동이 외부 환경의 특성 및 변화 방향에 부합되는지 분석

나. CRM 전략 계획 수립

기업 내 · 외부의 업무 환경 분석 결과를 기반으로 전략 수립이 이루어진다. 세부적 전략 수립을 바탕으로 CRM 구축 목적이 명확하여야 하며, 예상 산출물 활용방안이 구체적이어야 한다. 또한 마케팅 담당자, CRM 시스템 설계자, CRM 분석자 간의 원활한 의사소통이 필요하다. 또한 CRM 시스템 도입 및 규모에 대한 경제적 타당성을 고려한다. 기업의 정해진 자금 사용에 대한 이익이나 비용 절감 등 얼마나 많은 회수가 있는지 투자 대비 효과를 비교 분석한다.

[표 7-4] 전략 수립을 위한 업무환경 및 시스템 분석

☞ 업무 환경 분석

시장 트렌드 분석, 경쟁사 분석, 자사의 고객 요구 분석 등과 같은 기업의 기존 전략 및 CRM을 위한 업무 환경을 파악하는 데 중점을 둔다. 분석에 필요한 자료는 다음과 같은 과정에서 얻을 수 있다.

- ㅇ 임원 등을 대상으로 한 인터뷰 및 문헌 조사
- ㅇ 비즈니스 환경 분석
- ㅇ 시장 환경 및 경쟁사 벤치마킹
- ㅇ 각 채널별 고객 경험 조사

☞ 현 CRM 프로세스 및 시스템에 대한 분석

- ㅇ 담당자 인터뷰를 통한 고객 정보 분석
- ㅇ 대고객 접점 채널 활용 상태
- ㅇ 시스템 파악
- ㅇ 고객 정보의 수집경로 및 활용 현황
- ㅇ 고객 정보의 채널별 공유 및 통합 현황

다. CRM 정보 시스템 구축

CRM 정보 시스템 구축 단계에서는 이전 단계에서 결정된 정보 시스템 진화 계획에 의거하여 온라인거래처리(OLTP), 온라인분석처리(OLAP) 등을 지원하는 정보 시스템에 대한 상세한 요구사항을 정의하고 이를 설계, 구축하게 된다. 이 단계에서는 ① 타 정보 시스템이 가지고 있는 데이터를 추출 및 정제하여 데이터 웨어하우스 또는 CRM 통합 데이터베이스를 구축하는 작업, ② 이를 분석하기 위하여 OLAP 환경과 데이터 마이닝 환경 등 데이터 분석을 위한 정보 시스템 환경을 구축하는 작업, ③ 분석된 정보를 기반으로 실제 고객 관리 업무를 실행하기 위한 CTI(Computer Telephony Integration) 등의 OLTP 관련 시스템에 대한 기반 환경을 구축하는 작업 등이 포함된다.

e-비즈니스의 경우, 오프라인 비즈니스에 비해 고객 정보 수집에 유리하나 여전히 고객 데이터 수집에 걸림돌이 존재한다.

① 회원 ID를 입력하는 경우

- 한 명의 회원이 복수의 ID를 확보하여 고객의 접촉 데이터가 분산되는 경우 (특히, 무료 사이트의 경우)

- 하나의 ID를 복수의 이용자가 사용하는 경우(특히, 유료 사이트의 경우)

② 회원 ID를 입력하지 않는 경우

- 부동 IP를 사용하는 경우
- 쿠키를 허용하지 않는 경우
- 1대의 PC를 여러 사람이 이용하는 경우

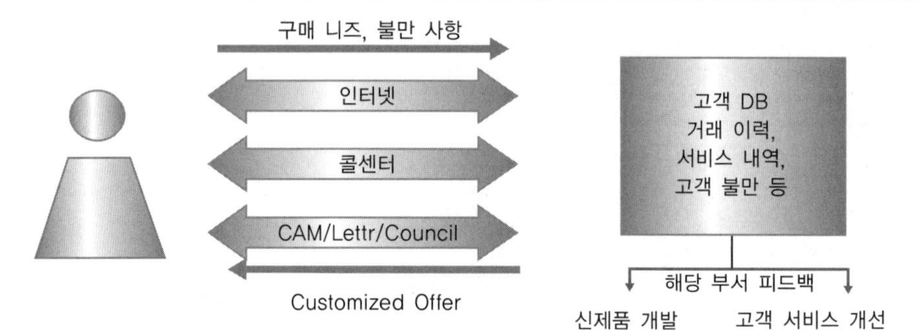

해석 : CAM(Customer Advocating Meeting) ; 고객의 불만 사항에 대해 델 컴퓨터 대표자 회의가 해결책 제시
Dear Michael Letter : 제품 판매시 회송용 카드 동봉, 감사 표시와 더불어 고객 불만 사항 청취
Platinum Council : 분기별로 특급 우량 고객 초청, 공동 토의를 통해 고객 니즈, 불만사항 청취

[그림 7-5] 고객 데이터 통합 : DELL 컴퓨터

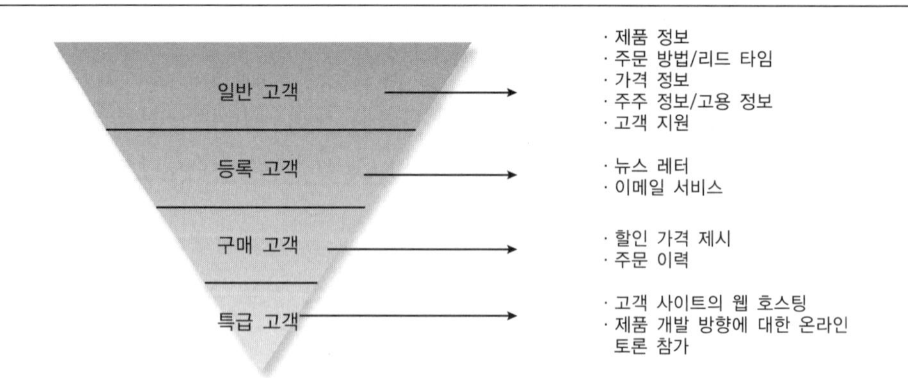

[그림 7-6] 고객의 등급화 : DELL 컴퓨터

DELL 컴퓨터는 다양한 경로로 수집된 고객 정보를 통합하여 지식화함으로써 차

별적 경쟁력을 확보한다. DELL 컴퓨터는 자사의 고객을 몇 개의 등급으로 구분해서 차별적으로 관리하고 있다.

라. 고객 분석 및 CRM 전술 기획

고객 분석 및 CRM 전술 기획 단계는 통합된 데이터베이스 내에 축적된 고객 데이터를 분석하여 고객의 집단 또는 개인이 가지고 있는 특성과 경향을 파악한 다음, 고객과의 관계를 효과적으로 유지할 수 있도록 하는 전술적이고 단기적인 실제 고객 관리 활동을 설계한다. 고객에 대한 분석에는 고객의 신용도, 이탈 가능성, LTV 산정, 고객 세분화 등이 포함되고 전술 기획에는 실행할 고객 관리 프로그램에 대한 예산, 일정, 주제 등 세부 사항의 기획과 그 프로그램에 포함될 개별적인 고객 목록 결정 등이 포함된다.

마. CRM 프로그램 실행

CRM 프로그램의 실행 단계는 고객의 이탈 저지나 구매 촉진 등 실질적으로 고객과의 관계를 관리하는 활동이 전개되는데, 구체적으로 다이렉트 메일, 텔레마케팅, 직접 반응 프로모션 또는 이벤트 개최 등이 실시된다. CRM의 실행은 적합성 테스트(Pre-Test)와 실행 확대(Roll Out) 단계로 나누어 볼 수 있다. 적합성 테스트는 CRM 전략과 시스템이 과연 효과가 있을지를 미리 테스트 해보는 단계이며 실행 확대 단계는 적합성 테스트를 통해 적합성이 검증되면 CRM 대상 고객 전체에 대해 CRM을 확대하여 실행하는 것이다. CRM 실행 시 잊지 말아야 할 것은 CRM은 일회성 활동이 아니라는 점이다. 따라서 CRM의 활동 성과에 대해서 정기적으로 평가가 이루어지고 그 결과에 따라 지속적인 개선 활동이 이루어져야 한다.

바. 결과 평가 및 개선 방안 도출

결과 평가 단계에서는 프로그램 결과와 효과를 다시 측정한다. 즉 기업의 목적에 어느 정도 기여했는가와 함께 프로그램이 고객의 행동에 미친 영향도 고려한다. 또한 프로그램의 성과와 결과를 조직 전체에 알림으로써 전사적인 정보로의 공유가 가능하도록 한다. 그밖에 실행 과정에서 발견된 문제점을 파악하여 개선 방안을 도출한다. CRM 구현 방법론상의 전 과정은 정보 시스템의 지원을 바탕으로 진행되어야 하지만 최초의 CRM 사이클 수행에서는 기존에 구축된 CRM 지원 정보 시스템이 없으므로 CRM 방법론의 첫 번째와 두 번째 단계가 정보 시스템의 직접적인 지원 없이 수행되어야 하며 세 번째 단계에서는 정보 시스템을 구축하기 위한 상당한 자원의 신규 투입이 필요하다. 그러나 일단 정보 시스템이 구축된 이후에는 지속적인 보완과 확장을 해나가면서 CRM을 반복적으로 수행해 나가게 된다.

고객 반응과 더불어 시스템 운영자, 분석자 측면 또한 고려한 유지 보수를 수행하며, 한 사이클 동안 각 단계에서 발견된 문제점, 개선점을 취합하는 것이 중요하다.

3. CRM 벤더와 솔루션의 선택

CRM 솔루션 중 가장 효과적인 수단을 취사선택할 필요가 있는 것이다. 비용 효과적인 CRM 솔루션 선택을 위하여 고려해야 점들을 보면 다음과 같은 것들이 있다.

가. 고객이 가장 편리하게 사용할 수 있는 수단은 무엇인가

인터넷이 일반화되고 있기는 하지만 아직 대부분의 사람들은 인터넷에서 사용가능한 다양한 도구들을 효과적으로 이용하고 있지도 못하고 새로운 도구를 이용하는데 두려움을 느끼기조차 한다. 그래서 CRM 솔루션을 선택할 때에는 자신의 고객들이 가장 편리하게 느끼는 수단이 무엇인지를 생각하고 이곳에서부터 지원해 가기 시작하는 것이 바람직하다. 예를 들어 인터넷 기반의 신기술에 익숙치 못하고, 타이핑 속도 또한 늦은 사람들이 주된 고객층이라고 하면 채팅, 인터넷폰, 웹 FAQ 등을 통한 고객 지원보다는 전화나 팩스와 같이 큰 부담 없이 접근할 수 있는 수단을 지원하는 솔루션을 우선적으로 고려할 필요가 있다. 반면 신기술을 재빨리 받아들이고 온라인에서 글을 쓰고 얘기하기를 좋아하는 젊은 층이 주된 고객인 사이트에서는 채팅을 통한 고객 지원을 우선적으로 고려할 수 있을 것이다.

나. 사용자 환경

어떤 솔루션의 경우 고객들로 하여금 고객의 PC에 파일을 설치하고, 장비까지 갖추어야 하는 경우가 있다. 3차원의 아바타를 통한 고객 지원이 이루어진다거나, 인터넷폰을 통한 고객 지원이 이루어질 경우이다. 그런데 많은 사용자들의 인터넷 접속 환경이 이를 사용하기 위한 기반이 갖추어져 있지 못하거나, 이를 지원할 수 있는 소프트웨어의 설치를 두려워하거나 기피할 수 있다. 이러한 경우에는 많은 자금을 들여 투자한 CRM 환경이 실질적으로 고객들에게 별 도움을 주지 못할 수 있다. 사용자 환경에 대한 조사가 필요한 것이다.

다. CRM 도입의 주된 목적이 무엇인가

CRM을 도입하는 주된 목적이 무엇인지 또한 깊이 생각해야 할 문제이다. 고객을 대상으로 보다 효과적인 마케팅 및 판촉 활동을 전개하기 위한 것인지, 아니면 고객으로부터 접수되는 각종 서비스 요청을 효과적으로 처리하기 위해서인지를 분명히 해야 한다. 목적에 따라 도입하게 될 솔루션과 이 솔루션의 활용 구축 및 활용 방식은 매우 다르기 때문이다.

라. 규모는 어느 정도인가

자신들의 고객이 얼마나 되고, 이들 고객이 얼마나 서비스를 많이 요구하게 될 것인가의 문제를 고려해야 한다. 많은 고객을 보유한 기업이 채팅이나 콜센터와 같이 사람의 참여가 필요한 방식을 택하게 되면, 어느 순간에는 증가하는 고객 서비스 비용을 감당하지 못하게 될 뿐만 아니라, 고객을 지원하기 위한 도구가 오히려 낮은 품질로 인하여 고객의 불만을 더 크게 만들 수도 있다.

마. 기존 시스템과의 통합 가능성

현재 도입되어 있는 시스템이 있는 경우에는 현재의 시스템이 새롭게 구축될 시스템과 호환성을 가지는 제품을 선택하는 것도 중요한 작업이다. 단순히 하드웨어적 호환성의 문제가 아니라 데이터의 이식성도 중요한 기준이 된다. 대부분이 대규모의 데이터를 가지고 있기 때문에 데이터의 이식에 어려움을 겪을 경우는 하드웨어의 경우보다 훨씬 심각한 문제를 초래할 수 있다. 따라서 기존 시스템을 파악하여 이미 투자된 시스템을 버리는 일 없이 새로운 시스템 도입에 맞추어 제공해야 한다.

바. 시스템의 확장성

스템 발전 속도, 기업의 업무 확장 등 모든 부분이 빠른 속도로 변해가고 있기 때문에 도입 시스템이 어느 정도의 확장성을 가지고 있느냐는 매우 중요한 의미를 가지고 있다. 어차피 한 번에 모든 것을 바꾸기 어렵다면 무엇부터, 어느 정도 수준으로 그리고 어떠한 단계로 CRM 도입을 추진할 것인가를 고민해야 하기 때문에 최대한 많은 솔루션에 확장성을 가지고 있는 제품으로 선택해야 한다.

사. 최적의 합리적인 투자

모든 고객의 모든 자원을 관리해야만 성공적인 CRM을 수행할 수 있다는 생각을 버릴 필요가 있다. 합리성이나 효율성이 무시된 무차별적인 투자가 이루어졌을 때 CRM의 결과는 우수할지라도 전체적인 비즈니스와의 균형에서는 결코 성공적이라 말할 수 없다. 굳이 모든 고객의 정보를 통합, 관리할 필요는 없다. 예산이 제한되었다면 주어진 예산을 중요한 고객과 중요한 고객 정보에 우선적으로 투자하는 것으로 충분하다. 가장 중요성이 높은 고객에 대해서는 보다 상세한 정보를 보유할 필요가 있으며 상대적으로 중요성이 낮은 고객에 대해서는 기본적인 사항만을 관리하는 방법으로 타협점을 찾는 것이 좋다.

아. 기업의 역량 및 경영 수준 감안한 솔루션 선택과 커스터마이징

CRM 솔루션은 패키지 형태로 그냥 도입한다고 해서 완성되는 것은 아니다. CRM을 도입한 후 고객들의 서비스 요구 폭주로 그 기능을 제대로 수행하지 못할 수도 있다. 이 경우에는 단지 CRM이 아니라 온라인과 오프라인에서의 업무 프로세스를 전반적으로 재설계하고, 취약한 부분을 강화시키기 위한 전면적인 개편이 필요할 수 있다. 또한 CRM 솔루션의 정착을 위해서는 패키지를 도입한 후 이를 자사의 상황에 맞게 커스터마이징하고, 지속적인 유지 보수 및 관리가 이루어질 필요가 있다. 솔루션을 선정할 때에는 자사의 기술력을 감안하여 이러한 작업이 효과적으로 이루어질 수 있는 것을 선정해야 한다. 또한 고객 지원 담당자의 수준도 문제가 된다. 복잡한 사용자 인터페이스를 지닌 솔루션은 사용자의 불편을 초래할 뿐 아니라 솔루션이 지원하는 기능을 효과적으로 사용하지 못하게 만들 수 있다.

4. CRM 도입 고려 사항

CRM을 도입할 시 다음과 같은 10가지 사항들을 고려해야 한다.

① 단계적 구축 방법을 사용해야 한다.

단계적으로 접근해야 실현 가능한 목표를 설정할 수 있으며 문제점 발견 시 기업 전체에 미치는 영향을 최소화할 수 있다. 각 단계가 끝날 때마다 목표와 현실 간의 차이를 측정하여 접근 방법을 수정해야 한다.

② 전사적인 CRM 전략을 기획 수립하는 것이 무엇보다 중요하다.

철저한 기획과 준비를 통해 기존 업무와 정보 기술과의 적절한 접목 및 투자 대비 효과 등 장기적인 계획 수립 하에 추진하여야 성공적인 CRM 시스템 구축, 운영이 가능하다.

③ 업무 프로세스 및 고객에 대한 이해가 선행되어야 한다.

교차 기능적(Cross-Functional) 프로젝트팀을 구성하여 팀 내에 기술적인 인력은 물론 최종 사용자들을 포함시켜야 한다. 이들 간의 지속적 협력 관계 구축이 필요하다.

④ 기술적인 관점과 비즈니스적인 관점을 조화시킨다.

프로젝트팀은 고객 정보 시스템의 성공적 구축을 측정할 수 있는 방법을 마련해야 한다. 기업 내 CRM 도입 영향을 받을 다른 사람들과의 의사소통 채널을 확보해야 한다.

⑤ 기술보다는 고객에 초점을 둔다.

선진국의 경우를 보면 지금까지 많은 실패 사례에서 고객 정보 시스템 구축 작업이 고객 관계에 어떤 영향을 미칠 것인가에 대한 고려 없이 진행된 것을 확인할 수 있다. 프로젝트 초기에 고객 정보 시스템의 구축이 고객 정보를 필요로 하는 업무들에게 구체적으로 어떠한 영향을 미칠지에 대한 측정 방법을 확립해야 한다.

⑥ CEO의 의지 및 각 부서 간 업무 협조와 회사 내부나 프로젝트 수행 조직에 분야별 전문가가 있어야 한다. 프로젝트를 후원할 수 있는 조직 등으로 이루어진 강력한 추진 조직 및 인적 자원이 필요하다.

⑦ CRM 시스템을 구성할 하드웨어와 소프트웨어 벤더 선정에 있어 시장의 점유율과 포지셔닝 및 향후 업그레이드와 지원 등을 충분히 고려해야 한다.

이들이 기술적 측면에서 기존의 정보 시스템과의 유연한 통합이 가능한지를 확인한다.

⑧ 확장성(Scalability)을 구현한다.

사용자의 수요 증가에 따라 시스템 용량을 쉽게 증가시킬 수 있어야 한다. 또한 다이렉트 마케팅이나 CRM 등을 위해서 고객 정보 시스템의 데이터는 매우 빠르게 그 규모가 커질 수 있다. 시스템 구축 후 실제 처리 용량을 예측하는 것은 쉽지 않은 작업이다. 특히 고객 정보 시스템이 웹과 연결될 경우 동시에 많은 고객이 웹에 접속하는 상황도 예상해야 한다.

⑨ 개방형 기술을 선택한다.

독점적인 DB나 분석 수단을 사용하지 말아야 한다. 특히 데이터 웨어하우스의 경우 현재 시장이 국내에서는 도입 · 성장기에 있지만 기술적으로 성숙기를 지나고 있어 서비스가 중단될 응용 프로그램들이 있을 수 있다.

⑩ 하드웨어는 가격이 내려갈 것으로 예상해야 한다.

컴퓨터 저장 매체의 가격 및 성능이 개선되고 있기 때문에 고객 정보 시스템 개발 시 하드웨어 비용보다는 사용자의 생산성에 초점을 두어야 한다. 오늘날 하드웨어 비용을 줄이는 방법이 많이 있지만 이에 치중할 경우 잘못하면 장기적으로 사용자의 생산성에 피해를 줄 수 있다.

제4절 CRM의 활용

1. CRM 활용 전략

CRM 활용 전략은 매우 다양한 형태를 취할 수 있다. 이러한 것은 활용 기업의 업무 성격과 특성에 기인한 것으로 앞에서 제기된 시사점과 개선 방안을 바탕으로 CRM의 전략과 기대 효과를 요약 제시해 보면 다음과 같다. 첫째, 타겟 마케팅을 위한 도구로서의 활용으로 특정 상품에 대한 목표 고객을 선정하는 데 유용성을 갖는다. 둘째, 상품 개발 등과 같은 마케팅 전략 계획을 구상할 때 유용한 정보를 제공하는 수단으로 사용되는데 이는 상품의 개발이나 개선 등을 위한 전략을 수립하고자 할 때 CRM이 고객의 니즈에 대한 정보를 알려줄 수 있는 점에서 보다 큰 유용성을 갖는다. 셋째, 지점 단위에서 마케팅 프로그램을 마련하고자 할 때 유용성을 갖고 이는 CRM이 지역 상권의 고객 성향 등에 대한 정보를 보다 다차원적으로 제공해 줄 수 있기 때문이다. 이처럼 CRM 활용은 다양한 형태로 전개될 수 있지만 크게 기존 고객을 대상으로 한 전략과 신규 고객을 창출하는 전략에서 무엇보다 금융권에서 유용성을 갖는다. 특히 기존 고객을 대상으로 한 전략은 다시 세부적인 목적이 무엇인가에 따라 고객 활성화 전략, 교차 판매 전략, 고객 유지 전략, 이탈 고객 관리전략 등에서 기존 데이터베이스 마케팅 시스템이나 ERP 등 보다 뛰어난 효과를 보이는 점에서 장점을 갖는다.

2. e-비즈니스 환경에서의 CRM 도입

가. e-CRM

CRM을 기업 이윤 극대화를 위하여 가치 있는 고객을 파악, 획득 및 유지하는 일련의 활동으로 정의할 때, e-CRM은 인터넷 상에서 물건을 구입하는 고객 혹은 인터넷을 통해 접촉하는 고객을 대상으로 인터넷 기반 기술을 사용하여 CRM 활동을 하는 것으로 이해할 수 있다. 인터넷 상의 고객만을 대상으로 하는 것이 아니라 CRM 활동에 인터넷 기반 기술이나 방법을 활용하는 경우도 e-CRM으로 구분한다. 전통적 CRM은 콜센터와 같은 오프라인 채널을 중심으로 CRM 활동을 지원하며, e-CRM은 CRM 활동이 온라인으로 옮겨간 것이다. 전통적인 CRM은 CRM 시스템이 오프라인 기업과 고객들에서는 효과적으로 활용되었으나 온라인 및 자동화 측면에서 고객의 수요에 즉각적인 대응의 어려움, 온라인 판매와 온라인상의 서비스 제공 채널의 다양화, 전문 고객 접점 요원의 인건비 증가, 시간과 장소의 제약 등으로 문제가 발생했다. 한편 전자상거래의 급성장과 더불어 기업들은 인터넷을 활용한 고객 서비스 향상에 관심을 기울이기 시작하였으며, 온라인을 중심으로 CRM을 적용하기 위해서 e-CRM 시스템이 도입되게 되었다.

e-CRM이란 인터넷 환경에서 고객에 대한 지식을 기반으로 통합적이고 차별화된 고객 관리를 실시하는 것을 의미하며 e-CRM의 목표는 인터넷을 통한 CRM을 통해 고객의 요구 사항에 신속히 대응하고 고객 행동에 대한 예측성을 높임으로써 고객 점유율을 높이고 기업의 수익성을 증대시키는 것이라 할 수 있다. 인터넷 환경에서는 고객 정보를 수집하고 유지하는 비용과 고객 관리 비용도 절약할 수 있어 효과적이며 CRM의 활동이 기존의 오프라인보다 빨리 진행되어 고객의 반응에 따라 실시간으로 각 고객에 대한 차별적인 전략을 수행할 수 있을 것이다.

[표 7-5] 전통적 CRM과 e-CRM

	전통적 CRM	e-CRM
영역	고객 서비스 등 오프라인 중심 기업 (Sales + Service + Marketing)	e비즈니스 기업(eSales + eService + eMarketing)
주요 접점	콜센터, 영업 사원, 오프라인 중심	온라인(인터넷) 중심
판매 관련 요소	전화 판매 + 판매 자동화	전자상거래(B2B, B2C)
서비스 관련 요소	기술 지원 + 현장 서비스	온라인 서비스, e메일 관리
마케팅 관련 요소	캠페인 관리 + 분석 도구	eMarketing + 개인화된 서비스
데이터 수집	영업 사원의 방문, DM, 구매 데이터 등 복수의 분산된 채널	웹기반의 단일 통합 채널(웹로그, e메일, 웹콜센터,구매 데이터 등의 통합)
데이터 분석	고전적 통계 기법, 데이터 마이닝	실시간 고객 성향 분석, OLAP, 고객 행동 패턴 분석
데이터 활용	마케팅 캠페인, 영업 강화, CTI, 프로모션	원투원 마케팅, 웹사이트 개인화, 실시간 추천 시스템
비용	높은 인건비로 인해 고객 관리 비용이 상대적으로 높음	초기 IT 도입 비용이 높은 반면 지속적인 관리 유지 비용이 낮음
시간, 공간적 범위	제한된 시간, 지역적 한계 존재	지역, 시간적 제약 탈피

e-CRM의 가장 큰 혜택은 인터넷을 통해 단시간 내에 더 많은 고객들에 대한 정보와 지식을 얻을 수 있다는 것이다. e-CRM에서 제공하는 고객 형태 분석(Customer Behavior Analysis) 도구를 사용하면 어떤 고객군이 우리에게 의미 있는 지를 오프라인 CRM에서 보다 훨씬 빠르게 얻을 수 있다. 이런 정보와 지식은 사내의 지식 경영 시스템과 연계되어, 고객 지식과 경험을 전사적으로 빠른 시간 내에 공유하는 것이 가능하다. 그리고 공유된 고객에 대한 지식과 정보는 대(對) 고객 전략 수립의 기반이 되어, 결과적으로 기업의 수익성을 증대하는 효과가 있게 된다.

또 한편 전사적 e-CRM을 통해 인터넷상의 고객 관리 프로세스가 자동화되고, 오프라인 고객 관리 시스템과 연동되기 때문에 고객 1인에 소요되는 관리 비용이 절감되는 효과를 얻을 수 있다. 인터넷의 특성을 이용한 고객 응대 속도 향상과 고객 응대에 대한 비용 절감이 가능하여, 전체적으로는 기업의 수익성을 향상시키는 효과가 있다.

e-CRM을 통해 갖게 된 고객에 대한 정보와 지식을 기반으로 고객 개인이 필요로 하는 맞춤 서비스를 제공할 수 있기 때문에, 고객 만족도 향상을 기대할 수 있다. 고개 만족도 향상이 고객 로열티를 제고하고, 고객의 기업에 대한 수익성을 높이는 효과를 얻게 된다. 또한 e-CRM을 통한 고객 분석과 의미 있는 고객군의 분류를 통해 기업에게 가장 가치 있는 고객군을 찾아내고, 이를 대상으로 한 집중 마케팅이 가능하므로, 기업 수익성 제고가 가능하다.

나. B2B CRM

전통적인 CRM은 일반 소비자들을 대상으로 한 고객 관리에 초점이 맞추어져 있다. 하지만 대부분의 기업이 일반 소비자가 아닌 다른 기업이나 해당 기업 내 조직원을 고객으로 확보하고 있다는 점에서 기업을 대상으로 한 고객 관리는 필수적이다. 기업 간 거래에서의 고객은 개인이 아닌 복수의 인원으로 이루어진 조직이므로 기업에 대한 고객의 기대는 복잡하고 복합적이며, 거래의 규모 또한 일반 소비자를 대상으로 한 거래에 비하여 크다. 고객 기업과의 지속적인 관계를 유지하고 과거의 거래 경험과 고객 기업 구성원의 최신 정보를 유지하는 것이 매우 중요하다. 기업간 거래에서의 CRM은 고객 기업이 속한 산업의 특성과 고객 기업의 생산 활동의 특성을 이해하고, 판매 기업과 고객 기업 간의 윈-윈(Win-Win) 관점의 장기적 협력 체계를 구축하여 고객 기업의 만족과 가치를 제고를 통해 고객을 계속적으로 유지하는 것을 목적으로 한다.

B2B CRM의 가장 큰 특징은 일반 소비자가 아닌 다른 기업이나 그 기업의 조직원을 대상으로 한다는 점이다. B2B는 기업 간의 거래이기 때문에 개인의 가치는 기업이 운영하는 다양한 시스템과 관련되어 있다. 고객이 기업이나 법인이지만 그 기업이나 법인에서 활동하는 개인이나 기업 시스템에 초점을 맞추어야 한다. 또한 B2B CRM에서는 구매자뿐만 아니라 최종 구매 결정에 강력한 영향력을 행사하는 사람들도 중요한 대상이 된다. B2B CRM은 단순히 고객 관계 관리를 위한 데이터베이스 마케팅 기법이나 솔루션 구축을 위한 협의적인 비즈니스의 변화만을 수행하는 것이 아니다. B2B CRM의 구축의 절차를 수행하기 전에 경영 자원, 전략, 조직 등의 전사적인 경영 체계를 동시에 전환해야 한다. 또한 기업의 문제를 파악하고 범위를 정하는 것이 선행되어야 한다.

다. m-CRM

m-CRM(Wireless CRM, Mobile CRM, mCRM, 모바일 CRM)이란 기존 CRM 기능을 무선 인터넷이 가능한 핸드폰, PDA 등의 단말기를 통해 언제, 어디서나 사용할 수 있게 하여 고객 만족도를 증가시키고 현장 근무 직원의 생산성을 높여주는 CRM의 부가 기능이다.

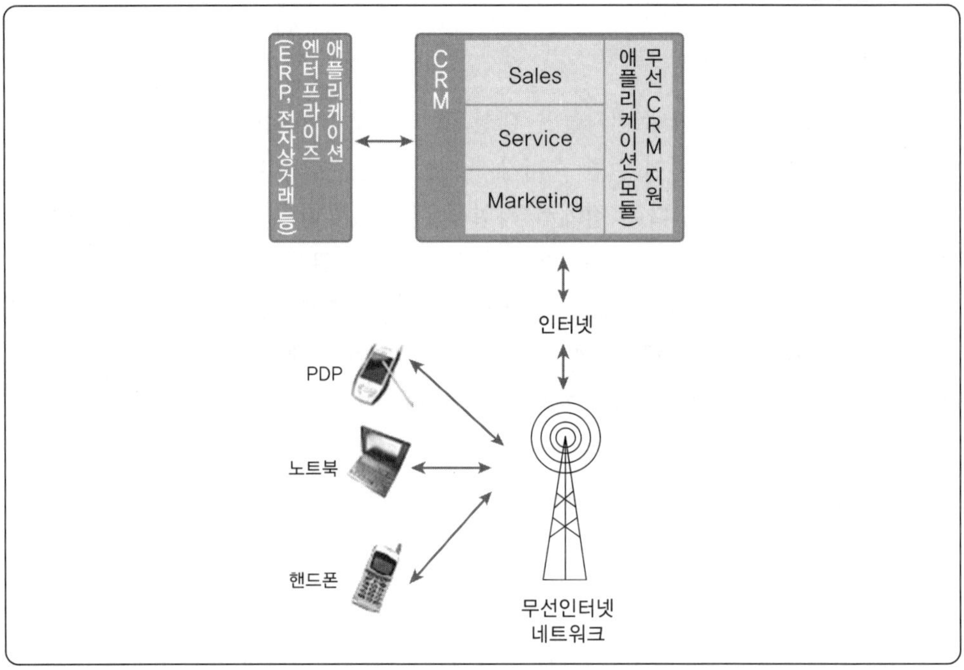

[그림 7-7] m-CRM 서비스 개요

m-CRM의 등장은 이동 통신 가입자가 빠르게 증가함에 따라 핸드폰과 같은 무선 디바이스가 중요한 고객 채널로 부상했다는 것을 의미한다.

다양한 애플리케이션을 지원하는 고급 핸드폰 사용자의 폭발적 증가와 PDA 사용자 급증은 기업들에게 무선 디바이스와 무선 통신(혹은 무선 인터넷)이 고객에게 서비스를 제공하고 고객의 정보를 취득할 수 있는 유용한 고객 채널이 될 수 있다는 확신을 준 것이다. 또한 무선 디바이스의 특성상 사용자의 개인 정보에 기반한 더욱 강력한 개인화(Personalization) 기능을 제공할 수 있게 되어 진정한 맞춤 서비스를 제공할 수 있는 수단으로 m-CRM 도입을 검토하게 되었다. 현재 익스페디아(Expedia) 등과 같은 온라인 여행 서비스 업체에서부터 캘리포니아 주 정부 등의 공공·관공서, 메릴린치(Merill Lynch) 등 금융회사, 페덱스(Fedex) 등의 물류회사 등 다양한 업종의 기업들이 업그레이드된 고객 지원 수단으로 m-CRM을 적극적으로 도입하고 있다. 무선 통신 기술과 무선 디바이스 발달의 영향을 가장 직접적으로 받는 곳은 바로 영업 사원, A/S 사원 등과 같은 현장 근무 직원이다. 회사 밖에서 업무를 수행하는 이들은 m-CRM을 통해 어디서나 회사 정보 시스템에 접속하고 실시간으로 정보를 받거나 입력할 수 있게 되었다. 현장 요원에 대한 지원 확대와 생산성 증가는 영업 활동과 고객 만족에 직접적인 영향을 미치는 분야이기 때문에 비교적 빠른 ROI 달성이 가능한 분야이다. 물류회사, A/S 서비스 전문회사, 보험회사, 제약회사 등이 전사적인 CRM에 우선하여 m-CRM을 도입하는 이유도 여기에 있다.

m-CRM은 CRM 시장이 초기 단계를 벗어나 성숙 단계에 진입하면서, 기능적으로는 큰 차별성을 갖지 못하는 CRM 솔루션에게 새로운 차별성을 부가해 주는 기능으로 벤더들의 관심을 모으고 있다. 기존 CRM 벤더에게는 무선 기능 추가가 CRM 업그레이드 수요를 발생시킬 수 있는 기회가 되며, 일부 신생 CRM 벤더에게는 기존 CRM 벤더의 영향력이 적은 새로운 CRM 전문 분야 시장 개척의 기회가 된다. 시벨(Siebel Systems), 오닉스(Onyx Software), 피플소프트(PeopleSoft, 밴티브(Vantive) 인수) 등의 대부분의 전통적 CRM 벤더들이 통신회사나 무선 애플리케이션 벤더와의 제휴를 통해 새로운 m-CRM 기능을 추가했다. 모빌라이즈(Mobilize), w-테크놀로지(w-Technologies) 등의 신생 m-CRM 전문 기업들도 페덱스, 메릴린치 등의 대기업들을 고객으로 확보하면서 m-CRM 시장 형성을 주도하고 있다.

라. 기타 확장 CRM 개념들

CRM은 고객 관계 관리로서 최근에는 고객의 개념을 확장하여 거래 파트너 및 채널, 종업원 등까지도 고객으로 간주하여 CRM 개념을 확장하고 있다. 즉 기업 활동과 관계되는 모든 인적, 물적 실체를 고객으로 인식하고 서비스를 강화하여 경쟁력을 갖추려는 움직임으로 볼 수 있다. 이러한 움직임은 향후에도 계속될 것으로 전망된다.

(1) g-CRM

도로나 건설 배치, 유동 인구, 이동 경로 등 기업 업무에 영향을 미치는 지리적인 요소를 고객 관리에 접목한 것으로 지역적 특성에 따라 고객과 상권을 분석해주는 새로운 개념의 CRM이다. 지금까지의 CRM이 텍스트 위주의 분석 정보를 제공했던 것과는 달리 멀티미디어 형태로 고객 정보를 제공하기 때문에 이해하기 쉬운 장점이 있다.

(2) PRM(Partner Relationship Management)

PRM이란 기업의 간접 영업망에 존재하는 파트너를 모집하고, 커뮤니케이션하고, 지원하는 것으로, PRM 솔루션은 이 과정을 최대한 효율적으로 정비하고, 자동화함으로써 판매를 촉진하고 비용 절감을 가능하게 해주는 솔루션이다. PRM 솔루션은 영업의 효율성을 높이고, 영업 매출을 극대화하는 것을 목적으로 한다는 점에서는 CRM 솔루션의 일부인 SFA(Sales Force Automation)와 유사하지만, SFA가 주로 기업 내부 영업 조직을 중심으로 하고 있다면, PRM은 기업 외부의 대리점과 같은 파트너들을 대상으로 한다는 점에서 분명히 구별된다. PRM 솔루션은 기업의 고객 혹은 간접 영업 조직인 파트너와의 관계 시작부터 끝까지의 전체 관계 라이프사이클(Relationship Life-Cycle)을 포함한다. PRM 솔루션은 우수한 파트너를 모집하고, 선별하여 이들과의 거래를 효율적 · 효과적으로 진행하는 것을 지원하며, 파트너사의 충성도와 파트너 관계를 향상시킬 수 있는 다양한 지원 서비스 관련 프로세스를 자동화한다.

(3) ERM(Employee Relationship Management)

ERM은 PRM에서 더 나아가 기업 내에서 작업을 하는 직원도 고객 관리의 가장 중요한 채널이 된다. 직원의 임파워먼트(Empowerment) 능력 강화를 위하여 목표 설정 및 점검, 교육 강화, 고객 관계 성과 측정 등의 분야를 관리하여 직원 회전율을 줄이는 것이다.

3. CRM 도입 성공 사례

가. 스위스 에어라인 항공사

(1) 기업 개요

- ▶ 직원 68,000명, 60여 국에 지사 보유
- ▶ 주요 매출 지역 : 스위스, 영국, 미국
- ▶ 매출: 연간 약 480억 달러, 이익 33억 달러(1999년 기준)

(2) CRM 도입 비즈니스 요구 사항

- ▶ 다채널 지원, 모바일, 콜센터, 전자상거래, 브로커 등에 광범위한 정보 제공
- ▶ 기존의 마케팅, 영업, 서비스 프로세스 지원
- ▶ 24시간, 주 7일 가동 시스템
- ▶ 대용량 데이터 및 대량의 사용자 지원
- ▶ 여러 사업부 지원
- ▶ 다양한 언어 및 화폐의 인터페이스 지원
- ▶ 전 세계적으로 동시 구축
- ▶ 사용자수 총 7,000명, 동시 사용자 1,000명 지원
- ▶ 기존 시스템과의 완벽한 통합

(3) CRM 데이터의 특성 – 데이터 입력

- ▶ 1단계: 고객 기본 정보를 입력 관리하는 데이터로 주민번호, 생년월일, 주소, 전화번호, 나이, 결혼 여부, 가족수, 직업, 소득, e메일 등을 분류하여 입력 관리
- ▶ 2단계: 거래 정보 관리를 위해 고객 번호, 거래 상품, 수익성, 현 거래 내용 및 상태, 거래 이력, 잔고 등을 입력 관리
- ▶ 3단계: 거래 채널, 사용 빈도, 고객 선호도, 불만 내용, 고객 위험 등 입력 관리

(4) 고객 관리 모델

예상 고객에 대한 동기화(Motivation), 신규 고객 확보(Acquisition), 기존 고객에 대한 동기화(Motivation), 고객 유지(Retention)가 순환적으로 운영됨

(5) CRM 아키텍처

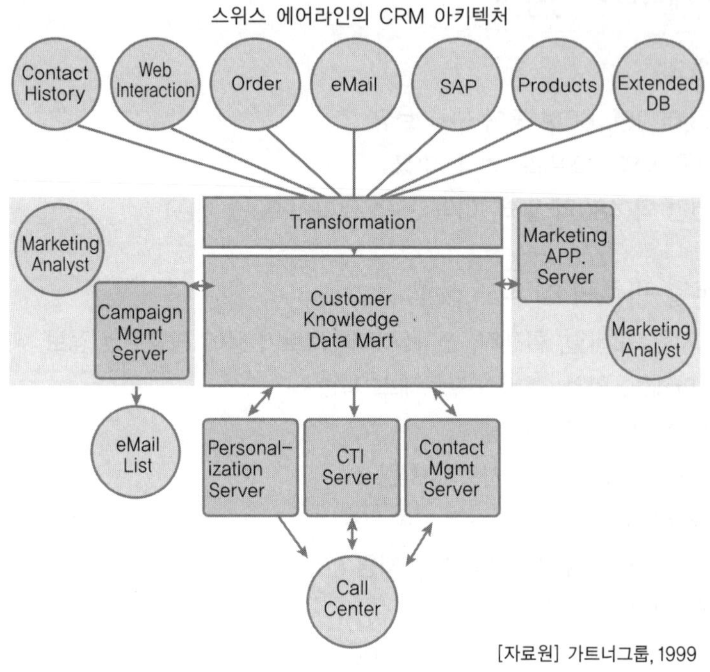

(6) CRM 도입 효과

- ▶ 30여 개의 고객 DB 통합,
- ▶ 새로운 클레임 시스템 도입을 통한 고객 유지율 증가
- ▶ 평균 전화 통화 시간의 40% 단축, 교차 판매(Cross Selling)의 기회 증대
- ▶ 전 세계에 흩어져 있는 유사 관리 시스템의 통합을 통한 차별적 고객 관리 실현

나. 국내 정유사 A사

1967년 설립된 정유 중심의 종합 에너지 회사로서 고객 기반 강화를 통한 마케팅 역량 강화와 신규 사업 지원 목적으로 CRM을 도입하였다. 대상 고객은 정유 영업의 모든 고객이다. B2C 고객은 최종 소비자, 주유소, 충전소이다. B2B 고객에는 대리점, 직매 고객이 포함된다.

(1) CRM 추진 단계

파일럿 단계	1 단계	2 단계
고객 이해	전사 CRM 추진 기반 구축	전사 CRM 추진
기초 통계 분석 고객 특성 측정 고객 세분화 마케팅 프로그램 파일럿 운영	CRM 비전 및 마케팅 프로그램 수립 CRM ISP 수립 데이터 웨어하우스 개발 CRM 프로세스 및 기능 설계	CRM 프로세스 구현 CRM 시스템 구축 신규 비즈니스/e비즈니스 영역으로 확장

(출처: 김종권, 2002)

(2) 프로젝트 조직

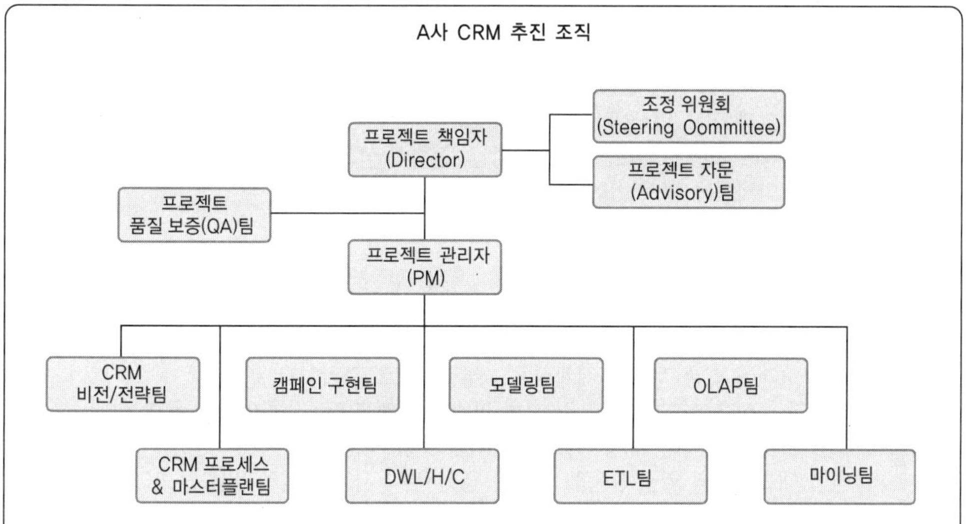

[자료원]김종권, CRM의 성공 요인에 관한 연구: CRM 구축 사례를 중심으로, 2002

(3) 고객 관련 업무 프로세스

대분류	중분류	소분류
정보 분석 및 마케팅	시장 정보 수집, 수요 및 판촉 예측, 예산 관리, 실적 관리, 가격 관리, 판촉, 제휴	시장 정보 외 12개
영업 및 영업 지원	신규 네트워크 개발, 개점, 상품 관리 서비스 관리, 운영인 관리, 시설 관리, 대리점 관리, 구매, 주문 처리, 가격 보상, 채권 관리, 물류 관리	신규 네트워크 개발 외 12개
고객 관리	실적 보상, 고객 정보 관리, 불만 처리, 부정 고객 관리	실적 보상 외 6개

(출처: 김종권, 2002)

(4) 고객 관련 업무 프로세스 분석 결과

분류	이슈 및 핵심 요구 사항
정보 분석 및 마케팅	주유 시점에서 고객과의 접점(Interaction) 관리가 취약함 마일리지 카드의 일부 고객 정보가 부정확함 세밀한 고객 이해 및 분류 체계가 미흡함 고객 이슈에 기반한 마케팅 타겟 설정 및 정량적 성과 평가 체계가 수립되어 있지 않음 온라인 마케팅 실행 기반이 부족함 마일리지 카드 실적 보상 실시 여부 및 배송 상태 파악이 안 됨 시장 정보 관리 및 이용이 미흡함 영업 본부 내 부문 간 통합 마케팅을 수행할 수 없음
영업 및 영업 지원	주유소의 對 고객 서비스 역량 강화를 위한 체계적 지원이 미흡함 직매 고객에 대한 정보가 체계적이고 통합적으로 관리되지 못함 고객과의 접촉 이외의 관리 및 기회 파악이 체계적으로 이루어지지 못함 윤활유 제품 지식이 체계적으로 관리되지 못함 영업 대표(SR)의 영업 활동에 필요한 영업 분석 자료 작성에 많은 노력이 필요함
고객 관리	대리점 감가 보상 작업에 많은 시간이 소요됨 고객 요구 · 불만 사항 처리의 관리가 체계적이지 못함 서비스 프로그램(서비스 스테이션 교육 및 미스테리 모니터의 평가)의 효과적인 활용이 미흡함

(출처: 김종권, 2002)

(5) 이슈와 요구 사항에 대한 개선 과제

이슈 및 핵심 요구 사항	개선 과제
주유 시점의 고객 식별이 어려움	최종 고객별 차별적 서비스 제공에 필요한 정보 제공 최종 고객 중심의 연료와 비연료를 통한 방안 주유원 자질 향상
고객 니즈별 차별화된 오퍼(Offer) 제공이 미흡함	고객 니즈에 기반 한 고객 세분화 세분화된 고객별로 차별화된 오퍼 전략 수립 고객 데이터 수집을 위한 제휴 마케팅
마일리지 카드에 대한 데이터 확보가 미흡함	고객 정보 수집 및 업데이트 방법 및 절차 수립 고객 정보 수집을 위한 제휴 마케팅 추진 최종 고객 중심의 연료, 비연료 데이터 통합
마케팅 활동을 위한 세밀한 타겟팅이 어려움	고객 니즈에 기반한 고객 세분화 목표 고객 집단의 움직임을 이슈화할 수 있는 지표의 정의 및 이슈 관리
마케팅 활동 실행 시 주유소와의 협조 체계가 미흡함	커뮤니케이션의 효율화, A사의 영업 및 마케팅 정보 공유 캠페인 관리 프로세스 재정립
마케팅 성과에 대한 정량적 평가 체계가 미흡함	성과 측정 및 분석 · 평가를 위한 성과 지표 개발 개별 고객의 반응 추적(Response Tracking) 및 성과 분석 프로세스 정립, 캠페인 이력 관리 및 분석 시스템 구축
온라인 마케팅 실행 기반 부족	고객 데이터 수집을 위한 제휴 마케팅 고객 데이터 업데이트 방법 및 절차 수립
실적 보상 실시 여부 및 배송 상태 확인의 어려움	실적 보상 정보를 홈페이지나 CSC, 주유소에서 배송 상태에 대한 안내 기능 제공
주유소의 對 고객 서비스 역량 강화를 위한 체계적 지원 부족	A사의 영업 및 마케팅 정보 공유 최종 소비자를 대상으로 한 마케팅 지원 정보 제공 커뮤니케이션 단순화 및 업무 효율성 제고
직매 고객 정보의 체계적 관리가 미흡함	직매, 산업체 고객 정보의 통합 및 이력 관리 본사 및 지역 본부 간 영업 활동 공유 업무 프로세스 정
고객과의 접촉 및 기회 파악의 체계적 관리 미흡	직매 및 산업체 고객의 정보 통합 및 이력 관리 주유소 및 대리점 고객 정보의 통합 및 이력 관리
윤활유 제품 지식의 체계적 관리가 이루어지지 못함	영업 사원 교육 프로그램 제공 윤활유 제품 지식의 DB화
영업 대표(SR)의 영업 활동에 필요한 영업 분석 자료 작성에 많은 노력 필요함	SAP 코드 관리 체계의 정비가 필요함 영업 및 마케팅 분석 정보 제공
대리점 감가 보상 작업 시간 과다 소요	대리점으로부터 실시간 데이터 입력 저장소 관리
고객 요구 · 불만 사항 처리의 체계적 관리가 필요함	고객 요구 및 불만 사항의 통합 관리
서비스 프로그램의 효과적인 활용이 미흡함	영업 및 마케팅 업무 지식 체계 정의 및 구축 계획 수립 영업 대표(SR)에 영업 및 마케팅 분석 정보 제공

(출처: 김종권, 2002)

(6) 시스템 구성

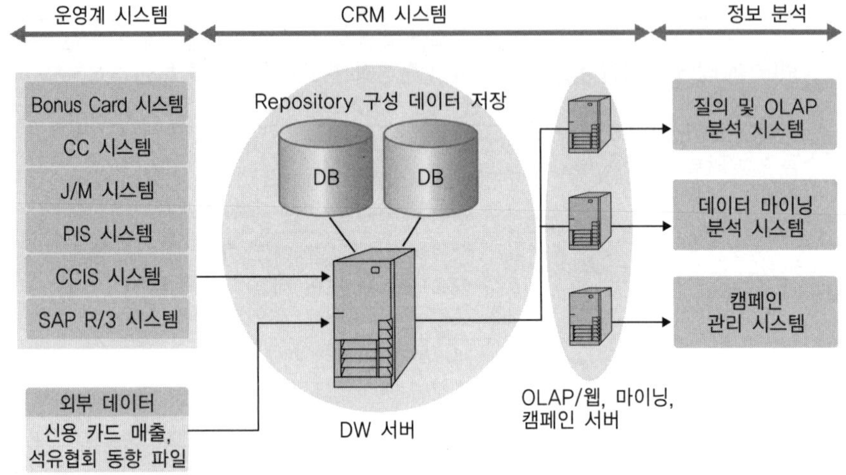

[자료원] 김종권 CRM의 성공요인에 관한 연구: CRM 구축 사례를 중심으로, 2002

(7) 기대 효과

① 기업 측면

- 주유소별 · 유형별 판매 실적 분석을 통한 우수 거래처에 대한 집중 관리
- 자원의 효율적 배분 및 거래처의 로열티 강화에 기여
- CRM에 대한 전자적 공감대 형성으로 구성원의 역량 강화
- 각종 리포트 및 보고서 작업 시간 대폭 단축 및 비용 절감

② 고객 측면

- 주유 실적 분석을 통한 차별화된 서비스 제공 및 응대
- 고객 불만 감소 및 기업 이미지 제고

제5절 CRM 성공 팁

최근 5~6년 사이 CRM은 ERP에 버금 가는 기업의 핵심 솔루션으로 자리잡았

다. 많은 기업들이 전사적으로 또는 부분적으로 다양한 CRM 솔루션이나 관련 도구들을 도입했다. CRM이 널리 확산되기는 했지만 CRM에 대한 투자와 기대만큼의 효과를 얻는 기업은 많지 않은 것이 사실이다. 성공적인 CRM 도입과 운영을 위한 조건은 무엇인가? CRM의 실패 요인을 검토해보고 이 실패 요인을 피하면서 성공적인 CRM을 도입, 운영할 수 있는 팁을 소개한다.

1. 왜 CRM은 실패하는가?

CRM이 실패하는 요인은 크게 조직, 고객, 문화, IT 관점에서 찾아볼 수 있다.

[표 7-6] CRM 실패 요인

구분	문제점
조직	– 조직 편의주의 (예, 내 담당이 아니다, 우리는 CRM팀이 아니다) – 조직 이기주의(예, 고객 관리는 우리 부서 담당이 아니다.) – CRM 전담팀의 부재 – 부적절한 인력 배치 – 본부 · 내부 직원 간, 지방 · 현장 직원 간의 갈등 – 영업 조직과 마케팅 조직의 괴리감 – 정보 시스템 부서와 현업 부서의 괴리감 – e비즈니스 조직과 기존 조직 간의 괴리감
고객	– 고객 응대 프로세스의 부재 – 고객 응대 프로세스에 대한 계속적인 업그레이드, 교육이 이루어지지 않음
문화	– 관행, 관심, 심리, 감성 등과 같은 문화적 요인을 간과함
IT	– CRM 도입을 CRM 솔루션 도입과 동일시함 – 목적 없이 솔루션을 먼저 도입 – CRM 벤더나 컨설팅 업체의 약속을 맹신함 – 내부 프로세스 혁신 없이 시스템만 도입

이 밖에도 최고 경영자의 의지와 지원 부족, 불충분한 기획(Insufficient Planning), 회사 내부나 프로젝트 수행 조직에서의 업무와 정보 시스템, 데이터 분석 전문가 부족, 폭넓은 CRM 기반 기술에 대한 이해 부족, 데이터의 낮은 품질 등이 CRM의 주요 실패 요인으로 꼽히고 있다. CRM 실패 요인은 업종이나 조직 규모, 특성 등에 따라 상이하게 나타날 수도 있다.

[표 7-7] 업종별 CRM 실패 요인 분석

위험/실패 요인	은행	하이테크	보험	제조	소매	통신	기타
인센티브/성과 평가 매트릭스와 연계 실패		20%	14%	8%	67%	20%	
부적합한 IT 투자	40%	20%	14%	23%	33%	60%	33%
적합한 CRM 비즈니스 전략 부재	40%	20%	71%	69%	33%		17%
교차 기능 기획 부족	60%	80%	43%	62%	67%	20%	50%
영업, 마케팅 프로세스의 변화 부족	60%	60%	29%	38%	67%	60%	17%
경영진의 지원 부족	20%	20%	71%	15%	33%	60%	50%
교육 · 내부 지원 부족	20%		14%	15%	33%	20%	33%
프로젝트팀의 비즈니스 이해 부족	20%	20%	43%	31%		60%	17%
영업, 마케팅 결과 측정 미흡	20%	20%	43%	15%	33%	20%	33%
부적합한 벤더 선정 기준	20%	40%	14%	23%	33%		50%

(출처: 메타그룹)

2. CRM 성공 요인

CRM 실패, 성공 요인에 대해서는 서로 다른 견해와 상이한 사례들이 있다. 경영자의 적극적인 참여나 (정보 시스템 차원이 아닌) 전사 전략적 차원에서의 기획 등은 CRM의 공통적 핵심 성공 요인으로 꼽힌다(이러한 요소는 CRM뿐만 아니라 ERP, SCM 등과 같은 대부분의 기업 업무 프로세스와 밀접한 연관을 갖는 솔루션의 핵심 성공 요소이다.). 하지만 대부분의 경우 기업 환경, 업종의 특성, 조직의 특성, 경영자와 임직원의 성향, 고객군의 특성 등에 따라 CRM의 실패, 성공 요인은 상당히 달라질 수 있다.

가. CEO의 강력한 의지

ERP, SCM 등과 같은 기업용 솔루션을 포함하여 모든 정보 시스템 프로젝트가 그렇듯이 CEO의 강력한 의지와 지원 없이는 CRM 프로젝트는 성공할 수 없다. CEO는 CRM에 대한 전사적인 비전과 전략을 제시하고 CRM 전담팀(또는 프로젝트 관리자)에게 CRM과 관련한 많은 권한을 위임하고 임파워먼트(Empowerment) 해야 한다.

나. 전사적 CRM 전략 기획

철저한 기획과 준비를 통해 기존 업무와 정보 기술과의 적절한 접목 및 투자 효과 등 장기적인 계획을 수립하고 이에 따른 CRM 솔루션과 방법론을 선택해야 성공적인 CRM 도입이 가능하다.

다. 전사적 공감대 형성

임직원들이 CRM이 무엇인지를 이해하고 우리 회사에 CRM이 왜 필요한지를 충분히 인식하고 있어야 한다. CRM을 어떻게 적용하고 활용해야 하는지 경영층부터 실무진까지 CRM에 대한 공감대가 형성되어 있어야 한다. CRM에 대한 공감대는 고객 중심의 조직 문화의 기반이 된다.

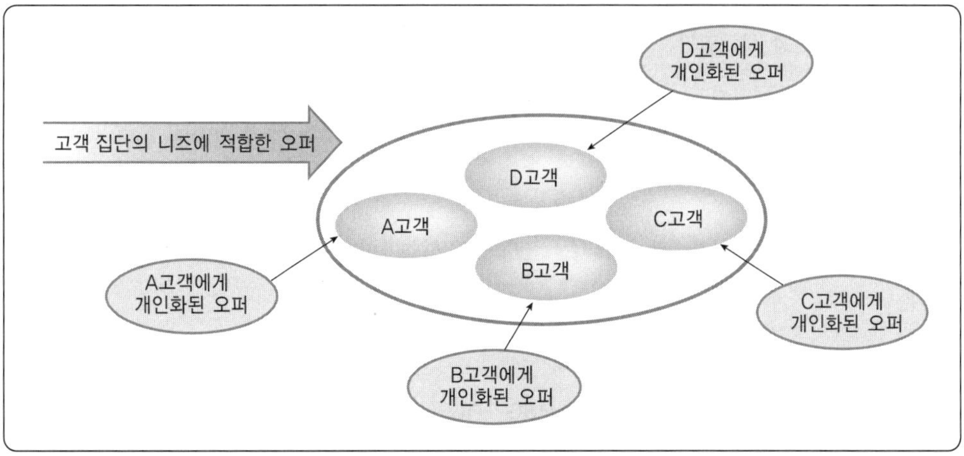

[그림 7-8] 오퍼의 적합성 극대화

라. 업무 프로세스와 고객에 대한 이해가 선행되어야 함

CRM을 성공적으로 추진하기 위해 고객을 정확하게 이해하고 정의하고 정의된 각 고객에 부합하는 관계 전략을 설정하여 이를 지원하기 위한 고객 중심의 마케팅 프로세스가 구축되어야 한다.

마. 최적의 CRM 벤더-솔루션과 SI 업체의 선정

CRM 벤더와 솔루션, 이를 구축할 컨설팅 회사나 SI는 시장 점유율이나 포지셔닝, 향후 업그레이드와 지원 등을 고려하여 선정한다. 자사 CRM 비전과의 전략적 일치성이나 기존 정보 시스템과의 유연한 통합도 벤더-솔루션 선택에 고려해야 한다.

[표 7-8] CRM의 핵심 성공 요인(Critical Success Factors)

(출처: Alpesh Fadio, 2001)

- 최고 경영자가 관심을 갖고 있는 것이 중요하다.
- 든든한 후원자가 필요하다(기술, 지식, 정책적 측면).
- 모든 과정의 관리자로부터 관심과 참여를 유도하는 것이 반드시 필요하다.
- 건설적이고 생산적인 브레인스토밍(Brainstorming) 회의를 열 수 있는 강력한 리더가 필요하며 현업 사용자의 적극적인 참여를 유도한다. CRM 프로젝트 단계를 밟아 나가는 도중에도 반복적인 브레인스토밍 회의를 여는 것이 바람직하다.
- 영향을 주고받는 모든 사내외 이해 관계자들(고객 조직, 기타 상호 의존적인 사내외 조직들)로부터의 피드백이 있어야 하며 이는 CRM 구축, 운영에 반영되어야 한다.
- 고객 욕구에 대한 시각을 잃어버리지 말아야 한다.
- 지원 프로세스에 설치되어 있는 기술의 향상뿐만 아니라 사람 · 조직에 관한 개편이 없다면 포괄적 CRM 프로젝트를 이끌지 못할 것이다.
- 의사소통이 부족하면 CRM 프로젝트는 위험하게 된다.

그밖에 CRM 기능과 정보 기술, 그리고 실행 차원에서의 성공 요인은 다음과 같다.

바. 비즈니스 인텔리전스(Business Intelligence) 및 분석 능력

고객 관계와 관련된 업무 프로세스를 자동화하고 개선하는 것이 CRM의 핵심 목표이지만 CRM 시스템에 다양한 분석 및 리포팅을 지원할 수 있는 강력한 비즈니스 인텔리전스 기능을 갖추어야 한다. CRM 시스템은 과거, 현재, 미래 고객에 대한 방대한 양의 정보를 포함하고 있으며 이 정보는 의사 결정자들을 위해 분석, 가공되어 활용될 수 있어야 한다.

사. 통합 채널을 통한 고객과의 상호 작용

콜센터, 유선 인터넷, 무선 인터넷 등 고객과의 접촉 채널은 다양화되고 있다. 이 채널들의 각 특성을 최대한 활용함과 동시에 여러 채널에 걸쳐있는 기능들을 통합적으로 관리, 운영하는 것도 중요하다. 고객들에게는 채널의 종류와는 관계없이 일관된 경험을 제공하는 것이 중요하다.

아. 중앙 집중화된 고객 정보 저장소(Repository)

고객 정보는 하나의 저장소에서 통합 관리되어야 한다. 이 정보는 직접 고객과 대면하여 일하는 모든 임직원들이 실시간으로 이용할 수 있도록 해야 하며, 모든 CRM 관련 애플리케이션과 기능에서 데이터 일관성을 유지할 수 있어야 한다.

현재까지 실질적으로 많은 기업들은 CRM을 도입하기에 급급하기만 했지 구체적인 마케팅 목표를 세우고 이를 실행하기 위한 계획을 명확히 하지 않았다. 때문에 CRM 프로세스를 실행하는 데 많은 실패가 발생하게 되었다. 이는 많은 기업들이 CRM의 시스템적인 작동에만 관심을 두고 구체적인 전략을 세우는 데 노력을 기울이지 않았기 때문에 발생한 결과라고 생각한다. 따라서 기업은 CRM을 도입할 때 이를 어떻게 활용할지에 대한 충분한 아이디어를 가지고 있어야 하며 고객과의 관계 구축을 위한 효과적인 커뮤니케이션 전략을 수립할 필요가 있을 것이다. 또한 CRM 프로세스를 지속적인 환경 변화에 맞게 업그레이드하고 새로운 활용 방안에 대한 많은 연구가 필요할 것이다.

제6절 차세대 CRM

종래의 CRM은 고객 응대를 향상시키고, 고객 정보를 수집하는 정도로 생각되어

온 것에 비해, 차세대 CRM은 고객과 같이 상품을 기획하고, 서비스나 판매 프로세스에 있어서도 긴밀하게 커뮤니케이션을 한다. 하지만 차세대 CRM 실현을 위해서는 컨설팅, 특히 기업풍토 진단이 중요하다. 성공적으로 CRM을 도입하기 위해서는 기업 풍토의 개혁이 필수적이기 때문이다. 단순한 시스템 도입이 아니라 기업 풍토, 문화, 관리력까지 변혁시켜 나아가야 한다. 구체적인 차세대 CRM 도입 단계는 [그림 7-9]와 같다. 그 중에서도 전략 책정과 이를 실행하기 위한 파일럿 테스트가 중요하다.

전사적인 변화가 요구되는 차세대 CRM은 사전에 기업 활동 전체를 어떻게 변화시켜야 하는지에 대한 목표를 명확히 설정하고, 사내 일부에서 선행적으로 도입해서 전략을 점검, 수정해 나가는 것이 중요할 것이다.

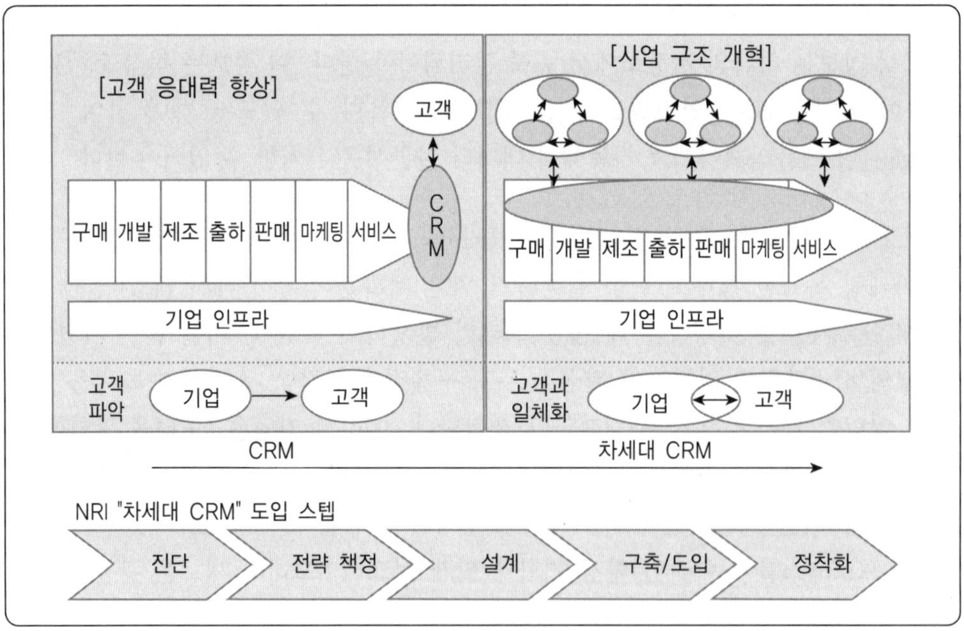

[그림 7-9] 종래의 CRM과 차세대 CRM
(출처: 차세대 CRM, 한국전산원)

주요용어 **

CRM(Customer Relationship Management, 고객 관계 관리)은 고객의 행동 양식에 대한 이해를 바탕으로 기업 경영의 질을 높이기 위한 전략 조직 프로세스 및 기술상의 변화과정을 의미하며, 여기에는 마케팅, 판매, 고객 서비스 등이 포함된다. CRM의 구현은 고객관련 활동들과 연계된 조직, 업무 프로세스 및 정보 기술 인프라의 고객 가치 중심으로의 재편을 의미한다. CRM은 고객에 대한 정보를 수집하고 수집된 정보를 효과적으로 활용하여 '신규 고객 획득 → 우수 고객 유지 → 고객 가치 증진 → 잠재 고객 활성화 → 평생 고객화'와 같은 사이클을 통하여 고객을 적극적으로 관리하고 유지하며 고객의 가치를 극대화시키기 위한 기업 마케팅 전략의 일환이다. 기업은 CRM을 기반으로 다양한 이익을 얻을 수 있는데 우선 우수 고객의 유지비율을 향상시킬 수 있으며, 고객 이탈로 인한 손실을 최소화할 수 있다. 또한 잠재 고객을 활성화시켜 수익증대 효과는 물론 과학적으로 분석하여 마케팅 활동을 효율적으로 수행함으로써 비용 절감 효과를 기대할 수 있다.

주요용어 **

고객	데이터베이스 마케팅	CRM
e-CRM	m-CRM	CRM 프로세스
고객 통합 데이터베이스	마케팅 채널	

연습문제 **

1. CRM이란 무엇이며 왜 필요성이 제기되고 있는가?
2. 데이터베이스 마케팅과 CRM의 차이점을 설명하여라.
3. CRM을 구현하기 위해서 어떠한 정보 기술이 필요한가?
4. CRM 프로세스를 설명하여라.
5. CRM 프레임워크에서 고객 접점을 설명하고 데이터 웨어하우스의 역할을 기술하여라.
6. CRM을 효과적으로 구현하면 그 기대 효과는 무엇인가?

CHAPTER 8

제8장 인터넷 비즈니스

도입 사례 – 포털 쇼핑 서비스「검색을 완성시키는 필요 조건」

(출처: ZDNet Korea, 2006)

포털 사이트에서 운영하고 있는 쇼핑 서비스의 상승세가 무섭다. 포털 업계에서는 올해 쇼핑 서비스의 매출이 전년 대비 50% 이상 향상될 것이라고 예상하며 실제 거래 금액을 높이기 위한 다양한 서비스를 제공하고 있다. 인터넷 사이트 조사 업체 "메트릭스"를 통해 포털 쇼핑 서비스 순위를 조사해 본 결과, 다음의 '디앤샵'과 네이버의 '지식쇼핑'이 월간 순방문자(UV, Unique Visitor) 수에서 옥션과 G마켓에 이어 각각 3, 4위를 차지한 것으로 나타났다. 또한 야후!쇼핑과 네이트몰이 각각 360만 명, 280만 명으로 10위권 안에 들었다.

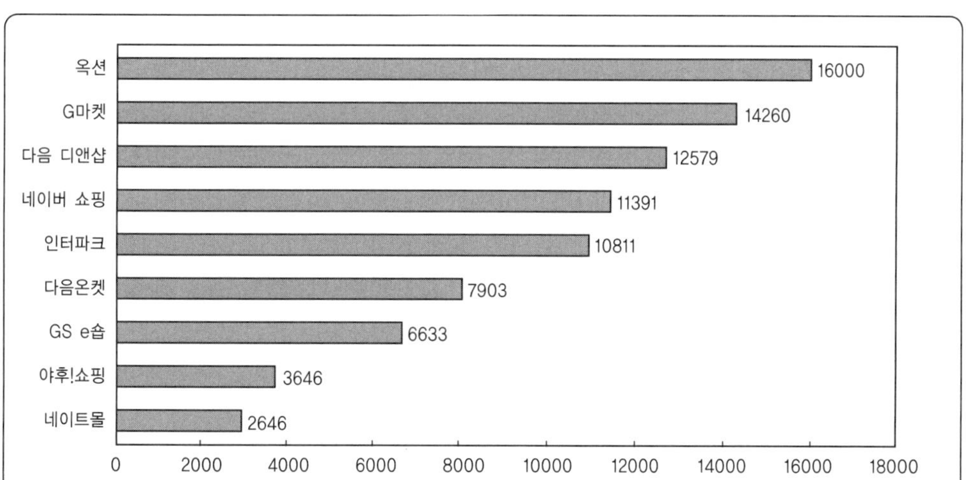

[그림 8-1] 2005년 12월 포털 사이트 쇼핑 서비스 월간 방문자 수 – 단위 : 천 명)

다음 디앤샵은 여타 포털과 달리 자체 운영하는 전문 쇼핑몰이다. 다음이라는 플랫폼을 발판으로 충성도 높은 고객을 확보하면서 온라인 종합 쇼핑몰로서의 인지도 상승과 함께 1000만 명이 넘는 회원을 보유하고 있다. 2003년 340억 원, 2004년 500억 원의 매출을 기록하고 있으며 2005년은 600억 원을 상회하고 있다. 직접 쇼핑몰을 운영하는 다음의 디앤샵을 제외하고 포털 쇼핑 서비스는 전문 쇼핑몰들의 입점을 통한 중개 수수료를 취하는 방식으로 운영되고 있다. 때문에 포털은 제품의 확보나 배송 등 유통 부분에 손댈 필요 없이 장소만 제공함으로써 높은 수익을 올리고 있다. 오프라인상으로 따지면 고수익 임대업을 하고 있는 것이다. 특히 네이버 지식쇼핑의 성장은 괄목할 만하다. 2004년 12월 653만 명이던 UV수가 1년 사이에 1139만 명으로 두 배 가까이 늘었고, 2005년 매출액 또한 2004년 110억 원에서 두 배 이상 성장한 것으로 추산하고 있다.

한 업계 관계자는 "쇼핑 서비스는 포털의 주력 서비스인 검색에 비해 인력, 관리, 시간 등 자원 효율성이 상대적으로 높기 때문에 효자 비즈니스 모델이 되고 있다"고 말했다. 실제 게임을 포함한 NHN 전체 매출의 7%를 차지하고 있는 네이버 지식쇼핑 전담 인력은 전체 1000여 명 중 13명에 불과하다.

검색 서비스와 가격 비교 접목으로 급성장

이러한 포털 쇼핑 서비스의 성장 이유는 인터넷 쇼핑 이용자의 소비 패턴 변화를 감지하고 발 빠르게 대응하고 있는 포털의 노력에서 기인한다. 인터넷 쇼핑몰을 통한 구매자의 특성을 파악해 검색 서비스와 가격 비교 서비스를 접목한 것이다.

초기 쇼핑 서비스는 단순히 사이트 내 한 부분에 터를 잡아놓고 방문자들이 무작위로 클릭하는 방식으로 운영했지만, 전자상거래 붐으로 인터넷 쇼핑이 급성장하면서 체계적인 구매 결정 시스템을 구축하기 시작했다.

지난 2004년까지 인터넷 쇼핑의 소비자 패턴은 첫째 오프라인에서 직접 제품을 탐색한 후, 둘째 가격 비교 사이트에서의 가격 비교, 마지막으로 전문 쇼핑몰에서 구매를 하는 순이었다. 즉, 실제 구매는 소비자의 구매 의지가 정해진 후에 이루어진다는 것이다. 바로 이점을 감안해서 포털 쇼핑 서비스의 전략이 세워졌다. 현재 소비자 패턴은 쇼핑을 위한 탐색 자체를 인터넷에서 하는 경향이기 때문에 포털은 소비자의 구매 결정력을 높이기 위해 가격 비교 서비스와 전문가 상품평 리뷰, 관련 뉴스와 블로그, 지식, 뉴스 등을 통합 검색해주는 서비스 등을 제공했고, 이로 인해 쇼핑 서비스가 급속도로 성장하기 시작했다.

포털 검색 서비스를 완성시키는 필요 조건

네이버 지식쇼핑의 특징은 말 그대로 지식 검색의 다양한 DB 활용 및 연계, 그리고 월등한 UV수를 기반으로 현재 1300여 개의 쇼핑몰을 입점해 운영하고 있다. 주요 50여 개 쇼핑몰에 대해서는 판매 수수료를, 나머지 SOHO 쇼핑몰에 대해서는 월 정액을 받는 방식이었지만 조만간 클릭당 과금하는 CPC 방식으로 전환하는 등 활성화 전략을 세우고 있으며, 올해 50% 이상의 매출 향상을 기대하고 있다. 네이트몰은 20대 여성을 타깃으로 하는 감각 쇼핑을 컨셉트로 내세우고 있다. 이에 따라 주력 상품 역시 저렴한 트랜드(Trend)성 패션 상품을 중심으로 하고 있으며, 지난해 의류 중 목폴라 단일 상품으로 일 3천 장 판매 기록을 달성하는 등 독점 상품을 전략적으로 추진하고 있다. 엠파스 쇼핑 서비스는 2005년 30억 원 안팎의 실적을 냈으며 자사 쇼핑 홈에 방문자가 직접 상품 이미지를 롤링할 수 있는 '넘겨보기' 기능을 추가하는 등 구매 편의성을 강화해 가고 있다. NHN 커머스기획팀의 팀장은 "초기에는 명품이나 가전 부문에서 구매가 많이 일어났지만 최근에는 의류, 잡화 등 생활 부문에서 매출이 많다. 이것은 인터넷이 주류 쇼핑 시대로 떠오른 것"이라며 "구매자들은 전문 쇼핑몰이 아닌 포털을 통해 제품 탐색을 하고 있다. 결국 쇼핑 서비스도 포털의 검색 서비스를 완성시키는 하나의 필요 조건이며, 방문자를 위한 중요한 서비스로 자리잡았다"고 말했다.

제1절 e-biz 개요

1. e-biz(e-business) 정의

인터넷의 발달로 인해 정보화와 세계화의 속도는 점점 더 가속화되고 있다. 우리는 어디서든지 인터넷만 있으면 우리나라뿐만 아니라 전 세계의 우리들이 원하는 정보들을 얻어낼 수 있다. 이러한 정보화의 시대에서는 '정보'가 가장 중요한 자원(Resource)이다. 무형의 자원인 정보를 많이 소유한 사람일수록, 많은 부를 창출해 낼 수가 있는 것이다. 이러한 인터넷이라는 기반(Infra)을 통해서 Business분야에도 종래에 있던 분야와는 전혀 그 성질이 다른 새로운 분야가 나타나게 되었는데, e-biz 즉, 전자상거래가 바로 그것이다.

e-biz는 상당히 변화가 심한 분야이기 때문에, 그 정의도 상당히 광범위하며 학자들도 정의를 달리하고 있다. OECD는 "전자상거래는 일반적으로 상업적 활동과 관련된 모든 형태의 거래와 관련되는 것으로, 문자, 음성 및 화상을 포함한 디지털화된 데이터의 처리와 전송에 기초하고 있다"고 정의하고 있으며, WTO는 "통신망을 통한 상품의 생산, 광고, 판매, 유통"을 전자상거래로 명시하고 있다(강석호 · 배준수, 2003).

이러한 정의들로 미루어 볼 때, e-biz란 좁은 의미로 컴퓨터와 네트워크 등의 전자적 매체를 통한 상품 거래를 지칭하며, 넓은 의미로는 좁은 의미의 전자상거래는 물론 인터넷 또는 기타 전자적인 방식이라고 정의할 수 있다.

e-biz와 혼동되기 쉬운 의미를 가진 개념으로 e-commerce(EC)가 있는데, 이들의 혼동을 피하기 위해 구분할 필요가 있다. e-commerce는 Internet을 포함하여 Computer Network를 통한 정보, 서비스, 제품의 교환 또는 구매, 판매의 과정을 뜻한다. 반면에 e-biz는 EC에 비해 다소 넓은 개념으로써, 단순히 제품과 서비스의 구매 또는 판매뿐 아니라 고객들과 사업 파트너와의 제휴, 사업 조직 내의 전자적인 거래(Electronic Transaction)등의 모두를 포함하는 개념이라 할 수 있다. 그러나 e-commerce와 e-biz는 그 성질이 비슷하기 때문에, 이 두 단어를 혼용해서 쓰기도 한다.

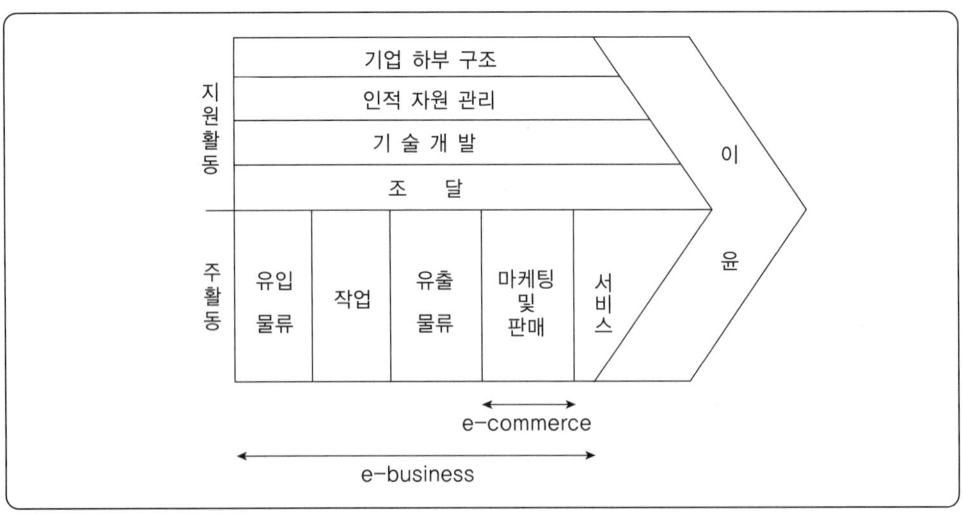

[그림 8-2] e-biz와 e-commerce 비교

2. e-biz의 등장 배경

e-biz는 컴퓨터 네트워크의 발전과 더불어 발전해 왔다. 하지만 구체적인 e-biz의 실현을 가시화시킨 것은 인터넷의 발전과 더불어 발생했다고 볼 수 있다. 하지만, 이 인터넷이 출현되기도 전에 컴퓨터를 비즈니스 활동에 적용하려는 시도는 계속해서 있어 왔다. 이 중 새로운 차원의 표준 문서 작성 및 전달 체계라고 할 수 있는 EDI(Electronic Data Interchange)는 가장 오랫동안 비즈니스에서 활용되어 왔다.

1970년대에 접어들면서 EDI는 은행 간 자금 이체와 백화점과 같은 대형 유통업체의 비즈니스 거래에도 적용되었다. EDI가 점차 각종 비즈니스 분야에서 폭넓게 활용되면서 EDI 자체의 많은 기술적 진보가 있었다. 1980년대에는 CALS(Commerce At Light Speed: 광속 거래)의 등장으로 결제, 재고 관리, 자금 관리 등의 전자화가 이루어졌고, 전자적 방식에 기초를 둔 각종 기업 간 거래 촉진 및 신기술이 확산되었다. 또한 인터넷 출현에 의한 Global Market의 구상이 제시되었다.

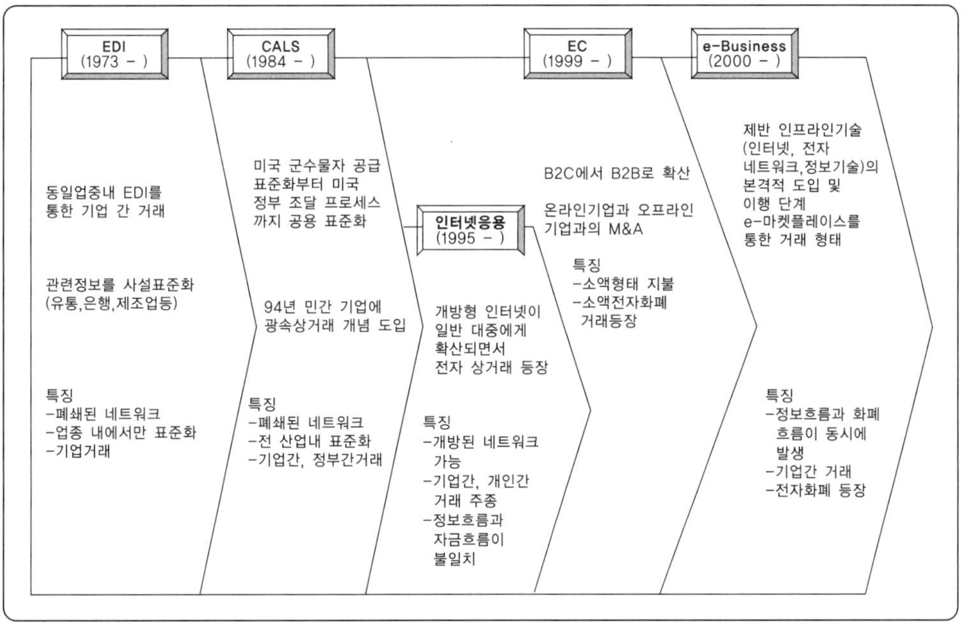

[그림 8-3] e-biz 발전 단계

1990년대에는 WWW(World Wide Web)의 출현으로 인터넷이 폭발적으로 성장하였고, 이러한 성장이 대중에게도 확산되면서 전자상거래가 등장하기 시작했다. 이뿐 아니라, e-biz의 활용을 촉진하는 체계적인 수단과 다양한 응용 기술을 제공했다. 최근에는 e-biz가 광의의 개념으로 확대, 적용되고 있으며 앞으로는 인터넷 상거래인 쇼핑몰 개념을 벗어나 21세기에는 기존의 EDI와 VAN(부가가치 통신망)을 통한 거래 방식에서 인터넷 환경의 웹을 통한 Open-EDI/XML[1]로 점차 거래환경이 확대될 것이다. 따라서 이와 관련된 정보 기술 환경과 제반 인프라 기술 또한 상당히 변화될 것이며, 인터넷 환경의 성격이 강하게 부각될 것이다(김성희 · 장기진, 2004).

3. e-biz의 특징

e-biz는 인터넷 사용 인구의 증가로 엄청난 속도로 성장하고 있으나, SCM, ERP, CRM 등의 부분에서 기존의 거래 형태와는 많은 다른 특징을 나타내고 있다(강석호 · 배준수, 2003). 그것을 요약한다면 다음과 같다.

① e-biz는 단축된 유통 채널을 통해 소비자들에게 보다 저렴한 가격으로 상품을 공급할 수 있게 되었다.

② 시간 및 공간의 벽이 사라지게 되었다.

③ 효율적인 마케팅이 가능해졌다.

④ 판매 거점이 불필요하게 되었다.

⑤ 효율적인 재고관리가 가능하게 되었다.

⑥ 소액 자본으로도 사업 전개가 가능하게 되었다.

기존의 상거래에서는 일반적으로 도매상과 소매상을 통해서 소비자가 상품을 구입할 수 있었던 반면, e-biz의 등장으로 굳이 소비자가 직접 방문하지 않아도 인터넷으로 원하는 상품을 구입할 수 있게 되었다. 또한 시간과 공간의 개념이 사라져서, 자신이 원하는 상품을 전 세계 어디서든지, 어느 시간에든 제한 받지 않고 구입할 수 있게 되었다. 따라서 상품을 판매하는 공급자들도 굳이 물리적인 공간을 만들지 않아도, 인터넷의 가상 공간을 만들어 고객들에게 상품을 판매할 수 있게 되어

1) XML(eXtensible Markup Language): 웹 페이지를 만드는 새로운 언어로서 HTML을 대체하고 있다. 제한된 태그(Tag) 정보 형식보다는 내용을 지정하도록 고안되었다. EDI도 대체할 가능성이 있다.

판매 거점은 점차 사라지게 되었고, 상품의 재고 관리 또한 전산으로 이루어지므로 기존에 비해 훨씬 효율적인 재고 관리가 가능해졌다. 또한 이들은 기존의 물리적 공간에 들어가는 토지나 건물 등의 관련된 비용에 있어서 부담이 컸지만, e-biz에서는 인터넷 서버의 구입 또는 임대 등의 비용만 필요하기 때문에 훨씬 효율적이다.

이로 인해, 마케팅 분야에도 기존의 영업 사원이 시장 조사나 수요를 파악했던 것과 달리, 고객의 수요 및 개인 성향에 대해 실시간으로 파악이 가능해졌고, 소비자와의 직접적인 상호 커뮤니케이션을 통해 보다 적극적인 마케팅 활동이 가능하게 되었다.

4. e-biz 모델

가. 거래 주체에 따른 e-biz 모델

e-biz는 거래 대상을 기준으로 기업과 소비자 간 전자상거래(B2C: Business to Customer), 기업 간 전자상거래(B2B: Business to Business), 기업과 정부 간 전

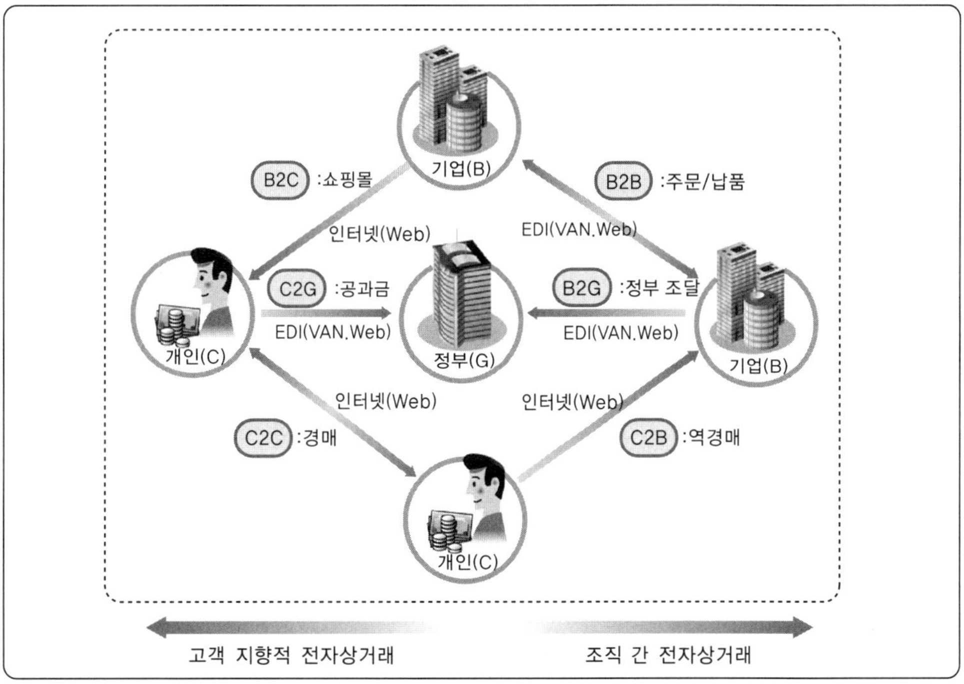

[그림 8-4] 거래 주체에 따른 e-biz 유형

자상거래(B2G: Business to Government), 정부와 소비자 간 전자상거래(G2C: Government to Customer)의 네 가지 유형으로 나눌 수 있다. 이러한 네 유형은 가장 흔히 사용되는 유형을 중심으로 간단히 구조화된 것으로, 최근에는 이런 골격을 유지하면서도 다양한 변화와 복합화 추세가 일반화되고 있다.

(1) 기업과 소비자 간 전자상거래(B2C)

인터넷을 통해 소비자인 개인이 공급자인 기업의 제품과 서비스를 이용 · 구매하는 전자상거래를 의미한다. 주로 거래되고 있는 상품으로는 서적 · 비디오 · 음반 등의 지적 저작물, 브랜드가 확실한 소비재 상품, 컴퓨터 기기와 자동차 등이 있다. 또한 인터넷 쇼핑몰이나 인터넷 뱅킹, 공연 · 여행 관련 예약, 증권 사이트, 인터넷 방송 및 전자 신문 등의 서비스들도 예로 들 수 있다. 소비자나 기업의 인증, 카드 회사 · 은행과의 결제가 시스템 상 중요하다. 예) 롯데닷컴(http://www.lotte.com)

(2) 기업 간 전자상거래(B2B)

기업 간 전자상거래는 기업 간 거래를 의미하며, 각종 상거래와 관련된 업무 처리, 즉 전자문서의 교환부터 원 부자재의 판매 및 공동 구매, 제품의 개발 및 생산 그리고 금융 결제 등을 인터넷과 같은 전자적인 방식을 이용하여 처리하는 것이다. 부품 조달 회사나 제조 회사와 판매 회사 간의 상거래가 이에 해당한다. 상거래에 참가하는 기업의 인증(認證)과 은행과의 결제가 시스템 상의 열쇠가 된다.[2] 예)시스코코리아(http://www.cisco.com/global/KR/index.shtml)

(3) 기업과 정부간 전자상거래 (B2G)

기업과 정부 간 전자상거래는 정부조달 업무를 중심으로 공급자인 기업과 수요자인 정부 간에 이루어지는 전자적 거래를 의미한다. 수요자인 정부가 조달 상품에 대한 세부 정보를 인터넷 사이트에 공시하면, 기업들이 이를 확인하고 입찰 거래를 성사시키는 전자 입찰 등이 대표적인 예이다. 정부가 디지털 정부화 추진을 통해 세금을 부과하고, 각종 기업들을 대상으로 행정 서비스 등을 제공하는 것도 이에 해당한다.

---

2) e-marketplace: B2B 거래를 위한 가상 공간으로 다수의 판매자와 구매자가 만나 수직적 관계에 있던 부품이나 원자재 거래를 수평적 위치에서 거래하는 것을 의미한다.

정부의 전자상거래는 G2C와 함께 전자 정부의 효율성을 궁극적인 목표로 삼고 있으며 우리나라도 조달 분야와 국방 분야 등에서 전자상거래 시스템을 구축하기 위해 박차를 가하고 있다. 예) 한국도로공사(http://www.ex.co.kr)

(4) 정부와 소비자 간 전자상거래(G2C)

정부와 소비자 간 전자상거래란 정부 행정 기관과 개인 소비자 간의 거래 혹은 이와 관련한 정부간의 전자매체를 통한 거래를 지칭한다. 각종 주민생활 관련 서류 및 면허 등의 발급 · 갱신 및 세금의 부과 · 징수, 민원 서비스 등이 포함된다. 우리나라의 경우, 각종 증명서의 온라인 발급이나 세금 부과 및 납부 업무, 사회 복지 급여의 지급 업무 등을 점차 전자화하는 시작 단계이다. 아직은 시작 단계이지만 투자 대비 만족도를 보았을 때 높은 호응도를 얻고 있어 꾸준한 투자를 하고 있다. 예) 학자금대출신용보증기금(http://www.studentloan.go.kr)

나. Timmers의 e-biz 모델 분류

Timmers(1998)는 비즈니스 모델 아키텍처를 확인하는 데 있어서 가치 사슬의 분해와 재결합을 통해 체계적인 접근을 시도하였다. 즉 가치 사슬 상의 요소를 확인하고, 거래 참여자의 상호 활동 패턴을 분석하여 가치사슬에 따라 정보를 통합하는 방법을 밝혀냄으로써 비즈니스 모델을 구분하고자 하였다. 이제 Timmers는 e-비즈니스 모델을 시장 환경에 따른 시장 전략과 결합하여 11가지 모델을 제시하였다.

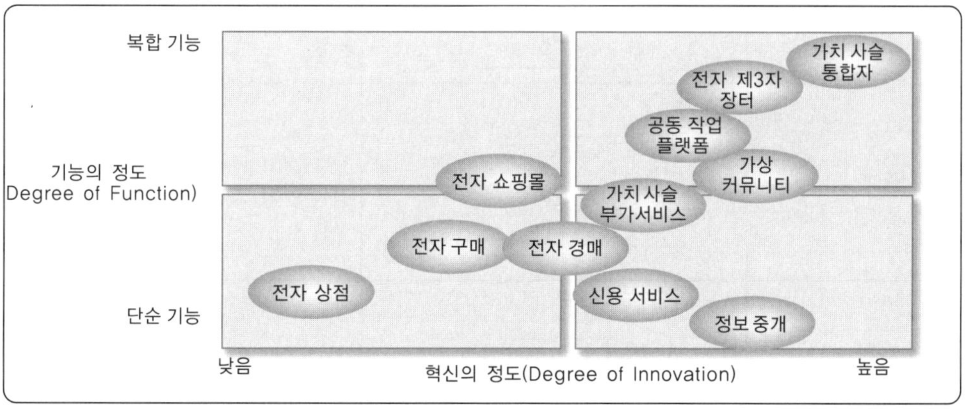

[그림 8-5] Timmers의 e-biz 모델 유형

[표 8-1] Timmers의 e-biz 모델 유형별 내용

□ : 사업 주도자 ○ : 사업 참도자 (고객, 공급자, 파트너) ➞ : 정보, 상품의 이동

비즈니스모델	다이어그램	특징
전자 상점	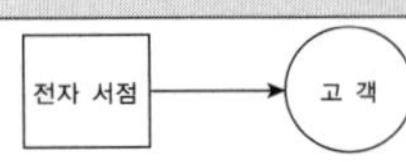	가장 기본적인 형태
전자 구매	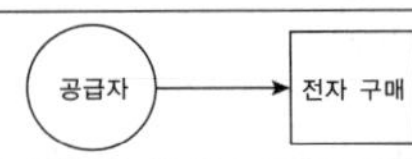	공급자를 찾는 것이 주목적
전자 경매	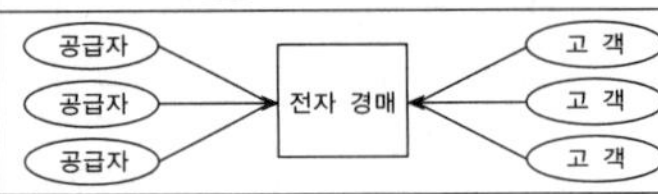	거래 계약 전 상품과 거래 당사자가 이동할 필요 없음
전자 쇼핑몰	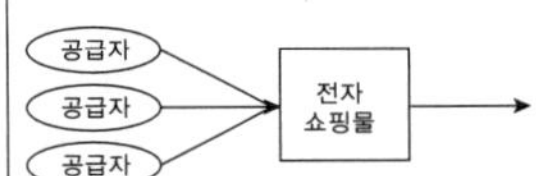	E-shop의 집합체 하나의 브랜드 이름 사용 여러 종류의 상점을 모아둠 고객에게 편의성 제공 목적
가상 커뮤니티	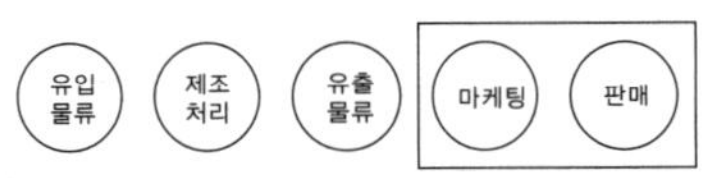	회원 간의 의사소통을 통해 부가가치 생성 최근 급격히 성장
전자 제3자 장터	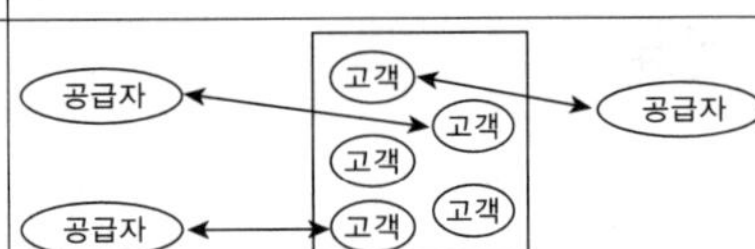	웹마케팅을 제3자에게 위탁 지불, 물류, 안전한 거래 처리 제공
가치 사슬 부가 서비스		가치 사슬에서 특정한 기능만을 전문화
가치 사슬 통합자	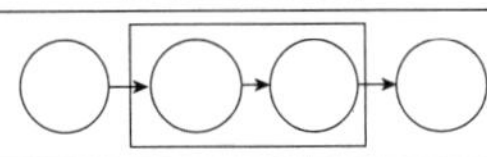	가치사슬의 여러 단계를 통합한 형태
공동작업 플랫폼	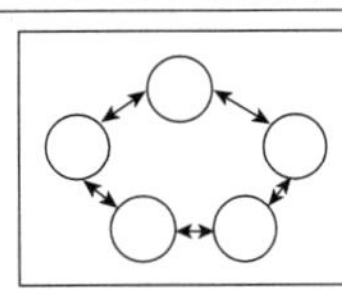	기업 간 공동 작업을 위한 도구와 정보 기반 제공 공동 설계, 엔지니어링 등 특정 기능 집중
정보 중개	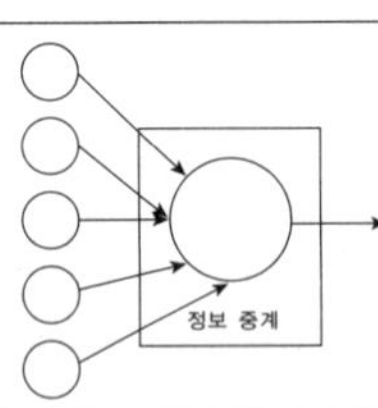	정보 서비스 제공 검색 엔진, 사업 중개, 투자 자문
신용 서비스	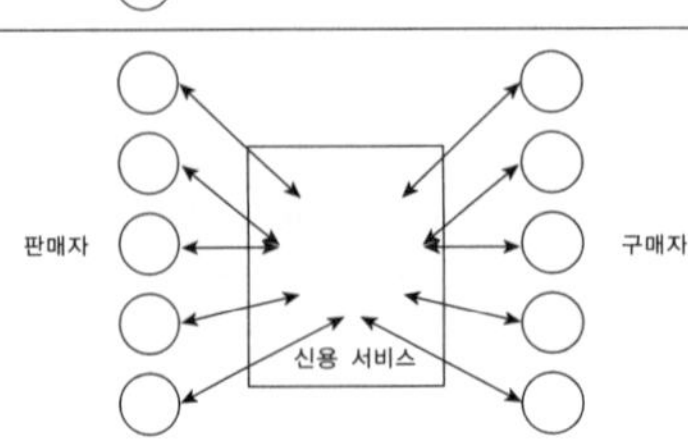	인증 기관, 전자 공증 등의 신뢰 제공 서비스

5. e-biz의 현재 상황

지난 약 20년간의 중요한 구조적 지각 변동을 살펴보면, 1980년대에는 시스템 통합으로 인한 자동화가 이루어졌고, 1992년대에는 비즈니스 통합으로 인한 리엔지니어링이 일어났다. 이 두 가지 변화는 비용 절감과 구조 조정에 영향을 미쳤다. 1996년대에는 혁신적인 웹기반 전자상거래가 등장하여서 공급망에 영향을 미쳤으며, 2002년대에는 멀티디바이스와 멀티웹 기반 혁신 M-biz가 등장하였다. 2002년 이후로는 이동 통신의 폭발적인 확산과 무선 인터넷을 기반으로 한 M-biz가 부상하면서 새로운 경쟁 패러다임 창출과 더불어 기존 비즈니스 세계의 커다란 변화가 예상된다.[3)]

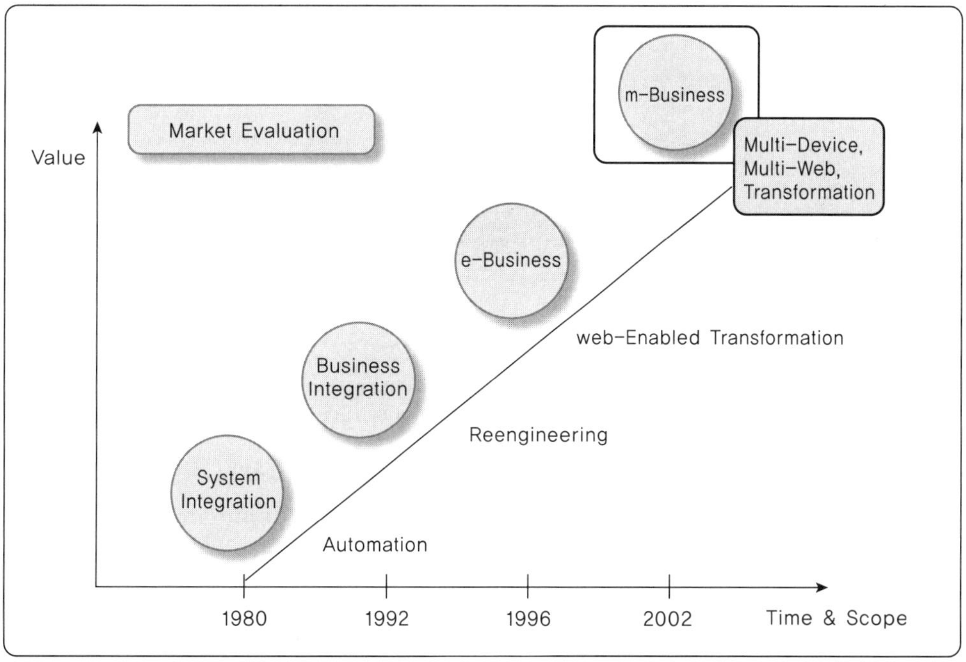

[그림 8-6] EC 구조의 변화

e-biz는 정보 검색이나 상품 구매 등을 하기 위하여 인터넷에 들어가기 위하여 처음에 접근하는 사이트의 모형인 Portal형에서, 특정 분야의 정보를 전문적으로 제공하는 형태인 Vortal(vertical과 portal의 합성어)형으로 변화하였다. 최근에는

3) http://infosys.iptime.org

검색 시 단어나 키워드가 아니라 문맥이나 말로(음성 인식 기술) 검색하여 하이퍼텍스트 표시 언어(HTML) 형식의 검색이 아니라 확장성표시언어(XML) 베이스 모든 디지털 파일까지 검색하여 실제로 내가 찾고자 하는 내용만 찾아주는 Pertal(Personalized Portal)의 형태로 변화하고 있다.[4]

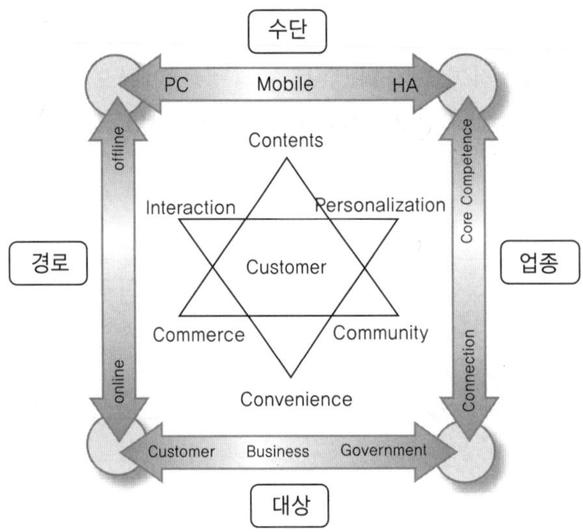

[그림 8-7] e-biz 추세의 변화

Pertal로의 진화는 인터넷의 수단이 웹중심에서 보다 다양한 수단(모바일, TV 등)을 촉발할 것이다. 더불어 개인 고객 중심의 마케팅이 강화되고, 수익원이 다양해질 것이다. 한편, Pertal 단계에서는 고객이 중간상(middleman)으로 활약하는 다양한 Business Model(BM)의 출현이 예상되며, 업계 · 업종 구분이 없이 전략적 제휴가 확대될 것이다.

제2절 e-biz 특성

e-biz의 특징은 여러 가지가 있겠으나 몇 가지 특징적인 것을 손꼽자면 기존의

4) http://www.studybusiness.com/HTML/DBG/3chapter/e-book_068.htm

중개업자가 소멸되는 현상과 전자 쇼핑몰 같은 새로운 중개상의 등장과 기존의 제조사 중심 시장에서 소비자 중심 시장으로 변모되는 시장 상황이다. 그리고 네트워크에 기반을 둠으로써 발생하게 되는 네트워크 효과와 빈익빈 부익부의 수확체증의 법칙 등을 생각해 볼 수 있다.

1. 중개 소멸과 재중개

전통적인 유통 채널에는 제조업자와 소비자 사이에 여러 배급업자, 도매상, 소매상 같은 중개상들이 있다. 이러한 구조에서는 때때로 제조사로부터 소비자로 물품이 전달되는데 수십 개의 중개상을 거치기도 하며 그와 함께 수십 배로 가격이 상승하기도 한다. 인터넷을 상거래와 의사소통의 도구로 사용하게 되면 제조업자는 직접 고객에게 판매할 수 있게 되고, 고객 지원을 직접 온라인으로 제공할 수 있게 되므로 전통적인 중개상들이 사라질 것이다. 이러한 현상을 중개 소멸이라고 부른다. 실제로 유통 구조의 축소 및 직접 판매 등으로 많은 중개상들이 사라지고 있다. 그렇다면 모든 중개상들이 소멸될 것인가? 이와는 반대로 인터넷 상에 새로운 중개상들이 등장하고 있다. 온라인 서점, 온라인 슈퍼마켓 등 판매자와 소비자 사이에서 여러 가지 새롭고 다양한 형태의 중개상들이 등장하고 있다. 이러한 현상을 재중개라 부른다. 새로운 형태의 중개상은 전자 메일, 자료실, 검색 엔진 서비스, 전자 시장, 비교 쇼핑 에이전트 등을 포함한다.

2. 소비자 중심(역시장)

디지털 경제의 특징 중의 하나는 기존의 상거래 상식이 파괴된다는 것이다. 생산자, 유통자, 소비자 간의 규정된 역할 분담이 파괴되고, 소비자 중심으로 통합되는 양상을 보인다. 이러한 파괴의 주요 동인은 정보 기술의 등장으로 인한 정보 전달 비용, 탐색 비용, 배포 비용 등 거래 비용이 감소하고, 네트워킹, 조정, 통신 등의 조직 구성에 들어가는 비용이 감소하며, 디지털 재화 등의 새로운 생산품들의 등장, 범세계적인 경쟁의 가속으로 인한 고객 중심 등으로 볼 수 있다.

이러한 소비자 중심의 시장을 역시장이라고 부르며 경매 등을 통해 가격을 소비자가 정하는 경우, 소비자가 자기의 수요를 광고하는 경우, 소비자끼리 상거래하는 경우, 소비자가 제품을 구성하고 생산을 요청하는 경우, 소비자가 공급하는 경우, 소비자가 직접 중개자가 되는 경우 등의 예를 들 수 있다. 그런데 이러한 소비자 중심 역시장은 소비자 위주이기는 하지만, 한편으로는 판매자가 수행해야 할 일들을 소비자에게 전가하여 비용을 회피하는 측면도 있다.

3. 수확체증의 법칙

수확체증의 법칙은 기존의 수확체감의 법칙에 대비되는 디지털 경제의 대표적인 특징으로 많이 인용되는 법칙이다. 디지털 산업에의 수확체증의 법칙은 최초 초기 투자비가 많이 들고, 지식에 많은 비용이 들며, 자원에는 상대적으로 작은 비용이 든다. 또한 지식 기반 산업이므로 생산자 학습 효과가 있으며 소비자 학습 효과도 있어서 하이테크 생산품들은 그 사용법을 익히는 데 시간이 소요되고 일단 익숙해지면 그로 인해 학습 효과가 생기게 된다.

MS Windows 경우에 처음 CD를 개발하기 위해서는 5천만 달러가 투자되어야 하지만 두 번째 CD부터는 불과 3달러의 복사비용 만들어서 수확이 체증된다. 또한 이것의 사용을 익히는 데 소비자가 학습이 필요하고 CD를 판매하는 쇼핑몰을 한번 구축해 본 경우 쇼핑몰 구축에 관한 지식이 생겨나 그 후 다양한 형태의 쇼핑몰을 쉽게 구축하여 생산자 학습 효과가 있는 것이다.

4. 네트워크 효과

네트워크 효과 또는 네트워크 외부성이란 그 해당 네트워크(제품)에 얼마나 많은 사용자가 있느냐가 그 네트워크(제품)의 가치를 결정한다는 것이다. Robert Metcalfe는 네트워크의 가치는 대략 네트워크 사용자 수의 제곱에 비례한다고 주장하였다.

제3절 e-biz의 활용

1. e-SCM

가. 공급망 관리란?

공급망(supply chain)은 원자재 업자로부터 공장과 창고를 거쳐 고객에 이르기까지의 자재, 정보, 지불, 서비스의 흐름을 지칭한다. 공급망은 제품, 정보, 서비스를 최종 고객까지 생산하고 전달하는 조직과 과정을 포함하며 구매, 지불, 자재 관리, 생산 계획과 통제, 물류와 창고, 재고 관리, 유통과 배송 등 많은 직무를 포함한다.

따라서 공급망 관리의 기능은 공급망 상의 모든 활동을 계획하고, 조직하고, 조정하는 공급망의 전 과정을 관리하는 총체적 시스템 접근 방식을 가리킨다.

나. e-biz에서는 무엇이 다른가?

공급망이 웹, 인터넷 등의 정보 기술과 네트워킹 기술을 활용하여 전자적으로 관리되어지는 경우를 e-SCM이라고 지칭할 수 있다. 웹의 보급과 전자상거래의 발달은 공급망의 개선과 발달에 직접적으로 많은 영향을 미쳤다.

다. 기존 공급망의 문제 해결 방안

기존의 SCM의 필요성은 수요 예측의 불확실성으로 인해서 일어났고, 이것의 주된 원인이 되는 효과는 채찍효과이다. 채찍효과는 공급 사슬 상에서의 상위 단계 중 마지막 단계인 소매 단계의 고객으로부터 주문 및 수요 패턴의 변동에 관한 정보가 소매상, 지역 유통업자 등의 공급망을 거슬러 전달되는 과정에서 지연 및 왜곡 확대 현상이 누적되어 그 결과 납기의 지연, 과잉 재고 등의 문제를 발생시키는 현상을 말한다. 이 현상을 줄이려고 SCM에서는 수직 통합을 통합이라는 방식으로 개발해 왔으며 재고 관리 측면에서 최근에 판매자 재고관리의 개념이 널리 활용되고 있다. 판매자 재고 관리 기법은 용어 그대로 직접 구매자나 소매점의 재고 현황을 직접 파악하고 필요한 만큼의 재고를 보충해주는 일련의 과정을 공급자가 직접 관리하는 기법을 말한다. 또한 사업 파트너 간의 정보 공유를 기반으로 하는 협업체계의 구축은 공급자, 판매자 등 모든 사업 파트너 사이의 효율적인 의사소통 환경을 구축함으로써 가능해진다. 이것의 한 예가 바로 POS(point of sale)이다.

라. 정보 기술을 활용한 공급망의 문제 해결 방안

기존 SCM은 직렬형의 순차적인 프로세스를 가지고 있어 매우 비효율적이고 속도가 느렸으며 판매자, 공급자, 도매상들의 공급망 상의 기업들 간의 기다리는 시간이 매우 길었다. 또한 잘못된 선적과 낮은 품질 등 때문에 반복되는 프로세스 활동이 많았다. 이러한 문제들을 IT를 이용하여 워크플로(workflow) 소프트웨어를 활용하여 업무 절차를 개선하고 자동화하였으며, 인트라넷과 그룹웨어(Groupware)를 사용하여 의사소통과 협업을 촉진하였으며 소프트웨어 에이전트를 활용한 전자적인 확인을 함으로써 개선하였다.

또한, 기존 SCM에서는 승인과 같은 행정 통제가 과다하고 승인자의 위치가 자주 바뀌는 경우가 잦았고, 업무상에 정보가 부족하고 정보의 흐름이 너무 느리다는 단점을 가지고 있었다. 그리고 공급 사슬 상의 중복, 과다한 구매 요청과 과다한 처리와 포장이 자주 발생하였다.

e-SCM에서는 이런 것을 해결하는 방안의 일환으로 전자 결재 및 워크플로를 활용한 병렬 승인, 전자 승인 시스템 활용과 인터넷 · 인트라넷, 모니터링과 알림 기능의 소프트웨어 에이전트, 바코드 POS 터미널에서의 직접 정보 수집과 웹을 통한 정보 공유, IT에 의해 지원되는 협업 파트너들의 팀 생성을 하고 있다.

마지막으로 앞서 말한 인트라넷과 그룹웨어를 사용하여 대내외적으로 정보 공유를 통한 재고 수준의 절감도 이루도록 노력하고 있다.

2. e-CRM

가. 고객 관계 관리란?

새로운 소비자에게 제품을 파는 것이 기존의 소비자에게 파는 것보다 훨씬 많은 비용이 든다. 이것은 기업으로 하여금 기존 소비자와의 관계를 원활하게 하는 데 노력을 기울이도록 유도하고 있다. 이런 배경 하에 고객에 대한 심층적이고 광범위한 지식을 바탕으로 개개인에 적합한 차별적 제품 혹은 서비스를 제공함으로써 고객과의 관계를 지속적으로 강화하고, 장기적으로 자사의 경쟁력을 재고해 가는 마케팅 프로그램으로서의 역할을 한다.

나. e-CRM은 무엇이 다른가?

e-CRM은 인터넷 상에서 발생하는 고객의 상세한 정보를 획득, 분석하고 이를 바탕으로 고객 개개인에게 맞춤화된 정보를 제공한다. 또한, 제공된 마케팅 전략 및 서비스를 검증·평가하여 결과를 피드백함으로써 고객 니즈에 대한 신속한 대응과 고객 행동 예측, 고객 점유율을 증대하는 일련의 제반 활동으로 정의할 수 있다.

협의로 해석할 경우 e-CRM은 인터넷 상에서 발생하는 고객의 정보 획득 및 정보 교환을 근간으로 하는 CRM으로 해석할 수 있다. 다시 말하면, 순수 온라인 쇼핑몰이나 오프라인 기업의 온라인 채널을 대상으로 한 CRM을 지칭하는 것으로 볼 수 있다.

그러나 전자적인 고객과의 의사소통이 고객 관계 관리 출발점임을 감안할 때 광의의 해석으로는 CRM과 e-CRM의 목적과 대상을 같게 정의하는 것이 바람직하다고 하겠다.

다. e-CRM의 구조와 기능

CRM은 운영적, 분석적, 협업적으로 구성되어 있다.

첫째, 운영적 CRM은 수평적으로 통합된 비즈니스 프로세스의 자동화로 데이터 웨어하우스나 데이터 마트와 같은 데이터 웨어하우징 환경의 주요한 요소들을 포함한다. 운영적 CRM은 다양한 고객 접점에서 생성된 정보를 통합하고 분류하는 기능을 수행한다. 즉, 고객 및 상품의 특성을 비롯하여 욕구와 불평 같은 고객 반응, 그리고 거래 및 캠페인에 관한 정보를 수집하여 통합, 관리한다.

또한 분석적 CRM에서 산출된 분석 결과를 관리하는 기능을 수행한다. 기업의 전화나 이메일을 사용하여 고객과 접촉하는 홍보 캠페인의 송신형과 고객이 회사에 문의 전화를 걸어오는 가운데에서 고객과 직접적 접촉이 이루어지는 것을 관리하는데 이것이 운영적 CRM인 것이다.

둘째, 분석적 CRM에서는 다양한 데이터 마이닝 도구를 사용하여, 운영적 CRM에 의해 생성된 데이터 웨어하우스나 데이터마트 내의 자료를 추출하여 분석하고, 이를 기반으로 마케팅 모델을 만든다. 분석적 CRM이란 고객과의 접촉을 통해 고객이 보여준 여러 선택과 행동을 이해하려는 과정이다. 따라서 분석적 CRM을 위해서는 다량의 고객 정보를 수집, 저장할 수 있는 새로운 영업 패턴이 필요하다.

셋째, 협업적 CRM은 분석적 CRM에서 얻은 결과를 대 고객 마케팅 활동에 직접 활용하여 고객과 기업 간의 상호 작용을 촉진시키는 기능을 말한다. 즉, 데이터베이스에 저장된 분석적 CRM의 결과를 활용하여 상품의 교차 판매와 상승 판매를 수행하거나, 우수 고객에게 새로운 서비스를 제공하는 등 고객과의 직접적인 의사소통을 통한 마케팅 활동을 수행한다. 따라서 대부분의 마케팅 캠페인 관리는 협업적 CRM에 속한다. 이때 이용되는 커뮤니케이션 매체로는 전자 우편, 전화, 인터넷과 인터넷 커뮤니티 등이 있다.

라. CRM의 실천 도구

CRM의 실천 도구로는 크게 캠페인 관리와 고객 접점 관리, 영업 자동화가 있다.

(1) 캠페인 관리

과거에는 기업에 축적된 고객의 데이터베이스가 빈약하고 고객 데이터를 분석할 수 있는 여건이 갖추어져 있지 않았기 때문에 기업의 마케팅 캠페인에 있어서 철저한 사전 분석 없이 수행되었으며, 많은 비용과 위험을 감수하는 방식을 선택할 수밖에 없었다.

정보 기술의 발달에 따른 고객 데이터베이스의 축적과 데이터 웨어하우스의 등장은 상세한 고객 정보 축적을 용이하게 했을 뿐만 아니라 기업들이 이를 마케팅 캠페인 관리에 적극 활용할 수 있도록 하였다. 기존에는 대다수가 편리한 범위 내에서 고객의 기호에 대한 자료를 남기거나 고객 관계를 향상시켜 단기 매출만 신장시키는 임기 응변적인 캠페인을 시행하였다. 그러나 정보 기술이 늘면서 시간과 비용을 줄일 수 있었고 마케팅 주기를 단축시켰을 뿐 아니라 기업들이 마케팅 관리에 투자했던 시간을 고객에게 돌릴 수 있도록 해주었다.

(2) 고객 접점 관리

인터넷, 전화, 팩스 등의 각종 채널은 고객과 기업을 연결하는 접점이며 이를 관리하는 것은 고객 관계 관리의 일부로서 고객 접점 관리이다. 또한 고객 관리 시스템의 일부로서 각종 채널을 통해 외부 고객의 다양한 서비스 요청을 받아 만족한 대응이 가능하도록 최적의 경로로 내부의 각종 시스템 및 전문가를 연결시켜주는 각종 기능을 제공한다.

또한, 내부에서 발생한 각종 결과물을 고객에게 전달하고 고객의 요구 사항을 내부로 받아들이는 아웃바운드와 인바운드의 서비스를 제공하기 위한 하드웨어, 소프트웨어를 포함한 정보 시스템을 고객 접점 관리 시스템으로 정의한다. 고객 접점 관리시스템의 아키텍처는 다음과 같다.

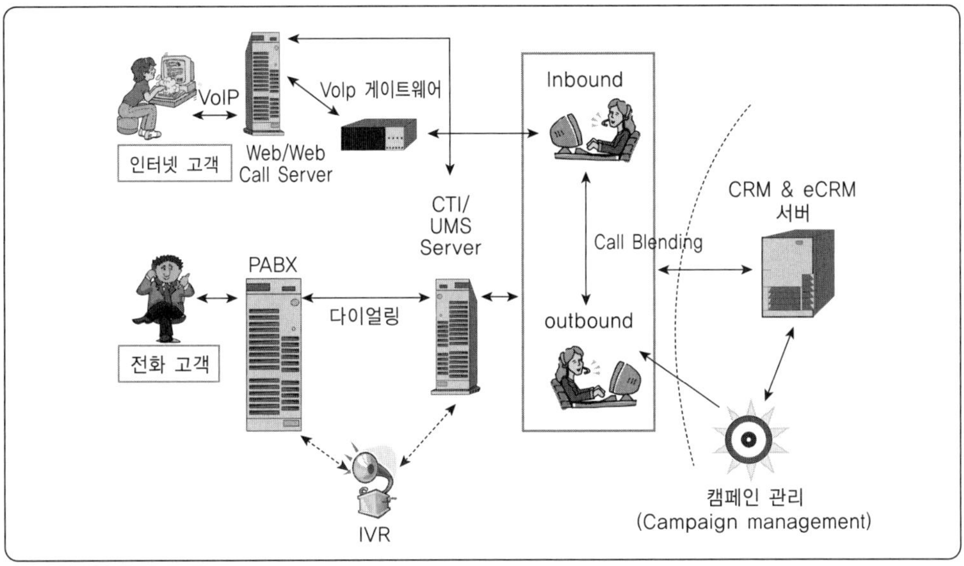

[그림 8-8] 고객 접점 관리 시스템의 아키텍처
(출처: 임규건 외, 2005)

콜센터는 고객 접점 관리 시스템의 대표적인 서비스로서 기업의 반복되는 통화를 해결하고 효율성을 제고하여 급증하는 통화량을 소화시킬 수 있게 하기 위해 시장에 나타났다. 콜센터는 고객의 문제에 따른 문제 티켓과 이러한 문제의 발생부터 해결까지 추적할 수 있는 트랙킹 장치를 제공하는 것이 있다. 고객 서비스 상담원은 반복되는 조사를 하지 않고도 고객의 문제를 접수함과 동시에 유사한 문제 티켓을 검색해 빠른 시간 내에 해결책을 제시할 수 있다.

(3) 영업 자동화

영업 자동화란 영업 업무의 자동화와 지속적인 고객 관계 관리를 통한 고객 충성도 향상을 위해 영업 활동을 지원하는 영업 촉진 자동화 시스템으로 정의할 수 있다. 또한, 기업의 CRM 전략을 바탕으로 상품 기획에서부터 영업 제안, 납품에 이르기까지의 영업 활동을 직접적으로 지원하는 시스템이라고 정의할 수 있다. 영업자동화로 신규 비즈니스의 발굴 및 고객 관계 강화를 통해 고객 기반을 강화하는 것이다.

따라서 가치 있는 고객에 대한 분명한 접근 전략을 수립하고 정확한 고객 데이터를 관리함과 동시에 세일즈 프로세스에 대한 분석을 통해 영업 기회와 영업전략을 포착하여 세일즈 초기 단계에 집중한다. 이로써 비효율적인 영업 활동 요소를 제거하고 영업 사이클 타임을 단축할 수 있다.

3. e-Intelligence

기존의 많은 기업들은 기업의 지적 자산을 관리한다는 관점에서 80년도에 다양한 전문가 시스템(expert system)이 개발되었으나 전문가와 지식공학자(knowledge engineer) 사이에 발생하는 의사소통 미숙으로 실제 전문가를 대체할 만한 전문가 시스템은 개발되지 못하였으며, 현재에는 매우 제한된 범위 내에서 사용되고 있는 실정이다.

실패의 가장 큰 이유는 인간의 복잡한 지식을 컴퓨터에 프로그램화하여 옮겨놓는다는 것이 현실적으로 불가능하다는 것이다. 이로 인해 불완전한 지식을 가지고 있는 전문가 시스템은 기업의 기대에 제대로 부응하지 못하였고, 차츰 기업에서 사라져 가고 있는 상황이 되고 말았다. 일부의 전문가들은 전문가 시스템은 더 이상 우리들의 생활에 도움을 줄 수 없는 기술이라고 속단하기도 하지만 인공 지능 기술은 다음의 형태로 적용되고 있다.

첫째, 인간 전문가나 지식공학자에 의존하기보다 기업들이 가지고 있는 기존의 데이터를 이용해 데이터에 숨겨져 있는 지식을 발견해 냄으로써 미래를 예측할 수 있는 새로운 방법을 기업에서 많이 사용하고 있다. 즉, 인간으로 말미암아 발생된 오류를 최소화하기 위한 노력으로 더 이상은 인간에 의존하기보다는 기업이 가지고 있는 데이터에 의존함으로써 인간이 범할 수 있는 오류를 최소화하고자 하는 것이다. 이 기술을 흔히 데이터 마이닝 기술이라고 한다.

둘째, 전문가 시스템은 인간의 복잡한 지식을 컴퓨터에 옮겨놓는 데에 주요 목적을 둠으로 해서 그 목적이 제대로 성취되지 않았다. 근자에는 인간의 복잡한 지식이 아니라 아주 간단한 업무를 컴퓨터가 대신하도록 하는 새로운 형태의 인공지능 애플리케이션이 소개되었다. 이것을 우리는 인텔리전트 에이전트(Intelligent Agent)라고 한다.

이러한 인공지능 기술(e-intelligence)은 인간지능의 단점을 보완하고 불필요하게 소비되는 인간의 업무를 대신함으로써, 급변하는 경쟁 환경에서 기업의 경쟁력을 확보하기 위해 반드시 필요한 기술이 되어가고 있으며, 데이터 마이닝, 데이터 웨어하우스, 인텔리전트 에이전트 등의 다양한 인공지능 응용 기술이 끊임없이 개발되고 있다.

가. 데이터 마이닝

데이터 마이닝은 대량의 데이터로부터 새롭고 의미 있는 정보를 추출하여 의사결정에 활용하는 작업이라 정의한다. 데이터 마이닝을 통해 거대한 데이터베이스에 숨어 있는 전략적인 정보를 발견할 수 있으며 이러한 정보는 주요 비즈니스 과정 개선에 사용된다. 데이터 마이닝의 사용의 예로 불법 거래 방지, 신용 평가, 고객 관리, 개인화 서비스 제공에 주로 응용되어 사용되고 있다.

나. 데이터 웨어하우스

데이터 웨어하우스는 한 기관에서 운영하는 기존의 응용 시스템으로부터 발생하는 방대한 양의 데이터를 어떻게 관리하여 관리자에게 유용한 정보를 제공해주는가를 그 출현 배경으로 하고 있다. 데이터웨어 하우스는 기업에서 운영하는 여러 시스템에서 발생하는 다양한 데이터를 다년간 모아 특별한 프로그램 없이 통합 및 분석할 수 있도록 디자인한 별도의 분석 전용 데이터베이스라고 정의내릴 수 있다.

다. 인텔리전트 에이전트

인텔리전트 에이전트는 인공지능 분야, 컴퓨터 인터페이스 분야, 수학 분야 등 세가지 분야에서 약간씩 다르게 정의를 내리고 있다.

먼저 인공지능 분야에서는 분산 환경에서 작업을 수행하는 지적인 특성으로 갖는 응용 프로그램으로 인텔리전트 에이전트를 정의하고 있다. 또한 컴퓨터 인터페이스 분야에서는 사람의 생각을 인지해 사람이 요구하는 사항을 대신 처리해주는 프로그램이라 정의하고 있다. 마지막으로 수학자들은 환경의 변화를 인지하고 그것에 적합한 행동을 하는 프로그램이라고 정의하고 있다.

인텔리전트 에이전트는 자율성과 대화 능력 및 협동성, 추론 능력, 적응력, 신뢰성, 운동성을 가지고 있는데 이런 특성을 이용하여 크게 정보 에이전트와 인터페이스 에이전트로 활용되고 있다. 정보 에이전트는 단순히 디렉토리 서비스를 제공하는 에이전트를 말한다. 간단히 전화 번호부와 같은 기능을 하는 프로그램으로 어떤 사람이 어디에 있고 어떤 정보가 어디에 있는지 길잡이 역할을 해주는 에이전트이다. 인터넷 상의 가장 대표적 예로는 검색 엔진을 들 수 있다.

인터페이스 에이전트는 사용자와 컴퓨터와의 상호 작용을 좀 더 효율적으로 해서 사용자가 컴퓨터를 좀 더 쉽게 사용할 수 있도록 도와주기 위해 사용되는 응용 프로그램이다. 최근에는 사용자들이 인터넷을 쉽고 지능적으로 탐색할 수 있도록 도와주는 기능으로 주로 개발되어 있다.

제4절 e-biz 운영상의 고려 사항

1. 상황적 문제점

e-biz는 여러 가지 이점을 가지고 있는 반면에 또한 한계점도 많이 가지고 있다. 첫 번째로 품질, 보안, 신뢰성에 대한 보편적으로 받아들여지는 표준의 부족과 불충분한 원격 통신 대역폭으로 e-biz가 가지고 있는 장점들을 최대한으로 살리지 못하고 있는 실정이다. 그런데, 품질 보안 신뢰성을 높이는 방법과 원격 통신의 대역폭을 확장하는 과정에서 발생하는 비용은 결국 소비자가 떠맡게 될 것이다. 왜냐하면 본래에 가지고 있던 시간과 비용의 절감이라는 측면에서 비용의 측면은 고려되지 못하고 있다.

또한 계속 진화하는 소프트웨어와 기술, 기존 정보와 새로운 EC 시스템과의 통합이 어려우며 웹서버, 개발 도구 등 소프트웨어의 비용이 e-biz의 장애 요인으로 발생하고 있다.

앞서서 서술했던 보안적인 e-biz의 기술들이 많이 발전한다고 하더라도 해킹이라는 프라이버시 문제는 계속해서 발생할 것이다. 그리고 고객들의 신상 정보를 파악하는 과정에서의 비윤리적 행위 또한 발생하고 있다.

e-biz의 장점으로 세계를 모두 통합하는 시장의 형성을 들 수 있지만 각 나라에서 책정하는 세금의 가격이 다르다. 또한 빠르게 진보하는 IT의 속도를 법적인 측면이 보조를 못해주고 있는 것을 포함하여 아직 해결되지 않는 많은 법적인 이슈가 있다. 더불어 아직 부족한 국내 및 국제적 행정 규칙과 표준화가 큰 문제점으로 자리잡고 있다.

마지막으로 이러한 e-biz의 기술적 기반을 갖는 것에 대한 이점을 측정하기 어렵고 항상 선투자 개념이 자리잡고 있기 때문에 e-biz를 정당화하기 위한 방법론은 아직 초보적인 수준이다. 그리고 기업들이 e-biz로 전환하는 가운데에서 가져야 할 커다란 비용 문제와 같은 위험 때문에 과감한 결단이 필요하게 되었다.

아직까지 문서와 대면이 없는 거래를 충분히 신뢰하지 않는 사람들이 많으며, 사기 도용 불법 거래 등의 비윤리적 행위, 또 쇼핑몰의 경우에는 오감 중에 시각적인 것을 활용한다는 것과 채널 충돌로 거래 후 구매자들의 불만족 가능성이 높고 반품 및 환불 절차가 까다롭고, 시일도 많이 걸린다. 또한 기존의 도 · 소매상들이 해체에 따른 업체의 구조 조정 문제 발생 등의 여러 가지 문제점의 발생이 부각되면서 아직 e-biz가 밝은 전망을 가지기에는 해결해야 할 과제가 필요하다고 생각된다.

2. 본원적 문제점

첫째로는 B2B 영역의 특성상 B2C 환경보다는 인터넷 환경이 뒤져 있거나, 관심이 부족한 상황이었던 것이 사실이다. 하지만 최근 대부분의 거래선들과 공급자들이 경영 혁신 방안 및 경쟁력 확보를 위해 다투어 방안을 강구하고 있어, B2B의 인터넷 환경이 개선될 것으로 예측된다.

B2B 환경에서 e-biz의 구현은 공급자와 거래선의 네트워크 연결이라는 측면을 고려한다면, 특정 업체의 공급자이거나 거래선일 수밖에 없는 모든 업체들은 e-biz를 지금 시작하지 않으면, 얼마 후 경쟁력 강화를 외치는 그들의 공급선과 거래선으로부터 e-biz를 강요당하게 될 것으로 전망된다. 지금 e-biz를 시작하지 않으면, 상대의 시스템에 맞추어 나가야 하는 시스템 종속이 발생될지도 모른다.

둘째로는 e-biz를 해야만 하는 상황이라면, 언제 구축을 시작하는 것이 가장 적당한 시기인지 고민하게 된다. 대부분의 기업들은 MRP 단계에서 ERP 단계로, 그 후 SCM 단계로 접어들었다. 기업들의 점진적 시스템 구축을 추진한 결과 1999년

중반인 현재, SCM까지 구축이 완료됨에 따라, 다음 단계인 가치 경영으로 방향성을 설정하고 1999년 이후 마지막 시스템 통합 단계로 이동 중이다. 거래를 하고 있는 거래선과 공급선의 IT 현황이 이와 같다면, e-biz 구현에 더 이상 주저할 단계가 아니다.

셋째로는 e-biz와 관련하여 단계적 추진이 필요하며, 현재 성공적인 벤치마킹 사례들은 e-biz의 일부 단계를 성공적으로 구축한 사례들 (예컨대 물류분야, order tracking 분야, e-Procurement 분야 등)로서 e-biz의 전반적인 시스템 설계 및 추진 사례가 없다고 말해도 과언이 아닐 것이다. 시스템 설계 및 업무 프로세스를 먼저 개선하는 경우, 타 거래선 요청 시 추진선례를 거래선 · 공급선에 적용할 수 있도록 할 수 있는 힘을 가지게 된다.

넷째로는 CRM 혹은 VBM 관련 솔루션을 찾고 있으며, 최근에는 CRM 대신 eRM이라는 신조어가 생성되기도 하였다. VBM 관련 해법을 찾고 있다면, 거래선과 공급선 쌍방향 시스템을 웹 환경을 통하여 구축하는 것이 가장 최적의 솔루션으로 대두되고 있다. "e"-Business라고 불리는 이유가 바로 그것이다.

3. e-biz 모델의 실패 사례

가. 수익 모델 선정의 실책: 인텔의 판데시크 포기

인텔은 세계적 소프트웨어 생산업체인 SAP와 공동으로 출자한 전자상거래 전문기업인 판데시크(Pandesic)의 기업 활동을 중지한다고 선언했다.

판데시크는 전자상거래 전문 소프트웨어를 생산하여 중소기업들에게 무료로 제공하였고 소프트웨어를 사용하는 중소기업에게 인터넷 상에서 이루어지는 매출의 일부를 배당받아 수익을 창출하고자 하였다. 하지만 이와 같은 비즈니스 모델에서는 초기 손실이 불가피하였다. 결국 판데시크는 1999년 7백만 유로의 매출에 4천4백억 유로의 손실을 기록했으며, 2000년 상반기에는 손실규모가 더 확대된 것으로 알려졌다.

판데시크의 소프트웨어를 사용하는 은행 등의 고객들은 상품에 대해 만족하고 있었기 때문에 판데시크의 실패는 비즈니스 모델의 문제 때문이라고 할 수 있다.

나. 비대한 몸집을 가진 전통 기업으로서의 유연성 부족 : Compaq의 딜레마

컴팩은 자사 매출의 75%를 소매업체 네트워크에 의존하고 있었다. 경쟁업체인 Dell컴퓨터가 인터넷을 통해 직접 PC를 판매하자 지난 1998년 11월에 인터넷을 통한 직접 판매를 대대적으로 하겠다고 발표하여 소비자들이 온라인으로 컴퓨터를 구입할 수도 있고, 소매업체를 통해서도 구입할 수 있게 하였다.

소비자들은 소매업체를 거치지 않고 8~9% 싼 가격으로 인터넷을 통해 직접 컴퓨터를 구매하기 시작했으며, 이에 화가 난 일부 소매업체들은 자신의 고객들을 컴팩 제품이 아닌 HP사의 제품 쪽으로 유도하기 시작했다. 이로 인해 몇 달 후 컴팩의 매출이 급격히 감소하여 결국 컴팩은 구시대적인 매출 방식을 붕괴시키면서 새로운 방법을 계속 밀고 나갈 것인지 아니면 다시 과거로 돌아갈 것인지를 결정하지 못한 채 딜레마에 빠지고 말았다.

컴팩은 결국 온라인 방식을 포기하고 어느 정도 기존 방식과 절충한 방식을 택하였다. 기존 소매 네트워크를 벗어나 인터넷을 통해 컴퓨터를 판매한다는 전략을 철회하고 기존 소매업체들이 온라인 매장을 개설하여 디렉트 플러스 운영에 따른 수수료를 챙길 수 있도록 한 것이다.

컴팩 같은 전통 기업이 e-biz에 성공하려면 현재 산업과의 조화가 성패를 좌우한다. 컴팩은 Dell의 성공에 자극을 받았지만 자신의 강점을 약점으로 이용한 Dell의 전략을 그대로 수용함으로써 실패를 경험한 것이다. 결국 컴팩은 온라인 사업을 변형된 형태로 진행할 수밖에 없었고 Dell은 온라인 컴퓨터 판매에 있어 여전히 부동의 1위 자리를 지키고 있다.

4. e-biz의 발전

앞서 살펴본 바와 같이 e-biz의 발전 과정은 매우 다양하고 복잡한 과정을 통하여 이루어져 왔으며 그에 따라 긍정적인 면과 함께 부정적인 즉, 고려해야 할 문제점을 수반하고 있는 것으로 나타났다. 따라서 이와 같은 문제점들을 해소하고 지속적인 e-biz의 발전을 위하여는 다음과 같은 것들이 고려되어야 할 것이다.

첫째는 표준화이다. 통합 미들웨어가 애플리케이션으로부터 데이터를 수집하여 XML로 변환하고 거래 협력사나 e-Marketplace에서 필요로 하는 형태로 제공하도록 해야 한다.

둘째는 모바일 서비스로의 확장이다.

미국의 Gartner Group과 Forrester Research, IDC, Jupiter Communications 등 주요 리서치 기관에서 최근 발표한 향후 5년간 인터넷상의 10대 주요 변화 가운데 가장 상위를 차지한 부문은 이동 통신 기술을 기반으로 한 무선 인터넷 기술과 첨단 모바일 정보 기기를 결합한 새로운 유형의 모바일 비즈니스의 급성장이다. 이들 자료에서는 향후 5년 안에 전체 인터넷 사용자 3억5천만 명중 약 1/4이 모바일 정보 기기를 사용할 것으로 전망하고 있는데 이 같은 흐름에 따라 전 세계 수많은 기업들이 이동 통신 기술의 발달과 더불어, 시공간을 초월한 인터넷 접근이라는 모토 아래 전 산업 분야에 걸쳐 『모바일』이라는 새로운 비즈니스에 도전하고 있다.

특히 모바일 비즈니스 산업은 기존 인터넷 관련 산업군(인터넷 인프라스트럭처, 애플리케이션, 인터미디어리, 커머스 관련 업체), 무선 인터넷 관련 산업군(무선 인터넷 관련 장비제조회사, 소프트웨어 개발자), 이동통신관련 산업군(이동사업자와 제조업자), 유선통신관련 산업군(유선 사업자와 제조 업자) 등으로 구성되어 있으며, 이들은 모바일 비즈니스 시장의 주도권을 확보하기 위한 고유의 전략과 이해관계를 가지고 있다.

셋째는 e-biz 보안 기술의 향상이다. 인터넷의 속도가 빨라지고, 일반화됨에 따라 신뢰성이 있는 보안 대책 없이 인터넷 웹(Internet Web) 상에서 중요한 사업 및 개인 정보를 활용하는 행위는 엄청난 잠재력을 가지고 있는 e-biz 활성화에 방해 요소로 작용할 수 있다. 따라서 향후 e-biz에서의 보안 능력은 정보 기술 서비스 제공업자들의 중요한 차별점이 될 것이다.

요약

e-biz는 상당히 변화가 심한 분야이기 때문에, 그 정의도 상당히 광범위하며 학자들도 정의를 달리하고 있다. OECD는 "전자상거래는 일반적으로 상업적 활동과 관련된 모든 형태의 거래와 관련되는 것으로, 문자, 음성 및 화상을 포함한 디지털화된 데이터의 처리와 전송에 기초하고 있다"고 정의하고 있으며, WTO는 "통신망을 통한 상품의 생산, 광고, 판매, 유통"을 전자상거래로 명시하고 있다.

이러한 정의들로 미루어 볼 때, e-biz란 좁은 의미로 컴퓨터와 네트워크 등의 전자적 매체를 통한 상품 거래를 지칭하며, 넓은 의미로는 좁은 의미의 전자상거래는 물론 인터넷 또는 기타 전자적인 방식이라고 정의할 수 있다.

e-biz와 혼동되기 쉬운 의미를 가진 개념으로 e-commerce(EC)가 있는데, 이들의 혼동을 피하기 위해 구분할 필요가 있다. e-commerce는 인터넷을 포함하여 컴퓨터 네트워크를 통한 정보, 서비스, 제품의 교환 또는 구매, 판매의 과정을 뜻한다. 반면에 e-biz는 EC에 비해 다소 넓은 개념으로써, 단순히 제품과 서비스의 구매 또는 판매뿐 아니라 고객들과 사업 파트너와의 제휴, 사업 조직 내의 전자적인 거래 등의 모두를 포함하는 개념이라 할 수 있다.

주요용어

e-biz	e-commerce	인터넷
Electronic Transaction	e-Marketplace	e-Intelligence

연습문제

1. 포탈(Portal)의 쇼핑 서비스가 주력 수익 모델로 변화된 이유는 무엇일까?
2. 쇼핑 서비스에서 고객의 다양한 욕구(Needs)를 충족시키기 위한 방안을 현재의 E-biz Trend와 관련지어 설명해보시오.
3. e-biz와 관련된 문제점들에 대하여 설명해보시오.
4. e-biz와 관련된 문제점 해결방안은 어떠한 것들이 있는가?

CHAPTER 9

제09장 비즈니스 인텔리전스

최근 정보화의 가장 큰 화두 중의 하나는 실시간 기업(RTE: Real Time Enterprise)과 비즈니스 인텔리전스(BI: Business Intelligence)이다. 정보화를 통하여 궁극적으로 이루고자 하는 목표가 기업의 운영 현황과 상태를 실시간으로 파악하고 능동적으로 대응하는 기업 환경을 구축하는 것이라고 할 때, 데이터 웨어하우스와 데이터 마이닝을 활용하여 지능적 의사 결정을 수행할 수 있는 비즈니스 인텔리전스 시스템의 구축은 무엇보다 중요한 과제라고 할 수 있다.

본 장에서는 비즈니스 인텔리전스의 정의, 특징 및 역할을 소개하고 기업에서 비즈니스 인텔리전스를 구현하기 위한 기반 기술인 데이터 웨어하우징과 데이터 마이닝에 대해 전반적으로 살펴보고자 한다. 마지막으로 비즈니스 인텔리전스의 발전 방향과 미래에 대해 전망해 본다.

제1절 비즈니스 인텔리전스 소개

1. 정의 및 특징

비즈니스 인텔리전스(BI : Business Intelligence)는 데이터 분석에 기반하여 기업의 비즈니스를 보다 합리적이고 논리적으로 이끌어갈 수 있도록 지원하는 일련의 정보 시스템을 의미한다. 데이터베이스나 데이터 웨어하우스에 축적된 기업의 방대한 데이터를 데이터 마이닝이나 통계 분석과 같은 정형 · 비정형적 방법으로 다양하게 분석하고, 분석된 정보를 이해하기 쉬운 형태로 가공하는 역할을 수행한다. 비즈니스 인텔리전스는 ① 관련된 비즈니스 정보를 수집하는데 소요되는 시간을 최소화하고 ② 융합된 정보를 개인화된 정보로 자동화하며 ③ 뛰어난 의사 결정을 위한 분석 툴을 제공하고 ④ 의사 결정에서 행동까지의 연결 고리를 좁혀주는 등의 장점을 갖고 있다. 비즈니스 인텔리전스는 데이터 추출 및 변형(ETT) 도구, 다차원 데이터 분석을 위한 온라인 분석처리(OLAP) 도구, 보고서 작성을 위한 리포팅 도구, 데이터 간의 숨겨진 연관성을 찾아주는 데이터 마이닝 도구 등으로 구성된다. CRM(Customer Relationship Management: 고객 관계 관리), BSC(Balanced Scorecard: 균형 성과 관리), ABC(Activity Based Costing: 활동 기준 원가) 등 각종 재무 회계, 경영 관리, 생산 관리 등이 대표적인 비즈니스 인텔리전스 적용분야 이다.

2. 비즈니스 인텔리전스의 역할

비즈니스 인텔리전스는 축적된 데이터를 분석해 3개월이나 6개월 혹은 그 후의 예측 정보를 제공함으로써 기업의 중요 의사 결정을 지원한다. 대부분의 다른 정보 시스템들이 주로 현재와 과거의 상태를 분석하는 데 비해 비즈니스 인텔리전스는 예측에 중점을 두고 있으며 이 때문에 'IT의 꽃' 으로 불리기도 한다. 모든 비즈니스가 실시간으로 이루어지는 개념인 실시간 기업(RTE : Real-Time Enterprise)은 빠르고 정확하게 의사 결정을 해야 하는 현대의 기업에게 절실한 환경이다. 이러한 실시간 기업의 요구에 따라 의사 결정 시스템에 직결되는 비즈니스 인텔리전스가 주목받고 있다. 비즈니스 인텔리전스는 CRM, ERP, SCM 등 주요 비즈니스 기능의 기반이 되고 ATM, 신용카드, 콜센터 등 다양한 비즈니스 활동에서 생산된 트랜잭션 데이터에서 실시간 지식을 분석해주기 때문에 기업 경영에 반드시 필요한 정보 시스템이다. 이전에는 복잡한 정보 시스템을 도입했던 기업들이 이제는 기업의 의사 결정에 실시간으로 빠르게 기업 정보를 활용하고자 하기 때문에, 업종별로 또는 기업 내 데이터 접근 레벨별로 비즈니스 인텔리전스를 효율적이면서 효과적으로 구현하는 방안을 모색하고 있다.

제2절 데이터 웨어하우징

정보와 지식이 기업의 경쟁력 강화를 위한 수단으로 등장하면서 각 기업들은 수십 기가바이트(GB) 이상에 이르는 방대한 양의 데이터를 저장하고, 관리하기 위한 데이터베이스의 구축에 많은 투자와 노력을 기울여 왔다. 그리고 이러한 대용량 데이터베이스의 활용도를 높이기 위한 방편으로 정제되고, 일관성 있게 통합된 형태로 데이터를 쌓아두고자 하는 데이터 웨어하우스의 구축이 시도되고 있다. 데이터 웨어하우징이란 데이터 웨어하우스를 구축하고 활용하는 일련의 과정으로, 전사적인 차원에서 의사 결정을 지원하기 위한 환경을 구축하자는 생각이다. 데이터 웨어하우스는 비즈니스 인텔리전스 구축을 위한 정보의 원천이라고 볼 수 있다.

1. 데이터 웨어하우스의 등장 배경

현대의 기업 조직은 대량의 정보에 대해 보다 쉬운 조작과 액세스 기반 제공으로 의사 결정 과정을 적극적으로 지원해야 하는 압력 아래 놓여 있다. 비즈니스 사용자의 경우 이전에 볼 수 없이 짧아진 제품 생명 주기로 점점 치열한 시장 경쟁 구조에 대응하기 위하여 좋은 정보에 대한 필요성이 더욱 절실해지고 있다.

데이터 웨어하우스의 등장 배경은 의사 결정 지원 시스템을 지원하기 위한 측면과 기업의 전략적인 측면에서 살펴볼 수 있다. 의사 결정 지원 시스템을 지원하기 위한 측면은 다음과 같다. 첫째, 의사 결정을 위한 정보 수요의 폭증을 들 수 있다. 관리자의 데이터 검색 및 분석 욕구가 증가함으로써 정보 수요가 증가하게 된 것이다. 둘째, 의사 결정을 하는 데는 기업의 공통 데이터로의 접속을 필요로 한다. 즉, 기업 내의 다른 부서, 다른 시스템, 다양한 데이터 방식으로 보관된 데이터를 공통 데이터로의 접속이 필요하다. 예를 들어, 회사 제품의 생산량을 예측하기 위해서는 제조, 재무, 마케팅 부서의 데이터베이스로부터 데이터를 불러와야 한다. 그러나 다른 부서별로 관리되는 데이터베이스들은 대부분 서로 다른 장소에 있는 다른 시스템에 다른 방식으로 보관되어 있는 경우가 대부분이다. 셋째, 의사 결정을 위해서는 장기적인 데이터 관리가 필요하다. 넷째, 의사 결정 지원 시스템은 온라인 거래 처리(on-line transaction processing) 시스템의 지속적인 수행에 영향을 주어서는 안 된다.

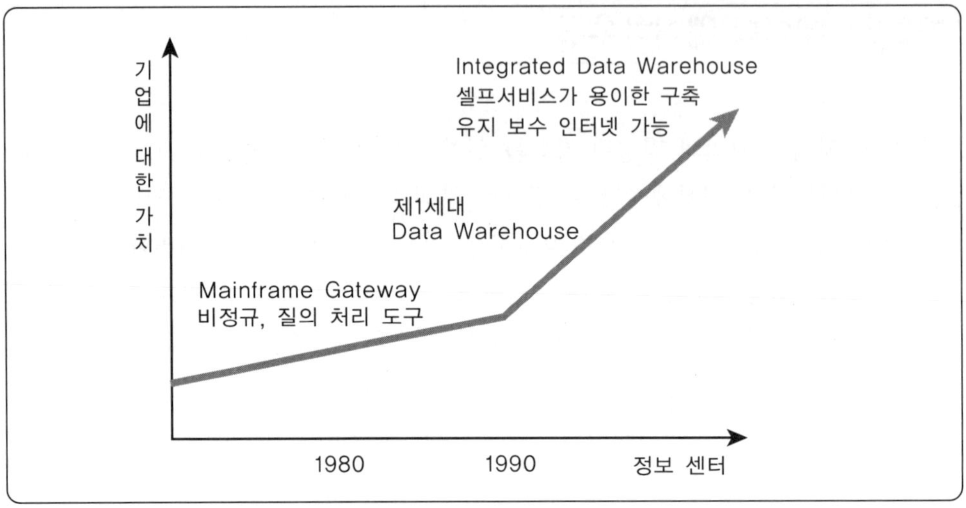

[그림 9-1] 데이터 웨어하우스의 진화 과정
(출처: Sybase, 1999)

기업의 전략적인 측면은 다음과 같다. 첫째, 전산 인력의 지원 한계이다. 기업 내의 정보 센터 운영 및 최종 사용자 전산의 지원 등으로 인하여 전산 인력이 데이터를 관리하는 데 한계에 도달하게 된다. 둘째, 데이터 웨어하우스는 기업의 전략적 정보 기반 구축을 지원한다. 1990년대 들어서 기업의 현실은 각박해졌다. 고객은 줄었고 제품의 생명 주기는 더욱 빨라졌으며 기업은 새로운 경쟁 상대가 출현했다. 즉, 과거와 같이 상품과 서비스를 만들기만 하면 팔리던 시대가 아니다. 시장 혹은 고객의 다양한 요구에 맞는 것을 얼마나 빨리 정확하게 파악하여 제공하며, 그것을 가능케 하는 조직과 인원을 얼마나 빨리 준비하고 투입하느냐가 모든 기업에 부과된 최대의 과제라고 할 수 있다.

2. 데이터 웨어하우스의 정의

기업 업무를 자동화하고 확장하는 전통적인 운영 시스템과 달리 데이터 웨어하우스의 정보 시스템들은 기업들에게 새로운 통찰력을 가질 수 있게 한다. 데이터 웨어하우스는 기업들이 신규 시장을 발견하고 이용할 수 있도록 하며, 프로세스를 재구성하고 고객에 대한 서비스를 크게 향상시킬 수 있도록 해준다. 전 세계적인 경쟁과 규제 완화로 인하여 통합된 기업 정보 시스템은 더 이상 선택 사항이 아니라 생존을 위한 필수 조건이 되어버렸다.

데이터 웨어하우스의 목적은 데이터에 기반한 의사 결정이 막연한 경험이나 불완전한 데이터에 의존하는 대신 통합된 데이터를 바탕으로 사실에 근거하여 신속하고 합리적인 의사 결정을 내릴 수 있도록 지원하는 데 있다. 데이터 웨어하우스는 관점에 따라서 다양하게 정의하고 있다.

① 의사 결정 지원을 위한 주제 지향적(subject-oriented)이고, 통합적(integrated)이며, 시계열적(time-variant)이고, 비휘발적(nonvolatile)인 데이터의 모음

- W. H. Inmon -

② 기업 내에서 발생하는 모든 단계의 의사 결정 프로세스를 지원하기 위해 다양한 형태의 데이터를 전략적으로 활용하기 위해 모아 놓은 것

- Oracle -

데이터 웨어하우스는 복수의 거래 처리 시스템으로부터 데이터를 수집하여 이들 데이터를 검색, 요약 및 분석 등으로 일관성 있게 통합하여 재구조화한 데이터베이스이다.

3. 데이터 마트

데이터 웨어하우스를 구축하는 데 있어서 데이터 마트라는 개념이 등장한다. 데이터 마트란 기업이 보유하고 있는 다양한 데이터를 사용자의 요구에 따라 체계적으로 분류하여 기업의 의사 결정 및 경영 활동을 지원하기 위한 시스템을 말한다. 데이터 웨어하우스나 데이터 마트는 데이터의 양과 사용자 규모에 차이가 있을 뿐 추출 도구, DBMS, 분석 도구 등 기본 구성 요소는 거의 동일하다. 즉, 데이터 마트는 특별한 영역에 중점을 두어 만든 데이터 웨어하우스의 일부라고 할 수 있다. 일반적으로 데이터 마트는 데이터 웨어하우스로부터 추출되어 특별한 사용자의 요구

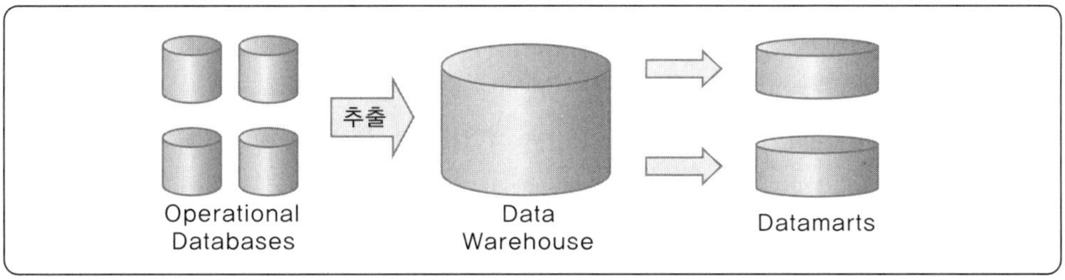

[그림 9-2] 데이터 마트

를 충족시키도록 역정규화되고 인덱싱된다.

데이터 웨어하우스와 데이터 마트는 다음 [표 9-1]과 같은 차이점을 가진다.

[표 9-1] 데이터 웨어하우스와 데이터 마트 비교

항목	데이터 웨어하우스	데이터 마트
범위	· 애플리케이션 – 중립적 · 중앙화, 공유 · 교차 사업부/전사적 · 기술 구조적	· 특수 애플리케이션 필요 · 특수 사업부나 부서, 사용자 이용 · 비즈니스 처리 과정 지향 · 중복 데이터를 가진 다양한 데이터베이스
데이터 관점	· 역사적 – 세밀한 데이터 · 일부 요약 · 약간 비표준화	· 세밀한 데이터(일부는 역사적) · 요약 · 고도로 비표준화
주제	· 다양한 주제 영역	· 단일 주제 · 다양한 부분적 주제 영역 · 현재 사용 중인 데이터 원천의 Snapshot
데이터 근원	· 많음 · 현재 사용 중, 외부 데이터	· 다소 적음 · 현재 사용 중, 외부 데이터 · OLTP DB Snapshot
구현 시간표	· 첫 단계만 9~18개월 (2~3개의 주제 영역) · 다양한 단계의 구현	· 4~12개월
특징	· 유연함 · 지속적/전략적 · 데이터 지향	· 제한적 · 단명/전술적 · 프로젝트 지향

W. H. Inmon은 데이터 웨어하우스가 데이터 마트의 기본 골격을 제공한다는 이론을 제시하고 있다.

데이터 웨어하우스의 창시자인 W. H. Inmon은 1996년 What is Data Mart (D2K Incorporated, 1996)라는 백서를 통해 데이터 웨어하우스는 DSS 확장의 중심이라고 정의하였다. Inmon은 데이터 웨어하우스에서 데이터는 의사 결정 업무의 용도로서 여러 부서로 흐르기 마련이며, 이러한 부서 간의 DSS 데이터베이스를 데이터 마트라고 명명한다고 밝혔다. 또한, 데이터 마트는 요약된 데이터를 제공하고, 세부적인 데이터는 데이터 웨어하우스에 있다. 데이터 웨어하우스는 데이터 지향적인 특징을 가지고, 데이터 마트는 제한적인 프로젝트 지향적 특징을 가지기 때문에

상호 보완적인 관계이다.

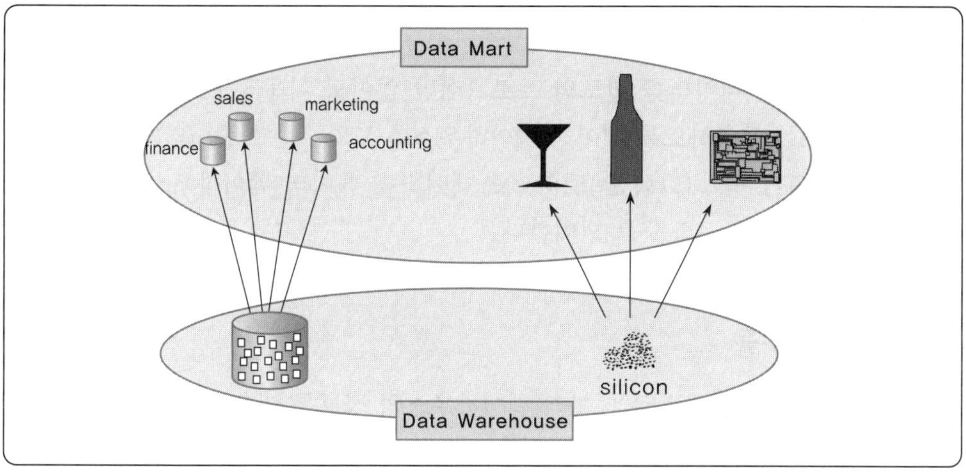

[그림 9-3] 데이터 웨어하우스와 데이터 마트의 관계
(출처: W. H. Inmon, 1996)

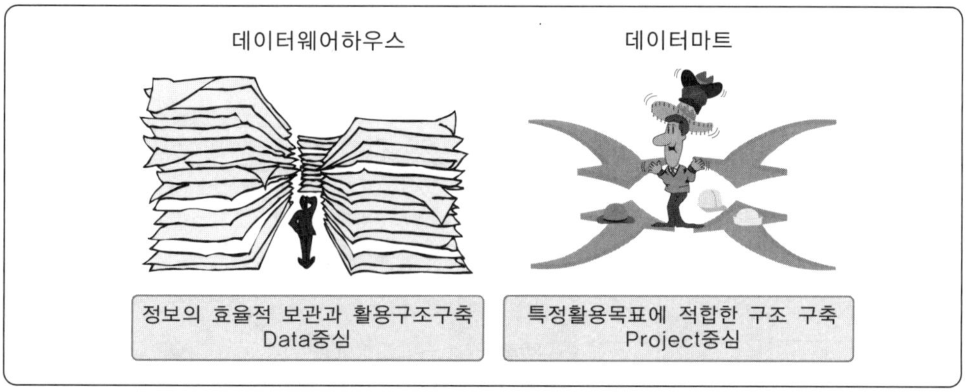

[그림 9-4] 데이터 웨어하우스와 데이터 마트의 특징

4. 데이터 웨어하우스의 구성 요소

가. 데이터베이스

데이터베이스는 데이터 웨어하우스 구축의 핵심이며 데이터 웨어하우스에 수반되는 대용량의 데이터를 의사 결정 과정에 연계시키는 가장 필수적인 요소이다

(IMS, DB2, Informix, Oracle, Sybase 등).

나. 데이터 웨어하우스 관리 도구

운영계시스템의 데이터를 별도의 프로그래밍 없이도 자동적으로 변형시켜 데이터 웨어하우스를 구축하도록 데이터 웨어하우스를 도와주는 기술이다(피라미드, 프리즘 솔루션, EIT 등). [그림 9-5]의 소스데이터를 데이터 웨어하우스의 데이터로 자동으로 변형시켜주는 도구를 의미한다.

다. OLAP 도구들

일반적으로 알려진 SQL로 데이터 웨어하우스의 정보를 이용하는 한계를 극복하면서 OLAP(on-line analytical processing) 기능을 원활하게 수행하기 위한 도구이다(Informix-Newera, Business Objects, Micro Strategy). [그림 9-5]에서 사용자 쪽의 DSS, EIS로 정보를 이용하고자 할 때 사용되는 도구를 의미한다.

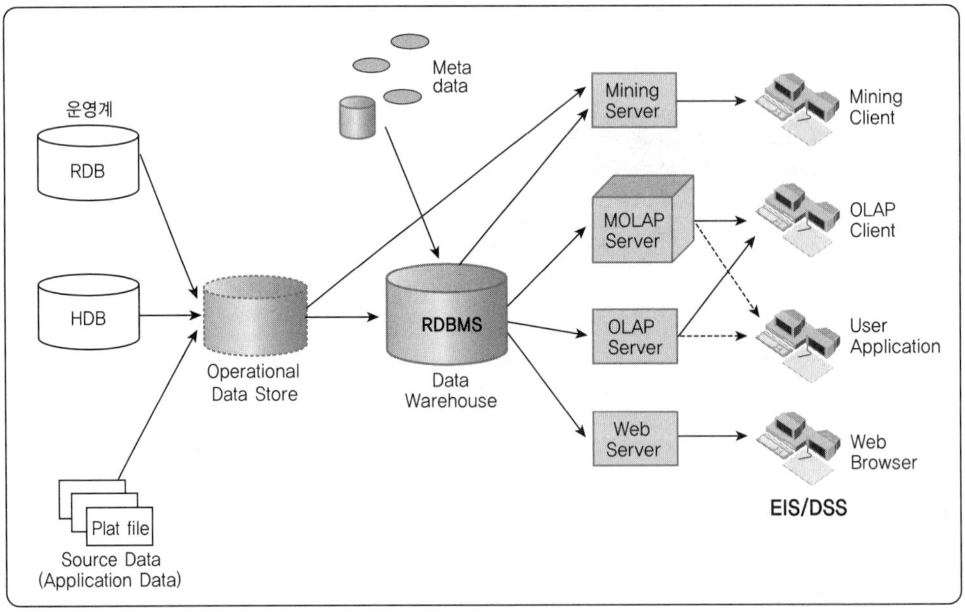

[그림 9-5] 데이터 웨어하우스의 구조

데이터 웨어하우스의 구성 요소에서 데이터베이스 디자인을 어떻게 효율적으로 할 것인지, 관리 도구에서 데이터를 일관적으로 통합적으로 변형, 추출하여 데이터 웨어하우스로 넣을 것인지, 또한 OLAP도구를 전략적으로 활용하여 데이터를 탐사할 것인지 등의 각각의 전체적인 과정과 요소가 핵심기술이라고 말할 수 있다. 전체적으로 사용하는 대상을 기준으로 구체적인 구조를 다시한번 제시하면 다음과 같다.

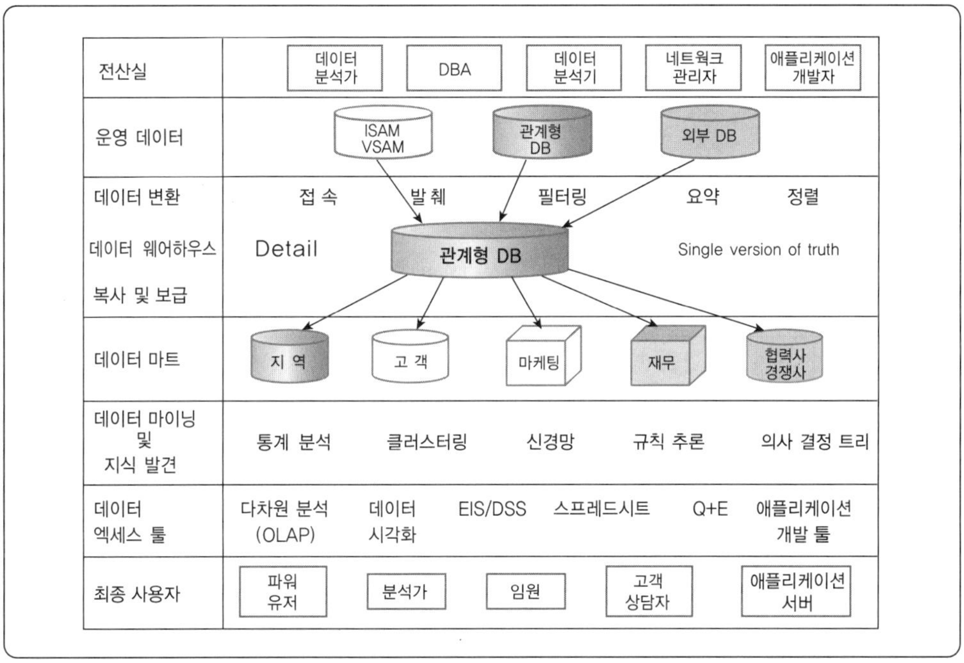

[그림 9-6] 데이터 웨어하우스의 프레임 워크

라. 메타 데이터

메타 데이터는 본질적으로 데이터의 구조에 대한 데이터로서 데이터의 변형에 사용되며, 운영계 데이터에서 데이터 웨어하우스로 매핑(mapping)을 제공하는 것이다. 메타 데이터를 통하여 최종 사용자와 프로그래머들은 데이터의 출처뿐만 아니라 의사 결정을 위해 어떻게 모델화되었는지 쉽게 파악할 수 있다.

데이터 웨어하우스 사용자는 데이터 웨어하우스 내에 저장된 데이터의 구조와 의미를 알아야 한다. 메타 데이터는 운영 시스템 환경보다 데이터 웨어하우스 환경에서 매우 중요한 역할을 담당하며, 데이터 웨어하우스 환경에서 최소한 데이터의 구조, 데이터 요약에 사용된 알고리즘, 운영 데이터베이스와 데이터 웨어하우스 사이의 대응 관계와 같은 정보를 포함해야 한다. 이러한 이유로 성공적인 데이터 웨어하우스 구축에 대한 많은 논의가 메타 데이터에 집중되고 있다. 게다가 데이터 웨어하우스는 한 번 설계되면 그 구조가 변하지 않고 영원히 사용될 수 있는 것이 아니다. 데이터 웨어하우스의 관리는 변화하는 운영 시스템과 비즈니스 환경을 추적할 수 있도록 지속적이고 점진적으로 다듬어질 필요가 있다.

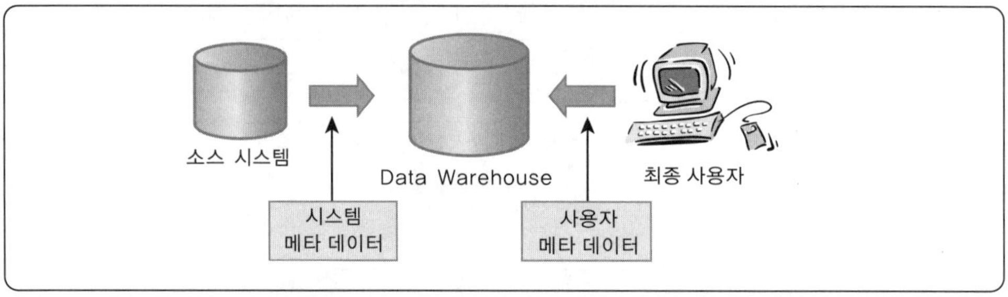

[그림 9-7] 메타 데이터의 기본 활동

데이터 웨어하우스 환경에서 메타 데이터는 관리자용 메타 데이터와 사용자용 메타 데이터로 구분해 볼 수 있다. 관리자용 메타 데이터는 데이터 소스 시스템으로부터 추출될 데이터와 추출된 데이터의 변환 규칙, 데이터 웨어하우스 데이터와의 대응 관계, 추출 주기 등을 포함해 복잡한 데이터 웨어하우스 환경을 지속적으로 유지하고 관리하기 위해 사용되는 모든 메타 데이터를 말한다. 한편 사용자용 메타 데이터는 사용자가 데이터 웨어하우스를 올바르게 사용하기 위해 필요한 메타 데이터로, 데이터 웨어하우스에 저장된 데이터를 사용자가 쉽게 이해할 수 있도록 하는 데 목적이 있다.

5. 데이터 웨어하우스 도구

데이터 웨어하우스의 도구들은 다양하며, 개발자들에 따라 특성이 다르다.

데이터 웨어하우스 도구는 종류가 다양하고, 생산되는 회사와 제품이 상당히 많다. 본서에서는 그 중 유용한 분석 도구인 OLAP 도구를 좀 더 자세히 소개하기로 한다.

[표 9-2] 데이터 웨어하우스 도구의 분류

대분류	중분류
Access Tool	Query and Reporting Tool
	Application
	OLAP
	Data Mining
	Data Visualization
Data Extraction, Clean Up, Transformation Tools	Data Acquisition Program Generator
	Data Replication Tool
	DB Pump
	Data Reengineering Tool

OLAP 도구는 저장고에 있는 데이터를 사용자가 액세스하는 도구이다. 데이터를 다차원적으로 분석하는 방식은 여러 가지가 있다. 사실 1995년까지만 해도 데이터 웨어하우스를 구축할 때는 오라클의 Developer 2000, Visual Basic, Power Builder 등을 많이 사용했다. 최근에는 데이터 웨어하우스를 구축할 때 OLAP 도구를 사용하면 많은 장점이 있기 때문에 대개 OLAP 도구를 사용하고 있다. OLAP 도구를 사용하여 데이터 웨어하우스처럼 대용량의 데이터에 접근하면 다음과 같은 장점이 있다.

첫째, 시간, 비용, 인력을 절감할 수 있다. 아마 이것이 OLAP를 사용하는 가장 큰 이유일 것이다. OLAP를 이용할 경우, 투입 인력은 클라이언트/서버 도구들을 갖고 프로그래밍을 할 때보다 1/10 이하로 떨어뜨릴 수 있다. 왜냐하면 클라이언트/서버 도구들을 갖고 프로그래밍 작업을 할 경우 모든 화면에 대한 코딩(coding) 작업이 필요하기 때문인데 실제로, 100개의 화면을 코딩하는 데는 최소한 100명 정도의 인력이 하루를 꼬박 들여야 하지만(100 man days), OLAP 도구를 사용하면 메타 데이터만 입력하면 되므로 2명 정도면 충분하다(2 man days). 이는 OLAP 도구가 사용자가 원하는 장표를 자동으로 만들어 줄 수 있기 때문이다.

둘째, 비정형화된 장표를 만드는 유일한 수단이 OLAP 도구이다. OLAP 도구가 아니면 비정형화된 장표를 만들 수 없다. 물론 SQL을 잘 알면 원하는 비정형화된 장표를 만들 수 있지만 전산을 전공하지 않은 일반 사용자들이 복잡한 SQL을 효과적으로 구사하는 것은 쉬운 일이 아니다. 그러므로 컴퓨터에 대한 깊은 지식이 없는 일반 사용자가 비정형화된 장표를 만들 수 있도록 하기 위해서는 OLAP 도구가 반드시 필요하다.

셋째, 사용자 중심의 컴퓨팅을 실현할 수 있다. 사용자 중심의 컴퓨팅, 즉 EUC(end user computing)는 이 시대의 컴퓨터로 작업하는 사람들의 화두이다. OLAP 도구들은 사용하기가 쉽고, 데이터를 취급하고 분석하는 강력한 기능을 갖추고 있다. OLAP 도구의 사용자 교육은 1일, 전문가 교육은 3일 정도로 일반적인 컴퓨팅 도구보다 사용이 쉽다. 따라서 OLAP 도구는 EUC를 실현하는 중요한 도구가 된다.

OLAP은 다차원적 데이터 분석을 목적으로 하는 프로세싱이다. 이러한 OLAP를 구현하는 방식을 살펴보면, 역사적으로 OLAP의 구현을 위해 MOLAP과 ROLAP의 두 방식이 존재해 왔다. 비록 사용자가 보는 화면이 유사할 수는 있어도 내부적으로 구현하는 방식에는 근본적인 생각의 차이가 있다.

가. MOLAP(MDB-based OLAP)

초기 OLAP 선구자들은 열(column)과 행(row) 형태의 2차원적인 구조를 가진 관계형 데이터베이스로 다차원적인 분석을 하는 것이 어렵다고 생각했다. 나아가 SQL의 한계 때문에 복잡한 분석을 할 수 없다고 결론지었다. 그래서 OLAP 전용의 새로운 형태의 데이터베이스를 만들었는데, 이것이 바로 다차원 데이터베이스(multi-dimensional database ; MDB 또는 MDDB)이다. 여기서 중요한 것은 다차원 데이터베이스도 역시 데이터베이스이기 때문에 데이터를 보관하는 장소, 즉 디스크가 필요하고 이 데이터를 읽고 쓰고 저장하는 독특한 방식이 있으며, 이 방식은 관계형 데이터베이스와는 근본적으로 다르다는 점이다. 이 다차원 데이터베이스는 관계형 데이터베이스보다는 덜 복잡하지만 기본적으로 데이터베이스가 지니고 있는 구조, 운영, 백업과 복구, 퍼포먼스 튜닝 등 많은 문제점이 존재한다. MOLAP이란 다차원 데이터베이스를 중심으로 다차원적인 분석을 하도록 만들어진 OLAP의 구현 방식이다. 즉 MOLAP은 다양하고 신속한 분석을 위해 특수하게 만들어진 솔루션이다. 그러나 원시 데이터(raw data)를 볼 수 없고 대용량의 데이터를 취급하기에는 역부족이며 데이터를 로딩하는 데 시간이 너무 많이 걸리는 단점이 있다.

나. ROLAP(Relational OLAP, RDB-based OLAP)

MOLAP의 한계를 극복하기 위해서 나왔다. 즉 이미 많이 사용하고 있는 관계형 데이터베이스를 그대로 이용하되 다차원적 데이터 모델링을 통해서 다차원적인 분석이 가능하도록 하는 방식이다. 즉 관계형 데이터베이스 내에서 사실 테이블과 차원 테이블을 서로 조인(join)시켜서 원하는 다차원 분석이 가능하도록 한 것이다. 이 방식은 많은 반응을 일으켰다. 기존의 MOLAP 회사들의 즉각적인 반대가 일어났고, 이에 대한 ROLAP 회사들의 반격도 만만치 않았지만, 결론적으로 ROLAP은 관계형 데이터베이스를 근간으로 하기 때문에 확장성이 좋다. 대용량 데이터를 잘 다룰 수 있어서 특히 전사적 데이터 웨어하우스(enterprise data warehouse)를 구축하는 데는 반드시 ROLAP 솔루션을 채택하는 것이 좋다. 또한 원시 데이터를 볼 수 있다는 장점이 있다. 그러나 ROLAP에는 근원적인 한계가 있다. 그것은 데이터를 분석하는 방식이 일반 SQL이라는 것이다. SQL은 데이터를 분석하는 데 있어서 SQL 내부에 있는 함수(function)를 사용한다. 따라서 기초적인 분석기능, 즉 합계(sum), 수(count), %, 평균편차, 표준편차 정도만 제공한다. 그러므로 회귀 분석과 같은 고급 통계 분석 기능은 사용할 수 없다. 이러한 고급 분석을 하려면 MOLAP 솔루션을 채택해야 한다.

다. HOLAP(Hybrid OLAP)

최근 들어 MOLAP의 단점을 보강하기 위해서 여러 MOLAP 회사들이 MOLAP의 근간이 되는 다차원 데이터베이스에서 관계형 데이터베이스에 있는 데이터를 액세스할 수 있는 기능을 추가했다. 여기서 주목할 점은 ROLAP 회사들이 ROLAP의 단점을 보강하기 위해 MOLAP의 좋은 점을 채택한 것이 아니라, MOLAP 회사들이 MOLAP의 단점을 보강하기 위해서 ROLAP의 장점을 일부 수용한 것이라는 점이다. 물론 관계형 데이터베이스에 있는 데이터를 액세스하는 속도에 문제가 있으나 기존의 MOLAP 솔루션의 한계를 극복했다는 점에서 고려해 볼 만하다. 그러나 시간과 많은 기술이 필요한 다차원 모델링을 해야 한다는 점이 새로운 단점으로 남아 있다.

[표 9-3] 여러 가지 OLAP 방식 비교

	ROLAP	MOLAP	Hybrid OLAP
기준 구조	관계형 데이터베이스	다차원 데이터베이스	다차원 데이터베이스 관계형 데이터베이스
대용량 데이터	○	×	○
원시 데이터 액세스	○	×	○
분석 기능	×	○	○
구축 시간	6개월 이상	3개월 내외	3개월 내외
핵심 기술	다차원 모델링	다차원 데이터베이스	다차원 데이터베이스와 다차원 모델링
적용	전사적 데이터 웨어하우스	데이터 마트, EIS	데이터 마트, EIS
예	Oracle Discoverer, Microstrategy DSS Agent, Informix Metacube, BrioqueryPlatinum, InfoBeacon	Cognos Powerplay	Oracle Express Arbor ESSBASE

각각의 OLAP의 구현 방식을 선택하는 의사 결정은 대용량의 데이터 웨어하우스를 구축하는 데는 ROLAP 솔루션이 좋다. 따라서 전사적인 데이터 웨어하우스를 구축하려고 한다면 ROLAP 솔루션을 고려하는 것이 좋다. 특히 고객의 이름, 주소, 전화번호와 같이 원시 데이터를 출력하는 것이 중요한 데이터베이스 마케팅(DB marketing)같은 분야는 반드시 ROLAP 솔루션을 사용해야 한다. 트랜드 분석(trend analysis), 회귀 분석, 각종 변수를 바꾸어 가면서 다양하게 분석하는 것이 중요하다면 MOLAP 솔루션이 뛰어나다. 구축 시간이 없는 경우, 비용에 여유가 없는 경우, 기존 업무를 분석하는 데 일부 추가하고 싶을 경우, 전사적으로 확산하는 것이 아니라 몇 명 안 되는 부서 내부에서 사용할 경우는 MOLAP 솔루션이 좋다.

6. 데이터 웨어하우스 응용

DSS라는 이름은 1970년대에 관리자의 의사 결정을 돕기 위해 고안된 정보 시스템을 지칭함으로써 시작되었다. 이 시스템은 단순한 스프레드시트를 사용하는 예산 문제에서부터 통합 프로그래밍을 사용하는 최적 입지 선정 문제까지 다양한 관리상 문제를 해결하기 위하여 모델과 데이터를 사용한다. 일반적으로 한 가지 목적을 위해 수집된 정보는 바로 다른 목적을 위해 사용될 수 없다. 특히 대부분의 회사 정보는 개인 거래와 고객에 대한 현재 정보를 중심으로 형성되어 있다. 하지만 관리상 의사 결정은 과거와 미래에 대한 정보를 요구하게 된다. 결과적으로 대부분의 DSS 설계자들은 자체적인 데이터베이스를 형성하게 되었다. DSS 공급자들은 결국 데이터 웨어하우스(DW)를 이용하게 된다. 따라서 DSS 공급자들은 OLAP와 데이터마이닝과 같은 능력을 통해 과거보다 더욱 시기 적절하고 새로운 정보를 제공할 수 있게 되었다[Gray and Watson, 1998]. 현재의 기업들은 데이터 웨어하우스와 데이터마이닝을 기반으로한 비즈니스 인텔리전스를 통해 보다 미래 지향적인 정보 활용 능력을 극대화시키게 된다.

DW에서 사용되는 의사 결정 지원 도구는 일반적으로 보고서 도구(reporting tool), 질의어(query), EIS, DSS, OLAP, 데이터마이닝 등을 들 수 있으며[Alex & Stephen. 1999] 이 도구들이 데이터 웨어하우스에 적용된 예는 [그림 9-8]과 같다.

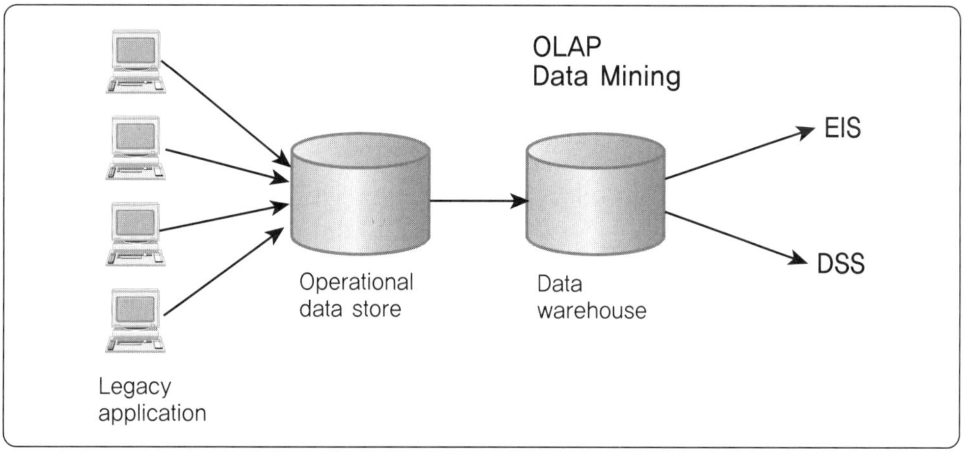

[그림 9-8] 데이터 웨어하우스와 DSS
(출처: Inmon and Hackahom, 1994)

데이터 웨어하우스의 기본적인 역할은 의사 결정을 지원하는 데이터를 제공하는 것이다. 데이터 웨어하우스는 DSS나 EIS의 데이터의 접근성, 정확성, 영역 등을 향상시켜 준다. 또한 관계형 또는 다차원 데이터베이스 기술에 기반한 OLAP과 데이터 마이닝 같은 정보 기술과 통합되어 비즈니스 인텔리전스 구현의 원천을 제공한다.

제3절 데이터 마이닝

점점 심화되어 가는 경쟁 시장과 급변하는 고객들의 요구에 적절하고 빠르게 대응하고 효과적인 의사 결정으로 지속적인 경쟁 우의를 유지하기 위해서 각 기업들은 의미 있는 고급 정보를 필요로 하게 되었다. 따라서 이제 새로운 관심은 데이터를 잘 쌓아 놓은 단계를 넘어서 "데이터"라고 하는 거대한 창고에서 보다 가치 있는 정보를 효과적으로 찾아내고자 하는 부분으로 모아지고 있다.

이미 알려져 있고 기대했던 정보뿐만 아니라 전혀 예상하지 못했던 드러나지 않는 정보까지를 데이터베이스나 데이터 웨어하우스로부터 찾아내고자 하는 목적 하에 개념적인 정보 추출 방법론인 데이터마이닝(data mining)이 등장하게 되었고, 이는 데이터 웨어하우스와 통합되어 비즈니스 인텔리전스 구현을 위한 원천 동력이 되고 있다.

1. 데이터 마이닝의 정의

"창문이 많은 집에 도둑이 많이 든다?" 어쩌면 너무나 당연한 말처럼 들릴 수도 있지만 누구나 이러한 사실이 보험요율에 적용될 수 있으리라고는 생각하지 않았을 것이다. 실제 영국의 한 보험회사는 이러한 사실을 이용하여 차별적인 보험요율을 적용함으로써 보다 효과적인 보험 정책을 수립하게 되었고, 이로 인해 기업의 수익에 커다란 공헌을 하게 했다. 이것이 바로 "데이터 마이닝"이다.

데이터 마이닝은 관련되어 있는 분야가 매우 다양하고 많은 분석 방법들을 포함하고 있기 때문에 정의하고 설명하기가 쉽지 않다. 다양한 관점에서 정의되고 있는 데이터 마이닝은 "대용량의 데이터 내에 존재하는 관계, 패턴, 규칙 등을 탐색하고 찾아내어 모형화함으로써 유용한 지식을 추출하는 일련의 과정들"이라 정의 할 수 있다. 또한 통계적인 관점에서 표현한다면 "대용량의 데이터에 대한 탐색적 데이터 분석(exploratory data analysis)"이라고 할 수도 있다. 그러나 데이터 마이닝은 다소 새로운 분야이고 지금도 발전되어 가는 과정에 있기 때문에 그 정의를 한 마디로 요약하기는 매우 어렵다.

2. 데이터 마이닝의 활용 분야

데이터 마이닝은 정의의 다양성만큼 활용분야도 매우 다양하다고 할 수 있다. 특히 기업의 의사 결정(decision making) 문제에서 많이 활용되고 있는데, 주요 활용 분야를 나열하면 다음과 같다.

가. 데이터베이스 마케팅(database marketing)

데이터베이스 마케팅은 데이터 마이닝이 가장 성공적으로 적용되고 있는 분야 중의 하나이며, 목표 마케팅(target marketing), 고객 세분화(segmentation), 고객 성향 변동 분석, 교차 판매(cross selling), 시장 바구니 분석(market basket analysis) 등에서 주로 이용된다. 데이터베이스 마케팅은 소매, 통신판매, 금융서비스, 보험, 통신, 운송, 제약 등 다양한 분야에서 활용되고 있다.

나. 신용 평가(credit scoring)

신용 평가는 금융 기관에서 특정인의 신용 거래 대출 한도를 정하는 것이 주 업무로서 목적은 불량 채권과 대출 손실을 추정하여 이를 최소화하기 위한 것이다. 신용 거래 확대를 위한 의사 결정 적용 분야로서는 신용 카드, 주택 할부 금융, 소비자 대출, 상업 대출 등을 들 수 있다. 신용 평가의 중요한 사안은 현재의 대출 한도액을 유지 관리하면서 불량 채권에 대한 최선의 대응책을 결정하는 것이다.

다. 고객 유지(customer relationship management)

각 기업에서 기존 고객을 유지하기 위해서 노력을 기울이는 이유는 신규 고객을 유치하는 것보다 기존 고객을 지속적으로 유지하는 것이 수익성이 높다는 조사 결과에 의한 것이다. 즉, 고객 유지율이 몇 %만 증가해도 25%~100% 까지 이윤을 증가시킬 수 있으며 신규 고객 획득에 소요되는 비용은 기존 고객에게 베푸는 서비스 비용의 3~5배 더 소요된다는 것이다. 기업에서는 고객 유지를 위해 고객 정보를 적극적으로 활용하여 우수 고객들을 찾아내어 고객 캠페인을 비롯한 다양한 마케팅 활동을 전개하고 있다.

라. 품질 및 제품 관리(production and process management)

품질/제품 관리의 목적은 불량품을 찾고, 그 원인을 밝혀서 궁극적으로 이를 예방하는 것이다. 병원과 의료 보험 조합 등에서는 병원에서 발생하는 사망, 불필요한 장기 입원 및 의료비의 과다 청구 또는 의료 수익 관련요인 탐색에 초점을 맞추고 있으며, 제조업체에서는 제품 보증 청구를 유발시키는 불량품 감소를 통한 이윤 증가에 중점을 두고 있다.

마. 부정 행위의 적발(fraud detection)

부정 행위 적발의 목적은 고도의 사기 행위를 발견할 수 있는 패턴을 알아내는 것이다. 은행에서는 발견된 패턴을 이용하여 신용카드 거래 사기 및 불량 수표를 적발할 수 있고, 통신회사에서는 전화카드 거래 사기를 방지하며, 보험회사에서는 허위 및 과다 청구를 예방할 수 있다. 이외에도 위험 관리(Risk Management), 통신망 관리(Network Management), 수요 예측 및 판매 예측(forecasting) 등 다양한 분야에서 활용되고 있다.

3. 데이터 마이닝을 위한 통계적 기법

데이터 마이닝에서 사용되는 기법들은 대부분 통계학(statistics)에 기초한다. 통계학이란 관심 또는 연구의 대상이 되는 전체 집단으로부터 자료를 수집, 정리하고 과학적으로 분석하여 최적의 의사 결정을 할 수 있도록 정확한 정보를 제공하는 방법론을 연구하는 학문이다. 통계학에서는 불확실성의 계량적인 인식 및 처리에 관한 문제들을 주로 다룬다.

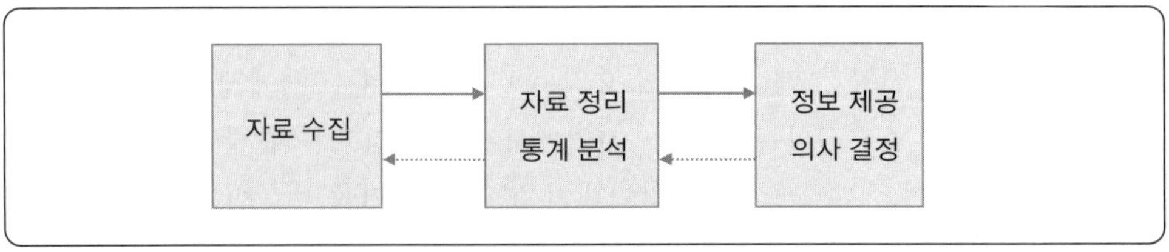

[그림 9-9] 통계학의 응용

4. 데이터 마이닝 기법

데이터 마이닝에는 특정 문제에 적용하는 기법이 정해져 있지는 않다. 또한 기법이 적용된다고 해서 모든 문제가 해결되는 것도 아니다. 얻고자 하는 결과나 데이터의 상태 등에 따라 적용할 수 있는 기법들은 다를 수가 있다.

그러므로 기법들에 대해 어느 정도 이해가 수반되면 문제를 해결하는 데 좀 더 최적의 접근으로, 보다 효과적이고 적극적인 데이터 마이닝을 수행할 수 있을 것이다. 데이터 마이닝의 기법에는 일반적으로 통계학에서 언급되는 여러 분석 기법들을 포함하여 연관성 측정(associations), 군집 분석(clustering), 의사 결정 나무(decision trees), 신경망 모형(neural networks)과 같은 기법들이 있다. 여기서는 이 4가지 기법에 대해 기본적인 알고리즘의 내용과 어떠한 경우에 적용할 수 있는지에 대해 살펴보기로 하겠다.

가. 연관성 측정

'맥주와 기저귀' 아마도 데이터 마이닝에 관해서 가장 흔하게 언급되어지는 예일 것이다. 이와 같이 상품 혹은 서비스 간의 관계를 살펴보고 이로부터 유용한 규칙을 찾아내고자 할 때 이용될 수 있는 기법이 연관성 측정이다.

연관성 측정은 어떤 특정 문제에 대해 아직은 일어나지 않은 답(예를 들어, 예/아니오)을 얻고자 하는 예측의 문제나 고객들을 특정 목적에 따라 분류하는 문제가 아니라, 상품 혹은 서비스(이하 상품)의 거래 기록(historical) 데이터로부터 상품 간의 연관성 정도를 측정하여 연관성이 많은 상품들을 그룹화하는 clustering의 일종으로서, 동시에 구매될 가능성이 큰 상품들을 찾아냄으로써 시장바구니 분석에서 다루는 문제들에 적용될 수 있다.

연관성 측정에서 얻어지는 결과물인 연관 규칙(association rule)은 If A, then B(A→B)와 같은 형식으로 표현된다. 연관성 측정에서의 연관 규칙은 "상품 A가 구매되어진 경우는 상품 B도 구매된다."라고 해석된다. 여하튼 연관 규칙은 구체적인 상품들이 언급되어지므로 이해가 쉽고, 명쾌하며 실제 업무로의 적용이 용이하다. 즉, 유용한 규칙을 찾게 된다면 상당히 실질적이고 효과적인 정보를 얻을 수 있게 되는 것이다.

따라서, 진열대에 상품을 어떻게 배치하는 것이 좋은가, 카탈로그를 어떻게 구성하면 좀 더 매출을 늘릴 수 있을 것인가, 어떤 경우에 어떠한 상품을 홍보하는 것이 효과적일 것인가, 패키지 상품은 어떻게 구성할 것인가 등에 활용될 수가 있을 것이다.

연관 규칙 기법이 적용되는 데이터는 판매 시점에서 기록되어진 거래와 품목에 관한 정보를 담고 있다. 즉, 한 거래는 한 고객에 의해 일어난 구매를 의미하고 품목은 그 구매를 통해 구입된 상품들이다. 특별히 각 고객들이 누구인지에 대한 구분이나 고객들에 관한 성별, 나이 등의 인구 통계학적인 자료를 비롯한 기타 정보들을 필요로 하지는 않는다.

유용한 연관 규칙을 이끌어내기 위해서는 먼저, 어떠한 상품들이 어느 정도의 연관성을 가지고 있는지를 측정해야 할 것이다. 즉, 관심 있는 규칙이 얼마나 가능성이 있는가를 측정하는 연관성 측정은 다른 기법들에 비해서 그 기본 개념이 간단하고 이해하기가 쉽다. 측정의 기본은 얼마나 자주 구매되었는가 하는 빈도(count)이다. 빈도를 기반으로 연관 정도를 정량화하기 위해서 다음 3가지 기준을 고려한다.

관심 있는 규칙(A→B)에 대하여,

Support : 전체 거래 중 A와 B를 포함하는 거래는 어느 정도인가?

P(A&B) = A와 B를 포함하는 거래수/전체 거래수

Confidence: A를 포함하는 거래 중에서 B가 포함된 거래는 어느 정도인가?

P(B|A) = A와 B를 포함하는 거래수/A를 포함 거래수

Lift : 임의로(Random) B가 구매되는 경우에 비해 A와의 관계가 고려되어 구매되는 경우의 비율은?

P(B|A)/(B)=(A와 B를 포함하는 거래수/A를 포함 거래수)/(B를 포함 거래수)

어떤 스포츠 용품점에서의 거래 데이터에 대하 다음과 같은 요약 정보를 가정해 보자. "If 운동화, then 야구 모자"라는 연관 규칙에 대해 위의 3가지 기준값을 구해 보면,

Support = 20,000 / 1,000,000 = 2%

Confidence = 20,000/ 200,000 = 10%

Lift = (20,000/ 200,000) / (50,000/1,000,000)= 2

일반적으로 Confidence의 값이 크면 좋지만 Confidence가 높은 연관 규칙이 최상은 아니다. A와 B의 기본적인 구매율이 어느 정도 수준이 되어야 의미가 있을 것

이다. 또한, A→B가 높은 Confidence를 주지만, 원래 B 상품이 구매되는 기본 확률보다 커야 A를 고려해서 B를 생각하는 것이 의미가 있을 것이다. 즉, Lift가 1보다 큰 값을 주어야 유용한 정보를 준다고 볼 수 있다.

일반적으로 고려할 상품의 수가 증가하고 또, 고려할 상품 조합의 수가 커지면 규칙을 생성하는 데 드는 시간은 기하급수적으로 증가할 수도 있고 너무 복잡한 규칙은 실제 적용에 있어서 의미가 없을 수도 있다. 그러므로 연관 규칙을 적용하기 위해서는 비즈니스의 요구(needs)에 따라 어느 정도까지 상세한 상품 데이터가 준비되어져야 하는가를 사전에 고려해야 한다. 예를 들어 운동화를 종류에 따라 다 다르게 취급할 것인지 아니면 운동화라는 큰 이름으로 묶을 것인지에 따라 요구되는 데이터의 상세 정도가 달라질 수 있다.

또한, "어떠한 상품들을 고려할 것인가?", "몇 가지 조합까지 고려할 것인가?"를 생각해야 한다. 상품과 그 조합의 수를 줄이는 방법으로 몇 가지 기준들이 있겠지만, 일반적으로 Minimum Support Pruning 방법이 있다. 이는 적어도 얼마 이상의 거래가 일어난 상품들만을 고려 대상으로 삼는 것으로 데이터의 상황에 따라 각기 다른 Minimum Support가 선택될 수 있다. 따라서, 연관성 측정을 수행하는 도구는 다양한 Minimum Support를 선택하는 것이 가능해야 한다.

나. 순차적 패턴 발견

동시에 구매될 가능성이 큰 상품군을 찾아내는 연관성 측정에서 시간이라는 개념이 포함되어 순차적인 구매 가능성이 큰 상품군을 찾아내는 것이다. 예를 들어, "새 컴퓨터를 구입한 사람들 중 25%는 그 다음 달에 레이저 프린터를 구입할 것이다"와 같은 연관 규칙을 찾아내는 것을 순차적 패턴 발견(sequences)이라고 한다.

순차적 패턴 발견에서의 연관 규칙 A→B은 "상품 A가 구매되면 일정 시간이 경과한 다음에는 상품 B가 구매된다."라고 해석된다. 즉, 순차적 패턴 발견은 구매의 순서가 고려되어 상품 간의 연관성이 측정되고 이의 정도에 따라 유용한 연관 규칙을 찾는 기법이다. 따라서 위의 연관성측정에서의 데이터 형태에서 각각 고객으로부터 발생한 구매의 시점에 대한 정보가 포함되어야 한다.

다. 군집 분석

DM(direct mail) 반응 여부, 채무 상환 불이행 여부와 같이 예측하고자 하는 결과 변수(target)가 있는 데이터 구조를 통제된(supervised) 데이터라 하는 반면 이런 예측의 대상이 되는 결과 변수(target)가 없으면 이를 비통제(unsupervised) 데이터라 한다.

의사 결정 나무 또는 신경망 모형을 이용한 데이터 마이닝 작업의 목적은 대체로 결과변수가 있어서, 이 결과 변수에 영향을 주는 다른 변수들을 찾아내어 그들의 상호관계를 파악한 후, 이 상호 관계를 근거로 추후에 일어나는 사건들에게 어떤 결과가 있을지를 예측하는 것이다. 즉, 통제된 데이터에 적합한 분석 기법들인 것이다.

이에 반해 군집 분석은 어떤 목적 변수를 예측하기보다는 고객 수입, 고객 연령과 같은 속성이 비슷한 고객들을 묶어서 몇 개의 의미 있는 군집으로 나누는 것을 목적으로 한다. 숲이 너무 복잡해서 전체를 파악할 수 없을 때, 나무들부터 살펴보아야 하듯이, 대용량의 데이터가 너무 복잡할 때는 이를 구성하고 있는 몇 개의 군집을 우선 살펴봄으로써 전체에 대한 윤곽을 잡을 수 있을 것이다. 군집 분석은 이런 상황에 유용하게 쓰일 수 있다.

의사 결정자들에게는 고객들을 몇 개의 군집으로 나눈다는 것이 최종적인 목표가 아닐 것이기에 군집분석은 주로 다른 분석을 위한 사전 단계로 쓰여질 때가 많다. 예를 들어, 은행에서 이탈 고객의 특성을 파악하여 이탈의 가능성이 높은 고객들에 대해 사전 조치를 취하고 싶다고 하자.

이탈 여부에 영향을 주는 요인을 모든 고객에 대해서 고려하기보다는 사전에 고객들을 월별 거래 실적, 방문 횟수, 거래 사유 등을 기준으로 거래 패턴이 비슷한 고객들을 몇 개의 군집으로 묶은 후, 각 군집 내에서 이탈할 가능성이 높은 고객들을 뽑아낸다면, 이탈의 예측률도 높일 수 있고 고객의 거래패턴을 근간으로 한 효과적인 대응 전략도 펼 수 있을 것이다. 즉, 동일한 유형의 고객은 유사한 행동을 보일 것이다.

비슷한 고객 속성을 가진 고객을 군집으로 묶는다는 개념을 이해해 보도록 하자. [그림 9-10]의 예에서는 4개의 군집이 형성되며 가깝게 위치한 점(고객)들끼리가 각 군집을 이루는 점(고객)들이 된다. 군집 분석에서 활용되는 K-Means algorithm은 거리라는 개념을 이용하여 가깝게 위치한 점들을 찾아 군집으로 묶어주는 기법으로 차원의 제약이 전혀 없다. 다음의 순서대로 이 알고리즘이 수행된다.

첫째, 일단은 몇 개의 군집으로 나눌 것인가를 사전에 정의한다. K-Means에서 K는 이 사전에 정의된 군집의 수를 의미하는 것이다. 이 예에서는 4개의 군집으로 나눈다고 가정하자. 군집의 수만큼 기준값이 정해진다. 이는 각 군집의 중심점이 되는 값으로 처음에는 임의로 정해진다. 즉, 2차원 공간에서 아무 지점에나 K개의 점을 찍는 것과 같은 원리이다.

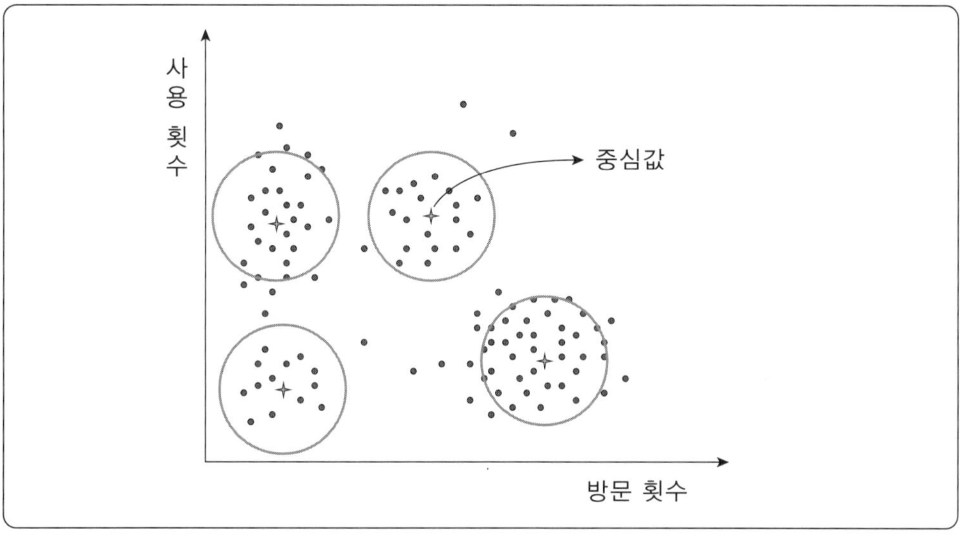

[그림 9-10] 군집의 예

각 점들을 4개 중의 하나인 군집으로 배정한다. 즉, 가장 가깝게 위치한 중심값에 해당하는 군집으로 배정이 된다. 가깝다는 것은 거리 상으로 가깝다는 의미이다.

둘째, 각 군집에 속하는 점들의 방문 횟수, 사용량에 대한 평균값을 계산하여 각 군집의 새로운 중심값을 구한다. 이 새로운 군집의 중심값을 기준으로 각 점들을 가까운 군집에 다시 배정한다. 처음에 배정된 군집과 같을 수도 다를 수도 있다.

셋째, 새로운 점들로 구성된 군집들에 대한 중심값을 다시 계산하고, 군집의 중심값이 변하지 않을 때 최종적인 군집이 형성되는 것이다.

유별나게 큰 값을 가지는 몇 개의 점들은 위와 같은 과정을 거쳐서 하나의 군집으로 형성될 가능성이 크기 때문에 군집 분석은 특이한 값을 가지는 점들을 찾아내는 데에도 유용하게 쓰일 수 있다.

라. 의사 결정 나무

의사 결정 나무(decision trees)는 분류 및 예측에 있어서 자주 쓰이는 기법으로 DM의 응답 여부 등에 영향을 미치는 변수들과 변수들의 상호 작용을 누구나 쉽게 이해할 수 있도록 굳이 통계학적인 용어를 쓰지 않더라도 설명이 가능하다는 점이 큰 장점이며 특징이다. 또한 이러한 특징과 장점 때문에 데이터 마이닝을 언급할 때마다 빠지지 않고 소개되고 있는 분석 기법이다.

어떤 경우에 있어서는, 예측력을 높이는 것이 분석의 최종적인 목표일 때가 있다. 이유를 알아내는 것은 부차적이면서 DM에 응답할 가능성이 높은 사람, 프로모션 상품을 구매할 가능성이 높은 사람들을 우선적으로 예측하면 되는 경우가 있는 반면, 대출 거절, 카드 사용 승인 거절과 같이 고객에게 그 이유를 반드시 설명해야 하는 경우가 있다.

후자의 경우, 의사 결정 나무를 사용하게 된다면 '당신에게 대출을 거절하는 이유는 수입이 얼마 이하이며 담보 가치가 얼마 이하이기 때문입니다.' 라는 식의 근거 이유를 제시할 수 있게 되나 신경망 모형을 사용하게 되면 채무를 상환하지 않을 가능성이 높은 고객을 찾아낼 수 있을지언정 대출을 거절하는 이유를 설명하지는 못하게 된다. 오히려 전자의 경우처럼, DM에 응답할 가능성이 높은 고객을 추출하여 발송하기만 하면 되는 경우에 신경망 모형이 더 적합할 것이다.

의사 결정 나무는 흔히 다음과 같은 형태로 그 결과가 출력된다. 더불어 의사 결정 나무를 이해하는 데 있어서 필요한 용어들을 알아보자.

[그림 9-11]에서 그려진 모형들은 모두 마디(node)로 불리워어는데, 이는 각각 DB에서 사용되는 용어로는 레코드(record), 통계에서 사용되는 용어로는 관측치(observation)들의 집합체라 생각하면 된다. 맨 위에 그려지는 마디를 뿌리마디(root node)라 하며 모든 레코드, 관측치들을 의미한다. 뿌리마디를 어떤 특정한 법칙에 의하여 나누게 되면 바로 밑에 생기는 마디들은 자식마디(child node)라 한다.

결국 자식마디는 뿌리마디의 한 부분이 되는 것이다. 이런 식으로 어떤 법칙을 가지고 위의 마디를 나누는 것을 가지치기라 하고 더 이상 가지가 쳐질 마디가 없으면 이 마디는 종단마디(leaf node)가 된다. 다시 말하면 종단마디는 의사 결정 나무의 맨 하단에 생기는 마디가 된다. 실제적인 예로 의사 결정 나무가 형성되는 과정을 설명하면 다음과 같다.

한 카드회사에서 1000명의 고객에게 DM을 발송한 적이 있다고 가정하자. 이 회

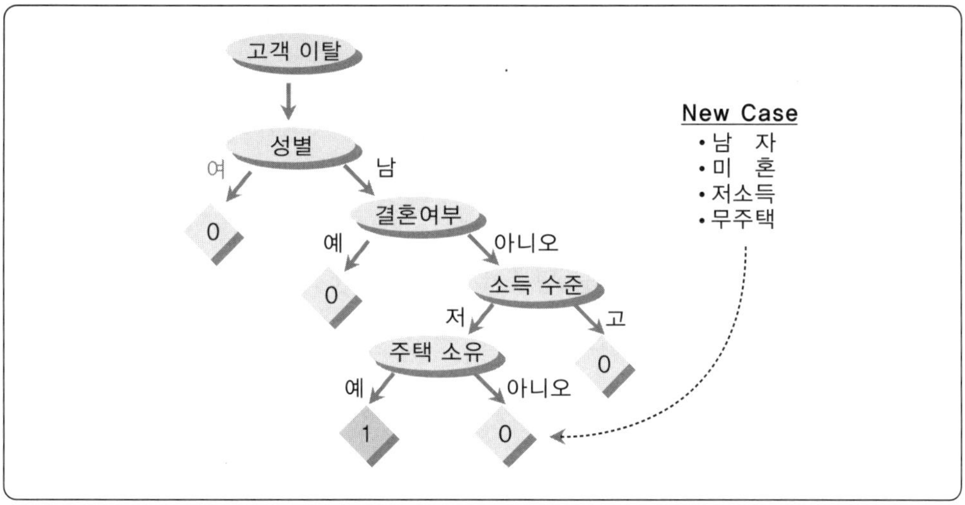

[그림 9-11] 의사 결정 나무 모형
(출처: Korea ERP Associastion (http://www.erp21.com/))

사는 1000명에 대한 고객 속성(수입, 연령…)과 더불어 고객들이 DM에 응답했는지의 여부에 대한 정보도 모두 가지고 있다. 이 분석의 최종 목적은 추후에 이와 비슷한 DM이 발송될 경우, 이의 응답률을 높이는 것인데 그 절차로 기존 DM에 응답한 고객의 특성을 파악한 후, 이와 비슷한 특성을 지닌 고객들을 선별하여 DM을 발송하는 것이다. 기존에는 응답률이 26%였다고 하자. 다음 단계로는 응답 여부에 가장 영향을 미치는 고객 특성을 찾아내서 그 특성을 기준으로 뿌리마디를 나눈다.

여기까지 알아본 바에 의하면 남자인 고객들이 여자보다 응답률이 높으며, 남자의 약 50%, 여자의 10%가 각각 응답했다. 다음에는 남자, 여자 각각 따로따로 응답 여부에 가장 영향을 주는 고객 특성을 찾아서 가지를 계속 친다. 만약 남자의 응답 여부에 영향을 주는 고객 특성이 수입이라면 남자 고객들을 수입을 기준으로 나누는 것이다. 여자인 경우에도 마찬가지로 응답 여부에 영향을 주는 고객특성을 찾는데, 만약 더 이상 응답률에 영향을 미치는 특성이 발견되지 않으면 가지치기는 멈추고 여자로만 이루어진 마디가 마지막 종단마디가 된다.

위에서 형성된 의사 결정 나무로 다음과 같은 결론을 내릴 수 있다. 남자이면서 월수입이 300만 원 이상이면 응답할 가능성이 80%, 남자이면서 월수입이 300만 원 이하이면 20%, 여자이면 가능성이 10%이다. 상황에 따라 다르게 지정할 수도 있겠지만, 만약 50%를 기준으로, 그 이상이면 응답자, 그 이하를 비응답자로 분류한다면 결국 남자이면서 수입이 300만 원 이상이면 응답자, 그 외의 사람들은 비응답자로 분류가 되는 것이다.

[그림 9-11]에서 보여준 의사 결정 나무를 분석하면, 어떤 기업의 고객 중 남자이면서 미혼이고, 소득 수준이 낮고, 그리고 주택이 없는 고객이 주로 이탈하는 대상이라는 것을 파악할 수 있다.

CART, CHAID, C4.5 같은 의사 결정 나무 알고리즘들은 이런 영향을 계산하는 방법의 차이와 어떻게 가지치기를 멈추어 가장 적절한 크기의 나무를 최종 모형으로 결정하는지에 대한 방법의 차이에서 붙여진 이름들이라 할 수 있다.

마. 신경망 모형

신경망 모형(neural networks)은 데이터 마이닝에 대한 관심이 모아지면서 가장 일반적으로 언급되어지고 또한 다양한 응용 분야를 가지고 있는 기법일 것이다.

신경망 모형은 신경생리학 분야에서 두뇌의 활동을 이해하고자 하는 목적 하에 신경의 작업을 설명하려는 시도에서 출발하여 생물학적인 프로세스를 컴퓨터를 이용하여 모형화하려는 노력에서 비롯된 것으로, 80년대 이후 생물학적 활동의 모형 발전과 더불어 컴퓨터 성능의 진보, 신경망 이론에 대한 통계학적인 접목으로 인해 빠르게 진보되면서 최근에는 데이터 마이닝에 있어서 유용한 기법이 되고 있다.

데이터 마이닝에 이용되는 한 기법으로서의 신경망 모형은 인간이 경험으로부터 학습해 가는 두뇌의 신경망 활동을 흉내내어 자신이 가진 데이터로부터의 반복적인 학습 과정을 거쳐 패턴을 찾아내고 이를 일반화함으로써 특히 향후를 예측하고자 하는 문제에 있어서 유용하게 이용되는 기법이다. 매우 복잡한 구조를 가진 데이터들 사이의 관계나 패턴을 찾아내는 유연한 비선형 모형(flexible nonlinear model)의 하나로, 신경생리학과의 유사성 때문에 일반적으로 다른 (통계적) 예측 모형에 비해 보다 흥미롭게 여겨지고 있다.

이러한 신경망 모형은 고객의 신용 평가, 불량거래의 색출, 의료 진단 예측, 우량 고객의 선정, 타겟 마케팅의 여러 주제(DM, TM) 등을 비롯한 여러 분야에 적용될 수가 있는데, 주로 통제된 데이터에 적용되어 결과 변수에 대한 예측이나 분류를 목적으로 감춰진 패턴을 찾고 이를 일반화하는 데 이용된다. 혹은 비통제 데이터에서는 코흐넌 맵(Kohonen maps)을 이용하여 데이터의 클러스터링 작업을 수행하는 데 쓰이기도 한다.

신경망 모형은 상당히 다양한 산업 분야의 다양한 문제에 적용될 수 있고, 입력 변수와 결과 변수의 관계를 그리기가 어려운 복잡한 데이터에 대해서도 좋은 결과를 주는 것으로 알려져 있다. 또한 입력 변수와 결과 변수의 속성이 연속형이나 이산형인 경우를 모두 다룰 수가 있다. 그러나 신경망 모형은 매우 유연하기는 하지만 설명력이 부족하여 종종 블랙박스(black box)로 불리고 있다.

의사 결정 나무나 연관성 측정은 명쾌하고 쉽게 이해할 수 있는 결과물(일종의 rule)을 제공하는 데 반해, 신경망 모형은 인간이 어떠한 현상을 인지하게 되는 것처럼 쉽게 설명되지 않는 내부적인 작업을 수행하고 이를 통해 얻어진 결과물을 제공할 뿐 어떠한 변수가 중요한지, 어떻게 상호 작용이 이루어져 그러한 결과물을 주게 되는지에 대한 설명은 하지 않는다. 따라서 설명력(comprehensibility)보다는 더욱 정확한 예측을 하는 것이 더 중요하게 고려되는 경우에 이용될 수 있을 것이다.

신경망에는 다양한 여러 모형이 있는데, 통제된 데이터에 적용되는 가장 일반적인 모형은 다계층 인식 인자(MLP, multilayer perceptron)이다. 다계층 인식인자의 신경망은 입력 계층, 출력 계층 그리고 은닉 계층(hidden layer)으로 이루어져 있다. 입력 계층은 결과 변수를 설명하는 데 이용하고자 하는 입력 변수들, 예를 들어, 카드의 부정 거래를 색출하려는 문제에 있어서 승인 시간 간격, 승인 금액, 누적 승인 건수 등이고 출력 계층은 예측치를 얻고자 하는 결과변수가 부정거래인지 정상거래인지의 여부이다.

두 개 이상 놓여질 수 있는 은닉 계층은 인간의 신경망을 모형화한 몇 개의 은닉마디(hidden unit)로 이루어져 있는데, 각 은닉마디는 연결함수(combination function)를 통해 입력변수들과 연결되어 있고 이러한 각 연결에 사용되는 계수는 연결 가중치(synaptic weights)라고 불린다. 각 은닉마디와 은닉 계층에는 대개 비선형함수인 활성 함수(activation function)를 지정하게 되는데 입력으로 들어오는 데이터는 이 함수에 의해 변환되어져 다음 마디나 계층으로 전달된다.

데이터를 가지고 신경망을 학습 혹은 훈련(training)시키는 것은 여러 가지 입력 변수의 정보로부터 은닉 계층 내에서의 다소 복잡한 내부 작업을 통해 가장 정확한 결과를 주도록 연결가중치의 값을 찾아가는 것이다. 가장 일반적인 훈련 방법은 후진 전파(back propagation)이다. 데이터의 각 레코드별로 그 값을 읽어 신경망을 훈련하고 이에 의한 출력 결과와 이미 알고 있는 실제값을 비교하여 그 차이가 충분히 작아져 오차가 일정한 수준에 수렴할 때까지 반복적으로 가중치를 조정해 간다. 여기에는 레벤버그-마쿼르트(Levenberg-Marquardt), 준뉴턴(Quasi-Newton),

결합 기울기(conjugate gradient)를 비롯한 몇 가지 반복적인 최적화 알고리즘이 사용될 수가 있다.

일련의 훈련 과정이 끝나고 연결 가중치의 값이 정해지면 이 가중치들을 아직 결과 변수의 값을 알지 못하는 새로운 데이터에 적용하여 예측치를 얻게 된다. 신경망 모형을 적용하여 좋은 결과를 얻기 위해서는 데이터의 준비와 신경망의 아키텍처 구성이 중요한 요소가 된다.

▶ 첫째, 데이터 준비: 훈련 데이터의 선정

이미 결과 변수의 값을 알고 있는 레코드로 구성되어진, 훈련에 사용되는 데이터(training data)를 잘 선택해야 한다. 훈련 데이터는 여러 번 반복 과정을 거치면서 상당히 정확한 예측치를 얻게 되지만 새로운 데이터에서도 그 만큼의 성능을 준다는 것이 항상 보장되지는 않는다. 또한 훈련에 사용되는 데이터가 많으면 훈련은 더 잘 되는 경향이 있지만 실제 예측에 적용했을 때의 효과는 그렇지 않을 수도 있다.

훈련 데이터에는 향후 적용하게 될 데이터에 나타날 수 있는 변수의 값과 범위들이 다 포함되어야 한다. 그러나 훈련 데이터의 크기가 커지면 상당한 시간과 자원이 필요하게 된다. 따라서 적용대상이 되는 전체를 잘 대표할 수 있는 샘플을 이용하는 것이 바람직하다. 모형의 성능을 향상시키고 평가하기 위해 훈련데이터 이외에 훈련에 사용되지 않는 데이터(물론 결과변수의 값을 알고 있는 레코드로 구성된 데이터)를 준비하여 이용하는 것이 좋다. 이를 위해 샘플데이터를 훈련데이터와 수정용 데이터(validation data), 테스트데이터로 분리하여 이용하는 것이 바람직한데, 이는 비단 신경망 모형에서뿐만 아니라 의사 결정 나무나 일반화 선형 회귀 모형 등을 적용하고자 할 때도 권장할 사항이다.

간단히 두 데이터를 구분하면 수정용 데이터는 모형을 만들어 가는 데 있어서 얻어지는 모형을 미세 조정(tuning)하는 데 이용되는 데이터이고, 테스트 데이터는 모형의 생성에는 전혀 참여하지 않은 데이터로서 최종적으로 얻어진 모형을 적용시켜보는 데 이용되는 데이터이다.

▶ 둘째, 입력 변수의 조정

패턴을 인식하는 능력을 최대화하기 위해 종종 데이터의 변환이 필요하다. 입력 계층을 이루는 입력 변수의 값, 특히 연속형 변수의 값들은 대개 0과 1 사이와 같은 특정 범위에 오도록 적절한 방법을 이용하여 스케일을 조정해 준다. 이외에 이상치나 혹은 결측치에 대한 처리, 변수들의 그룹화나 변수 변환 등의 필요성을 생각해 본다.

▶ 셋째, 신경망의 아키텍처

신경망 모형은 은닉 마디와 은닉 계층을 몇 개로 하느냐에 따라 다양한 아키텍처를 구성할 수 있다. 특정 문제나 데이터에 대해 최적의 아키텍처가 무엇인지 정해져 있지는 않다. 적용하고자 하는 문제 혹은 데이터가 얼마나 복잡한가에 따라 달라질 수 있다. 충분치 못한 아키텍처의 구성은 데이터에 내재된 복잡한 비선형적인 구조를 찾아내는 데 불충분한 적합(under fitting)이 될 수 있고, 반면 너무 많은 은닉계층이나 은닉 마디는 과도 적합(over fitting)이 될 수 있다. 그러므로 적절한 아키텍처를 구성하기 위해서는 어느 정도 시행 착오가 수반된다.

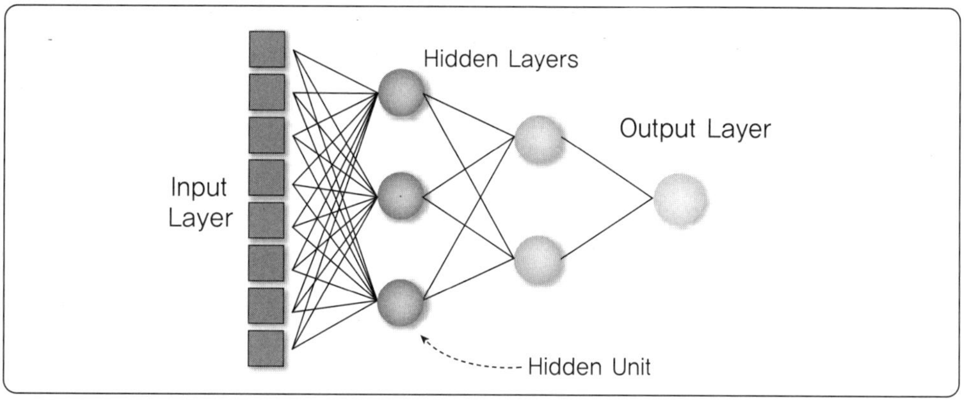

[그림 9-12] 신경망 모형

많은 경우에 있어서 몇 개의 은닉 계층을 두느냐보다는 몇 개의 은닉 마디를 두느냐, 즉 가중치의 수를 몇 개로 할 것인가가 더 중요하게 고려되어야 할 사항이다.

일단 설정한 아키텍처에 대해 훈련 데이터를 이용하여 훈련하고, 그 결과를 테스트데이터에 평가해 보고 적당히 아키텍처를 수정하여 다시 훈련, 그 결과를 평가하고 앞 단계와 비교하는 다소 반복적인 과정을 거치면서 만족할 만한 아키텍처를 찾아 나가게 된다. 접근 방법으로는 우선 간단한 구성에서 시작하여 점차 복잡하게 구성해 나가는 방법과 반대로 크고 복잡한 구성에서부터 점차 줄여 나가는 방법이 있다.

신경망 모형을 지원하는 도구(tool)에서 기본으로 제공되는 아키텍처를 중심으로 은닉 마디(혹은 은닉 계층)를 증가 혹은 감소시키면서 그 예측력을 비교해 보고 적당한 아키텍처를 구성해 나갈 수가 있다.

아키텍처의 구성에는 다양한 연결 함수와 활성 함수를 지정할 수 있다. 은닉 마디의 활성함수로는 대개 S-자형 곡선형태를 갖는 함수가 주로 사용된다. 가장 보편적으로 사용되는 활성 함수는 쌍곡선 탄젠트(hyperbolic tangent)와 로지스틱(logistic) 함수이고, 연결 함수로는 선형 함수가 주로 이용된다. 출력계층으로 연결되는 활성 함수는 결과 변수의 속성에 따라 정해질 수 있는데, 일반적으로 연속형의 결과 변수에 대해서는 항등 함수를, 두 개의 값을 갖는 이분형(binary)의 결과 변수에 대해서는 로지스틱 함수를 주로 이용한다.

신경망을 구성하는 데 과다하게 많은 입력 변수를 사용하는 것은 많은 시간을 필요로 하게 되고 얻어지는 가중치 역시 최적의 값이 아니라 편협적인 값을 주는 경향이 있다. 종종 결과 변수에 크게 영향을 주지 않을 것 같은 변수들을 제외하는 것이 더 나은 예측력을 지니게 된다. 그러므로 상관 분석이나 의사 결정나무 혹은 기타 여러 탐색 방법을 이용하여 영향력이 클 것 같은 중요한 변수를 추려서 사용하는 것이 바람직하다.

데이터 마이닝에 응용되는 기법으로서의 신경망 모형은 인간이 경험으로부터 학습해 나가는 두뇌의 신경망 활동을 모방하여 자신이 가진 데이터로부터의 반복적인 학습 과정을 거쳐 패턴을 찾아내고 이를 일반화함으로써 특히 미래를 예측하고자 하는 문제에 있어서 유용하게 이용되는 기법이다.

신경망에는 두 가지 문제점이 있다. 첫 번째로 신경망을 반대하는 가장 흔한 이유로 내세우는 것이 불명료성이다. 이런 요인으로 인해 예측 결과가 명확하지 않는 경우가 있다. 두 번째 문제점은 신경망이 너무 훈련 자료에 정확히 들어맞도록 맞추어져 있다는 점이다. 즉 시험 자료를 예측하는 데는 한치의 오차도 없지만 새로운 데이터를 예측하는 데는 그렇지 못하다. 그러나 이러한 문제점을 방지하기 위한 방법도 여러 가지 고안되어 있으므로 신중하게 사용하면 그리 문제가 되지는 않을 것이다.

이와는 달리 의사 결정 나무에서는 일정한 부류나 값에 도달하려면 일련의 규칙을 거쳐야 한다. 나름대로 의사 결정 나무는 정확하다. 신경망과 달리 이해하기가 쉬워 널리 사용되고 있다. 또한 의사 결정 나무를 만드는 데 소요되는 시간도 신경망보다는 적다. 그러나 표준적인 의사 결정 나무 역시 결점이 있다. 여러 변수를 조합한 경우에는 규칙을 발견하기 어렵고, 가지 사이의 분할이 매끄럽지 못하여 분할을 선택할 때 분할 결과가 장래의 분할에 어떤 결과를 초래할지에 대해 알 수가 없다.

5. 데이터 마이닝과 데이터 웨어하우스

“Garbage In Garbage Out!"이란 말처럼 오류가 있는 데이터에 아무리 뛰어난 방법을 적용한다 해도 얻어진 결과에 대해서는 신뢰가 생길 수 없을 것이다. 마찬가지로 데이터 마이닝을 통해 정확하고 올바른 결과를 얻기 위해서는 적용될 데이터가 정제되고 표준화되어, 일관성 있는 체계적인 구조로 준비되어야 한다. 그러나 일반적으로 기업이 가지고 있는 데이터들은 다양한 운영 시스템으로부터 다양한 형태로 모아지므로 각기 다른 형식과 코드를 가지고 있는 경우도 있을 것이다. 따라서 서로 일치하지 않거나 부정확한 값을 가지고 있는 경우가 많다. 그러므로 이러한 문제점들이 해결된 후에야 비로소 효과적인 데이터 마이닝을 수행할 수가 있다.

이러한 부분들은 데이터 웨어하우스가 구축되어 있다면 보다 쉽게 해결될 수가 있다. 따라서 데이터 웨어하우스가 효율적인 데이터 마이닝을 위한 출발점이 된다고 볼 수 있다.

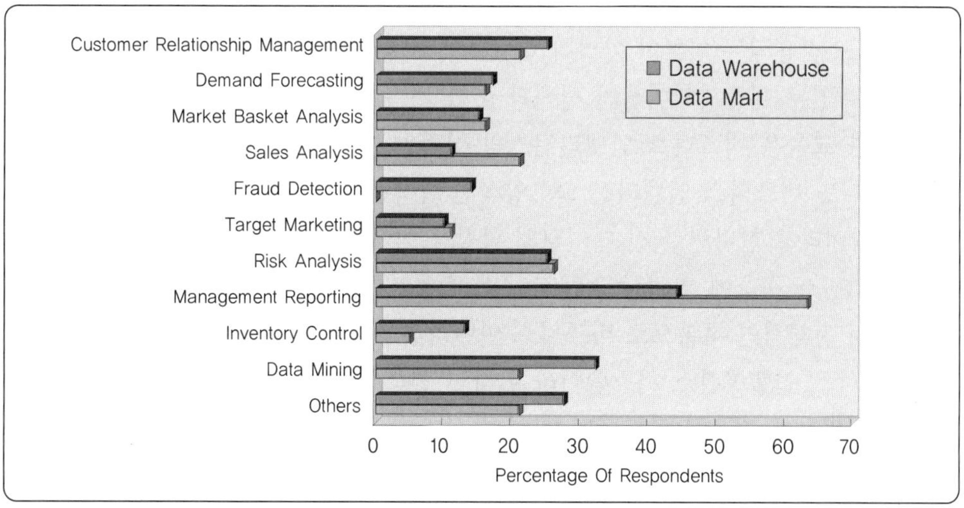

[그림 9-13] 데이터 웨어하우스와 데이터 마트의 응용
(출처: Dataquest, 1998)

데이터 마이닝을 효과적으로 수행하기 위한 전제 조건은 다음과 같다. 첫째, 분석의 재료가 되는 데이터의 원활한 조달이 이루어져야 한다. 이는 데이터 웨어하우스의 효과적인 구축으로 가능하다. 둘째, 업무 기획 위주의 정보 분석 능력이 요구된다. 연관된 규칙을 찾아내거나 의미 없는 데이터를 과감하게 배제할 수 있는 능력을 말한다. 셋째, 정보 분석의 정형화(module화)이다. 비정형적인 데이터의 처리방안이 개발되어져 있어야 한다. 넷째, 분석가의 정보 기술 환경에 대한 이해가 선행되어야 한다.

제4절 비즈니스 인텔리전스의 미래

1. 발전 방향

비즈니스 인텔리전스의 발전 방향은 두 가지로 생각할 수 있다. 질적인 확장과 양적인 확장이 그것이다. 먼저 비즈니스 인텔리전스의 질적인 발전을 위해서는 다양한 방식의 노력이 필요함을 인식해야 한다. 환경에 따라 비즈니스 인텔리전스가 스스로 발전해 나가는 진화적인 부분도 존재하겠지만 긍정적인 방향으로의 진화는 진화 대상자의 의지도 필요하며 생물학에서 라마르크의 '용불용설'과 같이 활용하는 방향에 따라 새로운 모습으로 진화하는 것이 비단 생물뿐만 아니라 비즈니스 인텔리전스에도 적용되는 이론이 아닐까 한다. 즉, 사용자의 업무 환경에 적합하고 쉽게 적용할 수 있는 애플리케이션의 선택과 이를 지속적으로 활용할 수 있도록 수행되는 사용자 교육은 비즈니스 인텔리전스의 질적인 발전에 가장 중요한 부분인 것이다. 그렇다면 비즈니스 인텔리전스의 양적인 확장은 어떤 방향으로 이루어질까? 양적인 성장이라고 한다면 우선 데이터의 확장을 이야기 할 수 있다. 초기에는 비즈니스 인텔리전스 구축에 있어서 전체적인 목표에 비하여 작은 범위로 시작했다면 이제 기업의 전체적인 부분으로 비즈니스 인텔리전스의 영역을 확장하는 것이 필요하다. 비즈니스 인텔리전스 시스템이라 한다면 결국 기업에 존재하는 모든 데이터를 활용하여 업무에 적용하여 나아가 기업의 성과 관리를 위하여 적절히 활용하는 것이 목적이기 때문에 업무에 필요한 영역의 데이터가 초기 구축 시 여러 가지 이유로 포함되지 않았다면 이를 포함하는 전체적인 영역의 비즈니스 인텔리전스 데이터 웨어하우스를 만드는 것이 하나의 양적인 확장이라 할 수 있다. 또 하나의 양적인 확장을 생각한다면 그것은 데이터 마이닝 같은 적용 기법의 확장을 이야기할 수 있다. 비즈니스 인텔리전스 구축에 필요한 적용 기법은 데이터 마이닝 기법의 다양한 활용도와 같이 기업의 필요성에 따라 여러 가지 차원으로 제시될 수 있다.

시스템 구축 초기에 비즈니스 인텔리전스를 위한 다양한 적용 기법을 모두 활용한다면 좋겠지만 그렇지 않고 여러 이유로 일부 적용 기법을 선정하여 활용하여 왔다면 질적인 확장 및 양적인 확장 등에 따라 새로운 요건과 필요성이 대두되게 된다. 이러한 요건에 대한 해결을 위하여 필요로 하는 적용 기법의 추가 선정 및 적용이 필요하다. 물론 추가적인 적용 기법의 선정 및 적용은 통합화와 표준화의 측면에서 고려되어야 한다.

2. 비즈니스 인텔리전스의 미래

비즈니스 인텔리전스의 미래를 이야기하는 것은 쉽지 않은 부분이다. 비즈니스 인텔리전스뿐만 아니라 본서에서 다루고 있는 모든 정보 기술들이 어떤 방향으로 변화할지는 예측하기 힘든 부분이며 그것은 다분히 비즈니스의 발전 방향이나 이슈에 따라 기술이 병행하여 발전되기 때문이다. 예를 들어 지금으로부터 약 10여 년 전을 생각해 볼 때 과연 그 당시 활용하고 예측되었던 기술들이 지금 모두 적용되고 있는지를 살펴보면 알 수 있을 것이다. 하지만 그렇다고 비즈니스 인텔리전스에 대한 미래가 불투명한 것은 아니다. 여타 정보 기술들은 다분히 기술적인 요소가 많기 때문에 기술의 발전에 따라 변화하겠지만 비즈니스 인텔리전스는 무엇보다 업무적 요소를 많이 포함하고 있기 때문에 비즈니스의 흐름과 함께 생각해 본다면 변화 방향을 조심스럽게 추정할 수 있을 것이다.

일단 기술적인 흐름을 생각해 보면 비즈니스 인텔리전스는 과거부터 현재까지 많은 발전을 해 왔다. 그 변화의 흐름에는 다분히 시스템 위주의 방향에서 업무 즉, 사용자 위주의 흐름으로 변화하는 것을 볼 수 있다. 즉 사용자의 원활한 업무 지원을 위해서 시스템은 좀 더 쉽고 빠르고 정확하고 또 직관적인 방향으로 발전하는 양상을 보이는 것이 사실이다. 결국 비즈니스 인텔리전스는 사용자의 업무 프로세스에서 발생하는 다양한 인사이트를 필요한 곳에서 필요한 때에 적절히 제공하는 것이 그 목적이므로 사용자의 인터페이스를 강화하는 측면으로 더욱 발전해 나갈 것이라고 예측이 가능하다. 기존 정보의 제공이 텍스트에서 이미지로 변화하면서 사용자의 직관적 판단이 강화된 것처럼 향후의 사용자 인터페이스는 이미지에서 더욱 강화된 인터액티브(interactive)한 형태로 강화되는 것이 추세이며 이를 통하여 사용자는 좀 더 직관적으로 그리고 원하는 정보를 쉽게 파악할 수 있을 것이다.

또한 사용자의 직관적이고 업무에 밀접한 환경으로 원하는 정보를 질의하고 그 결과를 쉽게 파악하기 위하여 현재의 사용자 업무 위주의 질의 환경보다 더 직관적이고 업무적 형태의 강화된 질의 환경이 사용자들에게 활용될 수 있을 것이다. 사용자들의 가장 용이한 형태의 분석 환경은 자신이 업무에 사용하는 용어와 문장, 즉 대화에서 사용하는 그대로의 가설에 대한 조합이 가장 직관적으로 판단할 수 있는 부분이라는 명제 아래 어떠한 지식을 가지고 있는 사용자 특히, 심지어 업무를 처음 접하는 신입 사원이라 할지라도 원하는 정보에 접근해서 업무상 질문을 던지고 이에 대한 해답을 얻는 것이 향후 비즈니스 인텔리전스의 환경에서 주요한 방향이 될 것이다.

요 약

비즈니스 인텔리전스는 정보 기술과 비즈니스 그리고 이에 대한 사용자가 삼위일체로 맞물려 돌아가는 인과 관계를 가지는 정보 기술이다. 업무와 정보 기술의 상호 연계를 극대화한 것으로서 효율적 · 효과적 활용을 위해 대량의 정보를 확보하는 측면에서는 데이터 웨어하우스가 예측 기법 측면에서는 데이터 마이닝이 확실한 기반을 제공해야 한다. 사용자 입장에서는 비즈니스 인텔리전스의 적극적인 활용을 고려하여 명실공히 기업의 가치를 확보하고자 노력해야 한다. 비즈니스 인텔리전스가 기업 비즈니스의 안정적 운영 인프라로 정착하기 위해서는 양적 · 질적 측면을 모두 고려하여 발전 방향을 결정하여 실행해야 한다.

주요용어

비즈니스 인텔리전스	데이터 웨어하우스	데이터 마이닝
데이터 마트	통계학	연관성측정
순차적 패턴	군집 분석	의사 결정 나무
신경망 모형	OLAP	메타 데이터

연습문제

1. 비즈니스 인텔리전스를 정의하고 역할을 열거하여라.
2. 데이터 웨어하우스와 데이터 마트의 차이점을 설명하여라.
3. OLAP 분석 도구 중 MOLAP(MDB-based OLAP), ROLAP(RDB-based OLAP), HOLAP(Hybrid OLAP) 등이 있는데 각 구현 방식별로 특징과 차이점을 열거하여라.
4. 데이터 마이닝 기법에는 통계학에서 언급되는 여러 분석 기법들을 포함하여 네 가지 기법들이 있다. 각 기법들에 대해 차이점과 특징들을 열거하여라.
5. 데이터 웨어하우스와 데이터 마트의 차이점을 설명하여라.

6. 데이터 마이닝을 효과적으로 수행하기 위한 네 가지 전제 조건이 있는데 단계별로 간단하게 설명하여라.

7. 비즈니스 인텔리전스, 데이터 마이닝, 데이터 웨어하우스의 관계를 설명하여라.

CHAPTER 10

제10장 지식 경영

제1절 비즈니스 전문가 시스템

전문가 시스템이 상당히 많은 조직체에서 빠른 속도로 신뢰를 얻으며 이용되고 있다. 이제 전문가 시스템들이 경영 분야에까지도 구현, 운영되고 있는 것이다. 1981년 이래 전문가 시스템 제품과 컨설팅에 사업 기반을 두고 있는 여러 회사들이 출현하였다. 얼마 안 되어 기업들이 사내에 진보된 기술을 축적하기 위해 전문가 시스템 기술을 배우고 실험해 보기 시작하였다. 이러한 기술을 포용하기 시작한 회사들이 다양한 경영 응용 분야에서 전문가 시스템 개발을 시도하고 있다. 비즈니스 전문가 시스템(business expert system)이 재무 계획, 세무 계획, 마케팅, 컴퓨터 구성, 결함 분리 및 분석, 그리고 상당수의 다른 응용 분야에 구축되었으며 이용되고 있다.

기업들이 왜 전문가 시스템을 구축하였는지에 대해서는 여러 가지 이유가 있다. 가장 주된 이유는 회사의 '사내 메모리'를 개발하려는 것이다. 전문가들이 직장을 퇴직하거나 사직하기 전에 전문가 시스템은 어느 특정 영역의 전문가들의 지식과 경험을 보유하기 위해 사용된다. 그들의 성공과 실패담을 축적함으로써 똑같은 작업을 수행하는 회사 내의 구성원들은 그들의 경험과 지식으로부터 배울 수가 있다. 전문가 시스템을 사용하는 두 번째 이유는 회사의 생산성과 투자에 대한 수익을 향상시키는 것이다. 예를 들어 듀퐁사의 경우, 전문가 시스템의 평균 개발 비용은 약 2만 5천 달러였다. 그러나 시스템이 듀퐁사에게 비용을 절감시켜 준 금액은 약 10만 달러였다. 기업이 왜 전문가 시스템을 사용하는가의 세 번째 이유는 전문가들이 부족하거나, 자문하는 데 비싸거나, 존재하지 않을 때 전문가 의견을 구하는 수단을 제공한다는 것이다. 네 번째 이유는 경영자들의 의사 결정 과정에서 모든 대안들과 기준 항목들을 명확하게 생각할 수 없을 때, 시간과 긴장감이라는 제한 상황에 처해 있는 경영자에게 도움을 줄 수 있다. 전문가 시스템에 여러 가지 물어봄으로써 사용자에게 논리적이며 포괄적인 의사 결정 시 도움을 준다. 이 시스템을 구축해서 이용하는 마지막 이유는 일반 고객들에게 기업의 훌륭한 이미지를 줄 수 있다는 것이다. 왜냐하면 기업이 전문가 시스템 같이 진보된 기술에 관여한다면 첨단 기술을 지향하는 기업의 대중 이미지를 창조하게 되기 때문이다.

1. 전문가 시스템 구성

전문가 시스템 게임의 주요 참가자들은 전문가 시스템, 분야별 전문가, 지식 엔지니어, 개발 도구, 그리고 사용자이다. 서로의 관계와 기본적인 역할은 [그림 10-1]에서 보여준다.

가. 개발 도구

도구 제작자(tool builder)에 의하여 설계되며 제작된 전문가 시스템 개발 도구는 전문가 시스템을 구현하기 위하여 지식 엔지니어나 프로그래머가 사용하는 프로그래밍 언어, 혹은 전문가 시스템 셸(shell)이다. 이 도구들은 다음에 나오는 전문가 시스템 개발 도구에서 자세하게 설명하겠다.

나. 전문가

한 분야의 전문가라 함은 다년간에 걸쳐 훈련을 받으며 경험을 축적하여 어떤 특정한 영역의 문제들에 관한 해결책을 제시하는 데 명료하게 자기의 의견을 표현할 수 있는 지식을 소유한 사람을 일컫는다.

전문가는 문제의 해답을 좀더 효율적으로 찾기 위한 지름길을 발견하여 이용한다. 이때 전문가 시스템은 이러한 문제 해결 전략들을 모델화한다. 전문가 외에 전문가 시스템은 문헌이나 전문 잡지 등으로부터 전문가 지식을 보유하기도 한다.

다. 지식 엔지니어

지식 엔지니어(knowledge engineer)는 컴퓨터 과학과 인공지능의 배경을 가진 사람으로서 전문가 시스템을 구축하는 방법을 알고 있다. 전문가(혹은 문헌/잡지)의 지식을 컴퓨터 프로그램으로 변환시키는 과정, 또는 전문가 시스템을 구현하는 과정을 지식 공학(knowledge engineering)이라 하는데 이 과정에는 지식 엔지니어와 특정 분야의 전문가의 상호 협력 관계가 포함된 것을 의미한다. 그는 전문가들에게 여러 문제를 질의하여 문제 해결을 위한 절차, 전략, 실제 경험으로 얻은 법칙들을 끄집어내어 그들의 지식을 체계화시키고, 전문가 시스템에서 어떻게 표현해야 할지를 결정하며, 프로그래머들이 코딩할 수 있도록 도와주기도 한다.

지식 엔지니어는 지식 베이스 개발을 위한 소프트웨어 도구로서 지식 습득 프로그램(knowledge acquisition program)을 이용한다. 이 프로그램은 지식 베이스를 구축하기 위해 선택된 지식 표현(knowledge representation)의 틀에 맞도록 전문가나 문서 등으로부터 자료를 수집, 정리하여 컴퓨터에 입력시키는 과정을 수행한다.

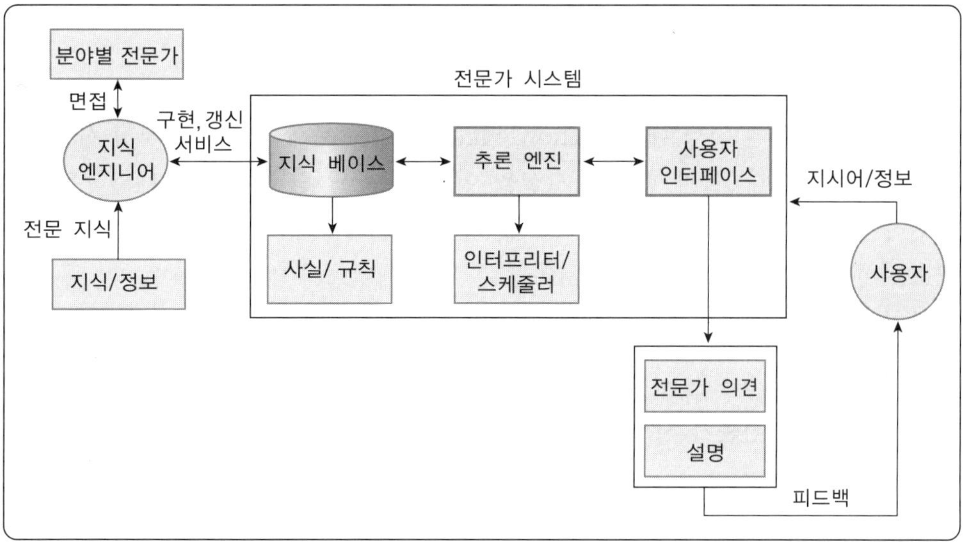

[그림 10-1] 전문가 시스템 구성도

라. 전문가 시스템의 구조

전문가 시스템의 일반적인 정의는, 구체적이고 복잡한 응용 분야에 관하여 전문의 지식과 경험을 체계화하고 통합함으로써 사용자가 전문가를 만나지 않고서도 전문가의 능력을 빌릴 수 있도록 한 컴퓨터 프로그램이라고 할 수 있다. 이외에도 전문가의 지식을 컴퓨터를 이용하여 재구성하고, 이를 토대로 추론하여 정보를 습득하는 시스템이라고도 할 수 있다. 전문가 시스템의 구조는 지식 베이스, 추론 엔진과 사용자 인터페이스로 나눌 수 있다.

전문가 시스템의 핵심인 지식은 두 종류로 체계화된다. 하나는 구체적인 한 분야의 문제와 관련된 폭 넓은 지식을 의미한다. 다른 하나는 명령에 따라 정보를 입력하는 등 사용자와 상호 대화 방식에 관한 지식, 혹은 일반적인 문제 해결 방법에 관한 지식 등을 의미한다. 전자는 문제 영역을 설명하기 위하여 사용되는 다양한 지식의 집합체로 지식 베이스(knowledge base)라고 하며, 후자는 해결해야 할 특정한 문제의 지식으로 추론 엔진(inference engine)이라고 한다. 지식 베이스는 문제 영역에 관해 알려져 있는 사실(자료)들과 의사 결정의 기초로서 이 사실들을 이용하는 논리적 규칙들로 구성된다. 추론 엔진은 문제에 대한 해답을 추론하기 위하여 규칙들의 적용 방법을 정하는 인터프리터(interpreter)와 규칙의 적용 순서를 정하는 스케줄러(scheduler)로 구성된다.

(1) 지식 베이스

전문가 시스템의 지식 베이스(knowledge base)는 문제 영역을 묘사한 사실(예, 홍군은 분석가이다.)들과 하나의 사실을 어떻게 논리적인 방법으로 배열하는가를 표현하는 지식 표현 테크닉, 즉 규칙(예, 홍군이 분석가이면, 그는 워크스테이션을 필요로 한다.)을 포함한다. [그림 10-2]는 지식 베이스의 내용을 보여준다. 규칙은 상황이 주어졌을 때 나타나는 행동(action)이다.

지식 표현 방법으로는 규칙의 표준 형식인 Production Rules의 IF-THEN 형식이 많이 쓰인다. 전문가 시스템에서 사용되는 규칙들은 각각의 상황이 발생할 때마

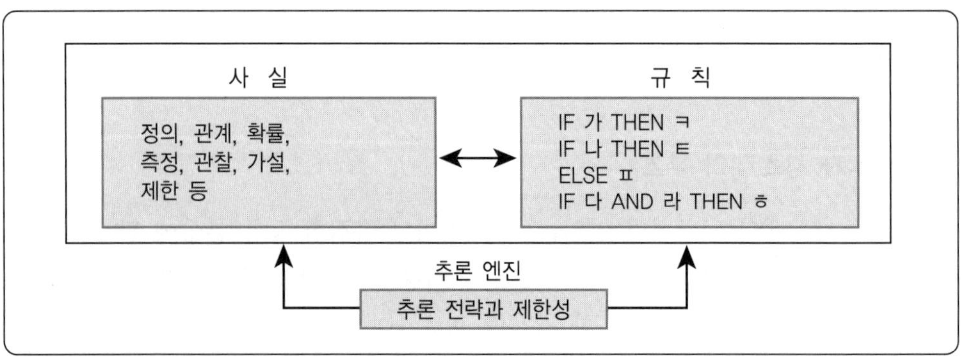

[그림 10-2] 지식 베이스 개념

다 나타나고, 단순한 형태에서부터 복잡한 형태까지 다양하게 나타나며, 이러한 모두를 포함한 규칙의 집합이 있다.

(2) 추론 엔진

추론 엔진(inference engine)은 어떤 정해진 순서로 지식 베이스의 내용을 해석하는 추론 능력을 제공하고, 문제 해결과 관련된 규칙과 사실들을 처리한다. 이때 추론 과정을 거쳐 사용자에게 권고할 만한 의견을 제시한다. 환언하면 추론 엔진은 한 번에 하나씩 지식 베이스의 규칙들을 검색해서 규칙 조건이 참일 때 구체적인 행동이 취해진다. 추론 엔진이 규칙을 검색하는 데는 두 가지 종류가 있다. 하나는 전방 추론(forward reasoning ; 규칙을 사실에 적용시킴으로서 결론에 도달하는 과정) 방법이다. 예를 들면, 지식 베이스에서 분석가는 워크스테이션을 필요로 한다는 규칙과 홍군은 분석가라는 사실을 검색했다면, 그때 홍군은 워크스테이션을 필요로 한다는 결론을 추론하는 방법이다. 다른 하나는 후방 추론(backward reasoning ; 제안한 결론이 어떤 규칙을 사실에 적용시킨 결과인지 아닌지를 증명하는 과정) 방법이다. 예를 들면, 홍군은 워크스테이션을 가져야만 한다는 가설을 분석가는 워크스테이션을 필요로 하고, 홍군은 분석가라는 지식을 지식 베이스에서 검색한다면 수용되는 것이다. 요컨대, 추론 엔진은 지식 베이스를 이용하여 추론 과정을 거쳐 문제 해결을 위한 결론에 도달할 수 있게 해준다.

(3) 사용자 인터페이스

사용자 인터페이스(user interface)는 사용자를 지원해 주는 환경의 하나로, 전문가 시스템과 사용자가 상호 대화를 할 수 있도록 도와준다. 지식 엔지니어가 프로그램의 코드를 테스트하고 평가할 수 있도록 다양한 기능을 지닌 디버깅 도구, 전문가가 지식과 자료를 수정할 수 있도록 하는 편리한 편집 기능, 그리고 시스템을 사용할 때 사용자 지시어, 혹은 정보를 입력시키고 정보를 쉽게 받아 볼 수 있도록 해주는 그래픽 기능 등을 의미한다.

마. 최종 사용자

최종 사용자는 전문가 시스템이 개발되면 시스템을 이용하는 사람을 말한다. 최종 사용자의 범위는 다양하다. 전문가 시스템 개발 언어를 수정하는 도구 제작자,

현재 시스템에 있는 지식을 추가하는 전문가, 시스템에 자료를 추가하는 사무직원, 그리고 전문가 의견을 구하려고 시스템을 이용하는 경영자 등이 모두 최종 사용자들이다.

보편적으로 최종 사용자가 전문가 시스템으로부터 받아보는 정보의 내용은 문제 해결책을 제시하는 전문가의 의견과 문제 해결 과정과 관련된 설명 기능이다. 설명 기능에는 두 가지 형태가 있다.

① 질의에 대한 설명 : 사용자는 전문가 시스템이 추론을 수행하는 동안 설명을 바랄 수 있다. 이때 전문가 시스템은 사용자에게 정보를 입력하라고 요구한다. 사용자는 왜 정보가 필요한지를 물어보며, 전문가 시스템은 설명을 제공한다.

② 문제 해결에 대한 설명 : 전문가 시스템이 문제 해결을 위한 전문가 의견을 제시한 후에 사용자는 어떻게 그런 결론에 도달했는지 설명을 요구할 수 있다. 그러면 시스템은 결론을 유도한 각 추론 단계를 보여줄 것이다.

전문가 시스템은 고도의 전문 지식을 바탕으로 하여 이루어진 시스템으로, 알고리즘에 입각하여 단계적으로 실행하고, 효율성을 주요 목표로 하는 기존 정보 시스템과는 달리 휴리스틱(hueristics)과 논리를 사용하면서 효과성을 주요 목표로 삼는다. 이러한 이유로 불완전하거나 불확실한 정보를 가지고도 시스템 구현이 가능하다. 또한 기존의 정보 시스템이 정량적인 입력 데이터가 필요한 이유나 결론이 도출된 방법에 관하여 설명하지 않는 반면, 전문가 시스템에서는 결론이나 추론에 대한 설명 기능이 시스템의 일부분을 차지할 만큼 중요하다.

전문가 시스템은 비구조적인 문제를 다루는 데 더욱 효과적이다. 즉, 구체적으로 복잡한 상황을 분석하거나 상당히 많은 양의 자료부터 결론을 도출해야 할 문제, 불확실성을 내포하는 문제, 그리고 적정 시간 내에 해결할 수 있어야 하는 문제 등이 그것이다.

2. 전문가 시스템 개발 도구

지식 엔지니어, 혹은 프로그래머는 전문가 시스템을 개발하는 두 가지 기본적인 도구를 가지고 있는데, 프로그래밍 언어(programing language)와 전문가 시스템 셸(expert system shell)이 그것이다. 우선 개발자는 프로그래밍 언어를 사용하여 전문가 시스템을 만들 수 있다.

전문가 시스템 개발 도구로 표준화된 범용 프로그래밍 언어인 PASCAL, FORTRAN, ASSEMBLER, C 언어 등을 사용할 수 있으나, 문제의 성격에 적합한 지식 베이스와 추론 기관을 설계하고 코드화하는 어려움이 있다. 따라서 자체적으로 추론 기능을 가지고 있어서 인공지능 언어라고 부르는 LISP나 PROLOG를 전문가 시스템 구축에 가장 많이 사용한다. LISP는 1959년 John McCarthy에 의해 개발되었고, PROLOG는 1972년 마르세이유 대학에 근무하는 Alain Colmerauer에 의해 개발되었다.

첫 전문가 시스템 중의 하나인 MYCIN은 의사 Stanton Axline의 도움으로 스탠포드 대학의 E. Shortclitte와 S. Cohn에 의해 개발되었다. 이 시스템은 어떤 확실하지 않은 전염병을 진단하기 위해 만들어졌다. MYCIN의 성공이 입증되었을 때, 개발자들은 그들의 성취 결과를 적용시키기 위해 다른 일들을 모색하였다. 그들은 MYCIN 지식 베이스를 다른 문제 영역을 반영하는 지식 베이스와 대치함으로써 MYCIN 추론 엔진이 다른 유형의 문제에 적용될 수 있음을 밝혀냈다. 이 발견으로 전문가 시스템 셸을 구축하는 새로운 접근법이 시작되었다. 전문가 시스템 셸은 지식 베이스에 적절하게 추가하여 구체적인 문제 영역에 적용될 수 있도록 이미 만들어진 프로세서(processor)이다.

전문가 시스템을 개발하는 도구로는 전문가 시스템 셸로 일컬어지는 OPS5, KEE, NEXPERT, KNOWLEDGE, CRAFT, UNIX 등이 있다. 이들은 프레임, 규칙 등의 기능을 종합적으로 가진 개발 도구로서 전문가 시스템의 개발을 더욱 빠르고 쉽게 할 수 있도록 만들어진 소프트웨어이다.

범용 프로그램 언어를 사용하여 전문가 시스템을 구축할 경우, 비록 개발 시간과 노력이 많이 소모되기는 하지만 주어진 문제에 가장 적합한 시스템을 구축할 수 있는 장점이 있다. 그러나 전문가 시스템 셸을 사용하면 범용 프로그램 언어를 사용하여 전문가 시스템을 개발하는 경우와 비교해 볼 때 융통성이 부족하다.

3. 전문가 시스템 구축 단계

전문가 시스템 구축을 위한 접근 방법에는 여러 가지 견해가 있으나 일반적으로 반복적이고 빠른 프로토타이핑(prototyping) 방법론을 이용한다. 프로토타입은 의

순환 과정

단 계	내 용
특정 분야 지식	• 모습이 드러나지 않음. • 비체계화, 조직화 • 부정확
지식 수집 및 정리	• 특정 분야별 전문가 • 지식 엔지니어들이 모여 지식을 습득한다.
지식 표현	• 의미론(semantic net) • 의사 결정 트리 • 틀(frame) • 스크립트(script) 등의 기법을 이용하여 전문 지식을 논리적으로 표현한다.
지식 공학	• 인공지능 언어나 전문가 시스템 셀 등을 이용하여 실제적 전문가 시스템을 구축하는 단계로 이때 추론 엔진, 지식 베이스, 사용자 인터페이스를 구축한다.
전문가 시스템 구현	•최종 사용자가 전문가 시스템을 운영한다.

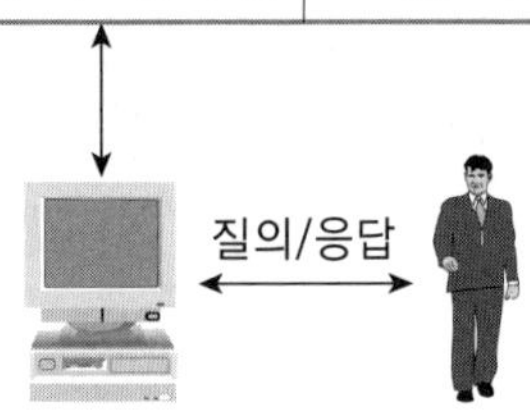

[그림 10-3] 전문가 시스템 구축과 순환적 과정

도한 범위를 충족시키고 이용될 때까지 계속 반복적으로 수정된다. 전문가 시스템의 개발 범위가 알맞게 정해진 후에 [그림 10-3]에서 보여주듯이 각 단계가 순환된다. 지식 수집 및 정리를 하는 지식 습득 단계, 지식 표현 단계, 지식을 인코딩(encoding)하는 지식 공학 단계, 그리고 지식을 테스팅하고 평가하는 시스템 구현 단계가 순환적 과정을 이룬다. 전문가 시스템 지식은 시스템이 의도한 목표에 도달할 때까지 계속적으로 수정, 보완된다.

편리한 사용자 인터페이스도 사용자가 전문가 시스템에 만족하기 위해서 중요하다. 그리고 훈련과 여러 지침서들이 전문가 시스템의 구현과 유지, 보수를 위해서 사용자에게 제공되어야 한다.

4. 전문가 시스템의 장점 및 한계

전문가 시스템의 장점은 여러 면에서 살펴볼 수 있다. 우선, 적은 인원과 비용으로 빨리 작업을 함으로써 생산성을 증가시킬 수 있으며, 일관된 조언의 질적 증가와 에러율 감소로 일관성과 정확성을 향상시킬 수 있다. 대부분의 전문가 시스템은 다기능 분석을 위해, 또는 고장을 고치기 위한 기술로 이용될 수 있으며, 이로써 고장 수리 시간을 줄일 수 있다. 그리고 흔하지 않은 전문 기술을 저장해 둘 수 있으며, 사람이 위험한 환경에서 작업하는 것을 피할 수 있게 한다.

또한 모든 것에 주의를 기울이고 관련된 정보나 가능한 대답을 간과하지도 않으므로 신뢰성을 향상시킬 수 있다. 그리고 일반 정보 시스템에 비해 불안전한 정보로도 작업을 할 수 있다. 즉, 부정확한 질문에도 답을 얻을 수 있다. 또한 도달한 결론에 대한 이론적 근거를 충분히 설명하며, 이론적 근거에 대한 기록 문서의 작성을 정확하게 한다. 마지막으로, 전문가 시스템은 다른 형태의 정보 시스템 기술과 마찬가지지로 상품과 서비스, 업무 운영, 고객과 공급자 측면 등에서 전략적 우위를 가져다 줄 수 있다.

여러 가지 장점에도 불구하고 아직까지 전문가 시스템이 가지고 있는 한계점이 몇 가지 있다. 전문가 시스템은 아직은 인간 전문가처럼 행동할 수 없으며, 스스로의 경험으로부터 학습하는 능력이 갖추어져 있지 않다. 즉, 전문 지식을 만들어 내지 못한 한정된 전문 지식만을 가지고 움직이게 된다. 또한 지식의 경계 부문에서는 작동하지 못한다. 무엇을 모르는지 시스템도 모르며, 문제 자체를 '이해' 하지 못한다. 아울러 전문가 시스템은 인터페이스 설계가 미흡하면 사용이 지루할 수 있다. 마지막으로, 전문가 시스템을 개발하고 유지, 보수하는 데는 어려움이 뒤따르는 동시에 비용이 많이 든다. 지식 엔지니어, 전문가, 하드웨어와 소프트웨어에 관한 비용은 전문가 시스템으로 창출되는 이익을 상쇄하고도 남기 때문이다. 그러나 위와 같은 한계점의 일부분은 전문가 시스템 셸과 다른 개발 도구를 이용함으로써 극복할 수 있다.

제2절 지식 경영

오늘날은 여러 가지 측면에서 '변화의 시대' 이다. 즉, 최근 우리는 과거 그 어느 때와도 비교할 수 없을 정도로 본질과 양상, 그리고 속도 측면에서 과거와 많은 차이를 보이는 변화를 경험하고 있다. 이는 디지털 혁명 후 가속화되었다. 전 세계로 연결된 인터넷을 통해 거의 빛의 속도라 할 만큼 놀라운 속도로 정보 교환이 가능케 하고 있으며, 이 정보로 최대의 부가가치를 창출하는 새로운 경제구조를 파생시키고 있다. 눈으로 보이는 유형상품을 중심으로 이루어지던 종래의 물질적 재화 생산에서 눈에 보이지 않는 무형의 지식과 창의를 바탕으로 하는 지식 경영으로의 과감한 경영 패러다임 전환을 요구받고 있는 것이다.

1. 지식 개요

가. 지식의 개념

무형 자산인 지식의 특징은 다음과 같은 측면에서 유형 자산과 큰 차이점들이 존재한다. 지식은 유형 자산과 달리 사용한다고 소멸되는 것이 아니라 오히려 사용할수록 더 큰 지식으로 확대될 수 있다. 그리고 한 명이 지식을 이용하나 100명이 지식을 이용하나 원가가 같으며, 공간이나 시간의 제약이 없다. 마지막으로 지식을 창출하는 초기 비용이 높을 수 있으나 사용에는 추가 비용이 거의 발생하지 않는다.

① 지식의 사전적 의미

'사물에 관한 똑똑한 의식과 그것에 대한 판단' 그리고 '알고 있는 내용 또는 그 범위' 를 의미한다. 이는 '알고 있음' 혹은 알고 있음에 대한 '체계적 정리' 라 할 수 있다. 한 걸음 더 나아가 철학적 지식의 개념은 '정당화된 진실에 대한 신념' 을 이른다.

② 노나카 이쿠지로 교수

조직 내의 지식을 암묵지와 형식지로 구분한다. 암묵지는 학습과 체험을 통해 개인에게 습득되어 있지만 겉으로 드러나지 않은 상태의 지식을 의미하고, 형식지는 암묵지가 문서나 매뉴얼처럼 외부로 표출되어 여러 사람이 공유할 수 있는 지식을 의미한다.

③ 피터 드러커(P.Drucker) 교수

일하는 방법을 개선, 개발하거나 혁신해서 부가가치를 높이는 행위를 지식이라고 정의함으로써 현장의 지식을 중요시한다. 이와 같이 지식은 정보가 인간의 경험, 상황 및 인간의 인지적 활동과 결합하여 생성하며, 자료나 정보보다 인간의 개입 정도가 더 높은 고부가가치 정보를 말한다.

나. 지식의 체계

지식은 데이터-정보-지식으로 환원되는 과정을 거쳐 아래 [그림 10-4]와 같이 일정한 체계를 지니게 된다.

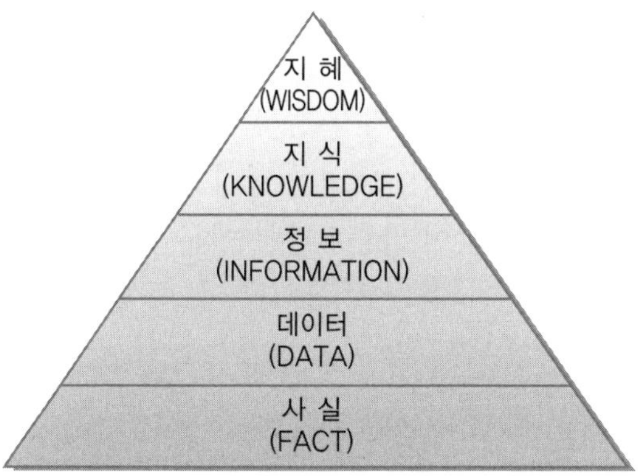

[그림 10-4] 지식의 체계

① 사 실 : 객관적 실재의 모든 것
② 데이터: 사실을 전달하기 위해 기호화 및 실체화된 상태이다.
③ 정 보 : 특정 목적의 문제해결을 위하여 데이터를 가공하고 부가적 의미가 부여되었다.
④ 지 식 : 정보를 직접 체계화하여 보편화시킨 상태를 의미한다.
⑤ 지 혜 : 지식이 축적되어 추론으로 문제 해결이 가능한 인간의 지적 능력이다.

결국 지식은 일정한 체계를 거쳐 다듬어져 만들어지는 축적의 산물임을 알 수 있다. 특히 주의할 것은 데이터와 정보의 차이이다. 우리는 이 두 개념을 혼동하는 경우가 있는데, 이 둘은 전혀 다른 개념임을 유의하여 올바른 지식의 형태를 숙지해야 할 것이다.

다. 지식의 분류

(1) 지식의 내용에 따른 종류

① 사물지

사물 존재 자체에 대한 인지 상태를 말하며, 이때 사물이란 물리적 실체와 개념적 실체 양쪽을 모두 포함한다.

② 사실지

한 개인이 '~라는 것을 안다'고 할 때의 지식을 의미한다. 즉, 사실지는 여러 가지 사실 또는 사실적 명제를 안다는 것이다.

③ 방법지

인간의 욕구나 문제를 해결하는 방법을 아는 것으로, 어떤 욕구나 문제를 해결하여 B라는 목표에 도달하기 위해서는 A처럼 하면 된다는 것을 아는 것을 의미한다.

(2) 지식의 존재 형태에 따른 분류

노나카 이쿠지로 교수에 의해 창안된 지식 창조 과정은 나선형 프로세스'(spiral process)라고 설명하고 있다. 즉 암묵지와 형식지라는 두 종류의 지식이 사회화(암묵지가 또 다른 암묵지로 변하는 과정), 외부화(암묵지가 형식지로 변환하는 과정), 종합화(형식지가 또 다른 형식지로 변하는 과정), 내면화(형식지가 암묵지로 변환하는 과정)라는 네 가지 변환 과정을 거쳐 지식이 창출된다는 이론을 제시하고 있다.

① 암묵지

말로 표현하기 힘들지만, 그것은 개인 · 집단 · 조직의 각 차원에서 개인적인 경험, 이미지, 혹은 숙련된 기능, 조직 문화, 풍토 등의 형태로 존재한다(말로 나타내기 힘든 주관적 · 신체적인 아날로그의 지식).

② 형식지

언어나 구조를 가지고 존재한다. 제품 사양, 문서, 데이터베이스, 매뉴얼, 화학식 등의 공식, 컴퓨터 프로그램 등의 형태로 표현될 수 있다(서술하기 쉽고 객관적 · 논리적인 디지털 지식).

라. 지식 창조 유형

(1) 사회화(Socialization) ; 신체로 지를 얻는다.

① 회사 밖을 걸어다니면서 암묵지를 획득 – 공급자와 고객과의 공동 체험(직접

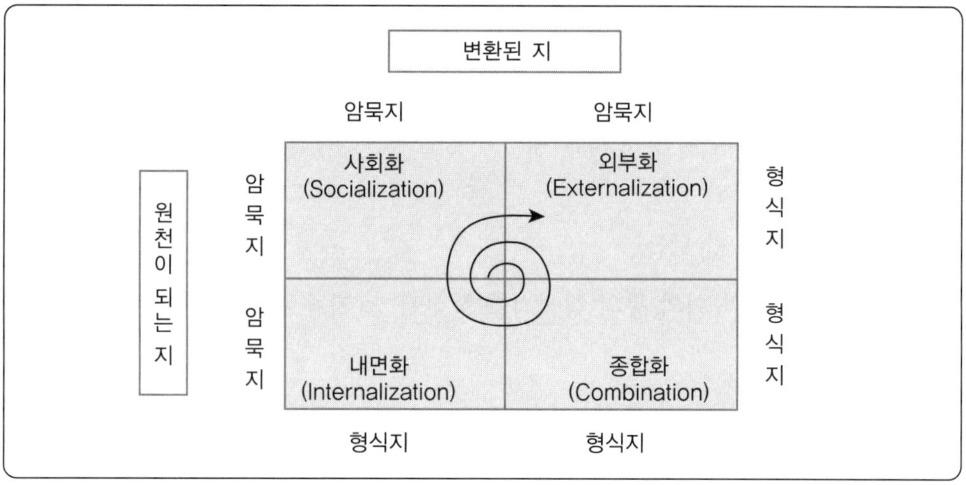

[그림 10-5] 4대 지식 창조 유형
(출처: 노나카 이쿠지로, 1999)

경험)을 통해 자신의 몸으로 지식과 정보를 획득하는 과정.

② 회사 안을 돌아보는 동안 암묵지를 획득 – 판매와 제조의 현장, 사내 각 부문에 파견되어 공동 체험을 통해 지식과 정보를 획득하는 프로세스.

③ 암묵지의 축적 – 획득한 지식과 정보를 자신의 생각에 관련시켜 두는 프로세스.

④ 암묵지의 전수 · 이전 – 언어화되지 않은 자신의 아이디어와 이미지를 사내외 사람에게 직접 이전하는 프로세스.

(2) 외부화(Externalization) ; 생각이나 노하우를 말이나 형태로 표현한다.

① 자신의 암묵지 표출

언어화되지 않은 자신의 아이디어와 이미지를 연역적, 귀납적 분석 혹은 발상법적 추론(메타포와 아날로지)과 대화를 통해서 언어, 개념, 도형, 형태화하는 프로세스.

② 암묵지로부터 형식지로 전환 및 번역

고객과 전문가 등의 암묵지를 촉발시켜 이해하기 쉬운 형태로 번역하는 프로세스.

(3) 종합화(Combination) ; 말이나 형태를 조합한다.

① 새로운 형식지의 획득과 통합

형식지화된 지식 혹은 공표된 데이터 등을 사내 외부로부터 수집, 결합시키는 프로세스.

② 형식지의 전달 및 보급

프리젠테이션과 회의 등의 형식지를 형식지 그 자체로 전달 및 보급하는 프로세스.

③ 형식지의 편집

형식지를 이용 가능한 특정 형식(문서 등)으로 편집 및 가공하는 프로세스.

(4) 내면화(Internalization) ; 말이나 형태를 체득한다.

① 행동 및 실천을 통한 형식지의 체화

전략, 전술, 혁신, 개선에 관한 개념과 기법을 구체적으로 실현하기 위해서 직무 교육 등을 통해 개인에게 체득시키는 과정.

② 시뮬레이션과 실험에 의한 형식지의 체화

가상의 상태에서 새로운 개념과 기법을 실험적으로 의사 체험 및 학습하는 프로세스.

이러한 과정이 순차적으로 한 번만 일어나지는 않는다. 개인의 지식 창조에서 시작해서 집단, 조직의 차원으로 나선형으로 회전하면서 공유되고 발전해 나가는 창조 프로세스로 파악할 수 있다. '생각을 언어로, 언어를 형태로, 형태를 자신의 기능으로'라는 나선형 프로세스가 작동할 때 개인과 조직은 지식 창조에 의해 자기 실현과 조직의 목표를 달성할 수 있다.

2. 지식 경영의 개념

가. 지식 경영의 등장 배경

지식 경영은 어느 순간 몇몇 사람들의 필요에 의해 우리 앞에 갑자기 나타난 새로운 경영 이론이 아니다. 세상을 움직이는 힘의 원동력이 변화함에 따라 자연스럽게 기업과 조직을 경영하는 관점의 전환이 일어나면서 등장한 개념이다.

(1) 정보 기술의 발달

지식 경영을 수행하기 위한 정보기술의 발달, 특히 가상 공간에서의 네트워킹의 출현은 각 개인이 자신에게 필요한 정보를 시공간을 초월하여 습득할 수 있도록 했다. 그리고 이전까지 불가능해 보였던 신속한 정보 처리, 정보의 체계적인 분류, 축적, 공유 그리고 관리를 손쉽게 해줌으로써 지식 경영 분야의 발전을 가속화하였다.

(2) 창조적 지식의 중요성 부각

날로 치열해져 가는 글로벌 경쟁 사회 속에서 기업이 지속적으로 성장, 발전하고 차별적인 경쟁 우위를 확보하는 원천은 조직 구성원이 보유한 창조적 지식이라는 사실을 각 기업들이 인식하게 되면서 지식 경영의 중요성이 부각되었다.

(3) 학습 조직의 비효율성

학습할 수 있는 능력을 기업의 가장 중요한 발전의 원천으로 내세웠던 학습조직이 구체적인 방법론을 제시하지 못한 체 사람들의 관심에서 멀어지게 되었고 그에 대한 반동으로 지식 경영이 새로운 대안으로 제시되었다.

(4) 무형 자산에 대한 새로운 인식

전통적으로 기업의 자산 가치를 재무적인 자산 중심으로 산출하는 방식에 대한 근본적인 문제 제기와 함께 최근 인적 자본, 회계 등 인간이나 조직이 보유하고 있는 지식 자산을 체계적으로 규명, 관리하고자 하는 새로운 노력이 일어나고 있다.

나. 지식 경영 정의

지식 경영에 대한 정의는 지식을 문서화시키기 용이한 객관적 실체로 보느냐 아니면 인간의 창조적 고뇌가 동반된 역동적 과정으로 파악하느냐에 따라 접근 방법도 확연히 다를 수 있다. 또 기존 지식을 수집, 정리해서 전파하고 공유하는 활동에 초점을 두느냐 아니면 보유하고 있지 못한 새로운 지식을 창출하고 이를 업무 성과에 연계시킴으로써 해당 회사의 경쟁력을 제고시키는 활동에 초점을 두느냐 하는 문제도 지식 경영을 이해하는 중요한 기준이 될 수 있다.

① 위그(Wig)의 정의

기업의 지식 관련 경영 활동의 효과성을 극대화하고, 지식 자산으로부터 최대의 부가가치를 창출하기 위해 지식을 창출, 갱신, 적용하는 일련의 체계적이고 명시적이며 의도적인 활동이다.

② 베치만((Bechman)의 정의

새로운 조직적 역량을 창출하고, 구성원의 높은 업무 성과를 가능하게 하며, 혁신적 활동을 촉진시키는 동시에, 고객 가치를 제고시킬 수 있도록 구성원의 경험과 지식, 전문성을 공식화시키는 것이다. 아울러 여기에 보다 자유롭게 접근, 그것을 쉽게 활용할 수 있도록 추진되는 활동이다.

③ 스베이비의 정의

조직의 무형 자산을 통해 가치를 창출하는 예술이다.

④ 노나카 교수의 정의

지식 창조 경영이란 쉽게 외재화, 객관화시킬 수 없는 암묵적인 지식(암묵지)을 공유 · 승화시켜 형식화하고, 이를 통해 새롭게 창조된 형식적인 지식(형식지)을 다시 암묵적인 지식으로 순환시킴으로써 조직적 경쟁력을 확보하는 경영 활동이다.

이처럼 지식 경영에 대한 정의는 조직 내에 산재해 있는 지식의 영역을 규명하고 창출하며 이를 필요로 하는 사람들이 활용함으로써 개인과 조직의 핵심역량을 극대화할 수 있는 경영 활동이라는 공통적인 이해를 기반으로 다양하다.

다. 지식 경영의 필요성

산업 경제 시대에서는 환경 변화가 예측 가능한 일정한 패턴을 갖고 있었으며, 상대적으로 변화가 완만하여 문제 자체가 잘 정의되어 있고, 정확한 데이터만 갖고 있으면 데이터에 의존한 문제 해결 방법, 즉 노하우가 중요했다. 하지만 최근 이런 기법들은 기업이 높이고자 하는 노력만큼의 성과를 낳을 수 없는 현실에 이르게 되었다. 지식을 기반으로 하는 새로운 경제 환경이 가장 큰 걸림돌이 되고 있는 것이 그 이유이다.

(1) 경쟁력 제고

회사의 경영 전략과 핵심 역량을 지원하는 지식을 신속하게 창출, 전파, 보급해야 할 뿐만아니라 기존에 보유하고 있는 정보나 지식을 필요한 사람이 필요한 지식을 습득함으로써 업무 성과는 물론 조직 전체의 경쟁력을 제고시키기 위해 지식 경영이 필요하다.

(2) 정보 공유

지식 경영이란 지식 관리 시스템을 통해 조직 내외에 산재한 다양한 정보를 수집하여 이를 체계적으로 분류, 가공, 축적하여 필요한 사람이 필요한 정보를 적기에 습득하게 함으로써 업무 성과를 극대화시키기 위해 반드시 필요한 새로운 경영 체제이다. 지식 경영의 성패는 조직 구성원들의 지식 노동에 대해 공정한 평가가 이루어지고 있는지, 그리고 이를 뒷받침할 만한 시스템 및 제도가 구비되어 있는지 여부에 달려 있다.

(3) 개인적 지식의 조직화 및 시스템화

조직의 핵심 경쟁력을 좌우하는 개개인의 고도의 전문성이나 묵시적 노하우를 조직적 지식이나 기술로 승화, 발전시키기 위한 전략적 대안을 모색하기 위해 지식 경영이 필요하다. 노나카 교수는 "엄밀히 말하면 지식을 창조하는 것은 오직 개인뿐이다. 개인이 없이는 조직에 지식이 창출될 수 없다."고 주장했다. 또한 "조직의 역할은 창조성이 풍부한 개인이 지식을 창조할 수 있도록 도울 수 있는 조건을 만들어주는 것이다."

3. 지식 경영의 구성 요소

통합적인 지식 경영 구현의 기준 구성요소로 4가지가 있다. 문화, 전략, 프로세스, 기술정보가 그 구성요소이다. 이 4가지를 중심 뼈대로 삼은 이유는, 지식 경영이 조직 전체의 전략과 연계될 필요가 있다. 아울러 조직 구성원들의 지식 창출 및 공유 활동이 자생적이고 자발적으로 이루어 질 수 있도록 하기 위해서는 그것을 가능케 하는 학습 문화가 조성되어야 한다.

가. 문화(Culture)

아무리 기업 내 시스템이 잘 구축되어 있어도 조직 구성원들이 그 시스템의 필요성을 인식하지 못하고 수동적인 조직 생활을 영위한다면 오히려 지식 경영을 실행하기 위한 노력이 기업에 큰 부담이 될 수 있다. 조직문화가 정립, 형성되면 지식 노동의 가치와 중요성이 인정된다. 지식 창출과 공유를 통한 업무성과 제고를 위한 노력이 제대로 평가될 수 있도록 보상 · 평가 · 승진 프로그램이 유기적으로 연계되어야 한다. 위에서 말한 바 있던 희소성 있는 지식이나 노하우를 공개 · 공유할 경우, 이에 상응하는 정신적, 물질적 인정과 보상이 철저하게 이루어져야 한다.

나. 전략(Strategy)

전략은 지식조직(지식 경영 활동이 성공적으로 이루어질 수 있는 이상적인 특징을 보유한 조직)의 방향성을 제시하는 관제탑의 역할을 한다. 따라서 해당 기업의 핵심역량을 발굴 · 규명한다. 이에 따른 사업 부서별 핵심 역량 파악과 핵심 역량별 핵심지식 영역을 규명한다. 이러한 지식을 현재 얼마나 보유하고 있는가 하는 수준과 향후 준비해야 할 지식 영역의 창출 방안, 지식 경영을 통한 경쟁 우위 확보 방안 등을 종합적으로 고려해야 한다.

다. 프로세스(Process)

업무 프로세스와 지식 창출 및 지식 공유 과정이 별도의 독립된 프로세스가 아니라 하나의 통합된 프로세스로 추진될 수 있도록 설계해야 한다. 조직은 구성원에게 지식 창출과 지식 공유 활동을 촉진하기 위해 각종 제도나 규칙을 제정함으로써 구성원을 '움직이게' 만들고자 했다. 그리고 표준화된 지식 관리 프로세스를 통해 포착되지 않는 개개인의 암묵지를 공유하고 그것을 더 새롭게 창출하기 위한 지식 창조론적 접근(이론적 접 근방법에서 설명할 부분) 차원에서의 노력을 어떻게 전개할 것인가도 중요하게 고려해야 할 사항이다.

라. 정보 기술(Information Technology)

정보 기술은 지식 경영, 특히 지식 관리 시스템의 성패를 좌우하는 핵심 요인이다. 이것은 또한 지식 창출 및 공유 과정을 질적, 양적으로 촉진시키는 견인차 역할을 한다. 물론 계속해서 강조해온 것처럼 정보 기술은 지식 경영을 추진하고 촉진하기 위한 하나의 수단이다. 또한 정보 기술은 창출된 지식의 공유 속도를 배가시킬 뿐만 아니라 업무의 질적 수준을 획기적으로 제고시키는 강점을 지니고 있다. 특히 안정화되고 표준화된 동시에, 사용자 및 업무 환경에 유연하게 대응할 수 있도록 설계된 지식관리시스템은 이제 지식 경영을 통한 경영전반의 경쟁우위 확보에 없어서는 안 될 주요 요소의 하나로 자리잡고 있다.

4. 지식 경영의 프로세스

지식 활동의 기본적인 프로세스는 지식 경영의 정의를 통해 알 수 있듯이 최초에 지식을 창출하는 것에서부터 그렇게 창출된 지식을 다른 조직 구성원과 공유하며 조직 내에 저장하고 다시 재사용할 수 있도록 하는 일련의 과정으로 구성되어 있다. 지식 활동의 과정을 구성하는 요소는 이전의 내용에서 살펴보았듯이 문화, 전략, 프로세스, 정보 기술 등이며 각 구성 요소가 통합적으로 고려되어 지식 경영을 위한 기반을 마련해야 한다. 지식 경영과정은 다음과 같은 단계들로 구분할 수 있다.

가. 지식요구의 파악 (identification)

환경변화에 의한 새로운 기회와 위협에 따라 조직은 항상 새로운 지식의 획득을 필요로 하는데, 조직의 비전, 전략, 강약점 등에 기초하여 필요한 지식의 내용과 사용처 등을 파악해야 한다. 지식은 그 특성상 지식창출의 명확한 경로를 밝혀낼 수 없는 한계를 지니고 있다. 그렇기 때문에 단순하고 보편적인 방법을 통해 지식을 창출할 수 있는 가능성을 높이는 것이 지식의 창출 과정에서 가장 중요한 성공 요건이 된다. 그리고 이러한 방법은 지식을 그 목적에 따라 정확히 분류하고 가공하는 것으로부터 시작된다.

지식 요구의 파악이 잘못되면 진정 필요한 지식은 부족하고 쓸모없는 지식의 양만 늘어나게 되어 지식 획득 및 유지 비용이 기하급수적으로 증가하므로 지식요구의 파악은 신중하고 철저하게 이루어져야 한다.

나. 새로운 지식 획득(acquisition)

지식 요구에 따라 필요한 지식의 획득 방법은 지식의 종류에 따라 여러 가지가 있을 수 있는데, 정형 지식은 구매, 데이터베이스 검색 등을 통해서 쉽게 얻을 수 있다. 그런데 암묵지식의 경우는 지식을 보유하고 있는 사람을 스카웃하거나 조직 구성원을 다른 기업에 파견하여 체득시키거나 전략적 제휴를 활용해야 한다.

다. 새로운 지식 창조(creation)

축적된 지식을 바탕으로 새로운 지식을 창조한다. 지식 창조는 개인의 창의성과 경험을 통한 새로운 암묵지식의 창조, 암묵 지식을 모든 사람들이 공유할 수 있도록 정형지식으로 전환하는 것, 또는 정형 지식을 조합하여 새로운 정형 지식을 만들어 내는 것 등 여러 가지 형태가 있을 수 있다.

라. 지식의 공유(sharing)

외부에서 획득한 지식, 새로이 창조된 지식, 조직 구성원의 개인적 지식 등을 데이터베이스화하여 체계적으로 축적하고, 이를 모든 조직 구성원이 검색할 수 있게 함으로써 공유에 의한 상승 효과를 도모해야 한다.

마. 지식의 평가 및 사후 관리(evaluation & follow-up)

지식은 끊임없이 변하고 있기 때문에 체계적인 사후 관리가 중요하다, 항상 새로운 지식이 나오면 갱신을 해나가야 한다. 과거에 가치 있던 지식이 앞으로도 계속 실용 가치가 있을 것이라고 믿는 것은 금물이다. 과감히 버릴 것은 버려야 한다.

5. 지식 경영에 대한 이론적 접근 방법

앞에서 말한(지식 경영의 구성 요소) 4가지 동인 중에서 어떤 부분을 중점적으로 추진하느냐에 따라 지식 경영에 대한 접근 방법이 달라진다. 즉, '지식 관리 시스템적 접근'과 '지식 창조론적 접근' 이라는 두 가지 방법으로 지식 경영에 접근할 수 있다. 이는 지식을 보는 관점의 차이 때문이다. 지식을 어떻게 이해하느냐는 지식 경영의 본질을 파악하는 데 도움을 주고, 실제 현장에서 지식 경영을 구현하는 데 접근 방법상의 차이를 가져온다.

가. 지식 관리 시스템적 접근

지식 경영 4대 구성 요소 중에서 정보 기술을 활용, 객관적으로 형식화·문서화된 명시지를 공유하는 활동에 중점(암묵지보다는 명시지를, 이론적 지식보다 실천적 방법지 강조)을 둔다. 주로 정보 기술 서비스, 정보 기술 기반 구조, 정보 시스템, 시스템 통합 등과 같이 정보 기술을 활용하여 가시적인 지식 관리 시스템 구축에 역점을 두는 컨설팅 업체에 의해 주도되고 있다.

나. 지식 창조론적 접근

조직 구성원 개개인이 보유하고 있는 암묵지의 창출 및 공유 과정을 촉진하는 문화적 접근을 중시(암묵지와 이론적 지식을 더 강조) 한다. 지식 창출과 지식 공유의 주체인 조직 구성원의 자발적 지식 창출 활동 및 조직 구성원 간의 대화나 비공식적 만남을 통한 자연스러운 지식 공유 과정을 어떻게 촉진시킬 것인가에 관심을 둔다. 이러한 맥락에서 '지식 창조론적 접근'은 학습이 촉진될 수 있는 여건 창출과 학습 문화, 그리고 조직 구조 및 운영 방식의 개선에 역점을 두고 있다.

6. 지식 경영의 효과 측정

지식 경영에 대한 효과를 측정하지 않으면 지식 경영 자체를 합리화하기 어려울 것이다. 최고 경영층의 신념이 아주 커서 밀고 나가지 않은 이상, 지식 경영을 시작하기란 쉽지 않다. 장점이 확실하게 부각되기 어렵고, 따라서 열정도 식기 때문이다. 특히 기업이 그 동안 많은 경영 기법을 도입했으나 실패한 경험이 많으므로 지식 경영의 초기에는 지식 경영이 또 다른 경영 기법의 도입으로 간주되는 것은 방지해야한다.

가. 지식 경영의 실패 요인

(1) 부적절한 지식 관리는 정보의 홍수를 초래할 수 있다.

업무에 관련된 사항에 대해 지식인지 아닌지 판단도 하지 않고 모두 지식 경영의 대상으로 간주하다보면, 지식 경영의 초점을 잃을 수 있고, 너무 많은 내역을 온라인화하면 정말 중요한 것을 종업원이 읽지 않을 수 있다. 또한 지식이 아닌 것을 지식이라고 부르는 경우도 피해야 한다.

(2) 지식이 부족할 수 있다.

개발되어 있는 지식이 없어서 부족한 경우도 있지만 종업원이나 부문이 갖고 있는 지식이 전사적으로 공유되지 않아 부족한 경우도 있다. 개인이 갖고 있는 지식이 전사적으로 공유되지 않아 부족한 경우도 있다.

(3) 지식을 조회하기 어려우면 지식을 이용하려는 노력을 기울이지 않게 된다.

지식이 중요하므로 노출될 것을 우려하여 조회를 제한할 수 있다. 하지만 지식은 종업원이 쉽게 조회할 수 있게 되어 있어야 하고 그래야만 응용이 가능해진다.

(4) 인프라만 구축하고 성공하기를 기대한다.

정보 기술을 이용하여 지식 관리 시스템을 구축하더라도 사용하지 않으면 무용지물이다.

(5) 지식 경영에 대한 재무적인 결과를 측정하기 어렵다.

(6) 모든 종업원을 지식 경영자라고 부르는 것이다.

지식 경영에 대한 책임을 갖는 종업원이 없다는 것과 동일하다. 현실적으로 지식 경영을 전담하는 종업원이 없이는 성공시키기 어렵다.

(7) 중간 관리자가 지식 경영을 싫어할 수 있다.

종업원이 지식을 조회하는 것을 비생산적인 업무로 간주하거나, 새로운 방식을 이용하는 것을 용납하지 않아 새로운 지식을 응용하는 기회를 잃어버리게 된다.

(8) 암묵지를 데이터베이스에 보관하거나 교육하기 어렵기 때문에 암묵지의 이전을 고려하지 않는다.

전문가가 암묵지를 다른 종업원에게 제공할 시간적 여유가 없으며, 다운사이징의 여파로 전문가가 암묵지를 다른 종업원에게 가르쳐 주지 않는 것은 대표적인 암묵지 공유의 실패 원인이다.

나. 지식 경영의 성공 요인

(1) 리더십

① 지식 비전을 창출하고 전파한다.
② 지식을 통해 핵심 역량을 지원한다.
③ 조직의 지식에 대한 공헌을 위주로 채용, 평가, 보상 체제로 전환한다.
④ 지식 경영은 비용관점이 아니라 투자관점에서 이루어져야 한다.
⑤ 최고 경영층이 지식 경영의 가시적인 역할을 수행한다.

(2) 기술

① 지식의 내역, 조직 문화, 동기부여 등을 종합하여 기술을 개발한다.
② 기술을 통해 조직 내부와 외부의 관련자들을 연계한다.
③ 기술을 통해 고객과의 접점에서 지식을 활용할 수 있도록 한다.
④ 기술을 통해 조직의 지식을 구축한다.
⑤ 사용자 중심의 기술을 개발한다.

(3) 문화

① 학습 조직을 추구한다.
② 외부세계 지식과의 연계를 꾀한다.
③ 최일선 종업원에게 상호 작용의 마당을 제공한다.
④ 지식 노동자의 관심을 높인다.
⑤ 중간 관리자의 역할에 유의한다.

(4) 측정

① 지식 경영의 효과를 측정할 수 있는 방법을 찾아야 한다.
② 지식 근간을 넓힐 수 있는 곳에 자원을 할당한다.

(5) 프로세스

① 핵심 성공 요인을 파악한다.

② 통찰력을 제공할 수 있는 내역들이 지식 전이의 대상이 되어야 한다.
③ 기업 차원에서 효과를 얻을 수 있는 각종 네트워크 체제를 갖춘다.
④ 포럼을 활성화한다.
⑤ 지식 관련 조직을 편성한다.
⑥ 지식에 대한 책임을 모든 종업원에게 부여한다.
⑦ 지식의 획득이 쉽게 이루어질 수 있도록 여러 방법론을 도입한다.

위의 전략들은 지식 경영의 사례를 분석하여 얻은 성공 요인이다. 이런 성공 요인들이 존재한다고 해서 지식 경영이 성공하는 것은 아니지만 이런 성공요인이 존재하지 않으면 성공 확률은 낮아질 것이다.

다. 측정 대상의 선정

지식 경영은 종업원의 지식 경영 활동에 관련된 업무를 향상시키고, 이에 따라 기업의 성취도를 증가시킬 수 있다. 지식 경영은 여러 방면에서 긍정적인 효과를 가져올 수 있으므로 지식 경영을 변수로 측정하기는 쉽지 않다.

(1) 지식 경영의 가장 큰 효과는 경영·사업 목표를 달성하는 데 있다. 즉 사업목표를 달성하는 데 얼마나 지식 경영이 기여했는지가 가장 큰 측정대상이 되어야 한다.
(2) 지식 경영의 가장 중요한 효과를 측정할 수 없다면 목적에 관련된 수단을 평가할 수 있다.
(3) 환경의 변화에 따라 지식 경영의 초점도 바뀌어야 하므로 정기적으로 지식 경영에 대한 효과를 측정하고 개선 방향을 도출할 수 있어야 한다.
(4) 정형화하기 어려운 부문도 측정의 대상이 되어야 한다.

라. 간접적인 효과의 측정

지식 경영의 직접적인 효과를 측정하는 것도 중요하지만 간접적인 효과에 대해서도 측정되어야 한다. 특히 사이클 타임의 단축과 같은 가시적인 간접 효과는 측정하기도 쉬우며 측정하는 자체가 효과를 달성하는 데 기여할 수 있다.

[사례] 몬단토(Mondanto) 회사의 지식 경영은 다음과 같은 측면에서 효과를 발휘하고 있다.

① 신제품 출시의 속도가 빨라졌다.
② 재무 보고의 표준화가 이루어졌고, 의미 있는 사업 간의 비교와 분석이 이루어지고 있다.
③ 데이터 취합에 이용되는 시간을 단축해 더 많은 분석을 하게 되었다.
④ 지리적으로 떨어진 팀 간의 협조가 쉬워졌다.
⑤ 지리적이나 조직 구조 때문에 접촉하기 어려웠던 종업원의 대화가 쉬워졌다.
⑥ 사업부의 의사 결정자에게 중요한 정보가 제공됨으로써 재무 분석가의 역할이 숫자의 정리에서 분석으로 전환되었다.

7. 지식 관리 시스템

지식 관리 시스템(Knowledge Management System)은 기업의 내외부적으로 산재해 있는 수많은 지식들을 부가가치 있는 지식으로 획득, 공유, 변환, 창조할 수 있도록 지식을 입력, 저장, 검색할 수 있는 기능을 제공하는 체계적인 시스템이다.

회사의 대외 경쟁력과 생산성을 향상시키기 위해 개인 및 조직이 보유하고 있는 지식을 시스템화하여 언제 어디서나 업무 수행 시에 지식의 재활용이 용이하도록 하는 것으로 다음과 같은 구체적 목표를 달성하기 위하여 개발되었다.

① 재사용 가능한 지식의 적시 제공에 따른 업무 생산성 향상
② 부가가치 창출의 잠재성을 가진 지식 축적에 따른 지식의 자산화
③ 마케팅이나 영업 등과 관련된 전략 정보의 제공에 따른 조직의 역량 강화
④ 축적된 지식을 바탕으로 한 고품질 서비스 제공에 따른 기업의 경쟁력 강화

가. 지식 관리 시스템 관련 기술

지식 관리를 할 때, 조직 구성원들의 마인드 변화, 즉 지식 공유 문화에 대한 변화 관리 측면이나 업무를 수행하면서 자연스럽게 지식을 활용하고 공유할 수 있는 지식 프로세스 설계의 중요성은 대단히 강조되고 있으나, 이에 비해 지식 관리를 구성하는 정보 기술의 중요성에 대해서는 큰 비중을 두지 않고 있다.

(1) 그룹웨어(Groupware)

주로 조직 내 구성원들 간의 시간 및 공간적 제약을 최소화시키면서 의사소통(메일, 일정 관리, 전자 게시판, 전자 결재, 전자 회의, 기타)을 원활히 할 수 있도록 지원하는 도구이다. 조직 구성원 간의 커뮤니케이션, 협업(Collaboration), 코디네이션을 지원하기 위한 지식관리 솔루션으로 많이 활용된다.

(2) XML(eXtensible Markup Language)

XML은 웹 기반의 자료 구조 규격 언어라고 할 수 있는 HTML의 확장 언어이다. XML은 홈페이지 구축 기능, 검색 기능 등을 향상시켰을 뿐만 아니라 비즈니스에 필수적인 클라이언트 시스템의 복잡한 데이터 처리를 용이하게 하는 기능을 지원한다. 또한 인터넷 사용자가 웹에 집어넣을 내용을 작성, 관리하고 접근을 용이하게 하는 포맷으로 되어 있다.

(3) 인트라넷(Intranet)

인트라넷은 인터넷 관련 기술과 통신 규약을 이용하여 조직 내부 업무를 통합하는 정보 시스템을 말한다. 지금까지 사용해 오던 각종 정보 시스템을 인터넷을 이용하여 사용할 수 있도록 수정하여 재개발한 정보 시스템이다. 인터넷이 확산되면서, 기간 시스템과 인터넷을 연계한 인트라넷이 가장 쉽고, 확장성 높은 기술로 각광받고 있다. 무한한 확장성과 범용성이 장점이라고 할 수 있다.

(4) 워크플로 시스템(Workflow System)

그룹웨어가 지식을 비공식적인 절차에 따라 전달하는 역할을 수행한다면 워크플로 시스템은 지식을 보다 공식적인 절차에 따라 처리하고 전달하는 시스템이다. 따라서 이 시스템은 업무 흐름에서 발생되는 지식을 사전에 정의된 절차에 따라 관리할 수 있다. 특히 명확한 업무 프로세스 정의 및 BPR과 함께 수행되어야만 그 효과가 배가 되므로, 시스템 구축에 있어 다소 긴 시간을 필요로 한다는 단점이 있다.

(5) 푸시 및 에이전트(Push & Agent)

원하는 정보를 사용자들이 직접 검색하여 지식으로 활용하도록 하는 수동적인 시스템으로부터 탈피하여, 사용자들이 원하는 정보를 자동으로 받아볼 수 있도록 하는 적극적인 기술이다. 특히 푸시 기술은 동적으로 변하는 정보를 실시간으로 최종 사용자에게 전달하는 기능을 수행하는 데 필수적인 기술이다.

(6) 문서 관리 시스템 (EDMS)

조직 내의 명시적 지적 자산인 전자 문서 파일을 체계적으로 관리할 수 있도록 지원한다. 문서 관리 시스템은 문서의 저장도구일 뿐만 아니라, 전사 지식의 효율적인 공유 도구로서 지식 관리 시스템의 지식 저장소로 많이 활용되고 있다.

(7) 정보 검색 시스템 (Information Retrieval System)

원하는 정보를 쉽고 빠르고 정확하게 검색하고 결과를 사용자에게 도움이 될 수 있는 형식으로 적절히 표현해주는 것이 정보 검색 시스템이다. 사용자들의 검색 패턴을 다양한 방법으로 분석(자연어 검색, 유의어 검색 등)하여 이를 빈도순, 날짜순 등의 정렬을 통해 사용자들에게 좀 더 정확한 지식을 신속하게 열람할 수 있도록 지원한다.

나. 일반적인 지식 관리 시스템 아키텍처

지식 관리 기술 아키텍처의 수립이란, 업무 경쟁력 향상에 도움이 되는 전사적인 지식들을 생성 · 관리 · 저장 · 활용하기 위하여 필요한 서비스를 제공하는 기술 구성 요소들을 정의하고 구축방안을 제시하는 것을 말한다. 이를 수립할 때에는 조직의 경영 환경 및 시스템 현황뿐만 아니라 최신 기술 동향과 타사 사례와 같은 고려사항을 바탕으로 자사의 환경에 맞는 기술 아키텍처를 수립해야 하다.

(1) 인터페이스 계층(Interface Layer)

사용자는 지식 관리 시스템에서 제공하는 인터페이스인 Universal Client를 통해 지식 활동을 수행한다.

(2) 운송 계층(Transport Layer)

실제 지식 관리 시스템이 프로세싱 되는 후반부(Back-End)에 해당하는 이 계층은 일반적으로 메시지/그룹웨어와 인터넷/웹으로 구성되며 각 사가 보유하고 있는 자료 저장소들과 유기적으로 연결되도록 구성된다.

(3) 인텔리전스 계층(Intelligence Layer)

인터페이스 계층과 운송 계층을 연결하는 인텔리전스 계층은 각 사의 경영 특성 및 규모, 핵심 역량 및 핵심 지식 요소 유형별로 가장 효과적인 각 사의 환경과 기능 요구 사항, Knowledge Map으로 도출된 핵심역량 등에 따라서 구성 요소들이 달라질 수 있다. 그런데 [그림 10-6]과 같이 6가지의 요소(Component)로 구성된다.

(4) 자료 저장소 계층(Data Source Layer)

일반적으로 각 사에 구축되어 운영 중인 각종 기간 시스템을 말한다. 이 영역은 지식 관리 시스템의 백본(Backbone)에 해당되는 중요한 인프라이다. 단, 이 부분은 해당 회사의 경영환경, 업종에 따라 차이가 많을 수 있다.

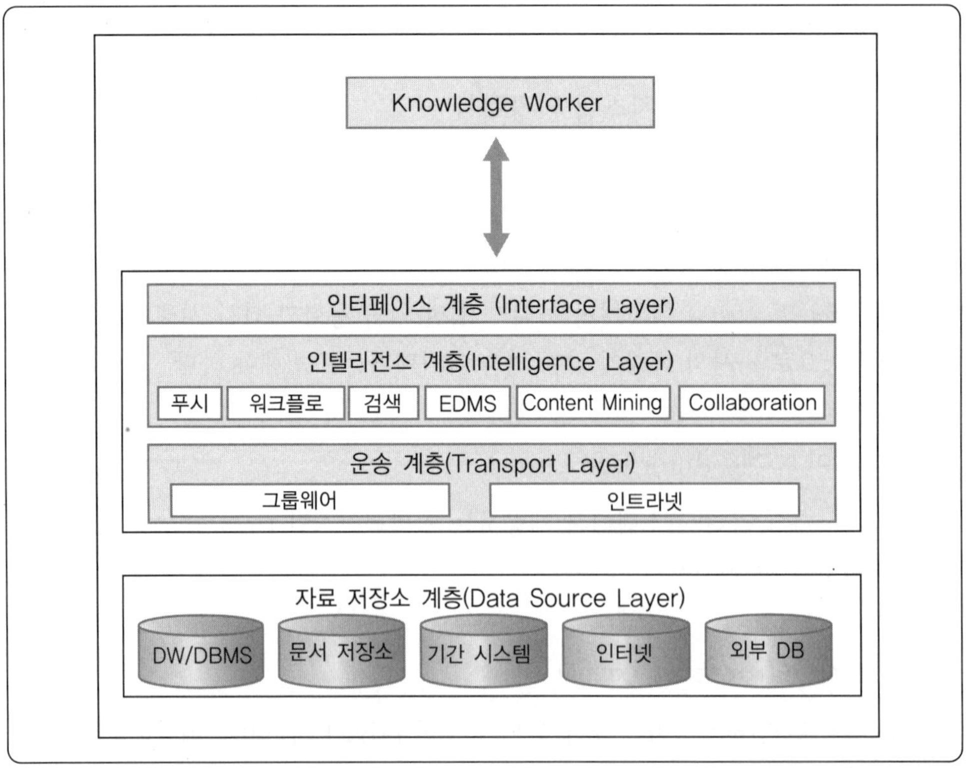

[그림 10-6] 지식 관리 기술 아키텍처
(출처: 유영만, 1999)

다. 지식 관리 시스템 솔루션 발전 단계(이병구, 2007)

(1) 1세대 KMS-지식맵과 전문검색 중심의 지식 공유

1세대 시스템은 개인이나 기업 내외부에 산재되어 있는 다양한 정보 지식을 기업 내부 중앙저장소에 체계적으로 분류하여 축적하고, 잘 분류되어 저장된 정보 지식을 사용자에게 효율적으로 검색할 수 있도록 지원하는 데에 초점이 맞추어져 있는 지식 공유 시스템을 목표로 개발되었다.

따라서 1세대 시스템은 소위 전문 검색을 지원하는 검색 엔진 기술을 바탕으로 설명하곤 한다. 즉 인터넷 상의 다량의 문서나 정보를 웹로봇이라는 기술을 이용하여 집적하고, 이를 문서 파싱 기술로 추출된 키워드에 의해 자동 분류하며, 자동분류 체계에 의해 형성된 맵을 네비게이션하거나 인덱스를 이용한 전문 검색을 통해 원하는 정보 지식을 검색해내는 방식이다.

(2) 2세대 KMS-EKP 포털 형태의 정보 통합과 협업 강조

2세대 시스템은 소위 포털(Portal)을 지원하는 초보적인 EKP(Enterprise Knowledge Portal) 형태로 진화되었다. 기업 내외부의 정보 지식을 웹로봇 등의 기술을 이용하여 통합검색을 위한 검색 인덱스만을 통합하여 검색하는 방식만으로는 한계가 있었으며, 기업 내에 존재하는 기존 시스템과의 계정 통합이나 정보 통합에는 검색 인덱스의 통합뿐만 아니라 지식 저장고 레벨에서 물리적 통합과 포털사에서 각종 기존 시스템을 하나로 통합하는 논리적인 애플리케이션 통합 등이 함께 요구되어졌다.

이에 따라 기존의 그룹웨어, 문서 관리, 인사 시스템 및 각종 인트라넷 시스템과의 활발한 통합이 진행되었고 더욱이 지식 경영 관점에서 신규 직원이나 일반 조직원의 역량을 사내 전문가 수준으로 끌어올리기 위하여 사내 전문가들 중심으로 한 협업시스템이나 CoP(Community of Practice)을 지원하는 사내 포털 시스템이 중요한 화두로 제기되었다.

(3) 3세대 KMS-업무 프로세스를 KMS/EKP에 통합

3세대 시스템은 지식 기반 업무 프로세스와 지식을 통합, 연결하는 형태로 진화하였다. 이는 기업 내 KMS 등에 축적된 다양한 지식을 업무 프로세스와 연결하여,

프로세스를 구성하는 업무별로 수행 중에 필요한 각종 지식을 자연스럽게 업무에 활용할 수 있도록 지원한다. 따라서 조직 구성원들의 업무 수행 능력을 강화하는 한편 업무 수행 시 만들어진 재창출된 지식을 시스템에 자동 집적함으로써 점차 양질의 지식을 제공하는 시스템으로 발전함을 목적으로 한다.

(4) 4세대 KMS-기업형 블로그 등 엔터프라이즈 2.0을 추구

4세대 시스템은 사용자들의 자발적인 지식활동 참여를 도모하기 위해 웹2.0 환경 하에서 언급되는 주요 기술들을 적용한 기업형 블로그시스템으로 기존의 지식저장고 중심의 지식맵, 그리고 업무 프로세스 중심의 프로세스 맵을 통한 정보 검색뿐만아니라 '사람'을 매개체로 하여 개개인의 블로그에 집적되어 체계적으로 분류되어 있는 지식을 검색할 수 있는 또 하나의 지식 획득 방식을 지원한다.

기업형 블로그는 기업 내 중앙 저장고 안에 개인 블로그 정보에 집적된 정보 지식을 자동으로 집적하여 분류화되며, 트랙백 등의 기술을 통해 지식의 연결 관계를 보다 명확히 규정하는 한편 태그, RSS(Really Simple Syndication) 등의 다양한 기술들을 기업 환경에 맞게 접목하여 사용자의 개인화 서비스를 극대화시킬 수 있다.

[사례] 휴렛 팩커드(H/P)의 지식 경영(이순철, 1999)

기업의 지식 경영이 한순간의 유행성 경영 혁신 운동으로 그치지 않기 위해서는 최고 경영자의 강력한 의지가 필수적이다. 이와 같은 조건들을 가장 잘 충족시키는 사례는 세계 최대의 서버, 프린터 제조업체인 미국의 휴렛 패커드(HP)이다.

HP는 조직 문화 자체가 매우 개방적이고 자유로우며 조직체계가 분권화되고 권한의 이양 폭이 넓은 구조를 갖고 있다. 지식 공유 및 관리로 유명한 이 회사의 아이러니는 최근까지도 전사 차원에서의 정보 공유 시스템 이 없었다는 사실이다.

단지 부서별로 각각의 니즈에 맞게 독자적인 정보 시스템을 보유하고 있을 뿐이었다. HP 규칙도 표준도 없다. 'No Rule, No Standardization'라는 고유의 캐치프레이즈를 내걸고 우선적으로 사내 부서별로 지식 경영에 절대적으로 필요한 정보 공유 문화의 구축에 집중했던 것이다. 지식 공유 문화 구축에 성공했다고 판단한 HP는 95년부터 점차적으로 전사적 차원에서의 시스템을 개발하고 구축하는 작업을 진행하고 있다.

문화라는 토대를 바탕으로 한 이 회사의 시스템 구축 과정은 매우 순조롭다. 이미 선정된 조직별 지식 관리자(knowledge manager)들 간의 워크샵을 통해 혼재되어 사용되고 있는 용어를 통일하는 작업을 우선적으로 시행했다. 동시에 각 부서 및 조직이 유지해온 지식 관리 체계의 고유 특성을 최대한 살리는 차원에서 기술적인 문제를 해결하고 있다.

그러나 1997년에 완성되어 사용 단계에 들어간 전사적 차원의 시스템은 예상보다 이용도가 높지 않다. 수많은 비용이 투입되었기에 단기간 내의 효과를 기대하고 최고경영층은 시스템 사용을 강제적으로 직원들에게 요구할 법도 하지만 이 회사는 그런 정책을 택하지 않고 있기 때문이다.

노나카 이쿠지로 교수가 기업에서 강연을 할 때 빠뜨리지 않는 것이 하나 있다. 그것은 최고 경영자에게 지식 경영이라는 테마가 결코 일과성에 그치는 단발적인 것이 아니며, 이것이 기업 문화와 시스템 모두에게 장기적이고도 심대한 영향을 미친다는 점을 충분히 인식시키려 애쓰는 것이다. 기업은 사람에 의해 조직되고 운영된다. 그 중에서도 가장 중요한 것은 역시 최고 경영자의 의지 및 철학이라 하지 않을 수 없다. 휴렛 패커드의 지식 경영 사례는 최고 경영자의 확신과 인내심이 지식 경영의 성패를 가르는 중요한 열쇠가 된다는 점을 웅변적으로 말해 주고 있다.

[사례] 혁신하려면 회사 밖 지식과도 소통하라(매일경제, 최은수 기자)

새로운 아이디어를 어디에서 얻을까. 매일경제는 글로벌 지식 네트워크를 통해 창조적 지식을 찾아낼 것을 제안한다. 많은 기업들은 세계적인 판매망과 발달된 공급 사슬, 제조 네트워크를 구축해 활용하고 있다. 이들은 모두 비용을 줄여 경쟁 우위를 확보하기 위한 전략들이다. 하지만 안타깝게도 지식 혁신에 필수적인 글로벌 지식 네트워크는 갖고 있지 않고 제대로 활용하지도 않고 있다.

P&G는 2004년 감자칩 위에 글자가 적힌 신상품 프링글스 프린트를 선보여 북미 시장에서 대박을 터트렸다. 하지만 이 상품을 출시하는 데 커다란 난관이 있었다. 관건은 감자칩 위에 글을 적는 일이었다. 고온에다 습기가 많은 감자칩 반죽이라 글자를 넣기 어려웠기 때문이다. P&G는 해법을 찾기 위해 외부 글로벌 지식네트워크의 도움을 받기로 했다. P&G는 문제점을 요약해 인터넷에 올렸고 그러자 수년 전 부터 식용 잉크를 개발해 사용하고 있던 이탈리아 볼로냐의 한 대학 교수와 연결됐다. P&G는 이 교수가 제공해준 핵심 지식으로 글자가 적힌 감자칩을 상용화

할 수 있었고 개발된 제품은 황금알을 낳아줬다. 회사는 외부 지식 네트워크의 도움으로 2년 넘게 걸리던 제품 개발 기간을 1년으로 단축할 수 있었다.

P&G는 2003년 기업전략의 일부로 '열린 혁신'을 채택하였다. 이 회사가 내건 전략은 R&D가 아닌 C&D(Connect & Development) 전략, 즉 외부 기술과 아이디어를 회사 제품 개발로 연결하는 '연결 · 개발' 전략이었다. 2000년 최고 경영자가 된 앨런 래플리 P&G 회장은 내부 R&D 투자를 무한정 확대함으로써 성장 목표를 달성하는 데는 한계가 있다는 판단을 내리고 신제품 중 50%는 사내 R&D 활동을 통해, 나머지 50%는 외부 지식 네트워크를 활용해 개발하기로 결정한다. 이렇게 해서 2년 만에 외부 아이디어와 기술로 200개 품목이 태어났다. 이는 전체 신상품 중 35%에 해당한다. P&G 사내 R&D 인력은 7500명. 하지만 P&G는 사내 연구원만큼 실력을 갖춘 외부 글로벌 연구자 150만명과 공급업체에서 일하는 연구원 5만명을 활용해 제품개발을 하는 C&D전략을 펴고 있다.

신지식 경영 시대에 기업들은 외부 기술과 아이디어, 지식을 활용해 혁신을 이끌어내는 열린 혁신의 주역이 돼야 한다. C&D 전략은 일종의 개방형 신기술, 신상품 개발 모델로 외부 기술과 아이디어를 내부 R&D 역량과 연결해 새로운 창조물을 만들어 내는 혁신 모델이다. 게다가 실패 위험을 줄이면서 적은 비용으로 높은 성과를 얻을 수 있는 장점이 있다. 특히 웹2.0 시대 도래로 글로벌 지식 네트워크를 통해 대학과 기업, 연구소 등에서 도출된 아이디어와 기술을 찾고 활용하는 것이 매우 용이해졌다. 창조형 지식을 통한 혁신은 글로벌 지식 네트워크를 얼마나 잘 활용하느냐에 달려 있는 것이다.

2002년 4월 11일 미국 파산 법정은 GE에 엔론윈드(Enron Wind) 인수를 승인했다. 회사를 인수한 GE에너지는 새로운 풍력 에너지 회사 경쟁력을 강화하기 위해 어떤 조치를 취했을까. GE는 전 세계에 구축해 놓은 네트워크를 활용해 인재를 등용하기 시작했다. 가장 먼저 전 세계에 흩어져 일하는 직원들을 대상으로 인수 회사에 근무할 인재들을 지원받았다. 새 회사 구성원들을 베테랑급으로 구성하기 위해서였다. 이어 GE는 인도 방갈로르 엔지니어들을 물색했다. 풍차 분석 모델과 설계 프로세스를 기획하는 업무는 이들에게 맡겼다. 중국 상하이 직원들도 동원됐다. 이들은 다양한 속도에서 전기를 생산하는 고성능 테스트를 하기 위한 터빈 시뮬레이션을 만들어 냈다. GE는 최고 변속 장치 설계를 위해 독일 살베르겐(Salbergen)의 GE 풍력 사업부에서 일하는 엔지니어를 고용했다. 뮌헨에서는 센서와 고급 조정 시스템을 설계할 연구 개발자들을 스카우트했다.

풍력 회사 제품 개발을 지원하기 위해 연구소 지원 체제도 정비했다. 미국 뉴욕주 니스카유나에 소재한 GE 브레인인 글로벌 리서치센터(GRC)는 최고 품질의 풍차 터빈 날개를 설계해 내기 위해 비행기 팬 날개 설계 연구소 전문가들을 영입했다. 이 같은 글로벌 지식 네트워크를 활용한 GE에너지는 초고속 성장가도를 달렸다. 3년여 만인 2005년 말까지 재무적으로 기업은 3배 이상 성장했다.

GE가 이처럼 글로벌 네트워크를 활용해 인재를 등용하는 것과 달리 많은 기업들은 폐쇄적 경영에 치중하고 있다. 중요한 프로젝트를 시작할 때 회사 내에서 누가 가장 능력이 있는지 아니면 누가 적임자인지를 먼저 찾는다. 대부분 기업은 본사에서 모든 아이디어를 개발하려고 한다. 아이디어를 만들어 내는 부서는 기획실이나 전략 본부로 정해져 있다. 다수 지역을 아우르는 혁신 조직을 운영하더라도 이들 지역 간에 통합이나 유기적인 관계를 만들어 내지는 못하고 있는 실정이다.

따라서 헨리 체스브로 UC버클리 하스경영대학원 교수는 기업 내부 자원에 의존하는 닫힌 혁신(Closed Innovation)을 버리고 기업 내부 자원뿐만 아니라 외부 아이디어와 자원을 적극적으로 활용하는 열린 혁신(Open Innovation)을 하라고 권고한다. 회사 내부 역량만을 동원해 상품을 내놓는 전통적인 방식의 닫힌 혁신은 다양한 핵심 기술과 유통 채널, 광고, 디자인 등에서 보다 유연한 전략이 필요한 21세기에는 혁신 전략이 될 수 없다. 체스브로 교수는 "회사 밖으로 눈을 돌리면 유능한 인재를 수없이 찾아낼 수 있다"며 "이들과 협력해 가치를 창출할 수 있는 기업이 열린 혁신을 선도할 수 있다"고 말한다.

기업 R&D를 예로 보자. 듀폰, IBM, GE, AT&T 등 거대 기업은 얼마 전까지만 해도 내부 기술만으로 제품 개발을 해내기 위해 막대한 예산을 R&D에 투자했다. 경쟁적으로 내부 자원을 증가시키고 연구소를 증설했다. 하지만 이들 기업은 현재 신흥 기업의 강력한 도전을 받고 있다. 인텔, 마이크로소프트, 선, 오라클, 시스코시스템스 등이 다른 회사들이 개발한 연구 기술로 놀라운 혁신을 끌어내고 있기 때문이다.

그러면 글로벌 지식 네트워크를 구축하는 데 무엇이 필요할까. 매일경제와 부즈앨런&해밀턴은 인지, 접근, 통합 3요소가 글로벌 지식 네트워크의 핵심으로 진단하고 있다. 기업 안팎에 포진해 있는 지식을 효율적으로 활용하려면 혁신에 필요한 지식과 기술을 글로벌한 관점에서 접근하는 인지 능력이 필요하다. 둘째로 글로벌 지식 네트워크를 구축하려면 외부 채널과 제휴 등 협력 수단을 통해 글로벌 지식에 접근할 수 있도록 해야 한다. 마지막으로 산재된 지식 네트워크를 한데 통합할 수 있어야 한다. 모든 조직이 협력할 수 있는 조직 구조와 프로세스를 구축해야 한다.

요 약

전문가 시스템은 구체적이고 복잡한 응용 분야에 관하여 전문가의 지식과 경험을 통합함으로써 사용자가 전문가를 만나지 않고서도 문제 해결을 위한 정보를 습득하는 컴퓨터 프로그램이다. 전문가 시스템은 지식 베이스, 추론 엔진과 사용자 인터페이스로 구성되어 있다. 지식 베이스는 문제 영역에 관해 알려져 있는 사실과 하나의 사실을 어떻게 논리적인 방법으로 배열하는가를 표현하는 규칙들로 이루어진다. 추론 엔진은 새로운 지식을 추론하기 위하여 이 규칙들을 적용하는 방법을 정하는 인터프리터와 규칙을 적용하는 순서를 정하는 스케줄러로 구성된다. 사용자 인터페이스는 전문가 시스템과 사용자가 상호 대화를 할 수 있도록 도와준다. 시스템이 제공하는 정보의 내용은 문제 해결책을 제시하는 전문가의 의견과 질의나 문제 해결에 관한 설명 정보이다. 오늘날 경영 정보 분야에 있어서 전문가 시스템은 의사 결정 모델과 데이터 위에 지식(knowledge)을 첨가하는 형태와 설명 기능을 제공하는 형태로 발전한다.

지식 경영은 정보 기술 발달로 실현되었으며, 가상 공간에서의 네트워킹의 출현은 신속한 정보처리, 정보의 체계적인 분류, 축적, 공유 그리고 관리를 손쉽게 해줌으로써 지식 경영 분야의 발전을 가속화하였다. 그리고 창조적 지식의 중요성이 부각됨으로써 지식 경영이 형성될 수 있었다고 생각한다. 날로 치열해져 가는 글로벌 경쟁 사회 속에서 기업이 지속적으로 성장, 발전하고 차별적인 경쟁 우위를 확보하는 원천은 조직 구성원이 보유한 창조적 지식이라는 사실을 각 기업들이 인식하게 되면서 지식 경영의 중요성이 부각된 것이다.

지식 경영의 정의는 일반적으로 지식의 파악, 획득, 창출, 공유, 평가, 관리 등 지식과 관련된 프로세스를 경영하는 것과 그 프로세스의 결과로 나온 산출물, 그리고 프로세스와 관련된 사람 모두를 경영하는 것을 의미한다. 이러한 지식 경영은 여러 가지 요소가 조화를 이루어야 지식 관리 시스템으로 구축되어 활용할 수 있다. 바로 문화와 전략과 프로세스와 정보 기술이다. 어느 한쪽이라도 부족하다면, 지식 경영을 하기 힘들다는 것을 알 수 있다.

지식 경영의 성공요인에서도 볼 수 있듯이, 지식 경영을 실천하기 위해서는 최고 경영자의 관심이 중요하다. 지식 경영을 실천하려면 기본적으로 정보 인프라를 구축하는 것이 필요하지만, 지식 경영의 핵심은 정보 기술 인프라에 있는 것이 아니라, 사람에 대한 투자가 핵심이며 더 어렵고 시간도 많이 걸린다. 최고 경영층이 지식 경영에 대한 지원을 하지 않거나 종업원 평가척도에 지식공유가 누락되어 있으면 지식 경영이 이루어지기 어렵다. 지식 경영이 성공하기 위해서는 조직 내의 조직 구성원들이 동참하는 것이 중요하고, 새로운 지식을 습득하고 이를 응용할 수 있도록 기회를 제공하여야 한다.

지식 경영을 성공적으로 추진하기 위해 경영자는 지금보다 더 많은 책임을 질 각오를 해야 하며, 신기술과 새로운 감각에 대한 적응력을 높이고, 정보 기술 및 경영 혁신의 전략적 특성과 잠재력을 충분히 활용하여야 한다. 어떤 조직이든 지식 경영을 활용하는 것은 21세기에 우수한 조직으로 발돋움할 수 있는 최선의 방법이며 발전적 관계를 지향하는 지름길이다.

주요용어

비즈니스 전문가 시스템	규칙	사실
지식 베이스	추론 엔진	지식
지식 경영	지식 창조	지식 관리

연습문제

1. 비즈니스 전문가 시스템이란 무엇을 뜻하는가?
2. 전문가 시스템의 구성 요소는 무엇이며, 각 요소들을 설명하여라.
3. 전문가 시스템은 사용자에게 어떤 정보를 제공하는가?
4. 지식 경영의 구성에는 어떠한 요소들을 포함하고 있는가?
5. 지식 경영의 프로세스를 설명하시오.
6. 지식 창조론과 지식 관리론을 비교하여 설명하시오.
7. 지식 관리와 관련되는 정보 기술들은 무엇인가?

참고문헌 및 참고사이트

[참고문헌]

강석호 · 배준수 외, "E-bizITSI", 박영사, 2003.
공두진, "ERP 시스템의 성공요인이 재무적 성과에 미치는 영향", 동아대학교 석사논문, 2002.
김기영, "계량의사결정론", 법문사, 1997.
김병태, "21세기 기업경영을 위한 초우량기업의 패러다임", 도서출판 대경, 2000.
김성희 · 장기진, "E-비즈니스.com", 도서출판 청람, 2004.
김영렬 · 한대문, "e-비즈니스 시대의 ERP&CRM", 대경, 2005.
김원수, "체계 경영학 사전", 법문사, 1982.
김위찬, "블루오션 전략", 교보문고, 2005,
김종권, "CRM의 성공요인에 관한 연구: CRM 구축사례를 중심으로", 학문사, 2002.
김준섭, "모바일 CRM의 성과 요인 분석에 대한 연구", 국민대학교 석사논문, 2002.
김효석 · 홍일유, "경영정보시스템", 법문사, 2000.
노나카 이쿠지로 외, "지식창조기업", 세종서적, 1998.
노나카 이쿠지로, "노나카의 지식경영", 21세기북스, 1999.
민승기, "CRM 기술동향", 전자통신동향분석 Vol. 16, 2001.
박정주, "CRM 시스템 구축 및 활용에 관한 핵심 성공 요인 분석", 홍익대학교 석사논문, 2000.
박찬욱, "한국적 CRM 실천방안", 시그마인사이트컴, 2005.
박흥일 · 김범용, "새로운 전략의 중심 e-트랜스포메이션", 대청, 2003.
백승우, "기업의 효율적인 CRM 구축 활용 방안에 관한 연구", 전남대학교 석사논문, 2002.
부즈앨런&해밀턴 외, "신지식 경영시대", 지식경영학회, 2007.
서경, "CRM 사업의 성공적 정착을 위한 연구", 건국대학교 석사논문, 2001.
서의호 편저, "중역정보시스템 첫걸음", 하이테크정보, 1993.
신철, "알기쉬운 ERP Plus", 미래와 경영, 2002.
신건호, "21세기를 위한 기업 경영혁신", 학문사, 1999.
아이비즈넷, "인터넷 유통업체의 생존과 물류시스템", 2000.
안중호, "경영을 위한 정보시스템", 제2판, 홍문사, 2000.

앤더슨컨설팅 외, “CRM 고객관계관리”, 대청, 2000.
요거시 말호트라 외, “e-지식경영(e-비즈환경의 지식경영)”, 물푸레, 2001.
윌리엄 레지어, 짐 콜린스의 경영전략, 위즈덤하우스, 2004.
유영만 외, “지식경영과 지식관리시스템”, 한언, 1999.
윤재봉 외, “ERP 경영혁신의 새로운 패러다임”, 대청, 1998.
윤지태, “CRM 구축에서의 문제점과 중점 구축방안에 관한 연구”, 명지대학교 석사논문, 2000.
이건창, “최신 경영정보시스템”, 무역경영사, 1999.
이동길 “ERP 전략과 실천” 대청, 1999.
이동길, “e-비즈니스와 확장형 ERP”, MIT경영과 정보기술, 2000.
이동길, “ERP 전략과 실천”, 대청미디어, 2002.
이명수, “효율적인 Extended ERP 구현에 대한 연구”, 홍익대학교 석사논문, 2002.
이병구, “KMS의 과거, 현재 그리고 미래,” 정보처리학회지 제14권 제5호, 2007.
이상열, “가격결정을 위한 의사결정지원 시스템의 구축방법에 관한 연구”, 영남대학교 석사논문, 1991.
이석주, “기업 생존을 위한 새로운 패러다임 CIM”, 창현출판사, 1994.
이순철, “사례로 본 지식경영의 방법론”, 삼성경제연구소, 1999.
이순철, “사례로 본 지식경영의 이해”, 삼성경제연구소, 1999.
이신재, “SCM 도입 성공요인에 관한 연구 : 제조업을 중심으로”, 경희대학교 석사논문, 2001.
이영재 · 이양선, “경영정보시스템”, 정익사, 1998.
이윤상, “고객 관계관리(Customer relationship mangement CRM) 시스템이 경영성과에 미치는 영향”, 중앙대학교 석사논문, 2001.
이타미 히로유키, “무형자산: 경쟁력의 새로운 원천”, 삼성경제연구소, 1993.
이화직, “CRM의 이론과 사례”, 한국능률협회, 2000.
이홍구, “CRM도입에 관한 사례 연구”, 청주대학교 석사논문, 2002.
임규건 외, “디지털 경제시대의 e-비즈니스 경영”, 이프레스, 2005.
전경련지식경제센터, “사례로 배우는 e비지니스III”, 전국경제인연합회출판부, 2005.
정보통신정책국, “전기통신에 관한 연차 보고서”, 정보통신부, 1993.
정봉주, “SCM”, 한국전자거래진흥원, 2002.
조안 마그레타, “경영이란 무엇인가”, 김영사, 2004.
주재훈, “전자상거래”, 삼영사, 2000.
최은수, “신지식 경영시대-혁신하려면 회사 밖 지식과도 소통하라”, 이화여대 지식혁신연구실, 2007.
최재윤, “지식경영의 이해와 방법론”, 경영과 기술: 통권 104호, 한국통신, 1998.

최정환, "과학적 경영을 위한 CRM", 다산출판사, 2005,
톰 왈리스, "SCM의 핵심; 생산계획", 엠플래닝, 2005.
포스코경영연구소, "지식경영", 더난출판사, 1998.
프레데릭 뉴웰, "CRM, 절대로 하지마라", 세이북스, 2003.
크리스틴 앤더슨, "CRM의 기술", 지식공작소, 2004.
클레이튼 크리스텐스 외, "미래기업의 조건", 비즈니스북스, 2005.
퍼트리샤 존스 · 래리 커해너, "SAY IT, LIVE IT", 기획출판 거름, 2004.
한국생산성본부, "OA의 개요: 사무효율화", 1991.
한국전산원, "차세대 CRM", 2004.
한상린 · 박경수, "CRM전략의 활용에 관한 연구", 경영경제연구 Vol. 24, 2001.
현대경제연구원 Prime Business Report, "고객 중심의 공급체인 구축전략", 경영과컴퓨터, 2000.
황하진, "e-Business시대의 경영정보시스템", 학문사, 2000.
고객관계관리(CRM) 시장 동향, SW Insight
국내외 CRM 시장동향 및 전망, ETRI 주간기술동향 Vol. 1051, 2002.
경제성과 고객만족을 위한 e-SCM 전략, LG주간경제 565호
CRM의 정의 및 구성요소, ETRI 주간기술동향 Vol 1001, 2001.
e-비즈니스 시대의 물류시스템, 경영과 컴퓨터 2000. 8.
LG, "IT 투자성과 체계적 평가측정 모델계발", 전자신문, 2003. 3. 31.
LG실트론, "e기업 새 날개", 매일경제, 2001. 9. 12.
SAS Korea, 한국형 CRM을 다시 주장한다, CRM Fair 2002 발표자료, 2002.
SCM 이노베이션: 온 디맨드 비즈니스 혁신을 위한 SCM 전략 및 실천방안, 한국IBM. 비즈니스컨설팅서비스, 한국경제신문, 2006.
SCM Korea 2000 발표 자료집: SCM과 e-비즈니스, 한국SCM학회, 2000.
Alex Berson & Stephen J. Smith, "Data Warehousing, Data Mining, & OLAP", McGraw-Hill, 1997.
Alex Berson, Stephen Smith & Kurt Thearling, "Building Data Mining Applications for CRM", McGraw-Hill, 2000.
Andersen Consulting, "Foundations of Business Systems", Dryden Press, 1989.
D. Meinert & D. Davis, "Human Resource DSS: Integrating Decision Support and Human Resource Information Systems," IRM Journal, Winter, 1989.
D. A. Waterman, "A Guide to Expert Systems", Addison Wesley Publishing Co., 1986.
Effy Oz, "Management Information Systems", 2nd Edition, Thomson Learning, 2000.

G. DeSanctis & B. Gallupe, "Group Decision Support Systems: A New Frontier", ATABASE, Winter, 1985.

Gorry & Scott Morton, "A FrameWork for MIS", Stoan Management Review, Fall, 1971.

Guisseppi A. Forgionne, "Decision technology system", Information systems management, Fall, 1991.

J. Liebowitz, "Expert Systems for Business and Management", Yourdon Press, 1990.

J. W. Wilkinson, "Accounting Information Systems: Essential Concepts and Applications", John Wiley & Sons, 1989.

James A. O' Brien, "Introduction to Information Systems in Business Management", 6th Edition, IRWIN, 1991.

James A. O' Brien, "Introduction to Information Systems", 10th Edition, McGraw-Hill, 2001.

James A. O' Brien, "Management Information Systems: A Managerial End User Perspective", IRWIN, 1990.

K.C.Laudon & J.P.Laudon, "Management Information System: A Contemporary Perspective", Macmillan Co., 1986.

M. E. Porter, "Competitive Advantage: Creating and Sustaining Superior Performance", Free Press, 1985.

P. Kotler, "Marketing Management: Analysis, Planning, and Control", 5th Edition, Prentice-Hall, 1984.

Paul Gray & Hugh J. Watson, "Decision support in the Data Warehouse", Prentice Hall, 1998.

Paul Timmers, "Business Models for Electronic Markets", European Commission, Directorate-General III, 8(2), April 1998.

R. McLeod & George Shell, "Management Information Systems", 8th Edition, Prentice Hall, 2001.

R. McLeod, "Management Information Systems", 4th & 10th Edition, Maxwell Macimillian, 1990.

R. Sprague & B. McNurlin, "Information Systems Management in Practice", 2nd Edition, Prentice-Hall, 1989.

R. Sprague & H. Watson, "DSS: Putting Theory into Practice", Prentice-Hall, 1986.

Thomas L. Saaty, "Decision Making for Leaders", University of Pittsburgh, 1986.

Turban, McLean & Wetherbe, "Information Technology for Management",

2nd Edition, John Wiley & Sons, Inc., 2001.
Turban, Rainer & Potter, "Introduction to Information Technology", John Wiley & Sons, Inc., 2001.
W. H. Inmon, & R. D. Hackathorn, "Using the Data Warehouse", Wiley, 1992.
W. H. Inmon, "Building the Date Warehouse", Wiley Computer Publishing, 1996.

[참고사이트]

델리 : http://www.delhi.co.kr
보잉 : http://www.boeing.co.kr
삼성경제연구소 : http://www.seri.org, 2006.
잉크테크 : http://www.inktec.com
중소기업정보은행 : http://www.digitalsme.com
한국전자거래진흥원 : http://www.kiec.or.kr
휴넷 : http://www.hunet.co.kr
CRM ONLINE : http://www.crm.co.kr/
CRM/DBM 정보광장 : http://www.dbminfo.co.kr
Info Messenger Group : http://infosys.iptime.org
LG실트론 : http://www.siltron.co.kr

찾아보기(Index)

[A]

APS ······ 186

[B]

B2B ······ 242
B2B CRM ······ 217
B2C ······ 242
B2G ······ 242
BPR ······ 137, 139

[C]

CRM ······ 197

[D]

DBMS ······ 53

[E]

e-biz ······ 238
e-commerce ······ 238
e-CRM ······ 215, 251
e-Intelligence ······ 254
e-Marketplace ······ 259
e-SCM ······ 249
ERP ······ 132
ERP 시스템 ······ 144
Extended SCM ······ 183

[G]

G2C ······ 243

[H]

HOLAP ······ 275

[I]

Information Technology Architecture ······ 40
Information Technology Infrastructure ······ 37
ISCM ······ 185
ITIL ······ 42
ITSM ······ 43

[J]

JIT ······ 113, 174

[M]

M-biz ······ 245
mCRM ······ 218
MOLAP ······ 274
MRP ······ 112
MRP(manufacturing resource planning) ······ 112

[O]

OLAP ······ 270

[P]

PLM ······ 115

[R]

RFID ······ 165

ROLAP ········ 275

[S]
SCM ········ 163, 164, 165
SRM ········ 164, 186
Supply Chain ········ 163, 249

[ㄱ]
가치 ········ 16
가치 사슬 ········ 17
가치 혁신 ········ 19
거래 ········ 49
거래 처리 시스템 ········ 49
고객 ········ 196
구조적인 문제 ········ 75
군집분석 ········ 284
규칙 ········ 302
그룹 의사 결정 지원 시스템 ········ 83
그룹웨어 ········ 137
기업 ········ 15
기업 정보 시스템 ········ 30

[ㄷ]
데이터 ········ 27
데이터 마트 ········ 267
데이터 통신 ········ 39
데이터 마이닝 ········ 278
데이터베이스 ········ 38, 53
데이터 웨어하우스 ········ 267

[ㅁ]
마케팅 정보 시스템 ········ 101
메타 데이터 ········ 271
모델 베이스 ········ 79

[ㅂ
반구조적인 문제 ········ 75
비구조적인 문제 ········ 75
비즈니스 인텔리전스 ········ 263
비즈니스 전문가 시스템 ········ 299

[ㅅ]
사실 ········ 302
사용자 인터페이스 ········ 79
소프트웨어 ········ 38
순차적 패턴 발견 ········ 283
시스템 ········ 29
신경망 모형 ········ 288
실무 운영층 ········ 50

[ㅇ]
연관성 측정 ········ 281
6시그마 ········ 114
의사 결정 과정 ········ 75
의사 결정 지원 시스템 ········ 77
의사 결정 나무 ········ 286
인사 정보 시스템 ········ 95

[ㅈ]
재무 정보 시스템 ········ 119
전략 ········ 19
전문가 시스템 ········ 301
전자 문서 교환 ········ 142, 171
정보 ········ 27
정보기술 ········ 34
제조 정보 시스템 ········ 105
조직 정보 시스템 ········ 94
중간 관리층 ········ 59
지식 ········ 308
지식 베이스 ········ 302
지식 엔지니어 ········ 300
지식 경영 ········ 312
지식 관리 시스템 ········ 323
지식 창조 ········ 310

[ㅊ]

차세대 CRM ······························ 231
창고 관리 ································· 165
최고 경영자 정보시스템 ················· 67
최고 경영층 ······························· 67
추론 엔진 ································· 303

[ㅋ]

컴퓨터 통합 생산(CIM) ·················· 109

[ㅌ]

통계학 ····································· 280

[ㅍ]

프로세스 ·································· 136

[ㅎ]

하드웨어 ·································· 38
회계 정보 시스템 ························· 116

■ 저자약력

이영재

George Washington University, 이학박사
동국대학교 경영대학 경영정보학과 교수
(특)기업재해경감협회 회장
세계위기관리학회(TIEMS) 부회장
(사)한국데이터베이스학회 회장

백진현

동국대학교, 경영학 박사
前) 삼성SDS 인사지원팀
前) ISB 컨설팅 정보전략담당 전문 커설턴트
前) 동양공업전문대학 인터넷 비즈니스과 초빙교수
現在 유한대학 경영정보학과 교수

검인

기업정보시스템

이영재 · 백진현 공저

초 판 발 행 : 2001. 8. 25
개정판 발행 : 2008. 3. 5
발 행 인 : 김 승 기
발 행 처 : 생능출판사
신 고 번 호 : 제406-2004-000002호
신 고 일 자 : 2005. 1. 21

413—756
경기도 파주시 교하읍 문발리 507-12 파주출판도시
대표전화 : (031)955-0761, FAX : (031)955-0768
홈페이지 : http://www.booksr.co.kr

* 파본 및 잘못된 책은 바꾸어 드립니다.　　정가 20,000원